# @微博1912

张泉　吴晓初　编著

商务印书馆
The Commercial Press

图书在版编目(CIP)数据

微博1912/张泉,吴晓初编著.—北京:商务印书馆,2012
ISBN 978-7-100-09602-7

Ⅰ.①微… Ⅱ.①张…②吴… Ⅲ.①辛亥革命—史料 Ⅳ.①K257.06

中国版本图书馆 CIP 数据核字(2012)第 250546 号

所有权利保留。
未经许可,不得以任何方式使用。

## 微博 1912

张　泉　吴晓初　编著

商　务　印　书　馆　出　版
(北京王府井大街 36 号　邮政编码 100710)
商　务　印　书　馆　发　行
北京市松源印刷有限公司印刷
ISBN 978-7-100-09602-7

2012 年 11 月第 1 版　　开本 787×1092　1/16
2012 年 11 月北京第 1 次印刷　　印张 23
定价:48.00 元

# 前言

**公元1912年 / 每一幕都危机四伏 / 每一步都惊心动魄 /
一百年前的中国 / 曾如此 / 自由而彷徨**

## 【再见1912】

公元1912年,每一幕都危机四伏,每一步都惊心动魄。

1911年10月10日,"武昌起义"一蹴而就。仅仅一个月间,13省宣布独立,清王朝摇摇欲坠,革命终成大势所趋。

1912年1月1日,民国开元,中国依然动荡频仍。

这一年,满清贵族几经挣扎,最终还是将权力拱手相让,中国三千年封建王朝至此终结,皇帝却被允许留在紫禁城中,为未来的一场场复辟闹剧埋下伏笔。

这一年,民国草创,稳定的制度却未能建立。连续两届内阁土崩瓦解,政党理想几乎胎死腹中。

这一年,革命党峰回路转,却并未苦尽甘来。清兵统领黎元洪捷足先登,黄兴屡战屡败,孙中山醉心实业,宋教仁改组同盟会,创立国民党…… 一场场流血牺牲,一幕幕生离死别,终究还是为他人作嫁衣裳。

这一年,立宪派百感交集地放弃了君主立宪的梦想,转而寻求共和。张謇为民生奔波疾呼,流亡海外十余年的梁启超回国欲挽狂澜于既倒,康有为和严复则为君主制崩溃无声嗟叹。士大夫的使命感与书生的天真执拗,映衬着时代的悲剧。

这一年,袁世凯被视为最大的赢家,从一介解甲归田的老臣,摇身变成"中国的华盛顿"。各派人物均对他寄予厚望,最终,他却将权力牢牢攥在手中。然而,这一年,他是否真是赢家?

这一年,革命党、立宪派、满清贵族、朝廷大员、贩夫走卒…… 所有人都在面对时代留给自己的诱惑和暗涌、机遇和挑战。

这一年,无论时局怎样风云诡谲,人们的生活有如止水,并没有发生多少变化。人们曾无比向往民国,如今身在民国,却也只是默然一笑。

1912年10月10日,"武昌起义"一周年。革命党齐聚武昌,悼念死难故友。他们发现,一年之间,他们换了天地,却没能换了人间。

如果 / 1912年就有微博 / 那么 / 无须长篇大论 /
无须鸿篇巨著 / 我们就能 / 直接触摸历史 / 与先贤对话

**【微博1912】**

在此，我们提出一个大胆的假设——

如果1912年就有"微博"，那时的人们，会用什么样的方式来记录并呈现自己的时代？

如果这些"微博"都可以以适当的形式在同一个平台上公开，关于辛亥的历史叙事，是否会有新的表现方式和阐释途径？

事实上，时人的日记、书信、奏折或者报刊短文等等，都在一定程度上，体现着微博的功能；而更加令人兴奋的是，我们经过对这些海量的历史资料进行收集、甄选和辨析后发现，当年身处不同阵营、持不同观点的人物的命运，在同一天里，都发生着微妙的交集，甚至他们各自的选择竟暗示着时代的走向！

在中国历史上，很少有哪一年能像1911-1912年这样，蕴涵如此众多而频繁的动荡、变故、选择、背叛，以及如此天翻地覆的转折。一年之间，中国巨变；一念之间，物是人非。这种持续的动荡、更迭、纠结、抉择以及心理的微妙波动，都很适合用微博的形式来呈现。

因此，《微博1912》绝不是一个玩笑，而是一种记录历史、观察历史、思考历史的方法；并且，《微博1912》也并不是大量材料的堆砌，我们的构思、苦心和灵感，都会在后面的《〈微博1912〉使用指南》篇进行具体说明。

在这里，我们尽可能多地查阅时人的日记、书信、奏折、报刊的报道，进行细致深入的扫雷式的发掘，然后，对所有材料进行甄选、辨析、适度的解释，将这些历史细节进行"有机"的拼合，希望从多个角度折射出大时代的风云与波澜，让人们距离历史记忆更近一步。

让我们穿越历史，寻找昨日的足迹。

让沉默的大多数，发出自己的声音。

这就是《微博1912》。

## 如果 / 1912年就有微博 / 你会在网上 / 遇见谁

### 有的人 / 被当做"大清脊梁" / 却被时代 / 戳了脊梁

**皇上 A**
注册地：北京
粉丝数：80071
朕爱玩骆驼，喂蚂蚁
养蚯蚓，看狗打架

**袁世凯**
注册地：河南
粉丝数：113891
不加v。我只是
河南洹上一钓叟

**盛宣怀 V**
注册地：北京
粉丝数：91763
邮传部大臣

**端方 V**
注册地：北京
粉丝数：6872
渝汉铁路督办。
曾任两江总督、直隶总督

**瑞澂 V**
注册地：北京
粉丝数：5358
湖广总督

**荫昌 V**
注册地：北京
粉丝数：3312
陆军大臣
平叛统帅

有的人 / 被称为"乱党" / 却终结三千年帝制 / 建立了新的国家

我不是孙文 R
注册地：美国
粉丝数：95623
你才是孙文呢，
你们全家都是孙文！

今村长藏 R
注册地：日本
粉丝数：93125
生亦何哀，死亦何苦
茫茫人海，黄兴是谁

宋教仁 R
注册地：上海
粉丝数：35166
白眼观天下
丹心报国家

汪精卫 R
注册地：广东
粉丝数：68942
引刀成一快
不负少年头

蔡元培 R
注册地：德国
粉丝数：1580
左手炸弹暗杀
右手文物伦理

黎元洪 R
注册地：湖北
粉丝数：32140
我只有这条命
给你们玩死吧

有的人 / 为庶民请命 /
为立宪奔波 / 却被造化捉弄

梁启超 C
注册地：日本
粉丝数：85412
民主制度
天下之公理

康有为 C
注册地：日本
粉丝数：51662
闪开！
我有先帝遗诏！

张謇 C
注册地：江苏
粉丝数：25663
大清状元
实业救国

严复 C
注册地：北京
粉丝数：33562
物竞天择
适者生存

罗瘿公 C
注册地：北京
粉丝数：8108
老罗说事

蔡锷 C
注册地：云南
粉丝数：16245
云南都督，松坡将军
PS，我不认识张麻子

有的人 / 孜孜不倦地 / 记录时代的变迁
为这个贫弱的国家 / 开出药方

《纽约时报》
注册地：纽约
粉丝数：31446
《纽约时报》官方微博

《泰晤士报》
注册地：伦敦
粉丝数：43275
《泰晤士报》官方微博

莫理循
注册地：伦敦
粉丝数：49181
《泰晤士报》驻中国首席记者

佐原笃介
注册地：东京
粉丝数：9538
中国人都是小暴君

《民意报》
注册地：天津
粉丝数：18693
《民意报》官方微博

《民立报》
注册地：上海
粉丝数：35184
《民立报》官方微博

---

当然 / 任何时代 / 都不缺乏 /
一些"普通青年" / 一些"文艺青年" /
一些"2B 青年"

胡适
注册地：美国
粉丝数：326
我爱打牌

诺亚子
注册地：河南
粉丝数：43386
菊花残，满地伤

鹤顶红
注册地：福建
粉丝数：6172
十步杀一人
千里不留行

戴草帽的蘑菇
注册地：天津
粉丝数：19649
爱国需要理由吗

小甜甜
注册地：广东
粉丝数：521
征友，征婚，
征服世界

蜗族
注册地：上海
粉丝数：571
不折腾

## 还有他们 / 天怒人怨的大管家 / 防不胜防的广告帖

**微博大管家 V**
注册地：北京
粉丝数：51744
莫谈国事

**微博调查局 R**
注册地：北京
粉丝数：65821
请文明礼貌使用微博。
问候您的家人。

**天高云淡 116**
注册地：福建
粉丝数：25132
专业粉丝团
帮您排忧解难
圆您万人迷的梦！

**编号 75641**
注册地：不详
粉丝数：11794
办证！办证！
美国博士证，
日本军官证，
官话六级证书，
电焊工上岗证……

**皇亲国戚联合会**
注册地：北京
粉丝数：1315
本会经营所有与
名人合影业务！

**编号 1840**
注册地：澳门
粉丝数：6581
英国原装进口
福寿膏

---

## 更有4位神秘穿越者 / 鸭先知&历史胖老师&名言帝&星座八爷 在历史现场联袂直播 / 为你我指点迷津

**鸭先知**
注册地：乌托邦
粉丝数：未知
春江水暖鸭先知啊
鸭先知，鸭子都是先知

**历史胖老师**
注册地：理想国
粉丝数：谜
信历史胖老师
不怕2012

**名言帝**
注册地：黄金时代
粉丝数：正无穷
像大师一样生活
像真理一样思考

**星座八爷**
注册地：冥王星
粉丝数：星星的数量
爷，是八爷的爷；
八，是八卦的八。

# 如果 / 1912年就有微博 / 你该如何使用它

**【《微博1912》使用说明书】**

本书有毒副作用，请仔细阅读说明书，或遵医嘱。
体弱虚寒、无幽默感、无好奇心、偏见易怒者慎用。

**【特别声明】**

1.《微博1912》的微博，出自真实可考的历史资料，包括时人的日记、书信、奏折、报刊文章等，并进行适度的白话处理。对于原文中出现的通假字和具有独特语感、含义的词汇，则有选择性地予以保留，以期更直观地反映时代特色。

2.《微博1912》存在少量杜撰的微博或评论，而这些微博或评论，也是对当时社会背景的客观呈现，对此，作者会在具体的微博中加以注明，敬请关注。

3.《微博1912》的主体时间跨度为1911年9月1日-1912年10月10日，从"武昌起义"的前夜，到"武昌起义"一周年。一年之间，民国开元，王朝终结，中国发生了什么改变，又有什么始终未变？中国收获了哪些希望，又有哪些失望依旧如影相随？

4.从晚清到民国，中国的纪年方式逐渐由农历向公历过渡。为方便读者阅读，《微博1912》的时间统一为公历纪年。

5.每月为一个章节。

6.对一些暗藏玄机的微博，以及一些对历史进程有重要意义的微博，作者会以"穿越者"的身份加以点评，给读者以提示。"穿越者"包括"历史胖老师"、"鸭先知"、"星座八爷"以及"名言帝"4人，希望从当代的视野出发，更宏观也更细致地发现历史的隐情，使读者体会到更多阅读的快意、思维的乐趣。

## 微博1912 / 所有的人物设置 / 其实都暗藏玄机

【微博人物认证】

【A】皇上专用,独一无二。

【V】大多数大清中上层官员都可获得此认证(袁世凯除外,他特别"要求""不加V"。袁世凯此时自称洹水渔翁。摄政王即位后,袁世凯就被迫解甲归田,主动拍摄蓑衣渔翁照,以示无意于功名利禄,也暗示摄政王不要对自己赶尽杀绝;武昌起义后,袁世凯则坐收渔翁之利,屡屡不肯出山。这是他的高明之处,也正是他的危险之处)。

【C】用来指代立宪派士绅们(Constitutionality),他们无官职或者有官职而无实权,有的则无意于功名利禄,更多兼济天下的胸怀,不加V是他们的普遍态度。但为了方便读者在阅读中很快认出他们,我们以C来指代他们。立宪派人物构成复杂,既有康有为这样的坚定地主张君主立宪者,也有梁启超、张謇、严复等从拥护帝制转向支持袁世凯者,持比较温和的改良路线。蔡锷的身份则更复杂,他留学日本,受到革命思想影响,但他又是梁启超的学生和忠实追随者,姑且列为立宪派。

【R】用来指代革命党(Revolutionary)。并且,他们中有些人会使用化名,比如,孙中山、黄兴等人都有不少化名,甚至是日本名字,"今村长藏"就是黄兴的化名之一;而孙中山,则使用"我不是孙文"和"我真是孙文"这两个略显无厘头的名字。民国初年,他们的名字曾被短暂地合法化,但很快就因为袁世凯加强集权、孙中山发动"二次革命"而再度沦为流亡者。

【草根群体】网络发言者,鱼龙混杂,既有理性判断,也不乏一些"愤青"。《微博1912》中有狂热的暴力革命爱好者"鹤顶红"、明哲保身、随波逐流的"蜗族"、倾向立宪的"戴草帽的蘑菇"、坚定的保皇党追随者"我爱北京紫禁城"、永远的反对派"诺亚子"……此外,还有一些ID专门发广告,这些ID的设置也是符合历史真实的,读者只需翻阅晚清民国时的报纸,看看上面各种风格的言论、各种名目的广告,就能感受到这种气氛。

【穿越者】《微博1912》之所以设置"穿越者"，并非附庸风雅。《微博1912》涉及的众多历史人物，在1911年-1912年的某个时刻写下某句话或者作出某个选择，表面看来平淡无奇，但是，如果回到当时的时代语境，我们就会发现，其中可能暗藏玄机，甚至成为潜在促成历史发展的推手。这些藏匿的隐情，就需要"穿越者"来为读者们挖掘出来，从而看得更加清晰、更加深入。

《微博1912》的穿越者有4位：

鸭先知：喋喋不休，不问青红皂白，急于发言，往往强词夺理，甚至偶尔文不对题；不过，有时他却也能剑走偏锋，说出一些出人意料的道理来。

历史胖老师：他的特点是几乎无所不知，并且总喜欢下意识地纠正别人。他总是能点明历史深处隐藏的线索。但是，因为某些原因，他后来失踪了。

星座八爷：据说星座八爷可能是那个很忙的"四爷"他弟，不爱江山爱星座。他通过星座分析人物，各位信则信之，不信则一笑了之。星座八爷最大的发现是：1912年拉锯战的几方大佬几乎都是太阳第十宫！史称"十宫之谜"。

名言帝：据说这个妹子可能是剪刀手爱德华他妹……她狂热地剪辑一切名言警句。

## 微博1912／所有的转发数／所有的评论数／其实也机关重重

### 【微博功能说明】

【✉】私信，是微博中常见的功能，某些难以为外人道的内容，或者秘密信号，就需要通过私信来相互传达。例如，革命党密谋的行动、朝廷针对革命党所做的种种部署、官僚之间的讨价还价等等——当然，私信功能建立在一个乌托邦式的前提之上，即"微博1912"是一个拥有绝对信用的平台，保证对发言者隐私的绝对保密，人们的私信绝对不会外泄。

【转发、评论】转发和评论的数量，与发言者的身份、观点、时局变化等都有密切的关联。具体到《微博1912》，被转发和评论最多的有三类：

1.某些不合理的规章。例如引发"保路运动"的"铁路收归国有"政策，直接伤害了商绅的利益。读者可以看到，盛宣怀的这条微博被疯狂转发、评论，甚至在政策宣布3个多月后仍被翻出来鞭挞。这些设置符合历史史实，因为"保路运动"确实蔓延长达5个月直至"武昌起义"爆发，正因"保路运动"持续时间过长，各地纷纷驰援四川，才导致武昌后防空虚，革命党最终得手。

2.革命党的某些激进主张。当革命已经成为大势所趋，所有激进的言论，都会赢得无数的受众。

3.容易引发民族主义情绪的微博。例如，《泰晤士报》驻中国首席记者莫理循对中国未来的一些判断，这些判断无论是理性的还是带有些许嘲讽，都可能引起一部分国人的强烈不满。

被转发和评论相对很少的微博，大多是张謇、严复等立宪派的微博。当革命发生前后，立宪派的张謇等人都忙于赈灾，救济黎民，或者全力行动促成立宪。但是，这些理性的声音，与一个喧嚣的时代多少有些格格不入。所以，张謇的一些微博，转发很少，评论也几乎局限于立宪派的同仁内部。在一个拒斥理性的时代，理性判断大多是没有市场的，人们急于选择一种彻底的方式拯救中国，至于它是否合理，以及是否有更合适的方式，人们往往无心关注。

【微访谈】在某些争议性事件发生时，"大清微博"会邀请一些重要的当事人到现场，与"网友"们交流，接受他们的咨询乃至责问。这使大清微博形成一个相对开放的平台。

## 微博1912 / 来自 / 对海量信息的萃取 / 对历史的还原

【微博类型说明】

【记录型】"正常青年"的微博发言,均来自他们的日记、书信、奏折、报刊文字等等。

【婉约派】"文艺青年"的微博发喟。发乎情,止乎礼。在大时代的苍凉背影下,月明星稀,顾影自怜,不知今夕何夕,不知能否看到翌日的黎明。

【粗放型】"2B青年"的微博发泄。愤青、反对派、暴民们针对某些事件,动辄发表情感激烈的评论,甚至不惜人身攻击。

【犬儒型】秉承事不关己,高高挂起的态度,无论时代如何更迭,政权如何颠覆,全部不为所动,这其实也是大多数老百姓普遍采取的态度。

【广告型】和现在的网络一样,如果当年有微博,评论中一定也会不乏广告帖。我们尝试适度植入一些广告帖,以调节气氛和阅读节奏。需要说明的是,即便是这些广告帖,也决不是无原则地胡编乱造。它们或出自当时的报刊广告,或与时代背景密切相关,各位读者可以专门留意咀嚼,以博会心一笑。

【花痴型】林子大了,什么鸟都有。微博江湖更是如此。

《微博1912》最典型的花痴型微博是下面这一条:

 **小甜甜**:汪精卫今天出狱啦! 真好啊! 人山人海! 我只能远远地看着他,我还冲他大喊,也不知道听见没有……唉……他真的真的真的好帅啊! 革命党真好! 我也要革命!

1911年11月6日　来自大清微博　　　　　　　转发: 22137　评论: 18662

这条微博同样有其深刻的历史背景,决非无端杜撰。各位可以到本书的这条微博下,寻找具体说明。

## 微博1912 / 就连选用什么浏览器 / 都反映出 / 你的立场和品味

**【微博浏览器】**

　　【大清微博】曾经风靡一时的大清微博官方浏览器，清帝逊位后，大清微博浏览器风光不再，但是，张勋和他的辫子军是它的忠实粉丝。同时，不少人对帝制有着复杂的感情，因此，据说直到1917年仍然有人保留着它的安装程序，并在张勋复辟那一日拿出来使用。

　　【圣旨浏览器】皇上专用浏览器。皇上逊位后仍拥有言论自由，但禁止谈论国事，因此，这一浏览器还是偶尔能够重现江湖。1915年袁世凯称帝时，曾组织"筹安六君子"重新研发"圣旨浏览器"，可惜未能攻克技术障碍，最终失传于世。

　　【鸽Phone】旅行者、流亡者专用，便携式移动浏览器，有飞鸽传书之功效。该浏览器曾广受孙中山、梁启超等流亡人士青睐，进入民国之后亦逐渐普及，飞入寻常百姓家。

　　【代理服务器】一些身处海外的人士时常使用的浏览器，由于服务器在海外，有时会包含部分未被及时过滤的敏感词，是反对派的地下言论利器。

　　【iMG】"iMG"的意思是谐音——"爱民国"。1912年民国开元后，南京临时政府旗下技术团队紧急研发出此浏览器，前几个月始终处于调试状态，因此经常出现信号差、文档遗失甚至功能混乱等问题，令使用者不堪其扰。但是，由于"iMG"代表着高尚的爱国主义情操，导致一些人一边骂它一边用它。

　　【共和之音】袁世凯在北京就任临时大总统后，北方旗下技术团队专程开发"共和之音"微博浏览器，以夺取被"iMG"掠夺的市场，并树立国家正统形象，"同一个世界，同一种声音！"（One World One Voice！）"共和之音"问世之后，与"iMG"浏览器明争暗斗，起初收效甚微，但最终，通过袁世凯政府出台的《反垄断法》，给予"iMG"致命一击。此后，"共和之音"浏览器开始占据市场，并因其稳定性和众多优惠活动，深受立宪派和广大民众青睐。

　　【时光隧道】穿越者专用。隧道有风险，穿越需谨慎。

# 目录

前言 /1

# 1911

1911年9月　**莫理循:** 盛宣怀说，对这些攻击，概不理睬。 /15

1911年10月　**微博大管家 V:** 本站服务器暂时停止使用。 /33

1911年11月　**张謇 C:** 独立之省已十有四，何其速耶? /73

1911年12月　**今村长藏 R: @汪精卫 R:** 希望你能说服袁世凯。 /107

# 1912

1912年1月　**佐原笃介:** 中国人个个都是小暴君。 /145

1912年2月　**康有为 C:** 一昨禅让诏下，旧朝遂亡。 /187

1912年3月　**袁世凯:** 发扬共和之精神，涤荡专制之瑕垢。 /221

1912年4月　**总统府:** 唐总理又来欺负我们总统了。 /239

1912年5月　**戴季陶 R:** 欲救中华民国之亡，非杀此四人不可! /261

1912年6月　**严复 C:** 政府库空如洗，行政无钱。 /285

1912年7月　**蔡元培 R: @袁世凯:** 元培亦对于四万万人之代表而辞职。 /297

1912年8月　**宋教仁 R:** 同盟会改组为国民党，自斯而后，民国政党，唯我独大。 /315

1912年9月　**我真是孙文 R:** 维持现状，我不如袁，规划将来，袁不如我。 /327

1912年10月　**梁启超 C:** 不知道我登岸以后又会发生什么惊心动魄的事情…… /339

尾　声　未来尚未来临…… /353

参考文献 /357

后记 /361

# 1911 9

宣统三年　　　农历辛亥年

**忌** 杀生・辩论・戴眼镜・去四川看烟花

**宜** 打牌・罢工・抗税・开会

### 铁路收归国有
因5月9日的铁路收归国有运动触犯绅商利益，保路运动持续数月如火如荼。各地援军前往四川，导致武昌后方空虚，革命党迅速成功。

### 川路股东大会拒绝纳粮
本月，川路股东大会决定不纳正粮，不纳捐输，不买卖田房。不认外债分厘，并通告全国。

### 赵尔丰大开杀戒
川督赵尔丰屡次对革命党实施怀柔政策，收效尚好，但朝廷不断对赵尔丰施加压力，最终迫使赵尔丰大开杀戒。

### 革命党包围成都
各路同志军闻讯后直扑成都。

### 朝廷各路援军驰援四川
为解四川之围，朝廷要求周边各省都派出援军，四川成为焦点，派出援兵的湖北则后方空虚。

### 同盟会策划起义
文学社和共进会在同盟会的推动下，策划在10月6日起义，但被湖北当局察觉。

### 四川荣县独立
四川荣县独立，为次月的武昌起义拉开序幕。

**胡适：** 昨夜不小心把眼镜打碎了，今日到市场去修一修。
1911年9月1日　来自代理服务器　　　　　　　　　　　　　转发：0　评论：2

**盛宣怀 V：** @端方 V：您不畏艰险去四川解决铁路问题，让我不胜敬佩。您的才能当然足以独当一面，但您在地方上没有实权，我私下觉得有些危险。✉
1911年9月1日　来自大清微博　　　　　　　　　　　　　共有9条私信

**鹤顶红：** 铁路苦状告我同胞：哎哟我们湖南全省人的死期到了！大家拼了一条性命！和那卖路的奸贼！轰轰烈烈！大闹一场！湖南这一条铁路！被那几个卖路的贼子！断送在洋人手里了！在下记得这条路十年前已经被那盛宣怀！卖与美国！是我们湖南人舍生忘死！争回来的！赎路的银子！湖南派了七百多万！这些银子！都是百姓辛辛苦苦挣来的钱！把贪官杀光！杀光！杀光！

　　**@盛宣怀 V：** 奉上谕：所有宣统三年以前各省分设公司集股商办的铁路延误已久，应即由国家收回赶紧兴筑，除支路仍准商民量力酌行外，从前批准干路各案一律取消。我认为，应先收归国有的川汉、粤汉铁路所招各股，改换官办股票，其有不愿换票者，有的给还股本；有的发还六成，其余四成发无息股票；川省路股实用之款，给国家保利股票，余款或附股或兴办实业，另行规定，不得由股东收回。
　　1911年5月9日　来自大清微博　　　　转发：58640　评论：39346

1911年9月2日　来自大清微博　　　　　　　　　转发：1008　评论：472

---

评论：

**蜗族：** 都四个月了，这么老的帖子，又翻出来了，楼主也不嫌累？
1911年9月2日　来自大清微博

**特级砖家：** 全国人民喜迎铁路收归国有。
1911年9月2日　来自大清微博

**鹤顶红回复特级砖家：** 喜迎你妹！为了这条铁路，百姓出了那么多钱，现在说收归国有就收归国有了? 国家出尔反尔, 还要不要百姓活了?

1911年9月2日　来自大清微博

**特级专家回复鹤顶红：**好好讨论, 不要说脏话。

1911年9月2日　来自大清微博

**鹤顶红：**脏话你妹! 你就是条狗! 你这奴才就值五个铜板!

1911年9月2日　来自大清微博

**诺亚子：**严重怀疑邮传部尚书　　@盛宣怀 假传圣旨! 盛宣怀必须马上公布个人财产!

1911年9月2日　来自大清微博

**蜗族：**大伙何必吵呢? 这事和我们有什么关系呢? 这事还是 @梁启超 先生评价得到位。"无论如何, 总不宜出以诏旨, 陷我皇上于政争旋涡中, 尤不应以此种束缚驰骤之言人于诏旨, 致臣民疑朝廷之有意违宪, 此则副署大臣不能辞其咎者也。"

1911年9月2日　来自大清微博

**鹤顶红回复蜗族：**倾巢之下, 安有完卵? 继续做你的白日梦去吧! 白痴!

1911年9月2日　来自大清微博

**徐樾 V：**川人因争路事, 群情激烈, 愈持愈坚。自8月24日起, 罢学罢市。旬日以来, 虽然省城还算守秩序, 但听说各州县已有相继罢市并打毁各局所者。万一匪徒乘机而起, 将为大患。军督陈奏, 将铁路的事情交给资政院处理, 暂归商办, 如蒙朝旨允许, 四川的祸患很快就会解除。如果仍旧任邮传部主持, 众情愈愤。现又将实行罢税抗粮之举, 入款全停, 大局不堪设想。省城巡警千余, 各属人数甚少, 一有变故, 恐不足恃。

1911年9月2日　来自大清微博　　　　　　　　　　　　转发：186　评论：63

---

评论：

**鸭先知：**上个网竟找到这处好地方! 鸭先知冒个泡! 从5月9日开始, 铁路就成为帝国的敏感词。各位想知道这次冲突为什么会持续几个月吗? 原因就是铁路收归国有, 损伤了商绅阶层的利益, 也因此遭到大规模抵制。

2012年1月1日　来自时光隧道

**历史胖老师：**非也非也! 各位, 各位, 我是历史胖老师! 看问题要看本质! 拖垮帝国的, 不是铁路的负担, 而是对民意的漠视! 帝国统治者曾以为, 只需像从前那样软硬兼施, 就足以平息民愤, 却没有料到, 以铁路为导火线的保路运动, 竟会如此持久, 如此摧枯拉朽。在这场博弈中, 其实也不存在真正的胜者, 无论是帝国还是公众, 无论是革命党还是立宪派, 其实两败俱伤。

2012年1月1日　来自时光隧道

**鸭先知回复历史胖老师：**你这就叫本质? 铁路只是压倒骆驼的最后一根稻草。罗马不是一天建成的，王朝也不是一天毁灭的。时光倒流五百年，西方进入大航海时代时，明清两代却都选择了闭关锁国，此后，鸦片贸易造成的财富流失、洋务运动对军事器械的片面重视、屡次战争的失败与割地赔款、国内的权力斗争、太平天国和义和团，都让这个国家积重难返。

2012年1月1日　来自时光隧道

**历史胖老师回复鸭先知：** 非也非也！"时光倒流五百年"？五百年前我还大闹天宫呢！历史胖老师告诉你什么是真正的本质。铁路是现代化的象征，中国引进以铁路为代表的现代文明，古老的传统就一定会受到"侵蚀"，直至万劫不复。

2012年1月1日　来自时光隧道

**鸭先知回复历史胖老师：** 你这明显是过度阐释！

2012年1月1日　来自时光隧道

**历史胖老师回复鸭先知：** 懒得理你。

2012年1月1日　来自时光隧道

**胡适：** 见《小说时报》上刊登的上海伎人小影，才知道，我以前认识的某些人，现在都已成名了。

1911年9月3日　来自代理服务器　　　　　　　　　　　　　　转发: 0　评论: 0

**莫理循：** @《泰晤士报》：成都的消极抵抗运动，局势迄未改观。中国已电令前直隶总督、现任湖广铁路督办大臣端方入川。我想朝廷此举是打算由端方取代赵尔丰。端方是个好总督，但在中国封疆大吏中最胆小怕事。端方在一次炸弹事件中幸免于难，使他吓破了胆。统帅军事并非端方所长。他患有癫痫病——拿破仑也患癫痫病，但两人仅在患病上相似。我个人希望赵尔丰不致被调职，我指望不久以后前往西藏边界时，他能给我提供一些特殊的方便，因为他弟弟是东三省总督，也是我的一个私人朋友。

1911年9月5日　来自代理服务器　　　　　　　　　　　　　　转发: 14　评论: 9

---

评论:

**鸭先知：** "他患有癫痫病——拿破仑也患癫痫病，但两人仅在患病上相似。"莫理循这个毒舌男！

2012年1月1日　来自时光隧道

**星座八爷回复鸭先知：** 小莫是个水瓶座，水瓶座一张嘴天生刻薄，并且习惯了刻薄之后，反而会觉得不刻薄讲话就寡淡无味。

2012年1月1日　来自时光隧道

**鸭先知回复星座八爷：** 子不语怪力乱神……

2012年1月1日　来自时光隧道

**星座八爷回复鸭先知：** 篡改观音姐姐批评孙猴子的话送给你——"你这泼鸭！"一边儿待着去！八爷接着说，做媒体这一行的风象星座数量最多！小莫就是其中的佼佼者——太阳第十宫的水瓶哦！天生的漫游者、新奇想法的创造者和践行者。本来水瓶是自由自在、享受过程的人，但落在第十宫就会不自觉地追求事业有成，追逐好结果，所以这一宫位使小莫能将泛滥成灾的灵感和源源不断的兴趣点转变成成功的源泉，最终大获成功。

2012年1月1日　来自时光隧道

**徐樾 V：** 半日之间全城罢学罢市，到今日，罢学罢市者有三十余处。还有匪徒乘机打毁局所，抢夺财物，经督宪率司道多方设法开导维持，仍未开市。且又罢税抗粮，为患日甚，大局岌岌可危。

1911年9月5日　来自大清微博　　　　　　　　　转发：28　评论：11

**鹤顶红：** 不要忘记几个月前黄花岗罹难的72烈士！朝廷昏庸，人神共愤！革命党和立宪派联合起来！把贪官杀光！杀光！杀光！

**@梁启超** 革命暴动之举，我辈立宪派一向不赞成。从历史规律来说，革命本属不祥之事，无论何国，倘若经过一次大革命，其元气恒越十年或数十年而不能恢复。今日我国，雕瘵已极，譬诸萎黄之树，岂堪复经飘摇之风雨与饕虐之霜雪，且外患方殷，动则牵引干涉，深恐徒糜烂其民，以为他人作驱除，吾党所以不敢妄赞革命主义者，凡以此也。而要之死于斯难者，其中不乏爱国热诚、磊落英多之士，其用心诚可诛；死难诸人，不能得丝毫结果，而唯快数点钟之意气，牺牲己身以为官吏升官发财之资，其手段亦诚可怜……我当局者曾不稍自引为罪，而论功行赏之事，乃日有所闻，君子谓其无人心矣。

1911年5月4日　来自大清微博　　　　　　　　　转发：356　评论：199

1911年9月5日　来自大清微博　　　　　　　　　转发：194　评论：82

---

评论：

**天高云淡116：** 还在为粉丝少而烦恼吗？还是为无人转发而困惑吗？给我留言吧！专业粉丝团帮您排忧解难，圆您万人迷的梦！

1911年5月4日　来自大清微博

**诺亚子回复鹤顶红：** 你有病吧？我们堂堂革命党，为什么要和那些无耻的保皇党联合？我还怕弄脏了我的手！

1911年5月4日　来自大清微博

**鸭先知：** 鹤老师的发言好振奋人心啊！让我不禁想起某著名足球节目主持人的怒吼："胜利属于卡纳瓦罗！属于布冯！属于马尔蒂尼！属于所有热爱意大利足球的人们！

他们没有再一次败在希丁克的球队面前！马尔蒂尼今天生日快乐！"
2012年1月1日　来自时光隧道

**历史胖老师回复鸭先知：** 悟空，你又调皮了……
2012年1月1日　来自时光隧道

**胡适：** 读小说。打牌。看报纸时得知，第三次赔款学生今日抵旧金山。
1911年9月5日　来自代理服务器　　　　　　转发：0　评论：1

评论：

**历史胖老师：** 胡适，是1910年考取"庚子赔款"的第二期官费留学生，得以到美国留学，在康乃尔大学先读农科，后改读文科。回国后成为一代文化领袖。不过，1911年，他还太年轻，整天除了读书，就只想着打牌、抽烟。
2012年1月1日　来自时光隧道

**鸭先知：** 没错，一个不折不扣的"瘾君子"。
2012年1月1日　来自时光隧道

**胡适：** 房东太太太可恶，几致与之口角。此妇亦殊有才干，惟视此屋为一营业，故视一钱如命，为可嗤耳。昨日，与金涛君相戒不复打牌。
1911年9月6日　来自代理服务器　　　　　　转发：0　评论：8

评论：

**历史胖老师：** 胡适戒烟、戒打牌，戒了无数次。
2012年1月1日　来自时光隧道

**星座八爷：** 掐指一算，小胡的水星和金星都是第十宫的摩羯，火星更是落在第八宫的天蝎，是可怕的天蝎和摩羯合体啊。这种人的腹诽和毒舌也令人闻之色变，不好惹啊。
2012年1月1日　来自时光隧道

**胡适：** 得君武书，知杨笃生投海殉国之耗，为之嗟叹不已。其致君武告别书云："哀哀祖国，徇以不吊之魂；莽莽横流，淘此无名之骨。"读之如闻行吟泽畔之歌。

**@蔡元培：** 杨笃生先生，以革命为唯一之宗旨，以制造炸弹为唯一之事业。常于深夜制弹药。制成后，想埋伏在北京到颐和园的中途，以便有所袭击。他曾携带弹药藏在路边一个土墙空围中，想找机会跳出到大道上伺机而动。然而，道路上车马彻夜不绝，竟然找不到间隙，只好露宿一夜而归。他曾到保定，交给桐城吴樾先生和诸位同志。吴樾先生在车站引爆的炸弹，就是杨笃生先生制作的。

1911年8月20日　来自大清微博　　　　　　　　转发:673　评论:194

1911年9月7日　来自代理服务器　　　　　　　　转发:13　评论:9

评论:

**历史胖老师**:各位,各位,我是历史胖老师!看问题要看本质!请看——"以革命为唯一之宗旨,以制造炸弹为唯一之事业",真是一语道出了革命党的天真与苦衷。要一个怎样残酷而无望的国家,才会让她的年轻人们选择这一条不归路?

2012年1月1日　来自时光隧道

**鸭先知**:杨笃生的名字已经无人知晓了,而晚清最著名的刺客是当时第一美男子汪精卫。这哥们儿刺杀皇上他爹摄政王,结果被抓了。本来肯定要判死刑的,清廷又有点担心把矛盾进一步激化,肃亲王则看他有才华,想救他,就给他改判了个无期徒刑。汪精卫和杨笃生都是"烈士"啊!值得尊敬!

2012年1月1日　来自时光隧道

**历史胖老师**:值得尊敬?非也非也!暗杀与自杀,一直是革命党的两种选择,而屡次出现的死者,不但没令年轻人痛定思痛,反而激起他们以生命报国的热情,或通过暗杀来完成使命,或转而自杀以唤醒民众。前者用暴力摧毁一切,后者用道德压倒一切。汪精卫和杨毓麟都是其中的典型。尤其是杨笃生,他的蹈海自杀真有意义吗?只是,逝者已矣,只能如此罢。

2012年1月1日　来自时光隧道

**星座八爷回复鸭先知**:谁说帅哥都集中在天秤和天蝎啊?"民国第一美男子"小汪就是个金牛座滴!不能让帅哥一直待在监狱里!这是不人道的!

2012年1月1日　来自时光隧道

**鸭先知回复星座八爷**:汪精卫再过几个月就会出狱滴。不要着急。

2012年1月1日　来自时光隧道

**龙鸣剑 R**:赵尔丰先捕蒲殿俊、罗伦,后剿四川,各地同志速起自救自保!

1911年9月7日　来自代理服务器　　　　　　　　转发:8941　评论:4512

**蜗族**:只转发,不表态。

　　**@龙鸣剑 R**:赵尔丰先捕蒲殿俊、罗伦,后剿四川,各地同志速起自救自保!

　　1911年9月7日　来自代理服务器　　　　　　　转发:8941　评论:4512

1911年9月7日　来自大清微博　　　　　　　　转发:0　评论:2

**鹤顶红**:赵尔丰这个屠夫!同志们,我们一起送他去见阎罗王!

　　**@龙鸣剑 R**:该微博包含色情或非法内容,已被删除。有问题请联系　**@微博大管家**

请文明礼貌使用微博。问候您的家人。
1911年9月7日　来自代理服务器　　　　　　　　　　　转发: 8941　评论: 4512
1911年9月7日　来自大清微博　　　　　　　　　　　　转发: 13　评论: 9

**莫理循:** @《泰晤士报》: 四川的动乱首先是反政府的, 只是在反对其他事项中, 在一定程度上才间接反对外国。即反对政府利用外国资金在四川省建设铁路的政策。四川省现有一个整镇的兵力。总督已由湖北省招募来三千新兵作补充。颇有势力的北京四川同乡会支持四川同乡的行动。四川人很少在中国官场身居高位。
1911年9月8日　来自代理服务器　　　　　　　　　　　转发: 114　评论: 18

**端方 V:** 学生用语言煽惑, 以铁路学堂为最。至于有无乱党, 亦难臆定。军警多助同志会, 警尤难恃, 巡防稍可用, 现酌调来省。抗税已议决实行, 解省之款, 有被阻者。学生亦密议回籍办团。
1911年9月8日　来自大清微博　　　　　　　　　　　　转发: 39　评论: 12

---

评论:

**历史胖老师:** "警尤难恃, 巡防稍可用"。巡防者, 城管耶?
2012年1月1日　来自时光隧道

**鸭先知回复历史胖老师:** 汗……
2012年1月1日　来自时光隧道

**端方 V:** 午间突然有各协会匪徒数千人, 拥堵在督署外面, 先将驻扎在街口的马步各兵队冲破, 拥至辕门, 砍伤弁兵多人, 直冲入头二门, 将上大堂。在前者均挟有器具, 并分扑廊房。兵队开枪伤毙十余人, 匪徒才退散。但他们很快又扑攻后门, 希图包抄, 幸已立时击退。现在各街鸣锣聚众, 与兵队互攻, 恐二三日内, 未必能定。省外州县, 亦到处蜂起, 自流井等处井灶徒众, 不下数十万人, 此次亦并罢市停工, 抗纳厘税。深恐处处响应, 兵分力弱。
1911年9月8日　来自大清微博　　　　　　　　　　　　转发: 46　评论: 25

**诺亚子:** 我严重怀疑　@莫理循　是被朝廷收买的一条狗! 我马上就会发起对莫理循的调查, 欢迎各位网友积极提供线索以及物质援助。

**@莫理循:** 老百姓的物质生活正在日趋丰富。虽说不久之前当收回权益运动处在高潮的时候, 老百姓不愿意借外债, 而如今各省却都争先恐后要借外债了。凡有外国银行的各省, 都忙于讨论和磋商举借外债。兴修铁路正在取得真正的进展, 最近这次一千万英镑的湘鄂川铁路大借款, 其条款比以往的所有贷款都较为对中国人有利。
1911年8月9日　来自代理服务器　　　　　　　　　　　转发: 253　评论: 114
1911年9月9日　来自大清微博　　　　　　　　　　　　转发: 156　评论: 32

评论:

**历史胖老师;** 任何时代都不缺乏一些暴民。作为记者的莫理循,只是客观地记录他看到的实际情况,却可以被一些人理解为帮大清朝廷粉饰太平。这都哪跟哪啊?
2012年1月1日　来自时光隧道

**鸭先知:** 根据莫理循的记录,武昌起义发生前两个月,帝国似乎仍然欣欣向荣。只不过,表面的沉静,掩饰不住澎湃的暗涌。裂变的前夜,往往风平浪静,而又暗藏玄机。
2012年1月1日　来自时光隧道

**戴草帽的蘑菇:** 先帝遗诏在此,谁敢不从?
　　**@朱庆澜 V:** 罢市米油铺仍开,各户均贴先皇帝神位,旁注:庶政公诸舆论,川路准归商办。
　　1911年8月26日　来自大清微博　　　　　　　　　转发:187　评论:43
1911年9月11日　来自大清微博　　　　　　　　　　　　　转发:26　评论:9

评论:

**鸭先知:** 在保路运动中,悬挂先帝光绪的神位,非常普遍,也颇有些荒诞。光绪时代颁布的川路商办的诏令,成为绅商们对抗朝廷的一道免死金牌。人们用这种令朝廷哭笑不得的方式,表达自己的愤怒,至于民众对曾经立志维新变法的光绪皇帝究竟持什么态度,倒是很难判断。
2012年1月1日　来自时光隧道

**历史胖老师回复鸭先知:** 哎?谁偷了我的讲义?
2012年1月1日　来自时光隧道

**鸭先知回复历史胖老师:** 吼吼,读书人的事,能叫偷吗?
2012年1月1日　来自时光隧道

**莫理循:** 上周五以来与成都电讯已中断。周六晚上得悉总督衙门遭到攻击,已被包围。传教士已于周四撤出,其余人等在星期五撤出,顺流而下到重庆。英国炮舰停泊在河流汇合处的叙府,但因为水位太低,不能溯江而上到达嘉定。
1911年9月12日　来自代理服务器　　　　　　　　　　　转发:44　评论:19

**莫理循:** 四川当地报纸周六早上报道,总督衙门遭到"成千上万"激愤的人群围攻。下午,外务部通知法国代办,衙门为十万人包围。后来有人告诉我们,有两千人示威。人们以极大的兴趣注视着局势的发展。我们正等待电讯的恢复。湖南人的情绪显然已被上星期五发布的安抚诏书所平息。盛宫保 **@盛宣怀** 受到难以估量的猛烈谴责。一家地方报纸出版的攻击盛宣怀的小册子内容纯属无耻谣言。然而，盛是具有异常勇气的人，对前景处之泰然。他说，对这些攻击，概不理睬。

1911年9月12日　来自代理服务器　　　　　　　　　　　　转发：198　评论：77

---

评论：

**历史胖老师：**"成千上万"人到底是"十万人"还是"两千人"？清朝当局的这些数字游戏无聊透了！

2012年1月1日　来自时光隧道

**鸭先知回复历史胖老师：**嘘……

2012年1月1日　来自时光隧道

**莫理循：**中国长江流域各省的前景非常暗淡。一位知名的中国人昨天对我说，前景从来没有这样糟糕，因为中国从来没有受到过这样大的水灾和饥荒的威胁。

1911年9月12日　来自代理服务器　　　　　　　　　　　　转发：18　评论：5

**我不是孙文 R：** @希炉同志 R：弟于9月2日由金山大埠启程，绕游美北美中而出美东，10月底当可到纽约。然后再定方针，或往欧洲而回南洋，或再回美西，取道檀香山日本而回东方皆未可定。刻下风云日急，日来四川已起事，其成败如何未可知者，四川得手则两广及云贵三江福建等省不得不急起相应也。所以弟之回国缓急皆未定。望各同志努力前进，运合大业，集大力以为进行之援助，是为切。

1911年9月12日　来自鸽Phone　　　　　　　　　　　　　　转发：18　评论：5

---

评论：

**鸽Phone官网：**鸽Phone！流亡者专用！买鸽Phone就是爱国！用鸽Phone就是爱民！免费试用一个月！欢迎垂询订购！

1911年9月12日　来自鸽Phone

**历史胖老师：**各位，各位，我是历史胖老师！这条信息非常重要！请注意，此时，距离武昌起义近一个月，看孙中山此时的计划，"弟于9月2日由金山大埠启程，绕游美北美中而出美东，10月底当可到纽约。然后再定方针"，可见他根本看不出革命有任何胜利的迹象，还在夜以继日地奔波。一个月后，孙中山将在美国未完成的旅途中得知起义成功的消息，并且，"得手"的并不是他曾寄予希望的四川或者两广，而是晚清重臣张之洞当年一手打造的武汉三镇。

2012年1月1日　来自时光隧道

**瑞澂 V：**川督　@赵尔丰　枪毙围署匪徒后，匪即在街放火。因将各城紧闭，邮电不通。现在城外民团会党，聚集乱民约数万人，四路围攻。城内派巡防军攻击，连日接战，死亡不少，去者尚络绎不绝。

1911年9月13日　来自大清微博　　　　　　　　　　　　转发：892　评论：651

评论：

**鹤顶红**：赵尔丰是个屠夫！必须把他干掉！干掉！干掉！

1911年9月13日　来自大清微博

**历史胖老师**：我觉得……楼上的这位也是个屠夫……

2012年1月1日　来自时光隧道

**鸭先知**：川督赵尔丰开枪，成为保路运动进一步恶化的标志。这件事充分告诉我们，冲动是魔鬼，冲动不但会害死猫，还会害死自己，害死一个国家。

2012年1月1日　来自时光隧道

**历史胖老师回复鸭先知**：各位，各位，我是历史胖老师！别听丫胡说！事实上，赵尔丰最初始终对革命党实行怀柔政策，成效亦不错，但朝廷各方面却督责他手段不硬，屡屡对他施压。最终，身处囹圄的赵尔丰反倒成为替罪羊。政治的闹剧便是瞬息万变，光怪陆离。

2012年1月1日　来自时光隧道

**鸭先知**：哎哟喂！啧啧……

2012年1月1日　来自时光隧道

**端方 V**：**@盛宣怀 V**：鄙意时机至此，惟有缓收粤路暂归粤人自办，钳官绅争路之口，夺匪徒利用之资。

1911年9月13日　来自大清微博　　　　　　　　　　　　转发：17　评论：14

评论：

**盛宣怀回复端方**：其逆谋不在路。

1911年9月20日　来自大清微博

**历史胖老师**：各位，各位！历史胖老师又来了！盛宣怀这一句太重要太重要了！他在此时已经看出，保路运动所图，不仅在铁路！铁路只是一个药引子，它到底会毒死帝国还是拯救帝国，没有人知道。几个月来局势峰回路转，跌宕起伏，铁路与国运，已经难以避免地纠缠在一起。

2012年1月1日　来自时光隧道

**鸭先知回复历史胖老师**：侬勿要嘎激动好伐？这么胖小心高血压……

2012年1月1日　来自时光隧道

**历史胖老师回复鸭先知**：你妹……

2012年1月1日　来自时光隧道

**鹤顶红：** 爷和你铆上了！实话跟你说，袁世凯来了也没用！我们革命党一样把他干掉！干掉！干掉！

　　**@端方 V：@盛宣怀 V：** 川中现在民间固多煽动，更有督臣为之提倡，风潮何患不烈。我的意思是：铁路收归国有的政策，不实行则已，如必实行，季帅 **@赵尔丰** 督川必无果。只有请慰帅 **@袁世凯** 出山，才能解决问题。

1911年8月28日　来自大清微博　　　　　　　　　　　　　转发：84　评论：16

1911年9月14日　来自大清微博　　　　　　　　　　　　　转发：17　评论：14

---

　　评论：

　　**蜗族：** 袁世凯大人如果真能出山，咱大清还是有希望的。

　　2012年9月14日　来自大清微博

　　**鹤顶红回复蜗族：** 最恶心的就是你这种苟延残喘的人，以后死都不知道怎么死的，还对这肮脏的朝廷感恩戴德。

　　2012年9月14日　来自大清微博

　　**鸭先知：** 慈禧太后和光绪去世后，光绪的弟弟载沣成为摄政王，一度想杀死袁世凯，后来勉强留他一命，把他驱逐回河南老家。现在天下大乱，官僚们都已经把希望寄托在强力人物袁世凯身上。

　　2012年1月1日　来自时光隧道

　　**历史胖老师回复鸭先知：** 胖老师说了多少次了？看问题要看本质！在这个历史关节点上，不仅官僚们把视线投向袁世凯，各派都在努力争取他，无论是朝廷大员、立宪派还是革命党，都或明或暗地对他进行拉拢，隐居三年的袁世凯，又一次成为香饽饽。实力决定命运！

　　2012年1月1日　来自时光隧道

　　**鸭先知回复历史胖老师：** 啊哦！

　　2012年1月1日　来自时光隧道

**盛宣怀 V：@赵尔巽 V：** 乱党围城，季帅 **@赵尔丰** 消息不通，午帅 **@端方** 甫抵沙市，迟迟不行。已催调鄂军，缓不济急。公知省外各军何军可靠，乞速电示，制台命令难行，可由陆军部发电调援，昨川京官发通电劝解散，公如有策，乞电示。

1911年9月14日　来自大清微博　　　　　　　　　　　　　转发：28　评论：9

**张謇 C：** 午后去吕四，和卿追到牧场堤，和我谈分厂的事情。定下了第一堤和第一初等小学开学的日期。到吕四询问考盐事，叙省的计划的精细严谨程度远在周、许之上，吕四的事情，他可以胜任。
1911年9月14日　来自大清微博　　　　　　　　　　　　转发：0　评论：0

**盛宣怀 V**：**@岑春煊 V**：简公查办川事，著即刻起程，成都被围，朝不保暮。午帅 **@端方** 奉命多日，才过沙市，似太延捱。顷协理两相转述，监国倚畀甚殷，知公忠勇有为，用资艰巨，特属公闻命即行，万勿稍有推诿。
1911年9月15日　来自大清微博　　　　　　　　　　　　转发：37　评论：20

评论：
**岑春煊回复盛宣怀**：川省乱象将成，既奉恩命起用，万不敢辞，惟臣病数年，宾僚随从须一一招致，断无孑身前往之理。现已赶紧部署，得有三数人，即可就道。
1911年9月17日　来自大清微博

**盛宣怀回复岑春煊**：公此行宜先声后实，乃克有济。匪焰甚张，从前感情未必足恃。自来民变终归于抚，若一无兵威，必养痈成患。如虑新军无用，长江有程允和原统防军二十营，现为张勋接统。
1911年9月17日　来自大清微博

**盛宣怀回复岑春煊**：目下以平乱为先着，路事暂可不提，方与谕旨相合。
1911年9月17日　来自大清微博

**历史胖老师**：唉，这么推诿来推诿去的，替你们着急啊！
2012年1月1日　来自时光隧道

**张謇 C**：晤杨、强二委员，说赈灾的事情。
1911年9月17日　来自大清微博　　　　　　　　　　　　转发：0　评论：3

评论：
**编号75641**：办证！办证！美国博士证，日本军官证，官话六级证书，电焊工上岗证……只有你想不到的，没有我办不到的！
1911年9月17日　来自大清微博

**三月三**：中国人民是不会被灾难打倒的！
1911年9月17日　来自大清微博

**历史胖老师**：作为立宪派的领袖，张謇所做的许多解决民生疾苦的工作，在一个喧嚣的时代里，孤独而又悲哀。
2012年1月1日　来自时光隧道

**诺亚子**：我严重怀疑 **@张謇** 借赈灾之名私吞捐款！我马上就会发起对张謇的调查，欢迎各位网友积极提供线索以及物质援助。

**@张謇C：**晤杨、强二委员，说赈灾的事情。

1911年9月17日　来自大清微博　　　　　　　　　　转发：3802　评论：1105

**胡适：**演说会第一次举行辩论，题为《中国今日当行自由结婚否？》。我是反对派，可惜因为助者不得其人，遂败。

1911年9月17日　来自代理服务器　　　　　　　　　转发：3　评论：7

评论：

**历史胖老师：**各位，各位，我是历史胖老师！胡适的这次演说很有意思！就像他一生的写照。在一个人人皆以婚姻自由为名的时代，有人找到真爱，有人开始滥情。胡适与发妻江冬秀的感情，却与整个时代格格不入。胡适认为，谈恋爱太消耗精力，而父母之命、媒妁之言的感情同样可以持久。

2012年1月1日　来自时光隧道

**鸭先知回复历史胖老师：**胡适后来不是和韦莲司有些不清不楚吗？

2012年1月1日　来自时光隧道

**历史胖老师回复鸭先知：**他也没敢和江冬秀离啊！江冬秀直接把菜刀拍在桌子上了，敢离婚，就杀身成仁。谁敢啊？虽然江冬秀完全不理解胡适的学术与思想，虽然胡适后来也与韦莲司有过漫长的情感纠结，但他与江冬秀的感情却还是维持终生。

2012年1月1日　来自时光隧道

**鸭先知回复历史胖老师：**菜刀……以后可以带着菜刀合唱《因为爱情》……

2012年1月1日　来自时光隧道

**历史胖老师回复鸭先知：**怕老婆那是美德，那些没文化的家伙只知道灰太狼，应该大力弘扬小胡的新好男人形象。胖老师友情馈赠楹联一对：上联——博古通今斗树人，下联——低眉顺目驯悍妻，横批——内外兼修。再给各位看官普及下"新三从四德"：三从——太太出门要跟从，太太命令要服从，太太错了要盲从；四得（与"德"谐音）——太太化妆要等得，太太生日要记得，太太花钱要舍得，太太打骂要忍得。小胡若看到这些，一定会奉为金玉良言，搞不好还会再写一本书，因为他就是这么做的嘛！吃得苦中苦，方为人上人，与各位光棍共勉。

2012年1月1日　来自时光隧道

**莫理循：**　**@《泰晤士报》：**我们似乎又一次受到夸大其词的中国官方报告的欺骗。中国人言过其实的习惯真是根深蒂固。重庆关代理冯·斯特劳赫在电报里说，总督已完全控制局势，邮政局已开门营业。我们驻重庆的领事却来电称，成都城门关闭，粮食无法运进，有发生饥荒的危险。而当他草拟电文时，来自成都的电讯称，粮食充裕，粮价并未上涨。

1911年9月19日　来自代理服务器　　　　　　　　　　　转发：65　评论：32

评论：

**历史胖老师：** 愚蠢的清朝当局，以为老百姓都是白痴吗？
2012年9月14日　来自时光隧道

**鸭先知回复历史胖老师：** 嘘……血压……血压……
2012年9月14日　来自时光隧道

**莫理循：** @《泰晤士报》：勇敢的癫痫病患者端方，肩负挽救时局的重任，却滞留在宜昌，一直表示，有意向成都作破纪录的进军——指需要花很长时间的长途跋涉。总之，我们本来对起义抱有希望，认为这种起义会把注意力吸引到远东来，并足以证明在北京保有一名记者是正当的，现在这种希望完全破灭了。
1911年9月19日　来自代理服务器　　　　　　　　　　　转发：33　评论：24

**严复 C：** 在我看来，我国史书之中，学者最应该深思审问、最应该得其实而求其所以然者，没有一个能超过王安石变法这件事。商鞅、王莽遇到的情况，致力之难，得效之不期，与王安石相比都差得远了。王安石有两个问题，一是不知道适用于一郡一州的制度未必适用于天下，就像现在的变法，适用于甲国的未必适用于乙国；一是不知道攻击我的人，未必都是奸人，而那些帮助我与我和同的，也未必都对我有利。
1911年9月20日　来自大清微博　　　　　　　　　　　转发：18　评论：17

评论：

**鸭先知：** 这是一场世纪飞人之战！咱们得看看，是王安石跑得快，还是孙中山跑得快？
2012年1月1日　来自时光隧道

**历史胖老师回复鸭先知：** 身处立宪派阵营，严复此时研读、关注的，仍是旧时的变法思想。这也是中国人的思维惯性，一旦遇到现实的问题，都会下意识地面向前朝寻找答案。然而，晚清毕竟已是一个全然不同的时代，无论是商鞅、王莽还是王安石，都已经无从解决现代化带来的焦灼与困境。在辛亥革命的前夜，严复和他的同道们依然希望通过改良的方式来拯救国家，并且，他们似乎也真的成竹在胸，所需的只是时间成本。但是，时代已经吝啬地不肯再给他们任何时间。
2012年1月1日　来自时光隧道

**星座八爷：** 小严的水星和木星都落第九宫，知识、智慧、道德等对小严而言具有与生俱来的吸引力，他小时候就是热爱学习的家伙，长大了从事文化教育事业也是兴趣使然，水到渠成，一旦他的才华专注于某一方面，就一定能有所成就。他这一生，就是这样走来的哦。

2012年1月1日　来自时光隧道

**历史胖老师回复星座八爷：**你这骗子，整这些星座的东西来做什么？

2012年1月1日　来自时光隧道

**星座八爷回复历史胖老师：**信不信由你哦，要不要八爷给你算算？

2012年1月1日　来自时光隧道

**戴草帽的蘑菇：**梁先生说得真是深刻！

**@梁启超 C：#国民破产之噩兆#**所谓国民破产，指的是，举一国所资以为生产资本，最终却无富余。人民终年辛勤劳动，所得还不足以养活自己，于是弱者转于沟壑，悍者铤而走险，人人不乐其生，而全社会之秩序破，中外古今之亡国者，未有不循斯道也。呜呼！今日中国之现象近之矣，所以我列举近五年来生计界之噩梦，溯本还源，希望我国民共同思考拯救之道。

1911年8月28日　来自大清微博　　　　　　　　　　转发：372　评论：197

1911年9月20日　来自大清微博　　　　　　　　　　转发：16　评论：9

---

评论：

**历史胖老师：**压倒大清帝国的，绝不是一场简单的武昌起义。

2012年1月1日　来自时光隧道

**鸭先知回复历史胖老师：**老胖你何出此言？

2012年1月1日　来自时光隧道

**历史胖老师回复鸭先知：**梁启超对过去五年中国社会危机逐一道来，读来令人惶恐。一场小危机，动辄就会影响全国。在一个安全感缺失的时代，谣言夹杂着灾祸，迅速形成摧毁性的后果。所有人都只能蜷缩在这艘失控的船上，任由巨浪席卷而无能为力，没有人知道，这艘船什么时候会沉没。其实，船上的人同样心情复杂。这艘船的安危与每个人的命运都息息相关，没有多少人真的希望这艘船沉没，但是，几乎所有人又都无比憎恨它。在种种悖论、纠葛之中，中国之舟飘摇着驶向未知的将来。

2012年1月1日　来自时光隧道

**鸭先知回复历史胖老师：**这个国家已经烂到根里了。

2012年1月1日　来自时光隧道

**鹤顶红：**这个是什么 **@戴草帽的蘑菇** 是不是梁启超的马甲？这些可恶的保皇党！必须杀光！杀光！杀光！

1911年9月21日　来自大清微博　　　　　　　　　　转发：14　评论：8

**莫理循：　@巴恩斯：**和成都断了联系之后，东方式的臆想充分发挥了作用。我有生以来再

也没见过比颂扬赵尔丰平定叛乱的行为的文告更言过其实的了。而事实则是：两千名徒手
的、头脑简单的乡民，为抗议五名护路同盟成员被捕而在衙门前示威时，此公吓得不知所
措。而来自成都平原的战报竟说：叛乱者数以万计，被歼者数以千计。我对整个事情感到有
些难堪，因为我上了当，曾说局势十分严重。但我内心并不相信事情真有这样严重。毫无疑
问，北京认为广东省是帝国最危险的部分。为此，盛宣怀希望尽快把铁路建设起来。
1911年9月25日 　来自代理服务器　　　　　　　　　　　　　　　　转发：16 　评论：9

**张謇 C:** 大生正厂开股东会于商学公会，决议织厂及储蓄押汇银行事，名通海银行。
1911年9月26日 　来自大清微博　　　　　　　　　　　　　　　　　转发：0 　评论：3

**张謇 C:** 分厂续开股东会，决通函大清、交通两银行筹运本事。
1911年9月27日 　来自大清微博　　　　　　　　　　　　　　　　　转发：0 　评论：0

**莫理循：** @《泰晤士报》：我在四川问题上干了蠢事。星期四晚上，我的一个兵部朋友来
看我，他告诉我整个形势被大大夸大了。我信了他的话，起草了一则消息，可惜时间太晚，来
不及当晚发出。星期五，我因没有发出这则消息而庆幸自己走了好运，因为这时我看到了重
要的诏书，听到了来自四面八方的令人吃惊的消息。
1911年9月27日 　来自代理服务器　　　　　　　　　　　　　　　　转发：167 　评论：25

**张鸣岐 V:** 遵旨派滇军入川。本日先派统带黎天才率领济字左营一营，乘广利赴沪，转江
轮至鄂，带有七米里九枪五百四十五支，码五万四千五百颗，无烟马枪三十一支，长枪一
支，七响手枪一支，码六千六百颗。
1911年9月28日 　来自大清微博　　　　　　　　　　　　　　　　　转发：27 　评论：15

**今村长藏 R：** @冯自由 R：七月以来，蜀以全体争路，风云甚急。私电均以成都为吾党所
得，然未得确实消息。前已与执信兄商酌，电尊处转致孙中山先生，请设法急筹大款，以谋
响应，尚未得复。现在湖南、湖北都有代表来上海，商议急进的办法。因为还没有见面，并
不知道具体的情形如何，所以无法妄断。至于云南方面，如果想要马上革命，都可以办到，
那里去年已经着手布置，军界和会党方面都有把握，只需要两三万就能发动革命。但不能
寄望其成功，因为武器很少，不足以对抗敌军。✉
1911年9月30日 　来自鸽Phone　　　　　　　　　　　　　　　　　共有11条私信

**1911**
**10**

宣统三年　　　　　　　　　　　　　　　农历辛亥年

**忌** 祭祀・动土・买卖・祈福

**宜** 革命・杀生・婚嫁・安葬・庆生

### 岑春煊平乱
曾镇守四川、颇有威望的岑春煊，奉命回四川平定"保路运动"。但四川是烫手山芋，他不断以病重、无兵为借口拖延。

### 武昌起义
1911年10月10日，辛亥革命打响第一枪，武昌光复。但是，对于这次革命的摧枯拉朽之势，人们还缺乏必要的判断。

### 清兵将领黎元洪成为革命军湖北都督
颇有声望的清廷将领黎元洪被迫成为湖北都督。他感叹："我只有这条命，给你们玩掉罢。"

### 荫昌率军前往武昌
朝廷命荫昌率北洋新军前往湖北平叛，军中将领多是袁世凯旧部，对荫昌阳奉阴违。

### 袁世凯复出
武昌前线战况不利，要求袁世凯复出呼声越来越高，朝廷不得不与袁世凯进行漫长的讨价还价，请他出山，重组内阁。

### 黄兴督战革命军
"武昌起义"后，黄兴赶往武昌督战，并被任命为元帅。尽管战况不利，但拖住了清兵，为十四省独立打下基础。

### 朝廷审判盛宣怀
曾促成"铁路收归国有"政策的盛宣怀成为朝廷的替罪羊。但罢免盛宣怀，已于事无补。

**端方 V:** 已到夔州。
1911年10月2日　来自大清微博　　　　　　　　　　　转发: 14　评论: 12

**岑春煊 V:** 已到武昌,病体势难前进。
1911年10月2日　来自大清微博　　　　　　　　　　　转发: 35　评论: 19

---

评论:

**鸭先知:** 保路运动局势日炽,奉命前去平乱的端方和岑春煊却借故姗姗来迟,谁也无意打理这个烂摊子。武昌起义却已箭在弦上,重臣的消极态度,加速了帝国的陨落。
2012年1月1日　来自时光隧道

**历史胖老师:** 这是赤裸裸的渎职! 纳税人的钱就交给这些明哲保身的家伙了!
2012年1月1日　来自时光隧道

**鸭先知回复历史胖老师:** 嘘……镇定! 血压!
2012年1月1日　来自时光隧道

**张謇 C:** 自江宁至皖,江南北被水处尚未退尽也。
1911年10月2日　来自大清微博　　　　　　　　　　　转发: 0　评论: 3

**今村长藏 R:** @同盟会中部总会 R: 我之前以为云南方面发动革命稍有把握,且能很快发动,对四川而言也能形成掎角之势;等到吕天民和刘芷芬两位兄弟来,我才知道湖北的情势更好,并且势在必行,兄弟我怎敢不听从诸位的计划!但兄弟我的行动还不能确定,因为南洋筹款的事情可能需要兄弟我走一趟。过些天等到回复的电报,我才能作出决定。✉

1911年10月3日　来自鸽Phone　　　　　　　　　　　　共有57条私信

评论:

**历史胖老师:** 倘若不是南洋筹款的事情拖住了黄兴,武昌起义的结局还着实难以预料。与之前黄兴领导的数次起义不同,武昌起义能够成功,恰恰在于其不可控性,也就是说,任何事先的周密部署都可能过度暴露,随机应变,反倒可能误打正着。

2012年1月1日　来自时光隧道

**鸭先知回复历史胖老师:** 而且黄兴这人运气一直不好,只要他亲临战场,最后往往就会打败仗。不知道撞上什么邪了。

2012年1月1日　来自时光隧道

**张謇 C:** 作垦牧小学校歌,寄知源、易园。
1911年10月3日　来自大清微博　　　　　　　　　　转发:0　评论:0

**严复 C:** 今天到禁卫军公所,确定了大清国歌——《巩金瓯》。
1911年10月4日　来自大清微博　　　　　　　　　　转发:51　评论:24

评论:

**历史胖老师:** 此时的严复并不知道,他为大清帝国谱写的国歌《巩金瓯》,仅仅传唱了6天,便由国歌变成了挽歌。几经推敲的32个字,并没有给帝国带来好运,乱世的国运,早已经不起任何推敲。

2012年1月1日　来自时光隧道

**胡适:** 是日大雨。天骤热。中夜忽流鼻血不已。
1911年10月4日　来自代理服务器　　　　　　　　　转发:0　评论:0

**赵尔丰 V: @陆军部 V:** 该匪等依山凭河,恃险抗拒,并有快枪外接。现正准备架桥进攻。
1911年10月5日　来自大清微博　　　　　　　　　　转发:82　评论:35

**赵尔丰 V: @陆军部 V:** 鄂军尚未到万县……粤军不知何时由粤开拔。陕军只自守陕境。现止黔军到永川,暂令分扎泸、叙。……可否恳请大府部电饬湘抚,于川、湘接近攻击,选派

得力兵队三两营,迅速由酉阳、秀山前赴重庆,听候调用,子弹务须多带。✉
1911年10月5日　来自大清微博　　　　　　　　　　　　　共有29条私信

**今村长藏 R**：@冯自由 R：我党此前只关注两广,而不注意湖北,因为长江一带我党无法轻易飞入,补给运输也不方便,并且没有可靠的军队,所以不愿在湖北主动发难。现在既然有实力,那就应该以武昌为中枢,湖南、广东为后劲,宁、安徽、陕西、四川同时响应牵制,大事不难一举而定也。✉
1911年10月5日　来自鸽Phone　　　　　　　　　　　　　共有13条私信

评论:

**鸭先知**：黄兴此时已经将帝国的软肋放在武昌,并且,他的预言基本和辛亥革命未来的大势、帝国土崩瓦解的过程保持一致。但是,这些话在1911年10月5日说出口的时候,或许连他自己也不是十分坚信。

2012年1月1日　来自时光隧道

**历史胖老师回复鸭先知**：不管他信不信,反正我是信了。

2012年1月1日　来自时光隧道

**今村长藏 R**：@宋教仁 R @谭人凤 R @陈其美 R @居正 R：这次起义,布置不可过大,用人不可不择。就拿此前广州起义来说,喜欢挥霍的人,花钱肯定很多,成绩又不好;能节俭的人,花钱得当,成绩也一定不错,这是一定之程式也。至于那些骗子,更不用说了。最重要的是,人心险诈,表面看起来很热心的党员,其实是敌军侦探的人,也是有的。广州起义的失败,关键问题就在这里。这次不能不引以为戒。✉

@今村长藏：良友尽死,弟独归来,何面目见公等! 惟此次之失败至此者,弟不能不举(胡)毅生、(姚)雨平二人之罪……因出血过多,头部时为昏眩,不能多书,勉以左手拈笔。

1911年4月29日　来自鸽Phone　　　　　　　　　转发：572　评论：139

1911年10月6日　来自鸽Phone　　　　　　　　　　　　　共有95条私信

评论:

**历史胖老师**：几个月前,黄花岗起义的落败,中间环节的错漏,所托非人,黄兴显然记忆犹新。

2012年1月1日　来自时光隧道

**胡适**：今日为中秋节,天雨无月,为之怅怅不已。
1911年10月6日　来自代理服务器　　　　　　　　　　转发：0　评论：0

**今村长藏** **@美洲筹饷局:** 速筹大款,力予救援。✉
1911年10月7日　来自大清微博　　　　　　　　　　　共有18条私信

评论:

**历史胖老师:** "筹款"是贯穿黄兴这几年的活动主题,从1911年的1月1日开始,他就不断地在世界各地筹款,好不容易筹到之后,再接二连三地催款,然后再筹款,在革命波澜壮阔、抛头颅洒热血的主流描述背后,其实都是这些不足为外人道的悲辛。
2012年1月1日　来自时光隧道

**鸭先知回复历史胖老师:** 死不可怕。比死更可怕的是找人借钱,而且谁都知道这钱几乎没得还……
2012年1月1日　来自时光隧道

**胡适:** 未读一书,未做一事。
1911年10月8日　来自代理服务器　　　　　　　　　转发: 0　评论: 5

评论:

**星座八爷:** 话说小胡为什么这样情绪化不靠谱咧? 且听八爷细细道来。小胡的太阳是第十宫没错,但是是第十宫的射手座啊! 虽然心怀天下,将以有为,但常常会显得自由散漫,不着边际,看着挺二。不过,也许不少文艺女青年会觉得别有一番慵懒的吸引力?
2012年1月1日　来自时光隧道

**熊秉坤 R:** 今日反亦死,不反亦死,大丈夫能惊天动地,虽死犹烈。
1911年10月10日　来自大清微博　　　　　　　　转发: 11857　评论: 6682

**今村长藏 R:** 壮哉!
　　**@熊秉坤:** 此微博已被删除。
　　1911年10月10日　来自大清微博　　　　　　　转发: 11857　评论: 6682
1911年10月10日　来自鸽Phone

**罗子清 R:** **@熊秉坤 R:** 外面风声很紧,你晓得吗? ✉
1911年10月10日　来自大清微博　　　　　　　　　　共有12条私信

评论:

**熊秉坤回复罗子清:** 三十标的友人告诉我,今晚要起义。

1911年10月10日　来自大清微博

**罗子清回复秉熊坤：** 真的是孙党吗？

1911年10月10日　来自大清微博

**熊秉坤回复罗子清：** 派别虽有，主谋者除了孙中山还会是谁？

1911年10月10日　来自大清微博

**张謇 C：** 知昨夜十时半汉口获革命党人二，因大索，续获宪兵彭楚藩与刘汝奎及杨洪胜（开杂货铺），晨六七时事讫。各城俱闭，十时方开。……六时饮于海洞春。八时登舟，舟名"襄阳"。见武昌草湖门火作，盖工程营地火作，即长亘数十丈，火光中时见三角白光，殆枪门火也。……十时舟行，行二十里犹见火光。

1911年10月10日　来自大清微博　　　　　　　　　转发：8　评论：15

**瑞澂 V：** 现在武昌、汉口地方一律安谧，商民并无惊扰，租界、教堂均已严饬保护……此次破获尚早，地方并未受害。

1911年10月10日　来自大清微博　　　　　　　　　转发：13025　评论：7624

**微博大管家 V：** 尊敬的用户，您好。本站服务器正在升级中，暂时停止使用。给您造成的不便，敬请谅解。

1911年10月10日　来自大清微博　　　　　　　　　转发：0　评论：0

**严复 C：** 京师颇骚动，南下者多。

1911年10月11日　来自大清微博　　　　　　　　　转发：7　评论：11

**吴宓：** 清华人心惶惶，学生"请假"离校，随其家人出京南归者，日多。

1911年10月11日　来自大清微博　　　　　　　　　转发：5　评论：4

**我不是孙文 R：** 我适行抵美国哥罗多省之黄克强在香港发来一电，因行李先运送至此地，而密电码则置于其中，故途上无由译之。是夕抵埠，乃由行李检出密码，而译克强之电。其文曰："居正由武昌到港，报告新军必动，请速汇款应急"等语。时予在丹佛，思无法可得款,随欲拟电复之,令勿动。惟时已入夜,予终日在车中体倦神疲,思虑纷乱,乃止。欲于明朝睡醒精神清爽时,再详思审度而后复之。

1911年10月11日　来自大清微博　　　　　　　　　转发:13872　评论:6892

评论:

**鸭先知:** 如果孙中山真的在之前发一个电报制止了武昌起义,结果又会怎样?
2012年1月1日　来自时光隧道

**历史胖老师:** 各位,各位,历史胖老师又发现一个重要的句子——"欲于明朝睡醒精神清爽时,再详思审度而后复之",各位不想交作业、交论文、交提案的同学们,可以用国父的这段话做MSN签名。
2012年1月1日　来自时光隧道

**名言帝:** "欲于明朝睡醒精神清爽时,再详思审度而后复之"——孙中山
2012年1月1日　来自时光隧道

**星座八爷:** 小孙的太阳星座竟然是第十宫的天蝎啊啊啊啊!
2012年1月1日　来自时光隧道

**鸭先知回复星座八爷:** 第十宫天蝎又怎么样?
2012年1月1日　来自时光隧道

**星座八爷回复鸭先知:** 第十宫是事业宫,关乎地位、名声、荣誉、野心,许多政治人物的太阳都落在第十宫啊!接下来你们会看到很多的。太阳落在这个位置说明他在政治上的野心勃勃是与生俱来的,你用枪指着他,他都不会后退;你拿十门火炮轰他,他还赞你给他机会杀身成仁舍生取义——这一切都是因为他坚信他所从事的是人间正道,他热爱成为别人的榜样,热爱维护道德与正义,热爱救苍生于水火。
2012年1月1日　来自时光隧道

**鸭先知回复星座八爷:** 有这么玄?
2012年1月1日　来自时光隧道

**星座八爷回复鸭先知:** 你不信啊?来,八爷给你做道心理测试:如果你在学校读书的时候,一伙海盗光天化日闯入你们村打劫美国归来的华侨,你的第一反应是?

2012年1月1日　来自时光隧道

**鸭先知回复星座八爷：** 海盗太可恨了，我要抓起镰刀跟他拼命！

2012年1月1日　来自时光隧道

**名言帝回复星座八爷：** 这家人好可怜……我能做些什么呢？

2012年1月1日　来自时光隧道

**微博大管家回复星座八爷：** 这些海盗到底要干吗？抢完了这家会不会还要抢其他人家？

2012年1月1日　来自时光隧道

**星座八爷回复微博大管家：** 老天！您老怎么复活了！微博1912的系统有bug吗？！

2012年1月1日　来自时光隧道

**微博大管家回复星座八爷：** 嘘……大管家无处不在。

2012年1月1日　来自时光隧道

**历史胖老师回复星座八爷；** 上面那些人都不注意观察，可以无视之。要是胖老师在场，一定会这样想: 什么？海盗又来了？跟上次是一批人吗？领头的还是那个大胡子吗？……

2012年1月1日　来自时光隧道

**星座八爷：** 历史胖老师是风象星座。微博大管家是土象星座。名言帝是水象星座。鸭先知是火象星座。以上答案仅供娱乐，但这个问题绝对是真人真事。孙中山就遇到过这样的事，全村人和师生们都四散逃跑，只有孙中山没有跑，一直站在那里冷静地看着这场野蛮的抢劫。可怕的天蝎和摩羯的合体啊。

2012年1月1日　来自时光隧道

**鸭先知：**

2012年1月1日　来自时光隧道

**名言帝：**

2012年1月1日　来自时光隧道

**微博大管家：**

2012年1月1日　来自时光隧道

**历史胖老师：**

2012年1月1日　来自时光隧道

---

**黎元洪 V：** 我只有这条命，给你们玩掉罢。

1911年10月11日　来自大清微博　　　　　　　　转发：481　评论：254

---

评论：

**鸭先知：** 起义军攻克武昌，要找一位有威望的人做军政府都督，清兵将领黎元洪就这样不情不愿地被推上前台。据说他躲到床底下被揪出来，据说他是被人用枪抵着脑袋扶上宝座的。古今中外，也是稀罕事。

2012年1月1日　来自时光隧道

**鸭先知**：黎元洪不想叛国，但更不想死，也只能将计就计。不料后来做得顺手，居然从一个微不足道的小角色，变成中国历史上唯一一位两任大总统和三任副总统的人。

2012年1月1日　来自时光隧道

**历史胖老师回复鸭先知**：黎元洪看似风光，其实一生如履薄冰，先被袁世凯软禁，又被段祺瑞玩弄于股掌之间，中途还背上了误引张勋进京复辟的恶名，他这一生，真是成也武昌，败也武昌。

2012年1月1日　来自时光隧道

**袁世凯**：在家过生日。听说革命党人占据武昌后，将进占汉阳，其志不小。

1911年10月11日　来自大清微博　　　　　　　转发：4751　　评论：2242

评论：

**倪嗣冲回复袁世凯**：袁公有何见教？

1911年10月11日　来自大清微博

**袁世凯回复倪嗣冲**：武昌之乱，非洪杨可比，不可等闲视之。湖广总督瑞澂与第二十镇统领张彪都是无能之辈，何以能平定叛乱。摄政王载沣少不更事，内阁总理大臣奕劻昏庸贪鄙，皆无奠安大局之能力。闻革命党人以中华民国称号发布檄文，其志在不小。不日指戈北向，复克中原，亦未可知。

1911年10月11日　来自大清微博

**倪嗣冲回复袁世凯**：此事非袁公出任艰巨不可。

1911年10月11日　来自大清微博

**袁世凯回复倪嗣冲**：莫谈国事，莫谈国事。

1911年10月11日　来自大清微博

**倪嗣冲回复袁世凯**：天下大乱，民无所归，捷足者先登，袁公何不效汉之孟德？

1911年10月11日　来自大清微博

**袁世凯回复倪嗣冲**：嗣冲所言差矣。我今以废黜之身，病残之躯，岂能作入相之思？

1911年10月11日　来自大清微博

**袁乃宽回复袁世凯**：若摄政王请公复出重掌兵权，公应当仁不让。

1911年10月11日　来自大清微博

**鸭先知**：真正的牛人，终于露面了！

2012年1月1日　来自时光隧道

**星座八爷**：各位看官，又是一个太阳第十宫！小袁和小孙是棋逢对手将遇良才！而且是处女座啊，说到隐忍善谋，说到纠结难缠，比之天蝎和摩羯有过之而无不及。小袁的水星和火星都落在第九宫，第九宫代表一个人对深层心智能力的追求，它显示出一个人的宗教、法律、哲学观。这一宫位多的人，通常会有极为强烈的原则和道德底线，使旁人无法突破，就像这个时候的小袁同学，还有着忠君的道德洁癖。就算被逼上绝路，也坚决不反清。

**鸭先知回复星座八爷：** 别逗了! 袁世凯还有道德洁癖?

2012年1月1日　来自时光隧道

**历史胖老师回复鸭先知：** 说起来，袁世凯还真有点道德洁癖。慈禧太后在世时，小袁被剥夺兵权，出任军机大臣，明升实则暗降，儿子袁克文劝他造反，"符尤未解，诸将多愤然不能平，且共虑一旦柄移，将有弓藏之危。何如乘士气未衰，亲率诸镇入清君侧，斩铁良诸奸头。今海内群谋复汉，苟太后违逆，即驱胡虏而北之，以顺民命，进可成王，退将危祸，千秋大业，乞大人依然断行之也。"小袁有没有造反? 按照他的实力，反也就反了。

2012年1月1日　来自时光隧道

**星座八爷回复历史胖老师：** 碰上个明白人哪!

2012年1月1日　来自时光隧道

**历史胖老师回复鸭先知：** 慈禧太后去世后，摄政王载沣和许多年轻的满清贵族都想杀了袁世凯，这样生攸关的时刻，他有没有反?

2012年1月1日　来自时光隧道

**鸭先知回复历史胖老师：** 据说当时袁世凯也曾主动派人与黄兴联系，商议里应外合，驱除满人。

2012年1月1日　来自时光隧道

**历史胖老师回复鸭先知：** 可是黄兴还是没能等到袁世凯的造反信号啊，千年等一回啊……

2012年1月1日　来自时光隧道

---

**我不是孙文 R：** 武昌已被占领! 我已经抵达哥罗多省的丹佛城。由于旅途疲惫，睡到今天11点才起床到食堂用膳。道经回廊报摊时，买了一份报纸，到餐厅阅看，才得知这一意外消息! 但是，我认为，当尽力于革命事业者，不在疆场之上，而在樽俎之间，所得效力为更大也。故决意先从外交方面致力，俟此问题解决而后回国。

1911年10月12日　来自鸽Phone　　　　　　　　转发：18676　评论：9588

---

评论：

**今村长藏：** 请先生火速回国。

1911年10月12日　来自鸽Phone

**微博66891**：粉丝不够多？发言没人理？快来和我联系吧！三天之内，将您打造成大清第一红人！

1911年10月12日　来自大清微博

**太岁爷**：你这个乱臣贼子，你回来试试！

1911年10月12日　来自大清微博

**太岁爷**：龟儿子，你还想依靠外国人来压咱大清国？你这个卖国贼！

1911年10月12日　来自大清微博

**今村长藏回复太岁爷**：有本事来武昌！你这奴才就值五个铜板！

1911年10月12日　来自鸽Phone

**鸭先知**：据唐德刚说，武昌起义的消息传到美国时，孙中山正在朋友的餐厅里端盘子。

2012年1月1日　来自时光隧道

**历史胖老师回复鸭先知**：各位，各位，我是历史胖老师！注意，这段太有意思了，有没有发现，如果孙中山同志早点把电报翻译出来，他早就该知道武昌起义的消息了！这个突如其来的胜利还是让他很不适应吧！这个不可救药的拖延症患者！

2012年1月1日　来自时光隧道

**今村长藏 R**：请先生火速回国。

　　**@我不是孙中山 R**：该微博已被删除。

1911年10月12日　　来自鸽Phone　　　　　转发：18676　评论：9588

1911年10月12日　　来自鸽Phone　　　　　转发：2470　评论：658

---

评论：

**星座八爷**：什么叫一见如故，相见恨晚？就是你也是太阳天蝎第十宫，我也是太阳天蝎第十宫。小孙和小黄就是这样的一对好朋友！他俩认识以后，谈起世界政局的变化，都深深地意识到：中国非革命不可。两个人心有灵犀，一拍即合。

2012年1月1日　来自时光隧道

**鸭先知回复星座八爷**：照你这么说，两个人这么像，谁做老大？

2012年1月1日　来自时光隧道

**星座八爷回复鸭先知**：两个人是很像，但只是看起来很像。小孙的土星落在天蝎，其实有着很强的掌控欲。而小黄的土星落在水瓶，水瓶座不喜欢当老大，就喜欢当老二，随性！自由！简直就是风一样的男子！再给你举个例子：同盟会成立之初，小黄在当时留日学生中是威望最高的，靠选举小孙是选不上的。小黄提议推举小孙做总理，小孙提议小黄当协理，大家就同意了。

2012年1月1日　来自时光隧道

**鸭先知回复星座八爷**：哥俩好啊、五魁首啊、三星照啊……

2012年1月1日　来自时光隧道

**星座八爷回复鸭先知：** 小黄的水星和金星都落在第十一宫，这一宫代表团体、友谊、个人精神与文化层次的活动，小黄在思维方式上和情感艺术审美方面都喜欢集体行动，喜欢前呼后拥一呼百应的感觉，所以就不难理解小黄为什么喜欢跟朋友一块儿干革命，因为一个人没意思，没意思透了。

2012年1月1日　来自时光隧道

**鸭先知回复星座八爷：** 哥俩好啊、五魁首啊、三星照啊……

2012年1月1日　来自时光隧道

**星座八爷：** 楼上的你烦不烦！满嘴酒气！

2012年1月1日　来自时光隧道

**瑞澂 V：** 昨日三点钟，我亲率兵轮雷舰进攻省城，因无陆防，迄未得手。夜间，派该兵轮等上下逡巡，以防省匪偷渡。不料是夜驻防兵工厂之新军一营，乘夜复变，围踞该厂……

1911年10月12日　来自大清微博　　　　　　　　　　　　转发：856　评论：452

**瑞澂 V：** 现在兵工厂军械库、藩盐各库、官钱局都被占据。综计全省新军除去调赴川省暨分防宜昌、郧阳、施南各处外，其未叛者仅此辎重营一营，步队一队，马队一队而已。此皆升任总督张之洞费十数载之经营，糜数千万之库帑，辛苦选练，而不料其均为匪用也。

1911年10月12日　来自大清微博　　　　　　　　　　　　转发：544　评论：259

---

评论：

**历史胖老师：** 武汉三镇当年由张之洞苦心经营，发展军工、民生，选派留学生，汉阳铁厂更曾为中国表率。只是，张之洞却不曾料到，他培养的这些新军、留学生，不仅没能捍卫帝国的尊严，反倒覆手夺去了帝国最后的希望。孙中山后来说，张之洞是"不言革命之大革命家"，道尽了这位晚清老臣的悲剧。

2012年1月1日　来自时光隧道

**瑞澂 V：** 我亲率兵轮由水路进攻，兼顾江面及汉口车站，匪众我寡，利钝难料。惟有竭尽血诚，继之以死，以待援军之至。

1911年10月12日　来自大清微博　　　　　　　　　　　　转发：1029　评论：651

**《纽约时报》：** 据本报驻汉口记者消息，数月来困扰清国政局的革命形势终于明朗化，四川保路同志会的起义规模虽小，但终究开始了。这是一个推翻帝制、建立共和的有计划的革命运动。如不发生意外，著名的流亡革命家、反清革命领袖孙中山可能被推选为民国总统。1910年他前往美国，据认为就是在那里，他筹措到了发动革命的资金。

1911年10月12日　来自代理服务器　　　　　　　　　　转发：4381　评论：2764

**《纽约时报》**：据本报驻北京记者消息，大清政府意识到湖北的革命已达到非常危急的关头。在革命军到来之前就仓皇逃逸的湖广总督 **@瑞澂** 已接到立即返回原地的指令，并称如他不能收复武昌将受到朝廷严惩。

1911年10月12日　来自代理服务器　　　　　　　　　　转发：2590　评论：1102

**朱家宝 V：** 查武昌居长江上游，为川楚咽喉重地，库存军械，最为充足，一旦被其占据，其势愈张。

1911年10月12日　来自大清微博　　　　　　　　　　转发：14　评论：32

**张鸣岐 V：** 粤省为革党窥伺已久，鄂乱既成，必大受影响。现已密饬各路军警，严密防范，省城为根本重地，尤当妥为布置，格外严防。惟粤省匪踪遍地，虽经迭次添募防营，均已陆续派往各属，分投剿匪。省城现有兵力，仍属单薄。

1911年10月12日　来自大清微博　　　　　　　　　　转发：4　评论：5

**张謇 C：** 见鄂电，知武昌在前天夜三时后失守，督避登"楚豫"兵轮。是夜十时仍出城附"江宽"，舟中避兵人极多，无榻可栖，栖船账房。

1911年10月12日　来自大清微博　　　　　　　　　　转发：16　评论：7

**鹤顶红：** 杀瑞澂！杀端方！杀盛宣怀！杀摄政王！白茫茫大地一片真干净！

1911年10月12日　来自大清微博　　　　　　　　　　转发：39　评论：21

**特级砖家：** 相信大清！相信皇上！相信未来！

1911年10月12日　来自大清微博　　　　　　　　　　转发：1573　评论：883

**蜗族：** 今天早上做梦，梦见和吕碧城同游北戴河，结果被我爸叫醒了！说是武昌暴动了！我恨！武昌暴动与我何干？我只想把梦做完……

1911年10月12日　来自大清微博　　　　　　　　　　转发：4　评论：2

**胡适：** 上课。闻武昌革命军起事，瑞澂弃城而逃，新军内应，全城为党人所据。

1911年10月12日　来自代理服务器　　　　　　　　　　转发：43　评论：15

评论：

**鸭先知：** 对于武昌起义的偶然成功，孙中山后来有一段总结："按武昌之成功，乃成于意外。其主因则在瑞澂逃。倘瑞澂不逃，则张彪断不走，而彼之统驭必不失，秩序必不乱也。以当时武昌之新军,其赞成革命者之大部分,已由端方调往四川;其尚留武昌者,只炮兵及工程营之小部分耳。其他留武昌之新军,尚毫无成见者也。乃此小部分,以机关破坏而自危,决冒险以图功,成败在所不计,初不意一击而中也。此殆天心助汉而亡胡者!"
2012年1月1日　来自时光隧道

**国风日报:** 本报今天头版一个整版都开了天窗,请各位读者见谅。本报得到武昌方面消息甚多,因警察干涉,一律削去,阅者恕之。
1911年10月12日　来自大清微博　　　　　　　　　转发:6912　评论:4816

评论:
**鸭先知:** 史上最牛头版!
2012年1月1日　来自时光隧道

**甘绩熙 R:** @黎元洪 V:黎宋卿先生,我们同志流血不少才换得今日成绩,举你为都督,你这几天的态度,太对不起我们同志。我对你说,今日之事,不成你是拿破仑,事成你便是华盛顿。成败对你都占便宜,你再不下决心,我就和你拼了。
**@王安澜:** 黎元洪都督已两日不进饮食,亦不与人说话,好像做新娘一样。
1911年10月12日　来自大清微博　　　　　　　　　转发:75　评论:69
1911年10月12日　来自大清微博　　　　　　　　　转发:14　评论:38

评论:
**陈磊:** 我想黎是故意作状,如革命失败,他便可求清廷原谅;如革命成功,则坐享元勋地位。其实他如果真是忠于清室,十九日为何不死?
1911年10月12日　来自大清微博

**甘绩熙:** 黎这态度我真看不来,还不如给他一枪了事。
1911年10月12日　来自大清微博

**甘绩熙:** 我不打死他,亦要他表示一个决心。
1911年10月12日　来自大清微博

**黎元洪回复甘绩熙:** 年轻人不要说激烈话,我在此两日,并没有对不起你们。
1911年10月12日　来自大清微博

**陈磊回复黎元洪:** 黎都督没有对不起我们,但是你的辫子尚未剪去,你身为都督该做一个模范,先去辫子以示决心,听说你自到咨议局茶饭不进,今有一言奉告,现在是民国了,你尽忠民国便是开国元勋,若尽忠满清,就该早点死节,二者必居其一,如今这么装模作样,实在令人不解。今天做都督的人很多,不一定非你不可,望三思之。

1911年10月12日　来自大清微博

**黎元洪**：你们不要再如此激烈，我决心和你们走一条路，你们说要去辫子，我早就赞成，你们明天叫个理发匠来把我的辫子剃去好了。

1911年10月12日　来自大清微博

**星座八爷**：又是一个太阳第十宫！接下来还有很多个太阳第十宫！早说了，政治人物很多是太阳第十宫的。小黎太阳第十宫落在天秤，相比小孙、小袁和小黄来，可谓是雄心勃勃，实力较弱。长袖善舞，知交零落，做重大决策时太过依赖他人，因此难成大器。天秤座男生品格正直，和蔼可亲，闪耀着魅力的光辉，微不足道的事情就会使他感到惊慌不安。他总是在寻找着内心的稳定与平衡，没有这种平衡他就不能平静地生活。温柔、娴雅的他需要欢欢乐乐地生活，需要忠贞不渝的友谊和爱情。随和与顺从是他性格上的主要特点。

2012年1月1日　来自时光隧道

**袁世凯**：@**冯国璋 V**：慢慢走，等等看。✉
1911年10月12日　来自大清微博　　　　　　　　　　共有145条私信

评论：

**鸭先知**：哈哈！袁世凯太坏了！

2012年1月1日　来自时光隧道

**历史胖老师**：各位，各位，历史胖老师有话要说。"北洋三杰"之一的冯国璋，奉命南下武昌平定时局，特地到洹上征求袁世凯的意见。袁世凯乃给他这六字锦囊妙计。从中足以看出袁世凯的态度。武昌起义对袁世凯而言，不啻于一个绝佳机会，军界大多数将领由他一手提拔，他在政界的关系同样稳固。过快地平定武昌，袁世凯就将失去这个复出、决断天下的机会。此时的袁世凯，更希望温火慢炖，坐收渔翁之利。

2012年1月1日　来自时光隧道

**《泰晤士报》**：@ **莫理循**：感谢你极其精彩的电报，我们已经把其他报刊抛在后头，除了我们，没有哪一家敢于发表评论。目前为止，我只冒昧地对你的电讯改动了一个字，即"革命"一词。我们的研究文体的专家明确地对我说，这个词只适用于成功的叛乱，只能在叛乱已经成功之后使用。很显然，除非政府已被推翻，不论起义的形势如何严重，也不可将起义称为革命。因为怕你批评，我们怀着惶恐的心情写社论。如果我们错了，请不吝指教。
1911年10月13日　来自代理服务器　　　　　　　　　转发：1578　评论：681

评论：

**鸭先知**：在真正的激流来临之前，往往暗涌频仍。没有人知道，时代正在沉默中更生。莫理循发回伦敦的报道，被编辑改了两个字。编辑坚持要把"革命"改为"起义"，因为一切谜底尚未揭开，远在英国的时政编辑，和身处中国的精英与民众们一样，并不明了今后的中国将走向何处。

**历史胖老师回复鸭先知：** 编辑这样改也情有可原。半年前的"黄花岗起义"就以失败告终，革命党匆匆留下七十多具尸体，曾经拒绝过慈禧太后招安的黄兴也再度流亡海外。尽管人们已经对帝国普遍失望，这种表面上的稳定与繁荣，看起来却又似乎牢不可破。谁能相信，武昌的起义就能一蹴而就？《泰晤士报》的编辑说："如果我们错了，请不吝指教。"事实上，用不着莫理循指教，时代马上就会告知答案。

2012年1月1日　来自时光隧道

**胡适：** 革命军举咨议局长汤化龙为湖北总督；黄兴亦在军，军势大振；黎元洪为军帅。外人无恙。

1911年10月13日　来自代理服务器　　　　　　　　　　转发：28　评论：15

评论：

**鸭先知：** 这都哪跟哪啊？大洋彼岸获得的信息，果然与实际情况相差太远。做湖北都督的是黎元洪，而且黄兴也不在军中。

2012年1月1日　来自时光隧道

**历史胖老师：** 无论如何，消息还没有被完全封锁。

2012年1月1日　来自时光隧道

**《纽约时报》：** 孙中山是大清国革命党的领袖，并且，如果武昌起义取得成功，他即将成为这个国家的总统。孙博士将于明天到达芝加哥，并将在那里对他的同胞们发表关于推翻帝制的演讲。同盟会秘书德斯奥暗示，孙博士今天不在圣路易斯就在堪萨斯城，在那里散发有关起义的消息，并积极筹措革命资金。

1911年10月13日　来自代理服务器　　　　　　　　　　转发：3917　评论：1414

**我不是孙文 R：** 赴纽约，经过圣路易斯城时，买了份报纸看，有"武昌革命军为奉孙逸仙命令而起者，拟建共和国体，其首任总统，当属之孙逸仙"云云。得此报，于途中格外慎密，避开一切报馆记者。过芝加哥，带朱卓文一同赴英。

1911年10月13日　来自鸽Phone　　　　　　　　　　转发：2681　评论：782

**盛宣怀 V：** @豫抚宝 V：听说有人要炸毁黄河铁桥，望速派附近的防军前往黄河赶紧守护，明日即可运兵到桥。✉

1911年10月13日　来自大清微博　　　　　　　　　　　　　　　　共有13条私信

**盛宣怀 V: @张人骏 V:** 鄂军需饷甚急,已电饬 **@南京造币局** 将已铸银元火速运往,请密派妥人护送上传,万勿张扬。✉
1911年10月13日　来自大清微博　　　　　　　　　　　　　　　　共有8条私信

**小甜甜:** 兴哥哥加油! 上次黄花岗是失败了,可这次武昌这不是胜利了吗? 小甜甜永远支持你! 我为你欢呼! 我为你自豪! 你的名字比我生命更重要!

　　**@今村长藏:** 良友尽死,弟独归来,何面目见公等! 惟此次之失败至此者,弟不能不举胡毅生、姚雨平二人之罪。
　　1911年4月29日　来自鸽Phone　　　　　　　　转发: 156　评论: 94
1911年10月13日　来自大清微博　　　　　　　　　　　转发: 0　评论: 0

**《纽约时报》:** 收到来自上海的电报,武昌已经宣布成立共和政权。一支强大的革命军武装力量已从汉口开拔,准备与来自北方的清国皇家部队交战。一场大的战斗预计将在两日内打响。另据报道,汉口市爆发了一场巨大的火灾,官署大楼和银行已被烧毁。
1911年10月14日　来自代理服务器　　　　　　　　转发: 3122　评论: 785

**柏林《每日报》:** 孙中山企图在伦敦、纽约、旧金山、新加坡、西贡和马来西亚等地为中国革命党人筹措经费。为了在纽约得到约五百万卢布的借款,他请中国的一家银行,还有曼谷三大碾米厂的老板、新加坡的几个商人,以及马来西亚的三个矿山经理做担保。
1911年10月14日　来自代理服务器　　　　　　　　转发: 591　评论: 358

**我不是孙文 R:** 致英国银行家: 共和国承认清政府给予外国人的一切特权和租让费,将严惩一切侵犯欧洲人的生命与财产者。中国政府与各国签订的条约继续有效,一切外债照旧偿还。
1911年10月14日　来自鸽Phone　　　　　　　　转发: 1622　评论: 383

**黄三德 R: @我不是孙文 R:** 为筹饷最热心者,公侠诸君,正派人才也。然亦有人种种无才无学,屡听外边奸人谣言,生事生端,欲揽财权,欲收全盘银两执掌。弟对他等说: 尔为总办,不称责任,不理各事,自开办以来集议,三进并无到议。至今他等又不敢出名,现下见革命将成功,又生出异心,欲总揽全权。个人见他如此,个个不服。昨弟湖北革军风云紧急,力行提议汇款回港,谁料三进、罗怡、刘学则几人反对,又云假事笼络手段,不如牛耳。此等人断不能共谋大事,弟伤心矣!

1911年10月14日　来自代理服务器　　　　　　　　　　转发：14　评论：21

评论：

**鸭先知**：黄三德是谁？**@历史胖老师**

2012年1月1日　来自时光隧道

**历史胖老师回复鸭先知**：系出旧金山洪门！

2012年1月1日　来自时光隧道

**鸭先知回复历史胖老师**：黑社会……

2012年1月1日　来自时光隧道

**袁世凯**：旧患足疾，迄未大愈，仍需速加调治，方能力疾就道。

1911年10月14日　来自大清微博　　　　　　　　　　转发：9631　评论：4562

**袁世凯**：@田文烈 V：川事未靖，鄂变方兴，怅望西南，杞忧奚极……我不能做革命党，我也不愿子孙辈做革命党。

1911年10月14日　来自大清微博　　　　　　　　　　转发：10092　评论：4563

**浙江巡抚增韫 V**：浙省地属海疆，伏莽潜滋，加以温台土匪，嘉湖私枭，素称猾獗，弹压剿捕，无日不费兵力。今年水灾遍地，匪徒不时蠢动，到处抢掳滋事，仅藉各路防营，分头拿办，幅员辽阔，实已不敷调遣。

1911年10月14日　来自大清微博　　　　　　　　　　转发：5　评论：3

**军咨府 V**：@荫昌 V：此次大驾抵鄂进攻匪巢时，千祈随时知照海军大臣 **@萨镇冰**，通力合作，切勿两歧为要。

1911年10月14日　来自大清微博　　　　　　　　　　转发：11　评论：9

**军咨府 V** @萨镇冰 V：湖北事机危迫，时期万不可缓。贵大臣所辖之军队，务令迅赴汉口，攻击匪徒，沿途万勿延误为要。

1911年10月14日　来自大清微博　　　　　　　　　　转发：7　评论：4

**张謇 C**：拜访铁将军，说军督合力援鄂，奏速定宪法。

1911年10月14日　来自大清微博　　　　　　　　　　转发：9　评论：5

评论：

**鸭先知**：武昌起义爆发后，身为立宪派领袖的张謇，马上积极行动，敦促当政加紧立宪，可惜，地方官并不买账，这些努力不过是立宪派一相情愿。

2012年1月1日　来自时光隧道

**历史胖老师回复鸭先知：** 其实，这也是立宪派与革命党的又一轮赛跑。谁先抵达终点，不仅将决定未来中国的国体，更将决定中国人的命运。从情势上看，立宪派此时似乎并没有落在下风。但是，谁也无从预料，小小的武昌起义会形成多米诺骨牌效应，短短一月之间，十四省将宣布独立，立宪的希望，已近渺茫。

2012年1月1日　来自时光隧道

**盛宣怀 V：** @袁世凯：请火速出山。✉

1911年10月14日　来自大清微博　　　　　　　　　　　　共有78条私信

评论：

**袁世凯回复盛宣怀：** 袁某大病未愈，入秋尤其加剧，请另选贤能，**@荫昌** 和 **@萨镇冰** 此行必能肃清叛乱。

1911年10月15日　来自大清微博

**盛宣怀回复袁世凯：** 这场叛乱蓄谋已久，如果不早日平定，恐怕各省响应。袁公出山关系着中原治乱，默念此身负环球重任，岂能久安绿野。与其迟一日，不如早一日。万勿迟疑。

1911年10月16日　来自大清微博

**袁世凯回复盛宣怀：** 赤手空拳，用何剿匪？除了蜀军各有专帅之外，各路援军在湖北境内应该归我这里节制的，也还有很多，请查示。我忧心如焚，病情加剧，**@荫昌** 我已经见过，他激情踊跃。我觉得，有荫昌大帅出马，荡平贼寇指日可待啊。

1911年10月17日　来自大清微博

**盛宣怀回复袁世凯：** 你这次去，兵权当然由你统一调度。各路援军听说只有湖南和河南两军先到，人数不详，大概总共不到十营。第四镇昨天卯刻已经运完。保定第六镇一协后天开去。

1911年10月18日　来自大清微博

**盛宣怀回复袁世凯：** 中外都翘首期待你凯旋而归，我们度日如年，调拨粮饷、招募军兵无不照准，只是国库亏空，不借款恐怕已经难以支撑，邮传部预算本来就入不敷出，现在各方交通都受到钞票影响，如果不火速平定叛乱，张绥也得停工，沪市已经停了七天，华行都关门了。除了对外借款恐怕已经别无良策，似难嫌其迟缓，军情有闻必告。

1911年10月21日　来自大清微博

**盛宣怀回复袁世凯：** @红十字会 已经派 @沈敦和 从上海带医生到战场服务。

1911年10月22日　来自大清微博

**盛宣怀回复袁世凯：** 已经按照你的要求，派车从塘沽运了五千担大米。你提到向直隶借两营马队，直隶总督也已经照办。你需要的电机，明天送到。
1911年10月24日　来自大清微博

**历史胖老师：** 这是一场漫长的讨价还价，袁世凯最终还是不动声色地得到了自己想要的一切。袁世凯能够稳坐钓鱼台，因为前线将士听命于他；在后方，他也有着大批支持者，包括当朝的元老们，以及立宪派的士绅们，甚至许多革命党也与他往来密切。两军在武汉的拉锯战，根本难分伯仲，时间拖得越久，"非袁莫属"的呼声也就会水涨船高，对此，袁世凯显然深明于心。
2012年1月1日　来自时光隧道

**胡适：** 武昌宣告独立。北京政府震骇失措，起用袁世凯为陆军总帅。美国报纸均偏袒新政府。
1911年10月14日　来自代理服务器　　　　　　　　　　　　转发: 12　评论: 9

**袁世凯：** @荫昌 V: 下车地点，千万饬防护详细侦察，多派侦探，分道探防。进攻一层，等待海军到后，协力开始行动。
1911年10月15日　来自大清微博　　　　　　　　　　　　转发: 18　评论: 12

评论:

**历史胖老师：** 袁世凯虽然对荫昌十分热心，其实，前线将士战或不战，听的却都是赋闲在家的袁世凯的意见。他就像放风筝一样操纵着时局的发展，荫昌的举步维艰，只不过反衬出袁世凯的成竹在胸。除了力促袁世凯出山，清廷根本别无选择。
2012年1月1日　来自时光隧道

**袁世凯：** @两江总督张骏 V: 旧病未除，新症方剧。以调理可支，方能就道。鄂兵全变，各路援兵绝少，急切难到。部军皆有专帅，不易令调，凯现赴鄂，无地驻足，亦无兵节制，用何剿抚？现赏阁拟请增直省续各万人，编营统往协剿，未知能否请得？
1911年10月15日　来自大清微博　　　　　　　　　　　　转发: 9　评论: 6

**袁世凯：** @张勋 V: 川、鄂变故叠生，杞忧奚极。长江防守，贤劳可知。
1911年10月15日　来自大清微博　　　　　　　　　　　　转发: 4　评论: 5

**胡适：** 起用袁世凯之消息果确，惟不知袁氏果受命否耳。汉口戒备甚严，念大哥与明侄在汉不知如何？
1911年10月15日　来自代理服务器　　　　　　　　　　　　转发: 0　评论: 0

**鸽Phone即时快讯 R：** 旧金山旅美华侨已捐集美金二十万，以济革命军，孙中山现在美国召集大会议，定明日庆祝革命之成功。

1911年10月15日　来自鸽Phone　　　　　　　　　　　　　　转发：3816　评论：286

**鸽Phone即时快讯 R：** 东京消息，闻孙中山已由美国携有巨资，起程回国。

1911年10月15日　来自鸽Phone　　　　　　　　　　　　　　转发：4512　评论：175

**鸽Phone即时快讯 R：** 从旧金山得到的消息，中国革命党领袖孙逸仙声言，必须推翻目下之满清政府以组成共和国，彼将有为将来共和国总统之希望。孙已于十月十六号由丹佛起程赴太平洋海滨，并在该处募集捐款以助革命党，旧金山华侨已捐集三十万元。

1911年10月15日　来自代理服务器　　　　　　　　　　　　　转发：451　评论：23

评论：

**鸭先知：** 世界各地都在疯传消息，好像孙中山是个印钞机……

2012年1月1日　来自时光隧道

**历史胖老师：** 孙中山在纽约、芝加哥、旧金山演讲集会募捐。这个神秘而可怕的家伙！他究竟筹到了多少资金呢？后面自然会见分晓。

2012年1月1日　来自时光隧道

**英国《每日电讯报》：** 孙中山正在美国旅行，筹集资金，谋求财政支持的孙逸仙博士，现在芝加哥。昨天，他致电旧金山和纽约，今晚召开大会，庆祝中国革命军的胜利。

1911年10月15日　来自代理服务器　　　　　　　　　　　　　转发：382　评论：45

**英国《每日电讯报》：** 中国人士在旧金山有最坚固的美国基地。约有五十名受到美国民主精神熏陶的中国青年人已毕业于芝加哥大学，准备随孙逸仙博士回中国。

1911年10月15日　来自代理服务器　　　　　　　　　　　　　转发：32　评论：13

**英国《每日电讯报》：** 去年四月，当孙中山先生在本市逗留期间，他谈到，他的一生的使命就是推翻满清王朝，并且预计革命会很快取得成功。他说，革命有三个目的：推翻满清政府；创立共和政体和按照美国政府一样的方针组织国家。

1911年10月15日　来自代理服务器　　　　　　　　　　　　　转发：869　评论：51

**英国《每日电讯报》：** 孙中山的支持者们所设立在纽约的总部昨天晚上挤满了人。据称，几乎每一个出席者都会讲流利的英语。墙上悬挂着孙逸仙博士的巨幅油画肖像，还有其他穿革命军军装的士兵和海员画像。大家都在谈论革命。

1911年10月15日　来自代理服务器　　　　　　　　　转发：1062　评论：385

**岑春煊 V：** 由鄂抵沪，病益加剧，请另简贤员督师入川。
1911年10月16日　来自大清微博　　　　　　　　　转发：58　评论：31

**今村长藏 R：** 日内即前赴武昌，虽道路梗塞，必可得达。
1911年10月16日　来自鸽Phone　　　　　　　　　转发：0　评论：11

**张謇 C：** 夜为草奏请速宣定宪法、开国会，至十二时。继兴、翼之同为参酌。因睡迟，彻夜不寐。
1911年10月16日　来自大清微博　　　　　　　　　转发：4　评论：5

评论：
**历史胖老师：** 当黄兴在日夜兼程地赶往武昌，试图蚍蜉撼树的时候，张謇和他的立宪派同道们，却仍然面对着一个傲慢、自闭而怯懦的朝廷，粉碎了他们的立宪梦想的，或许不是革命党，而是他们为之彻夜不寐的朝廷。
2012年1月1日　来自时光隧道

**摄政王 V：** 现在鄂乱万急，川事更紧。该督秉性忠诚，威望素著。当此危急之时，尤当念朝廷倚任之殷，川人盼望之切，勉任其难，力顾大局。着即力疾束装就道，毋再固辞。前调粤兵两营，着仍督率入川。

**@岑春煊：** 由鄂抵沪，病益加剧，请另简贤员督师入川。
1911年10月16日　来自大清微博　　　　　　　　　转发：58　评论：31
1911年10月16日　来自大清微博　　　　　　　　　转发：17　评论：20

评论：
**岑春煊回复摄政王：** 春煊生性偏急，自膺督川之命，扶病筹划，恨不能即日前行。无如兵队只有粤来一营，且无军饷，乱机四伏，实未敢冒昧轻进。况咳血、气逆、心悸诸症，心性愈急，医药愈难见效。

1911年10月29日　来自大清微博

**岑春煊回复摄政王：** 川陕之乱，均宜速定。若待春煊招齐队伍，取道迎击，势恐蔓延难图。惟有叩恳天恩，开去四川总督缺，另简贤能，酌带近地军队，分别因应，免误事机。

1911年10月29日　来自大清微博

**摄政王回复岑春煊：** 此中为难之处，朝廷无不深悉。

1911年10月30日　来自大清微博

**摄政王回复岑春煊：** 值此大局艰危，该督世受国恩，毋得固辞。

1911年10月30日　来自大清微博

**历史胖老师：** 各位，各位，我是历史胖老师！注意，注意，非常有意思的一点！这一朝真是命中注定的悲剧。从多尔衮到载沣，始也摄政王，终也摄政王。

2012年1月1日　来自时光隧道

**星座八爷回复历史胖老师：** 原来摄政王载沣的太阳也在第十宫。太阳落第十宫是很好啊，很好啊，看了那么多太阳第十宫的强人，你们一定很认同八爷吧！但这位前醇亲王、前摄政王大人却是第十宫的水瓶啊——天生的博爱者和理想主义者，把他搁红十字会或是妇联残联什么的一定会大放异彩。搁复杂的政坛和名利场？饶了他吧！

2012年1月1日　来自时光隧道

**鸭先知回复星座八爷：** 真的。听他儿子后来回忆，他就喜欢一些新奇的玩意儿，拿镜片涂黑了跟儿子们一起看日食……这不是崇祯皇帝的翻版吗？

2012年1月1日　来自时光隧道

**星座八爷回复鸭先知：** 是啊。他的水星也是水瓶，火星也是水瓶，标准的水瓶啊。他深邃的眼光看向那样远的地方，远到外太空，远到下一个世纪，远到别人觉得不切实际。

2012年1月1日　来自时光隧道

**鸭先知回复星座八爷：** 他是不是有可能成为一个发明家？发明个高铁、大飞机什么的。

2012年1月1日　来自时光隧道

**星座八爷回复鸭先知：** 有这种潜质。率性天真，城府不深，与世无争……这些形容词形容孩子也就算了，形容一个政治人物那绝对是杀手锏。可怜他人在政坛，身不由己，不适合做政治，又被强推上政治前台，哪里斗得过摩羯金牛处女座的亲们！用"心比天高，命比纸薄"、"眼高手低，有心无力"之类的词形容他都不为过，更何况国运飘摇……八爷也是水瓶，八爷泪流满面啊。

2012年1月1日　来自时光隧道

**微博大管家 V: #微博辟谣#** 军队阵容整齐，前去剿灭乱党。

1911年10月16日　来自大清微博　　　　　　　　　　　转发: 4867　评论: 1835

**今村长藏 R：** **@萱野长知 R：** 立刻采购炸药，带到武昌相助。✉
1911年10月17日　来自鸽Phone　　　　　　　　　　　　　　共有13条私信

**荫昌 V：** **@陆军部 V：** 前闻礼和行有攻城炮两尊，一在辛店，一在天津，当由易司长将详单交罗处长、李司长，与该行商办。请即饬办妥，编运南来，以备攻坚之用，恐仅恃海军仍虑不足耳。✉
1911年10月17日　来自大清微博　　　　　　　　　　　　　　共有25条私信

---

评论：

**陆军部回复荫昌：** 攻城炮两尊，已饬罗、苏、李司长向该行订妥，接受编成后，立即南下。
1911年10月17日　来自大清微博

**荫昌回复陆军部：** 午后十一点钟，见乘马匪徒一百余名，向警戒线袭击，当即击退，获叛匪三名，夺获战马三十匹并服装若干，我军目前皆无伤亡。
1911年10月18日　来自大清微博

**陆军部回复荫昌：** 请训告将领，婉谕兵士，与管车人员交涉，遇事务须和平融洽，免碍交通。
1911年10月19日　来自大清微博

**荫昌回复陆军部：** 我军今日由瀔口进攻，通过四道桥，匪势败退，我军奋勇攻击，毙匪甚多，夺获枪炮多件。
1911年10月27日　来自大清微博

**胡适：** 相传袁世凯已经重新接受清廷任命，此人真是个蠢货。可鄙！
1911年10月17日　来自代理服务器　　　　　　　　　　　　转发: 85　评论: 36

**小甜甜：** 兴哥哥，你千万不要这样啊！还有我呢！不要让我失望啊！
**@今村长藏：** 此时党人唯有行个人暗杀之事，否则无以对诸先烈。
1911年5月18日　来自鸽Phone　　　　　　　　　　　　　转发: 81　评论: 59

1911年10月17日　来自大清微博　　　　　　　　　　　　　　　　　　转发：0　评论：2

评论：

**鸭先知**：小甜甜到底是谁啊？
2012年1月1日　来自时光隧道

**历史胖老师**：连黄兴都开始倾向于暗杀，而不是大规模的革命，革命党的前途，似乎一片晦暗。很难想象，在这样的时候，天下大势居然会出现颠覆性的变化。
2012年1月1日　来自时光隧道

**星座八爷回复历史胖老师**：小黄的火星是第八宫啊。火星代表行动力，火星拥有这个宫位的人，有着让人闻风丧胆的暴力倾向，路上要是有块石头挡路，只要能用脚踢开的绝对不会绕过去。要是火星落在第八宫的狮子座或是白羊座，那就是暴力狂！
2012年1月1日　来自时光隧道

**名言帝回复星座八爷**：默默颤抖着去查了一下某人的星盘……火星第八宫的狮子座啊……他会不会像那谁谁一样热爱家暴啊？他会不会把财产都转移让我净身出户啊？啊？啊？
2012年1月1日　来自时光隧道

**星座八爷回复名言帝**：这位女士你来错地方了，请去找万峰老师和柏阿姨。
2012年1月1日　来自时光隧道

**蔡元培 R**：　**@吴稚晖 R**：于报纸中见吾党克复武昌之消息，为之喜而不寐。盖弟意蜀事本早有头绪，湖南、广东、安徽皆迭起而未已者，得湖北为之中权，必将势如破竹。✉
1911年10月17日　来自代理服务器　　　　　　　　　　　　　　　共有8条私信

**蔡元培 R**：　**@吴稚晖 R**：弟以为袁世凯者，必不至复为曾国藩，不会像曾国藩镇压太平天国起义那样镇压革命党，然未必肯为华盛顿。故彼之出山，意在破坏革命军，而即借此以自帝。✉
1911年10月17日　来自代理服务器　　　　　　　　　　　　　　　共有6条私信

**莫理循**：北京充满了最离奇的谣言。现政府对事态感到惊恐，但行事颇为果断。军队的开拔井然有序，并且旁的省没有爆发同情起义，政府变得更有希望了。但是，我遇到的任何人，不论是中国人还是中国人的外籍同事，都私下告诉我他们希望革命成功。有一天晚上，我的一个朋友同刚刚通过北京归国留学生考试的十二位毕业生聚餐。他们是从英国、美国、日本回来的留学生，大家为革命的成功祝酒。
1911年10月17日　来自代理服务器　　　　　　　　转发：1467　评论：532

57

**莫理循：** 北京发生财政恐慌，摄政王、庆亲王、那桐和旁人大量提款使政府银行处境困难，国库储备的白银不足一百万两。消息灵通的汉人、满人已离开北京。四国银行考虑借款申请的唯一条件是：赋予袁世凯同革命党人议和的全权，并进行革命党人所要求的不论多大程度的改革。这将意味着王朝纯然以君主立宪的形式保留下来，立即建立议会政府，废止宦官，将满人逐出内阁，重新安排高级官吏，取消满人的一切特权。
1911年10月17日　来自代理服务器　　　　　　　　　　　转发：1894　评论：673

**胡适：** 闻有兵轮三艘被新军击沉于江中。
1911年10月18日　来自代理服务器　　　　　　　　　　　转发：0　评论：4

**严复 C：** 和 @林纾 C 见面，以或云其尽室南行也。
1911年10月18日　来自大清微博　　　　　　　　　　　　转发：0　评论：0

**我不是孙文 R：** @美国国务卿诺斯克：我曾于上次访华府时，尝试拜访您，但没有如愿。今冒昧再致信你希望和你作一秘密会晤。若您能答应我这一要求，我将非常感谢。✉
1911年10月18日　来自鸽Phone　　　　　　　　　　　　共有私信9条

**严复 C：** @张元济 C：吾国于今已陷危地，所见种种怪象，殆为古今中外历史所皆无。此中是非曲直，非三十年后无从分晓耳。
1911年10月19日　来自大清微博　　　　　　　　　　　　转发：0　评论：5

**严复 C：** @张元济 C：悲夫！悲夫！且为今日之中国人，又为中国人中之汉族，而敢曰吾人之程度不合于民主，而敢曰中国之至于贫弱腐败如今日者，此其过不尽在满清，而吾汉族亦不得为无罪。
1911年10月19日　来自大清微博　　　　　　　　　　　　转发：0　评论：4

评论：

**星座八爷：** 严复，太阳第十宫摩羯，又是个第十宫，还是个摩羯。八爷都无力吐槽了。极度渴望成功，极度渴望他人的认可乃至膜拜。摩羯又强化了强势与独裁的一面，高贵，严肃，稳重，一本正经，并以权威者启蒙者自居，但跟狮子座相比，太阳摩羯给人的压迫感往往是潜在的，属于不怒自威的那种。而且小严超级自信，甚至可以发展到自恋的地步。
2012年1月1日　来自时光隧道

**严复 C：** @张元济 C：不知商务印书馆情况如何？我还有五千多元存款在你们这里，可安稳无恙? 我很想取出来交给麦加利银行储蓄,以求日后还能有一点养老的资金。
1911年10月19日　来自大清微博　　　　　　　　　　转发: 0　评论: 11

**梁启超 C:** 十年来之中国,若支破屋于泥泽之上,非大乱后不能大治,此五尺之童所能知也。武汉事起,举国云集响应,此实应于时势之要求,冥契乎全国民心理之所同然,是故声气所感,不期而洽乎中外也。
1911年10月19日　来自鸽Phone　　　　　　　　　　转发: 482　评论: 254

**蔡元培 R: 吴稚晖 R:** 裂龙旗,制三色旗二,交叉于书记案之上,梁诚闻之,邀数人往谈,询以改旗之举,陆军生四川刘君(刘庆恩)曰:"裂龙旗者,我也,制三色旗者,我也,汝欲目我为革命党,我便是革命党,将奈何?"梁诚无如之何。✉
1911年10月19日　来自代理服务器　　　　　　　　　共有5条私信

**胡适:** 上课。昨日汉口之北部有小战,互有杀伤。下午《神州日报》到,读川乱事,见政府命岑春萱赴川之谕旨,有"岑某威望素著",又"岑某勇于任事"之语,读之不禁为之捧腹狂笑。
1911年10月19日　来自代理服务器　　　　　　　　　转发: 0　评论: 4

**我不是孙文 R:** @张鸣岐 V: 民国已成,列强公认,请速率所部反正,免祸生灵,两粤幸甚! 裁复。
1911年10月20日　来自鸽Phone　　　　　　　　　　转发: 25　评论: 10

**我不是孙文 R:** 这回革命一起,不旬日已有十三省次第响应独立。独立如斯,泰国迅速、容易,未曾见有若何牺牲与流血,更不知前赴后继之人及共和之价值,而满清遗留下之恶劣军阀、贪官污吏及土豪地痞等之势力依然潜伏,今日不能将此等余毒铲除,所谓养虎为患,将来遗害民国之种种祸患未有穷期,所以正为此忧虑者也。
1911年10月20日　来自鸽Phone　　　　　　　　　　转发: 1001　评论: 483

**张謇 C:** 厂于11日被匪徒劫抢一次,16、17日党人索布及花仍促开工,而管理人及机工皆星散,不能作也。……省城谣言大起。
1911年10月21日　来自大清微博　　　　　　　　　　转发: 11　评论: 9

**严复 C:** 资政院第二次常会开会。
1911年10月22日　来自大清微博　　　　　　　　　　转发: 5　评论: 2

**张謇 C:** 夜回南通。是日，听美国人洛炳生说，长沙、宜昌失守。
1911年10月23日　来自大清微博　　　　　　　　　　　　　　　转发: 18　评论: 7

**胡适:** 报载袁世凯果不肯出山，而以足疾辞。
1911年10月23日　来自代理服务器　　　　　　　　　　　　　　转发: 0　评论: 5

**日本内阁:** 关于满洲问题的根本解决，专待对我国家有利之时机到来，今后应着重致力于在清国本土培植势力，并努力设法使其他各国承认帝国在该地区之优势地位。
1911年10月24日　来自代理服务器　　　　　　　　　　　　　　转发: 4983　评论: 2472

---

评论:

**特级砖家:** 中日亲善，千秋万年！
1911年10月24日　来自大清微博

**鹤顶红回复特级砖家:** 你脑子让猪给啃过了吗？
1911年10月24日　来自大清微博

**特级砖家回复鹤顶红:** 微博发言应保持理性和礼貌，@微博大管家。
1911年10月24日　来自大清微博

**鹤顶红回复特价砖家:** 我呸！
1911年10月24日　来自大清微博

**微博大管家 V:** 接网友举报，@鹤顶红 禁博三天。请各位网友认真友善地进行微博讨论，共创微博美好未来。
1911年10月24日　来自大清微博　　　　　　　　　　　　　　　转发: 0　评论: 0

**我不是孙文 R:** 吾故有家资，因得遍游各地，以交通集资赞助之各会，各会之中，以在美华人所组织之规则最为精密。以吾主义者为过高者，今则亦多从我，更有至贫困之人，以樽节其用以吾事者。苟有机会，吾当返国，将来如何措施，斯时不复可言矣。
1911年10月24日　来自鸽Phone　　　　　　　　　　　　　　　转发: 535　评论: 382

**我不是孙文 R:** 吾等同志及国中有新知识者，皆深明责任，且知文明来自西方，无论立宪主义、自由主义，皆借取于英法意美诸国，吾国民深负文明债于西方也。吾意拟他日试行联邦之中国，另设中央之上，下议员，统筹全局。添设公立学堂，暂立军政府，然不久即许行政治。使妇女享有应得之权利。苟吾革命之旗，飘飘于北京城内，则吾族之新花重发矣。
1911年10月24日　来自鸽Phone　　　　　　　　　　　　　　　转发: 673　评论: 416

**蔡元培 R: @吴稚晖 R:** 此间于星期六拟发一电于上海报馆,大意谓外国均赞同吾党,决不干涉,望竭力鼓吹,使各地响应云。同人之意,用汉文及英文皆将为上海电局所捺,乃用德文,不意德国电局既收而又打回,谓语涉妨害治安,实则改用骈文式,冀电报生不甚了解,或不至搁置也。因发电时,已得汉口各国领事以汉文告示不干涉之消息,又知满首愿与吾党分南北而治,故电中删去不干涉等字,而言不可允北朝之请,又加入孙文举袁世凯为总统事,于昨夜始发也。孙之推袁,确否固不可知,然此等消息,除离间满、袁外,于半新半旧之人心极有影响。✉
1911年10月24日　来自代理服务器　　　　　　　　　　　　　　共有11条私信

**蔡元培 R:** 六岁宝宝昨有出遁之讯,虽未必果确,然亦不远矣。
1911年10月24日　来自代理服务器　　　　　　　　　　转发: 0　评论: 11

---

评论:
**鸭先知:** "六岁宝宝",指的是溥仪皇帝。从未来的北大校长蔡元培口中出来,似乎有些奇怪。在一个动荡的时代,谣言往往比真相走得更远。
2012年1月1日　来自时光隧道

**胡适:** 野外实习至南山,教师谓此地四千万年前尚为大海,汪洋无际,今考山石尚多介族化石之遗,山石分层,序次井然,非一川一渎之所能成也。闻之感慨世变,喟然兴思。
1911年10月24日　来自代理服务器　　　　　　　　　　转发: 0　评论: 4

**袁世凯: @内阁 V:** 但有报国一日,断不至有北犯之虑。
1911年10月25日　来自大清微博　　　　　　　　　　转发: 482　评论: 153

## 【微群聊天室(加密)】

**议长:** 部臣侵权违法,激生变乱,并有跋扈不臣之迹,恭恳惩治具奏案。
1911年10月25日　来自大清微博　　　　　　　　　　转发: 25　评论: 16

**牟琳:** 就法律上言之,盛大臣之铁路国有政策未经阁议,未交院议,借债事件应由度支大臣核办,乃不由主管衙门主持,独断行之,其违背法律实甚! 就政治上言之,凡立一政策,必期能富国利民,而盛大臣既损失川民之利益,激成变乱,变起复无法以弭之,致令鄂乱踵起,大局动摇,推原祸始,盛一人尸。至于电陕调兵,尤为跋扈不臣之实迹。故非将盛大臣明正典刑,无以服人心而平乱事!
1911年10月25日　来自大清微博　　　　　　　　　　转发: 11　评论: 5

**易宗夒**：此案极有关系。盛大臣擅定铁路国有政策，侵夺院权，蹂躏院章，即藐视先朝法律；且不交阁议，禀奏朝廷，即为蔑视同僚，蔑视官制，以致激成川变，鄂乱随之，其罪实无可逭！而擅调兵队，尤属侵夺君上大权，是非诛盛宣怀不足以谢天下。
1911年10月25日　来自大清微博　　　　　　　　　　　　　　　　转发：9　评论：3

**刘荣勋**：我赞同两位的观点。自从立宪的旨意下达之后，革命之说渐渐平息。盛宣怀却倡导铁路国有政策，解散民心，革命党趁机作乱，变乱到这种地步，罪不容赦。
1911年10月25日　来自大清微博　　　　　　　　　　　　　　　　转发：14　评论：7

**邮传部特派员陆梦熊**：诸位，我有话要说。
1911年10月25日　来自大清微博　　　　　　　　　　　　　　　　转发：581　评论：472

**易宗夒**：闭嘴！
1911年10月25日　来自大清微博　　　　　　　　　　　　　　　　转发：9　评论：4

**刘荣勋**：闭嘴！
1911年10月25日　来自大清微博　　　　　　　　　　　　　　　　转发：3　评论：5

**籍忠寅**：牟、易二位议员提出之案，多法律上语。惟弹劾国务大臣的罪状，须审慎而出之，就事实上敷陈，方足以动上听而定该大臣罪名。
1911年10月25日　来自大清微博　　　　　　　　　　　　　　　　转发：11　评论：4

**陈懋鼎**：盛宣怀敢于发此政策，彼故逆知必有暴动，暴动之起，可以压力平之，而借债之唯一目乃完全得达，此诛心之论也。又，盛宣怀运动力甚大，本院议员谅不至受其运动。
1911年10月25日　来自大清微博　　　　　　　　　　　　　　　　转发：5　评论：2

**李文熙**：@邮传部特派员陆梦熊 本议员有质问，请邮传部特派员答复。
1911年10月25日　来自大清微博　　　　　　　　　　　　　　　　转发：9　评论：4

**议长**：@李文熙 按照发言表，尚有议员发言，请稍缓。
1911年10月25日　来自大清微博　　　　　　　　　　　　　　　　转发：15　评论：8

**黎尚雯**：盛宣怀之罪，分四大项：违宪之罪——即不交院议与破坏商律是也；变乱成法之罪——凡重大事件，必付阁议，铁路国有，何等重大，乃贸然擅行，非藐法而何，按律宜绞；激成兵变之罪——四川事起，内阁主和平，盛乃主强硬，激成大乱，而武昌失陷，亦源于此,按之激变良民因失城池律,亦当绞,侵夺君上大权之罪——(1)擅调兵,(2)擅绝交通,此种紧急命令,事属大权,盛擅行之,罪无可逭。
1911年10月25日　来自大清微博　　　　　　　　　　　　　转发:28　评论:19

**李文熙:** **@邮传部特派员陆梦熊:** 四川争路,非反对铁路国有,乃反对不交院议之违法;铁路国有,非反对借债,乃反对不交院议之滥借外债。四川人民均知法律,邮传部大臣岂不知之? 请特派员答复。
1911年10月25日　来自大清微博　　　　　　　　　　　　　转发:32　评论:17

**李素:** **@邮传部特派员陆梦熊:** 快说!
1911年10月25日　来自大清微博　　　　　　　　　　　　　转发:18　评论:14

**汪荣宝:** 当电请邮传部大臣亲自来答复!
1911年10月25日　来自大清微博　　　　　　　　　　　　　转发:108　评论:92

**议长:** 此事可由特派员说明。
1911年10月25日　来自大清微博　　　　　　　　　　　　　转发:3　评论:2

**邮传部特派员陆梦熊:** 此政策非邮传大臣一人所主持。
1911年10月25日　来自大清微博　　　　　　　　　　　　　转发:673　评论:186

**陈敬弟:** **@邮传部特派员陆梦熊:** 邮传大臣所司何事?
1911年10月25日　来自大清微博　　　　　　　　　　　　　转发:5　评论:3

**邮传部特派员陆梦熊:** 借款始于张文襄,现在本部不过继续举行耳。
1911年10月25日　来自大清微博　　　　　　　　　　　　　转发:8　评论:2

**李文熙:** **@邮传部特派员陆梦熊:** 张文襄所定,乃草合同,且已久不签押,何以今年独不能缓? 况草合同所定,系粤铁路,非川汉路也。
1911年10月25日　来自大清微博　　　　　　　　　　　　　转发:4　评论:1

**邮传部特派员陆梦熊:** 此固法律问题,然邮传部不过就草合同修改而已。
1911年10月25日　来自大清微博　　　　　　　　　　　　　转发:8　评论:2

**汪荣宝:** **@邮传部特派员陆梦熊:** 日本之千万元,亦根据草合同乎?

1911年10月25日　来自大清微博　　　　　　　　　　　　　转发: 4　评论: 2

**程明超:** **@邮传部特派员陆梦熊:** 定合同时, 资政院已成立, 何不交议?
1911年10月25日　来自大清微博　　　　　　　　　　　　　转发: 8　评论: 2

**王佐良:** **@邮传部特派员陆梦熊:** 去岁开院时, 外人函催签字, 何以会期之内竟不交议?
1911年10月25日　来自大清微博　　　　　　　　　　　　　转发: 21　评论: 11

**邮传部特派员陆梦熊:** 非邮传部坚持借款, 实以外人函催外部, 邮部无可如何耳!
1911年10月25日　来自大清微博　　　　　　　　　　　　　转发: 32　评论: 6

**于邦华:** **@邮传部特派员陆梦熊:** 去年开院时, 度支大臣到院, 曾认借款必交院议。借债虽在闭会之后, 何以本院请开临时会, 而邮传大臣不赞成此举?
1911年10月25日　来自大清微博　　　　　　　　　　　　　转发: 11　评论: 3

**李复伸:** 川乱之起, 原因复杂。其最重者: 退还川股与粤股办法不一律; 铁路学堂费何以不承认? 股息何以不给? 历来招股费用何以不承认? 议长争路, 系保存本省权力, 何以为匪? 股东会系法律许可, 何以严禁? 以上种种, 皆邮传部违背法律, 蹂躏人民权利之罪, 该部大臣何以自解?!
1911年10月25日　来自大清微博　　　　　　　　　　　　　转发: 4　评论: 5

**王佐良:** 此外, 尚有重要数件, 为人人所公认者: 速开国会; 组织责任内阁; 协赞宪法; 将瑞澂、张彪, 速正法典, 以儆效尤; 速开党禁, 以消革命之祸。
1911年10月25日　来自大清微博　　　　　　　　　　　　　转发: 31　评论: 19

评论:

**历史胖老师:** 盛宣怀真的成为众矢之的了? 朝廷真的要拿它来当替罪羊? 不管你信不信, 反正我是信了。
2012年1月1日　来自时光隧道

**历史胖老师:** 这场审判, 以民主为名, 其实仍不过是一场独裁的闹剧。盛宣怀成为众矢之的, 早已可想而知。中国人仍不适应真正的民主形式, 议会的闹剧, 将一直延续到民国。
2012年1月1日　来自时光隧道

**盛宣怀 V:** **@邮传部特派员陆梦熊** 带回资政院会议各件, 展读之下, 不胜疑诧! 大约该议员以干路国有不交阁议，谓为侵权；借债签字不交院议，谓为违法；借日本一千万元，谓为卖国；擅调兵队，谓为跋扈；革党陷城，由于路款，谓为祸首。臣果有一于此，罪岂能辞。惟事关大局，亦不敢缄默，致使公道不彰，恐亦非宪法之所应用，用敢择要，为我皇上详晰陈之。

1911年10月25日　来自大清微博　　　　　　　　　　　　　转发: 863　评论: 516

**微博大管家 V:** 朝廷今日下旨，@盛宣怀 革职，永不叙用。

1911年10月26日　来自大清微博　　　　　　　　　　　　　转发: 1876　评论: 536

**严复 C:** 数日风声甚恶。将十一箱行李运往天津。

1911年10月26日　　　　　　　　　　　　　　　　　　　　转发: 3　评论: 6

**蔡元培 R:**　**@吴稚晖 R:** 刘庆恩找到一份克虏伯厂调查的中国现有炮位和实力表，用汉文翻译出来。现在湖北军使用的是过山炮，荫昌率领的敌军使用的都是野战炮。如果在信阳以南山作战，我方占优；一旦换到平原，就是敌军的军械占优。等到日后直抵北京，敌军所谓禁卫军，有七到八成是满人，都经过训练，又有新式管退快炮七十八尊，射程可达七千三百米。如果我方没有内应，敌军一定会死守。✉

1911年10月26日　来自大清微博　　　　　　　　　　　　　共有16条私信

**蔡元培 R:**　**@吴稚晖 R:** 我方应当购买克虏伯厂的新式攻城炮，一切装置与北京无异，而射程可达就千米才可以。但是每尊炮需要约五万马克，八尊就需要四十万。这里已经无力筹措，需等孙中山的意见。✉

1911年10月26日　来自大清微博　　　　　　　　　　　　　共有9条私信

**康有为 C:** 武汉军初变，不能长驱北陷，以为政府海陆立凑，不日可扑，岂政府疑新军无一敢调，又无军械，并乏军饷，故十余日不能出师，汽车又不能载炮，遂令各地响应，全国沸变。刻闻长沙、南昌、兰州皆陷，或出讹言，而长沙大约不谬矣。日传消息皆沦陷响应，若是则可不期月而亡国，信到后不知天地有否？呜呼，以法国鉴之，革命党必无成；以印度鉴之，中国必亡，故侧身无所。闻广东议自立，亦胜于兴起革命党。

1911年10月26日　来自大清微博　　　　　　　　　　　　　转发: 42　评论: 53

**康有为 C:**　**@徐君勉 C:** 所幸武汉之事，出自将军黎元洪，而汤化龙参之，皆士夫也，或可改为政治革命。又适有机会，北中兵事，有熟人，亦有亲贵，欲胁以改政府，即以资政院国会，并合十八省咨议局为议员，且罢征讨军令，往抚之。已发要人数四，入北运动。若不得，则欲募壮士数百为之，否则土头亦必自专，亦无我等回翔地矣。亡国恒于斯，得国恒于斯。

此间困竭,安可得巨款,从此间商人已设法筹填,望必筹数万来。此时非起会所之时,闻捐获有款,且押会所,望尽来,若失此乎,后此虽有千万,无能为矣。

1911年10月26日　来自大清微博　　　　　　　　　　转发:56　评论:48

---

评论：

**鸭先知：** 把袁世凯叫做"土头",哈哈!

2012年1月1日　来自时光隧道

**星座八爷：** 谁说双鱼座靠不住?谁说双鱼座难当大任?看看太阳第十宫双鱼的小康。

2012年1月1日　来自时光隧道

**鸭先知回复星座八爷：** 什么?康有为也是第十宫?

2012年1月1日　来自时光隧道

**星座八爷回复鸭先知：** 早说了嘛,政治人物大多都是第十宫。

2012年1月1日　来自时光隧道

**鸭先知回复星座八爷：** 可康爷这星座有点怪啊!热爱做白日梦的双鱼啊!

2012年1月1日　来自时光隧道

**星座八爷回复鸭先知：** 对。此君水星和太阳合,都是双鱼。极度的理想主义与梦幻主义者,常沉湎于自己幻想的世界之中,想多了就容易将幻想世界和现实世界混淆。好在小康这两个星都落第十宫,事业上有追求有冲劲,有能力将幻想变成现实,还不至于痴人说梦。可惜此君火星为第六宫天蝎,如果此君火星是第十宫的白羊,将会更有冲劲。

2012年1月1日　来自时光隧道

**鸭先知回复星座八爷：** 看来康爷这辈子只能这样了……

2012年1月1日　来自时光隧道

**胡适：** 广州新将军凤山赴任尚未登岸,有党人以炸弹投之,凤山死,同时死者二十余人。广州今日防护之严,自不待言,而犹有此事,亦也异矣!上课至花房实习,见菊花盛开,殊多感叹。

1911年10月26日　来自代理服务器　　　　　　　　转发:4　评论:3

---

评论：

**鸭先知：** 菊花盛开……@名言帝

2012年1月1日　来自时光隧道

**莫理循：** 富裕的中国人继续以惊人的速度离开北京。连大学学生也受影响,许多教室几乎空无一人。甚至小业主阶级也在离去，逃往乡间。我在北京遇到的几乎每一个人都支持革命。

1911年10月27日　来自代理服务器　　　　　　　　　　　　　　　　转发：760　评论：53

**黄三德 R：** **@我不是孙文 R：** 汇款港银八万到。

1911年10月27日　来自代理服务器　　　　　　　　　　　　　　　　转发：42　评论：18

**胡适：** 作一书寄君墨。余去年作《重九词》，有"最难回首，愿丁令归来，河山如旧"之语，今竟成语谶，可异也！

1911年10月27日　来自代理服务器　　　　　　　　　　　　　　　　转发：4　评论：2

**戴草帽的蘑菇：** 重阳佳节，却天下大乱。大清实在乱不起了。可我辈什么都做不了，心中伤悲……

1911年10月27日　来自大清微博　　　　　　　　　　　　　　　　转发：19　评论：8

**袁世凯：** **@荫昌 V：** 虞电悉。喜甚。曾交 **@冯国璋** 赏格单，枪炮一尊，赏银一千两，现共计需三万两，请午帅即垫发，候凯到奉还。凯初九行。

1911年10月28日　来自大清微博　　　　　　　　　　　　　　　　转发：45　评论：23

**宋教仁 R：** 今《中华民国鄂州临时约法》已起草，人民一律平等；允许人民有各种民主、自由权利，如言论、出版、通信、信教、居住、营业、保有财产、保有身体、保有家宅等；规定人民有选举和被选举的权利。

1911年10月28日　来自鸽Phone　　　　　　　　　　　　　　　　转发：8692　评论：4621

评论：

**章太炎：** 遁初有总理之才。

1911年10月28日　来自大清微博

**历史胖老师：** 《鄂州约法》不仅对人民的权利有全面阐述，对政府组织、都督与议会的权限和职责也做了明确规定。起草者宋教仁，是晚清民国的法学专家，差一点儿就可以做内阁总理带领民国走向宪政时代，却因被刺杀而功亏一篑。

2012年1月1日　来自时光隧道

**梁启超 C：** 用北军倒政府，立开国会，挟以抚革命党，国可救，否则必亡。机已得，我即行。

1911年10月29日　来自代理服务器　　　　　　　　　　　　　　　　转发：11　评论：4

**梁启超 C：** 革命党先有割据之心，却无法直捣北京，令彼有从容请外兵之余地，已为失计。

今各国虽号称中立，然以吾所知者，则既磨刀霍霍以俟矣。就令目前幸免此难，及其成功之后，而所忧正有大者。
1911年10月29日　来自代理服务器　　　　　　　　　　　　　　　转发：4　评论：5

**梁启超 C：** 此次发难，黄兴稍有运动之力，但并非他主动，事权不在黄兴之手。黄兴、黎元洪龌龊，破裂之势一也。孙中山、黄兴不睦久矣，黄剽悍实行，而孙巧滑卷望，黄党极恨之。去年曾决议除孙名，赖有刘揆一，谓方当患难之时，不宜内讧，授人口实，仅乃无事。今日彼此互相利用，而实有相仇之心，破裂之势二也。各省响应者皆煽动军队，而军队各有所拥戴，不能相下，破裂之势三也。秩序一破之后，无论何人莫能统一，全国鼎沸，非数年不能戡定。今各国环伺，安容有数年之骚乱，最终还是外国人渔翁得利。
1911年10月29日　来自代理服务器　　　　　　　　　　　　　　　转发：25　评论：11

评论：
**历史胖老师：** 梁任公对革命党内部问题的看法，真是一针见血，一语中的。好！
2012年1月1日　来自时光隧道

**梁启超 C：** @徐君勉 C：革命军杀尽满人之时，即中国瓜分之时。痛恨满人之心，吾辈又岂让革命党？而无如此附骨之疽，骤去之而身且不保，故不能不暂借为过渡，但使立宪实行，政权全归国会，则皇帝不过坐支乾修之废物耳。国势既定，存之废之，无关大计，岂虑其长能为虐哉？吾党所坚持立宪主义者，凡以此也。
1911年10月29日　来自代理服务器　　　　　　　　　　　　　　　转发：6　评论：3

**梁启超 C：** @徐君勉 C：今武汉之乱，为祸为福，盖未可知，吾党实欲乘此而建奇功焉。
1911年10月29日　来自代理服务器　　　　　　　　　　　　　　　转发：18　评论：4

**梁启超 C：** @徐君勉 C：两年以来，朝贵中与吾党共事者惟载涛、载洵两人而已，而载洵实无用，可用者唯有一载涛。而载涛与载泽地位相逼，暗争日甚。去年解禁之议，涛、洵争之不下十次，而梗之者则泽也。载泽与庆亲王结，泽夫人为太后之妹，日日出入宫禁，摄政王是废物，畏蜀如虎，故使泽势大张。泽遍布私人，如张謇、郑孝胥之流，皆为之鹰犬，而外之复与袁结，务欲置涛于绝地。涛问计于安仁，安仁劝其以全力抚循禁卫军，使成为心腹，然后一举彼辈而廓清之。故数月来，惟务多布吾党入禁卫军，（为此事所费不少，去年之款全耗于此，哑子食黄连，同志诘问不能答也。）而外之复抚第六镇（驻保定）之统制吴禄贞为我用，一切布置皆略备矣。吾两月前致兄书，谓九、十月间，将有非常可喜之事，盖即指此。
1911年10月29日　来自代理服务器　　　　　　　　　　　　　　　转发：41　评论：16

评论:

**历史胖老师:** 康有为、梁启超看起来远在海外,其实他们的棋已经直接下在了紫禁城的棋盘上。他们试图争取皇上的叔叔载涛,利用载涛和载泽的矛盾,加以运作。
2012年1月1日 来自时光隧道

**鸭先知回复历史胖老师:** 劝降皇上的叔叔?靠谱吗?
2012年1月1日 来自时光隧道

**历史胖老师回复鸭先知:** 不太靠谱。不过年仅23岁的载涛是业已沉沦的八旗子弟中的特例,他身上似乎还流淌着游牧时代的血,爱马,善于相马、驯马,并且态度开明,最重要的是,他还统率着京城的禁卫军。康、梁的秘密计划,倘若真能生效,看起来在和革命党的竞争中,将大有胜算。
2012年1月1日 来自时光隧道

**梁启超 C:** **@徐君勉 C:** 日间本当即发矣,而无端又被袁党调姜桂题兵入卫(真是魔障),应如何处置之法,今尚须到京乃定。(或须与袁言和,同戡此难亦未可知。)
1911年10月29日 来自代理服务器    转发: 8 评论: 3

**梁启超 C:** **@徐君勉 C:** 所最患者,此一月中南方各省纷纷响应,糜烂不可收拾。今所以处之之法,则运动各督抚暂倡自立,以杀革党之势,声称不接济北军军饷。如是则革党引以为友,无所用其煽动,而北京益危,自不得不俯从吾策,此则最近所分途布置也。大抵广东(张鸣岐数月来极相亲)、广西、云南必肯听吾言,但得一省倡之,他省必从之,然后稍有时日,足供我布置,布置一定,则各省复合为一,此反掌之功耳。
1911年10月29日 来自代理服务器    转发: 19 评论: 2

**梁启超 C:** **@徐君勉 C:** 唯此间之不名一钱久矣,并借贷之路,亦殆绝,数月以来,节衣缩食,绝粮且时时而有,今将广智机器拍卖,妇女首饰尽行典当,曾不能供来往川资及电报之费,吾党内情如此,复何一事之能办者。呜呼,此真四万万人气数使然也。此旬日中,各重要人已先后入北,弟亦束装待发矣。
1911年10月29日 来自代理服务器    转发: 15 评论: 7

评论:

**鸭先知:** "此旬日中,各重要人已先后入北,弟亦束装待发矣。"有点华山论剑的意思啊。
2012年1月1日 来自时光隧道

**历史胖老师回复鸭先知:** 还真是华山论剑的意思。各路人物纷纷进京,无非也是希望为自己的派别争一席盟主之位，毕竟天下大乱，机不可失。
2012年1月1日　来自时光隧道

**梁启超 C：** **@徐君勉 C：** 惟兹事之关键，则吾侪对于禁卫军及第六镇之心腹军士，不能无所依结其欢心，非得数万，如何能济？今妙手空空，只得靠天日打卦而已。……所可自信者，吾辈十年以来，未尝敢以同志一文之血汗，自入私囊，而弟尤恃笔耕，自食其力，并未尝以家之计用一文公款，此则可以表天日者耳。今兹之事，非关危急存亡千钧一发，断不敢以请，如同志倘亦谅其心而肯一为援手耶。
1911年10月29日　来自代理服务器　　　　　　　　　　　　　　转发：34　评论：6

**梁启超 C：** **@徐君勉 C：** 若万一有他变，则全家二十余口，尽以托诸吾兄。吾老亲有仲策可料理，吾弱媳则惟吾兄抚之，天下方乱，无国可归，不能不令其暂住日本，但使之无冻馁以死，则所感多矣。顷此间最亲爱之人，皆已入京，若事成，则同建大业；不成，则同及于难，此皆意中事，无所容其忌讳也。
1911年10月29日　来自代理服务器　　　　　　　　　　　　　　转发：4　评论：6

**梁启超 C：** **@徐君勉 C：** 顷已到奉天，拟明日入京，顺道先往滦州一行。北军中可用者约一镇半，若能用之以维持京城秩序，则大局可定。
1911年10月29日　来自代理服务器　　　　　　　　　　　　　　转发：7　评论：4

**梁启超 C：** **@徐君勉 C：** 袁世凯望不进，今欲取巧，今欲取而代之，诚甚易，资政院皆吾党，一投票足矣。惟吾颇慎重不欲居此席，吾党今日但求一中心点，可以统一全国，毋致分裂，于愿斯足，现皇统可利用则利用之，若诚不能，亦尚有他法也。
1911年10月29日　来自代理服务器　　　　　　　　　　　　　　转发：3　评论：3

评论：
**鸭先知：** 梁启超说，自己想取代袁世凯很容易，"资政院皆吾党，一投票足矣"。梁启超太乐观了，选票真的有用吗？
2012年1月1日　来自时光隧道

**微博大管家 V：** **@梁启超** 因刷屏过于频繁，禁止发微博一天。
1911年10月29日　来自大清微博　　　　　　　　　　　　　　　转发：0　评论：0

**今村长藏 R：** 陆军第三、第四中学的同学们，你们都是将来国家干城之选，现在革命要人用，但我可保证绝不把你们当一兵一卒之用。

1911年10月30日　来自鸽Phone　　　　　　　　　　　　　　　转发: 185　评论: 92

**张謇 C:** 至沪, 闻湘、晋、陕失。
1911年10月30日　来自大清微博　　　　　　　　　　　　　　　转发: 9　评论: 3

**鸽Phone即时快讯 R:** 昆明新军起义, 新军统协 @蔡锷 任大汉军政府都督。
1911年10月30日　来自鸽Phone　　　　　　　　　　　　　　　转发: 46　评论: 18

> 评论:
>
> **鸭先知:** 他就是张麻子以前的长官! 松坡将军蔡锷!
> 2012年1月1日　来自时光隧道

**冯国璋 V:** 已到汉口, 命所部纵火焚烧三日。
1911年10月30日　来自大清微博　　　　　　　　　　　　　　　转发: 869　评论: 531

**皇上 A:** 所有戊戌以来因政变获咎与先后因犯政治革命嫌疑惧罪逃匿, 以及此次乱事被胁, 自拔来归者, 悉皆赦其既往, 俾齿齐民。嗣后大清帝国臣民, 苟不越法律范围, 均享国家保护之权利, 非据法律不得擅以嫌疑逮捕。至此次被赦人等, 尤当深自拔擢, 抒发忠爱, 同观宪政之成, 以示朝廷咸与维新之至意。
1911年10月30日　来自大清微博　　　　　　　　　　　　　　　转发: 4820　评论: 2812

> 评论:
>
> **鹤顶红:** 此时满纸假惺惺的废话, 法律? 大清国有法律吗?
> 1911年10月30日　来自大清微博
>
> **蜗族:** 皇上有思变之心, 咱大清国还有救啊。
> 1911年10月30日　来自大清微博
>
> **鹤顶红回复蜗族:** 有个P用! 只有把你这种爱国贼和那些狗官一起杀了, 中国才有救!
> 1911年10月30日　来自大清微博
>
> **戴草帽的蘑菇回复鹤顶红:** 大清乱不起啊!
> 1911年10月30日　来自大清微博
>
> **鹤顶红回复戴草帽的蘑菇:** 通通都是借口!
> 1911年10月30日　来自大清微博
>
> **诺亚子:** 我严重怀疑这份诏书是假的, 我会发起相关调查, 欢迎大家提供资金支持!
> 1911年10月30日　来自大清微博
>
> **特级砖家回复诺亚子:** 我可以负责任地说, 这份诏书绝对是真的。皇上圣明, 跃然纸

上，你还有什么理由不感恩、不痛哭呢?
1911年10月30日　来自大清微博

**鸭先知:** 此时才开放党禁，为时已晚。
2012年1月1日　来自时光隧道

**蔡锷 C: @云南省咨议局:** 满清专制二百余年于兹矣。锷等不惜牺牲身家性命，誓灭胡虏，为同胞谋幸福，已于昨晚首先举义。所幸围都督及攻各局、所，义师所向，招招制胜，不崇朝而大局已定。惟是破坏之责，锷等已尽，而建设之任，专在诸公。盖诸公为全省代表，乡望素孚，务折出而维持，互相赞助。如表同情，请即移至敝司令处，会商善后办法，是所切盼。此请公安，立候赐复。
1911年10月30日　来自大清微博　　　　　　　　　　　转发: 7　评论: 3

**胡适:** 今日为重九，"天涯第二重九"矣。而回首故国，武汉之间，血战未已；三川独立，尚未可知；桂林长沙俱成战场；大江南北人心惶惶不自保: 此何时乎!
1911年10月30日　来自代理服务器　　　　　　　　　　转发: 3　评论: 3

**我不是孙文 R:** 黎元洪的宣言是难以解释的，突然成功可能助长其野心，但他缺乏将才，无法持久。各地组织情况甚好，都希望我加以领导。如得财力支持，绝对能控制局势。在我们到达之前，不可能组成强有力的政府，因此贷款是必要的。
1911年10月31日　来自鸽Phone　　　　　　　　　　　转发: 492　评论: 126

---

评论:

**历史胖老师:** 孙中山对黎元洪的弱点，还是看得很透彻的。
2012年1月1日　来自时光隧道

**星座八爷:** 那是当然! 天蝎和摩羯的合体啊啊啊! 小黎怎能跟小孙比? 小孙少年时代就不是省油的灯。哥哥孙眉经营的农牧场的职工生了病，经常到场内佛堂去祈祷。有一天，孙中山将哥哥挂在厅堂内的关帝画像扯下来，对职工们说，关云长只不过是三国时代的一个人物，死后怎能降福于人间，替人们消灾治病呢? 生了病应该请医生治才是。那么小就有这觉悟啊! 天蝎和摩羯啊! 八爷决定自己去墙角反思去了……
2012年1月1日　来自时光隧道

**鸽Phone即时快讯 R:** 南昌新军起义，清廷大员狼狈出逃。
1911年10月31日　来自鸽Phone　　　　　　　　　　　转发: 681　评论: 337

# 1911 / 11

宣统三年　　　农历辛亥年

**忌** 写诗・回国・出走・挑拨离间

**宜** 辞职・选举・追星・组阁

### 皇族内阁解散
清廷宣布解散皇族内阁，任命袁世凯为总理内阁大臣。

### 皇上下罪己诏
摄政王辞职，朝廷以幼帝名义下罪己诏。

### 袁世凯出山组阁
袁世凯千呼万唤始出来，组织混合内阁，同时准备平乱。

### 清军火烧汉口
"北洋三杰"之一冯国璋攻占汉口、汉阳，焚毁汉口。

### 滦州兵变
滦州兵变，威胁京师。

### 梁启超无功而返
流亡海外十余年的立宪派领袖梁启超悄然回国，试图策反皇叔载涛，抢在革命党之前稳定北方大局，但无功而返。

### 十四省宣布独立
从10月开始，一个月内，十四省宣布独立，清廷大势已去，革命风潮横扫中国。

### 清廷表态改革
清廷修订议院法、选举法，开放党禁，释放政治犯。

### 黄兴出走
革命军节节败退，内部矛盾重重，主帅黄兴出走上海。

**微博大管家 V**：皇族内阁辞职，任命 **@袁世凯** 为内阁总理大臣。
1911年11月1日　来自大清微博　　　　　　　　　　　　　转发：894　评论：157

**蔡锷 C**：双塔峥嵘拥翠华，腾空红日射朝霞；遥看杰阁层楼处，五色旗飞识汉家。
1911年11月1日　来自大清微博　　　　　　　　　　　　　转发：72　评论：15

评论：

**鸭先知**：蔡锷的诗在军阀里还算不错的。
2012年1月1日　来自时光隧道

**历史胖老师回复鸭先知**：有张宗昌老师垫底，谁还不敢写诗吗？
2012年1月1日　来自时光隧道

**鸭先知回复历史胖老师**：您不要随便就去撩拨民国的底线……这是不道德的……
2012年1月1日　来自时光隧道

**我不是孙文 R**：@咸马里：黄兴将军已安抵汉口。形势大有改善。明日可能乘"毛里塔尼亚号"出发。
1911年11月1日　来自鸽Phone　　　　　　　　　　　　　转发：473　评论：82

**张謇 C**：各处兵变之讯日紧。滦州、保定、天津皆有所闻。
1911年11月1日　来自大清微博　　　　　　　　　　　　　转发：5　评论：18

评论：

**历史胖老师：** 当张謇为各处兵变苦恼时，另一位立宪派旗帜人物、流亡日本长达13年的梁启超，却突发奇想，开始了一次冒险的行动。梁启超准备利用滦州兵变之机，悄然潜回北京，说服皇上的叔叔载涛兵谏，里应外合，在革命党之前，占据北京，稳定大局。

2012年1月1日　来自时光隧道

**康有为 C：** 党禁开，事多，阮生可来助我，亦难得之遇也。进可从我入京，退可从我读书。粤乱，不能拜祖，亦不可返粤也。吾或再到箱根，惟有电与汝，一切宜密之。革必不成，汉口已破，武昌不能守也。常人无识，见少变而动。今兹之变，徒藉为完全宪法耳。果如所料。

1911年11月1日　来自代理服务器　　　　　　　　　　　　　　转发：8　评论：4

**今村长藏 R：** @潘训初 R @杨谱笙 R：两军僵持数日，昨天刮大风，房屋中炮后起火，全市被焚烧。我军退守汉阳，尽力抵御；我军兵卒大多是新招的，不能久战，已经疲乏。幸好湖南方面大军来救援，以及江南各学堂的勇士们，还能保卫。兄弟我亲自上战场打了两次，都没能获胜。万分期待宁、皖响应，断绝对方的海军后援，敌军就很容易驱除了。

1911年11月2日　来自鸽Phone　　　　　　　　　　　　　　转发：16　评论：9

**孙宝琦 V：** @盛宣怀：袁世凯的前途不可限量，终究还是会引你为同志……青岛纯粹是外国风土，你去暂住躲避风头极好。家眷也可接来，越快越好。✉

1911年11月2日　来自大清微博　　　　　　　　　　　　　　共有7条私信

**微博大管家 V：** #微博辟谣# 我军将士大获全胜，这是被俘虏的乱党。大清万岁！

1911年11月2日　来自大清微博　　　　　　　　　　　　　　转发：8955　评论：5712

**莫理循：** 袁世凯的儿子说，他父亲两个星期内不会回到北京。但昨天发出的诏书，要袁世凯立即回京，这也许会改变他的计划。这里的汉人和满人都惶恐不安。好像每个人都害怕别的人，但到目前为止，对外国人还没有丝毫不友好的表示。

1911年11月3日　来自代理服务器　　　　　　　　　　　转发：371　评论：42

**鸽Phone即时快讯 R：**清廷颁布"宪法重大信条"十九条，规定"大清帝国皇统万世不移"、"皇帝神圣不可侵犯"，毫无诚意！

1911年11月3日　来自代理服务器　　　　　　　　　　　转发：7259　评论：3947

**今村长藏 R：**今日登坛拜将。兄弟有三点意见与同胞共勉：第一须努力，清兵拼死与我对敌，我若稍存畏缩，敌即攻入我心腹。临战必须努力，后退者斩首示众。第二须服从军纪。纪律非绝对服从不可；倘不服从，命令何能贯彻执行。今后无论如何危险，皆须服从军纪，不得借故规避。第三须协同。若各存意见，相互摩擦，无论条件如何好，都不能成大事。太平天国的失败是前车之鉴。

1911年11月3日　来自鸽Phone　　　　　　　　　　　　转发：847　评论：145

**李书城 R：**今晚，黄兴先生率总司令部人员同赴汉阳，在伯牙台设总司令部；嗣因敌方枪弹能射至院中，次晨移往昭忠祠。

1911年11月3日　来自鸽Phone　　　　　　　　　　　　转发：116　评论：45

**梁启超 C：**@徐君勉 C：我明日行矣。禁已解，此行掉臂而前，更无险象。前所布画，今收功将半（亦有不能行者）。此次政治革命之成功，颇出意外也。唯拨乱反治之大业，终未能责诸旦夕，非躬赴前敌，难奏全功。幸资政院已握一国实权，而议员大半皆同志，此我行必当有所借手也。和袁，慰革，逼满，服汉，大方针不外此八字，望以告各同志。

1911年11月3日　来自代理服务器　　　　　　　　　　　转发：16　评论：5

**今村长藏 R：**与总司令部人员登龟山顶观测汉口敌方阵营。敌方大炮向龟山射击，炮弹都落入龟山后方的江中，无人受伤。寻沿河边防线视察一周，决定利用汉阳兵工厂、钢药厂的铁板、木材，沿汉水南岸构筑防御工事。

1911年11月4日　来自鸽Phone　　　　　　　　　　　　转发：144　评论：62

**鸽Phone即时快讯 R：**贵州独立！

1911年11月4日　来自鸽Phone　　　　　　　　　　　　转发：682　评论：39

**皇上 A：**朕勤求治理，惟日孳孳，作新厥民，犹如不及。近因川鄂事变，下诏罪己，促进宪政，另行组织内阁，宽赦党人。昨日又俯允资政院之请，将所拟宪法重要信条十九条，宣誓太庙，颁布天下，所以期人民之进步，示好恶以大公。自今以往，凡关于政治诸端，尔人民有所陈明，朕无不斟酌国情，采纳公论。天生民而立之君，民之视听，即天之视听。其有政治弗进，热心改良，举动激烈者，列邦谓之政治改革。凡欧西列强，由专制而入于宪政，此等阶段皆所必经。今各省纷扰，祸变日深，其本意率在宪政实行，共登上理，委系激而出此，并非如前代叛民希图非望，往时逆匪荼毒生灵。惟上下暌隔，情志莫通，不得已命将出师，冀拯水火，仍将归正免究之旨，申谕再三。

1911年11月4日　来自大清微博　　　　　　　　　　　转发：3871　评论：3022

**皇上 A:** 资政院奏请速开国会，以符立宪政体一折。所有议院法、选举法，著迅速拟订议决，办理选举，一俟议员选定，即行召集国会。

1911年11月5日　来自大清微博　　　　　　　　　　　转发：4482　评论：334

评论：

**历史胖老师:** 连日以来，一条旨意紧接着一条旨意，清廷几乎要倾尽一切方法来传达改革的诚意。事实上，晚清以来，清廷从来不乏改革的诚意，只是不是被权力斗争所阻，就是被书生所误，等到辛亥年的这个关头，早已身不由己。

2012年1月1日　来自时光隧道

**鸭先知:** 早干嘛了？

2012年1月1日　来自时光隧道

**萱野长知:** 黄兴的司令部在归元寺内，设备简单。我和黄兴合宿一榻，电话机声，彻夜不绝，报告前方战况。参谋长李书城，同居一室，商洽军事，紧张情形，达于极点。

1911年11月5日　来自鸽Phone　　　　　　　　　　　转发：467　评论：62

**鸽Phone即时快讯 R:** 据说，黄兴的参谋室里，壁悬文天祥《正气歌》。

1911年11月5日　来自代理服务器　　　　　　　　　　转发：874　评论：293

**鸭先知:** 无图无真相。

**陈其美 R: @蒋介石 R:** 请率敢死队百人到杭州，配合新军攻陷抚署。

1911年11月5日　来自鸽Phone　　　　　　　　　　　转发：8　评论：6

评论：

**鸭先知:** 又一位革命元勋浮出水面了！不过，他的时代还远远没有到来。

2012年1月1日　来自时光隧道

**历史胖老师回复鸭先知:** 蒋介石当时还在日本军校里上学，偷偷溜回国的，算是为革命放弃了学位。

2012年1月1日　来自时光隧道

**鸭先知回复历史胖老师：** 为革命放弃学位……为革命保护视力，眼保健操，开始……
2012年1月1日　来自时光隧道

**鸽Phone即时快讯 R：** 苏州独立！
1911年11月5日　来自鸽Phone　　　　　　　　　　　　　　　　　转发：792　评论：95

**章太炎 R：　@陈其美 R：** 探悉大革命家孙中山先生已于前日乘船回国，不日即可抵埠。请贵处派员妥为招待，以便与之协商北伐功宁之策，俾得早定大局，以苏民困。
1911年11月6日　来自大清微博　　　　　　　　　　　　　　　　转发：46　评论：15

**《民立报》：** 日本《报知新闻》记者内藤、同文书院教室荻原在月初曾拜会黄兴。"黄兴颜色赭黑，盖为日所炙也。容仍肥满，身御缟衣，无杂色，足蹑黄皮靴，气象凛然，令人起敬。谈笑间，文书札子自都督府来者络绎不绝，黄一一与以复书，裁决如流，虽甚繁剧而处之裕如，且语且判答。"
1911年11月6日　来自大清微博　　　　　　　　　　　　　　　　转发：86　评论：12

**《民立报》：** 二人见事殷，将告别，黄起取云笺，援笔书"秋高马肥"四字，笑赠内藤；荻原亦求书，遂书"杀机"二字。时日已西，暮色苍然而至，二人乃辞出，鼓桡向夏口，则流弹时时掠水上，炮声殷然破秋梦也。
1911年11月6日　来自大清微博　　　　　　　　　　　　　　　　转发：329　评论：58

---

评论：

**历史胖老师：** 几十年前，不善诗词的袁世凯也曾写过"中原秋高马正肥"的字句。现在黄兴又写"秋高马肥"。今时今日，谁是螳螂，谁是黄雀？
2012年1月1日　来自时光隧道

**鸭先知回复历史胖老师：** 秋天已经来了，冬天还会远吗？
2012年1月1日　来自时光隧道

**历史胖老师回复鸭先知：** 😀
2012年1月1日　来自时光隧道

**严复 C：　@莫理循：** 我国目前这场起义的远因和近因可归纳如下：（一）摄政王及其大臣们的极端无能；（二）心怀不满的新闻记者们给中国老百姓头脑中带来的偏见和误解的反响；（三）秘密会党和在日本的反叛学生酝酿已久；（四）近几年来长江流域饥荒频

仍，以及商业危机引起的恐慌和各个口岸的信贷紧缩。
1911年11月6日　来自大清微博　　　　　　　　　　　转发：19　评论：23

**严复 C**：@莫理循：政府以其总收入的三分之一用于改编军队，而摄政王完全凭借这支军队作为靠山，以为这样一来他就将壮丽的城堡建筑在磐石之上了。他自封为大元帅，让他一个兄弟统率陆军，让他另一个兄弟统率海军，他认为这样至少不愁没有办法对付那些汉族的叛逆子民了。他做梦也不会想到恰是他依仗的东西的基础已被数百个新闻记者的革命宣传瓦解了。
1911年11月6日　来自大清微博　　　　　　　　　　　转发：27　评论：16

评论：
**历史胖老师**：按照严复的说法，大清竟然是让一群记者的报道给搞垮的。这是否说明大清其实还是挺自由开明的？
2012年1月1日　来自时光隧道

**鸭先知回复历史胖老师**：这群记者是否涉嫌泄露国家机密？
2012年1月1日　来自时光隧道

**历史胖老师回复鸭先知**：你总是那样犀利……
2012年1月1日　来自时光隧道

**微博大管家 V**：朝廷今日释放汪精卫、黄复生等政治犯。
1911年11月6日　来自大清微博　　　　　　　　　　　转发：5291　评论：1802

**小甜甜**：汪精卫今天出狱啦！真好啊！人山人海！我只能远远地看着他，我还冲他大喊，也不知道听见没有……唉……他真的真的真的好帅啊！革命党真好！我也要革命！

1911年11月6日　来自大清微博　　　　　　　　　　　转发：22137　评论：18662

评论：

**历史胖老师：** 有些向往浪漫主义的无知少女，也是这样走上了革命之路。比如，汪精卫未来的太太陈璧君。这个富家少女抛弃了家庭，虽然汪精卫已有婚约在身，她还是毅然跟随汪精卫去北京刺杀摄政王，并且在与汪精卫诀别的那个晚上说，我来北京不是为了刺杀摄政王，只是为了你，你能答应我的爱情吗？
2012年1月1日　来自时光隧道

**张謇 C：** 得知上海被国民军所据，苏州宣告独立，浙江同。
1911年11月6日　来自大清微博　　　　　　　　　　　　转发：8　评论：4

**御史赵熙 V：** 吴禄贞被杀。京师人心惶惶，谓满汉之争，祸将不解。
1911年11月7日　来自大清微博　　　　　　　　　　　　转发：17　评论：9

**严复 C：** 数日风信极恶，江浙皆告独立，资政院民选议员作鸟兽散。
1911年11月7日　来自大清微博　　　　　　　　　　　　转发：5　评论：2

**莫理循：** @《泰晤士报》：皇室因惊惶而瘫软。那桐不知道会发生什么事情，他几乎要落泪了，但他宣称朝廷不会离开北京，他相信如果离开，那就是清朝的末日。皇宫被迫交出它的部分财富，总数约达白银五百万两。一些满族亲王和许多满族公主逃往天津。政府束手无策。袁世凯打电报说要等到资政院给他任命后才来北京。一批强有力的人物赞同皇室提出的立宪计划，他们是：拥有兵权的袁世凯，以及张绍曾和吴禄贞为代表的将军们以及他们麾下的军队。如果该计划行得通，将先建立当前拟议中的君主立宪制，而推迟建立联邦共和国的日期。我们每天都听到有新的城市投向革命党。天津眼看就要归顺革命党了。
1911年11月7日　来自代理服务器　　　　　　　　　　　转发：75　评论：16

**严复 C：** @莫理循：如果革命党轻举妄动并且做得过分的话，中国从此将进入一个糟糕的时期，并成为整个世界动乱的起因。直截了当地说，按目前状况，中国是不适宜于有一个像美利坚共和国那样完全不同的、新形式的政府的。中国人的气质和环境将需要至少三十年的变异和同化，才能使他们适合于建立共和国。共和国曾被几个轻率的革命者如孙逸仙和其他人竭力倡导过，但为任何稍有常识的人所不取。因此，根据文明进化论的规律，最好的情况是建立一个比目前高一等的政府，即，保留帝制，但受适当的宪法约束，应尽量使这种结构比过去更灵活。使之能适应环境，发展进步。可以废黜摄政王；如果有利的话，可以迫使幼帝逊位，而遴选一个成年的皇室成员接替他的位置。
1911年11月7日　来自大清微博　　　　　　　　　　　　转发：15　评论：7

评论：

**鸭先知：** 严复的这些话，在此时何其不合时宜。此时中国14省独立，俨然有当年美国建国的雏形，人们也一再期望找到"中国的华盛顿"，打造一个美国式的民主国家。
2012年1月1日　来自时光隧道

**历史胖老师回复鸭先知：** 但严复对中国未来的预言，却不可谓不中肯。共和在中国确实缺乏国民基础，不可能一蹴而就。只是，中国人对共和的想象，已经注定要压倒立宪的诉求，在一个拒斥理性的时代，理性本身会被视为笑话。
2012年1月1日　来自时光隧道

**鸽Phone即时快讯 R：** 镇江独立！
1911年11月8日　来自代理服务器　　　　　　　　　　　转发：523　评论：46

**蔡锷 C：** 永昌各属回族同胞，滇垣于九月九日陆军、防营全体反正，克定全省，光复旧业。汉、回各族均受满洲政府压制两百余年，今扫除专制，一概平等。军政府为民请命，大公无私。凡我回族，请勿惊疑。盼切。
1911年11月8日　来自大清微博　　　　　　　　　　　转发：22　评论：14

**蔡锷 C：** 石膏井提暨灶绅，现在大局已定，所有各井盐务照常办理，不得停煎误课。存款妥为保管，毋许丝毫挪动。如违严究。军都督府。啸。
1911年11月8日　来自大清微博　　　　　　　　　　　转发：6　评论：5

**严复 C：** 家轸来电话，催出京。
1911年11月8日　来自大清微博　　　　　　　　　　　转发：2　评论：2

**鸽Phone即时快讯 R：** 广东独立！安徽独立！
1911年11月9日　来自代理服务器　　　　　　　　　　　转发：872　评论：485

**黄兴 R：** @袁世凯：人才原有高下之分，起义断无先后之别，请君三思！
1911年11月9日　来自鸽Phone　　　　　　　　　　　转发：856　评论：491

**袁世凯：** @张伯烈：请转告黎元洪将军，可与革命军合作，不久当可议和。
1911年11月9日　大清微博　　　　　　　　　　　转发：35　评论：18

**黎元洪 R：** @袁世凯：问大众应如何答复，一般同志均主张置之不理。

1911年11月9日　大清微博　　　　　　　　　　　　　　　　转发：49　评论：26

评论：

**星座八爷**：天秤对小黎的影响很大，容易犹豫不决，摇摆不定，总是想维系心中微妙的平衡，同时又兼顾外在的名利得失。一旦遇上外在强力逼迫，常常会消极抵抗，再加上月火皆双子，反应很快，会从一个极端跳到另一个极端，变化自如，让人难以捉摸。本性灵活好辩，但无奈手无兵权，只得随波逐流，唯唯诺诺。为此，一生充满矛盾与争议。

2012年1月1日　来自时光隧道

**梁启超 C**：@梁思顺：再过两个时辰就可抵达大连。近日所思太多，欲写一诗拟杜老《北征》，竟不能成也。这两天没看报纸，不知还有什么变象。只要这一旬里北京的秩序不破，我的计划就大有可为。我准备今晚就坐车到奉天，小住半个月。先到滦州住一下（可以告诉康有为），然后进京，或者带百数十军士同去，也有可能。✉

1911年11月9日　来自鸽Phone　　　　　　　　　　　　　　　　转发：0　评论：26

评论：

**历史胖老师**：梁启超幻想说服皇上的叔叔载涛，促成一场兵谏。此时，京城附近滦州兵谏的清军将领吴禄贞、张绍曾，则都是梁启超的旧相识。但梁启超并不知道，自己尚在半路的时候，吴禄贞其实已经被刺杀。

2012年1月1日　来自时光隧道

**梁启超 C**：@梁思顺：我不管有多少艰难险阻，一定要进京。京城如果猝然有变，不管哪个使馆我都可暂住，不必担心。我进京以后，如果冢骨还有人心，我就与他共当大难，否则就取而代之，是否取而代之，随我所欲。如果皇上已经退位，那又要另当别论。✉

1911年11月9日　来自鸽Phone　　　　　　　　　　　　　　　　转发：0　评论：17

评论：

**鸭先知**：冢骨，指的是袁世凯。因为曹操曾训袁世凯的本家袁绍为"冢中枯骨"。哈哈。

2012年1月1日　来自时光隧道

**历史胖老师回复鸭先知**：就你丫有学问。

2012年1月1日　来自时光隧道

**鸭先知回复历史胖老师**：✌

2012年1月1日　来自时光隧道

**梁启超 C: @梁思顺:** 吾首涂后一日,大连、奉天报纸即已遍登,不知何人所泄,想中东报馆久已播扬,内地亦举国咸知亦。此间官吏相待极殷,民政长官派代理人(吾已谢见之)到船迎接,且云沿路派警察护从,言辞甚恭。吾明日见秉丈后当即行,唯不知京奉路有梗否?张敬如已入都(兹事不甚妙),蓝天蔚在奉天,闻吾来额手相庆云。
1911年11月9日　来自鸽Phone　　　　　　　　　　　　　　　转发: 0　评论: 9

**严复 C:** 下午,离京赴津。原拟避居租界,但人极众,至无借宿地。不得已,乃寓裕中洋客店。
1911年11月9日　来自大清微博　　　　　　　　　　　　　　转发: 4　评论: 13

**李家驹 V: @严复 C:** 京城现在无事,请资政院各议员早日回京开会。
1911年11月9日

> 评论:
> **严复回复李家驹:** 由津同三儿回京。
> 1911年11月12日

**康有为 C:　@黎元洪 R　@今村长藏 R　@汤化龙 R:** 向在南洋,闻救国之热诚久矣。自顷发愤举兵,声震六合,天下响应,郡县瓦解,前徒倒戈。太白之旗披靡天下,大风之起四面楚歌,自古以来,未有摧枯拉朽若斯之神速也。信条遂颁,逖闻新国之风声,欲用共和之政体。《礼》曰:天下为公,选贤与能。《易》曰:见群龙无首,吉。乾元用九,天下治。此义理之公也,孔子之志也,仆生平之愿也。昔著《大同书》专发此义,以时尚未至,故先言立宪之。赖公等之力,躬逢其盛,欢忭无量。
1911年11月9日　来自代理服务器　　　　　　　　　　　　　转发: 24　评论: 18

> 评论:
> **鸭先知:** 瞧瞧人家这吹捧,人家这文采。　**@名言帝**
> 2012年1月1日　来自时光隧道

**康有为 C:　@黎元洪 R　@黄兴 R　@汤化龙 R:** 共和之义,于古也六,于今也四,凡有十种,体各不同,利病各有,不能徒以共和空名言也。其在吾国,周召共和,为共和之始,一也。远古人皇氏九头纪,尤为大地共和之先,二也。希腊雅典贤人议会,三也。斯巴达二王并立,四也。罗马三头之治,五也。罗马世袭总统,专制如王,六也。此或为已过之迹矣。
1911年11月9日　来自代理服务器　　　　　　　　　　　　　转发: 19　评论: 6

**康有为 C:　@黎元洪 R　@黄兴 R　@汤化龙 R:** 今世之共和,有议长之共和国,为瑞士创之，今葡萄牙从之。其制以政府十一部长共行政，其有不谐，决以多数，数同则折中于议长，故只有议长而无总统，共和之极则也。共和之体一也。
1911年11月9日　来自代理服务器　　　　　　　　　　　　转发：14　评论：11

**康有为 C：@黎元洪 R　@黄兴 R　@汤化龙 R：** 有总统之共和国焉，美国行之，美洲与法从之。其制国民公选一大总统行政，美则权甚大，法则代王尊而无权，墨则专制几为君主，共和之中也。又共和之一体也。
1911年11月9日　来自代理服务器　　　　　　　　　　　　转发：22　评论：15

---

评论：

**鬼见愁：** 为什么我们不能学美国？
1911年11月9日　来自大清微博

**康有为：** 这个世界上从来都没有比君主制更好的制度！
1911年11月9日　来自大清微博

**鬼见愁回复康有为：** 凭什么？
1911年11月9日　来自大清微博

**康有为回复鬼见愁：** 没时间理你！闪开！我有先帝遗诏！拉黑！
1911年11月9日　来自大清微博

---

**康有为 C：@黎元洪 R　@黄兴 R　@汤化龙 R：** 有虚属之共和国焉，加拿大创之，澳洲、波兰与匈牙利行之。其国会完全自治权，英与奥皇以虚名领之，不能分毫干涉焉。又共和之一体也。
1911年11月9日　来自代理服务器　　　　　　　　　　　　转发：12　评论：9

**康有为 C：@黎元洪 R　@黄兴 R　@汤化龙 R：** 有君主之共和国焉，英创之，比利时、罗马尼亚、布加利牙、那威行之。其权全在国会，虽有君主，虽无成文限制其权，然实无权，故英称大不列颠共和王国。又共和之一体也。
1911年11月9日　来自代理服务器　　　　　　　　　　　　转发：15　评论：6

**康有为 C：@黎元洪 R　@黄兴 R　@汤化龙 R：** 凡此十体，公等将何从焉？即古远不足论，取其近可行者，则四体何择焉？夫各国政体，各有其历史风俗，各不相师。强而合之，必有乖谬，则足以致败者矣。是故罗马不师希腊，美人不师瑞士，而欧人自法外不师美洲。若中南美与法误师美国，则致祸乱矣。
1911年11月9日　来自代理服务器　　　　　　　　　　　　转发：18　评论：7

评论：

**戴草帽的蘑菇**：拜读南海先生的数篇微博，鞭辟入里，条理清晰，那些冲动的革命党真该好好学学。

1911年11月9日　来自大清微博

**鹤顶红**：康有为，你这老贼，还想做满清的狗奴才，你要是敢回来，我一刀杀了你！

1911年11月9日　来自大清微博

**鸭先知回复戴草帽的蘑菇**：学你妹！做了两百年狗奴才了，还嫌不够？你头上那根辫子就是根狗尾巴！

1911年11月9日　来自大清微博

**历史胖老师**：虽然康有为有强词夺理之嫌疑，虽然康有为对世界各国情势的理解也有诸多偏颇，但他的言辞之间也确实有一些值得中国人咀嚼反思之处，只不过，他已经渐渐沦为时代的边缘人，一切都无从谈起。

2012年1月1日　来自时光隧道

**康有为 C: @黎元洪 R @黄兴 R @汤化龙 R**：今吾同胞乎，万不可快一时之得意，而忘四顾之远虑也，尤愿公等之深长思也。若英、比利时、罗马尼亚、布加利牙、那威、希之君主共和国乎，与加拿大、澳洲、波与匈牙利之虚属共和国乎？国会实有全权，故欧人言法理者，以英为共和王国，实为万国宪政之祖，而政体之至善者也。

1911年11月9日　来自代理服务器　　　　　　　　　　　　　转发：39　评论：15

**康有为 C: @黎元洪 R @黄兴 R @汤化龙 R**：中国乎，积四千年君主之俗，欲一旦全废之，甚非策也。况议长之共和，易启当政而不宜于大国者如彼；总统之共和，以兵争总统而死国民过半之害如此。今有虚君之共和政体，尚突出于英、比与加拿大、澳洲之上，尽有共和之利而无其争乱之弊，岂非最为法良意美者乎？天佑中国，事变最后，乃忽得此奇妙之政体，岂非厚幸耶！

1911年11月9日　来自代理服务器　　　　　　　　　　　　　转发：26　评论：8

**今村长藏 R: @袁世凯**：来示嘱敝军停止战争，以免生灵涂炭，仁者用心，令人铭心刻骨。惟满洲朝廷，衣冠禽兽，事事与人道背驰，二百六十年来有加无已。是以满洲主权所及之地，即生灵涂炭之地。如但念及汉口之生灵而即思休战，毋乃范围过狭，无以对四亿生灵。

1911年11月9日　来自鸽Phone　　　　　　　　　　　　　　转发：189　评论：55

**今村长藏 R: @袁世凯**：汉口为我军所有之日，行商坐贾，百货流通；及贼军进攻不克，纵火焚烧，百余万生命，数万万财产，均成灰烬。所谓涂炭生灵者，满奴乎？抑我军乎？

1911年11月9日　来自鸽Phone　　　　　　　　　　　　　　转发：75　评论：22

**今村长藏 R：** **@袁世凯：** 至于尊嘱开党禁等数条，乃枝节问题，而非根本问题。兴等之意，原不在此。以大义言之：夷奴与中华，原无君臣之分，明公虽曾服满人之官，而十八省之举义旗、兴义师者，何亦非曾服满人之官者？按之是非真理，明公当自晓然。
1911年11月9日　来自鸽Phone　　　　　　　　　　　　　　转发：36　评论：18

**今村长藏 R：@袁世凯：** 近日北京政界，宣传明公掌握兵权，当为朝廷之大害，是以满奴又有调明公回京组织内阁之命。夫撤万众之兵权，俾其只身而返，乃袭伪游云梦之故事，非所以扬我公，实所以抑我公，非所以纵我公，实所以缚我公也。赵孟之所贵，赵孟原能贱之。满人之自为，谋则善矣！所能解者，我公之自为计也。
1911年11月9日　来自鸽Phone　　　　　　　　　　　　　　转发：19　评论：11

**今村长藏 R：@袁世凯：** 人才原有高下之分，起义断无先后之别。明公之才能，高出我等万万，以拿破仑、华盛顿之资格，出而建拿破仑、华盛顿之事功，直捣黄龙，灭此房而朝食，非但湘、鄂人民戴明公为拿破仑、华盛顿，即南北各省当亦无有不拱手听命者。苍生霖雨，群仰明公，千载一时，祈毋坐失！
1911年11月9日　来自鸽Phone　　　　　　　　　　　　　　转发：42　评论：15

**今村长藏 R：@湖北革命军 R：** 袁世凯甘心事房，根据罪己伪诏，倡拥皇帝之邪说，先运动资政院，遍电各省咨议局，说什么"政府十分退让，吾人只求政治革命，不屑为已甚者"。现袁世凯已派心腹多名，分道驰往各省，发布传单，演说谕众，企图离间我同胞之心，涣散我已成之势。设心之诡，用计之毒，诚堪痛恨。✉
1911年11月9日　来自鸽Phone　　　　　　　　　　　　　　　共有35条私信

评论：

**历史胖老师：** 1911年11月9日，这一天里，黄兴对袁世凯的评价，有着天壤之别。各位瞧瞧？
2012年1月1日　来自时光隧道

**张謇 C：** 独立之省已十有四，何其速耶？
1911年11月10日　来自大清微博

评论：

**历史胖老师：** 短短一月之间，十四省独立。大厦将倾，无人得驻其间。促成晚清解体的，究竟是革命党的不懈冲击，还是来自清廷内部的新政与开放的风气？究竟是政府的腐败，还是时代使然？张謇的疑问，至今依然很难找到确切的答案。天将亡大清，一位老臣的喟叹。张謇并不知道，3个月后，自己还将替皇上写下退位诏书，亲笔断送自己效忠的这个王朝。

2012年1月1日　来自时光隧道

**鸭先知回复历史胖老师：** 天下大势，分久必合，合久必分，分分合合就是这个道理。该来的总会来，该去的也总会去。来来去去，就是这个道理。

2012年1月1日　来自时光隧道

**历史胖老师回复鸭先知：** 说梦话呢？

2012年1月1日　来自时光隧道

**蔡锷 C：@黎元洪 R：** 海外电邮，已可由越南接通，唯广州尚阻。昨天听法国领事说，广州又挂起龙旗，未知究竟，欲探实再闻。上海已光复，制造局想必已经归我辈所有，请电沪加工赶造。汉阳战情，请随时赐示。敌帅北归，军心比涣，至深愧愤。唯有以蜀事自任，现正准备如川。川定东下，会师长江，共图北进。师期既定，即当电告。

1911年11月10日　来自大清微博　　　　　　　　　　　　转发：356　评论：117

**我不是孙文 R：** 一年前，袁世凯派人来请我时，我不敢相信来使。我对他说：请回禀主人，我艰苦奋斗十五载，历尽艰险，不是为了轻易受骗的。

1911年11月10日　来自代理服务器　　　　　　　　　　　转发：382　评论：196

评论：

**历史胖老师：** 等到1912年孙中山向袁世凯让出临时大总统之职以后，可还记得此刻的判断？

2012年1月1日　来自时光隧道

**康有为 C：@黎元洪 R @今村长藏 R @汤化龙 R：** 我自从戊戌年获罪，戮逐禁锢，伪诏即以我"保中国不保大清"为词，弱弟诛殊，先茔发掘，家产被没。十余年来，日率吾党宪政会人，力请立宪，书电呼吁，前后万千，不少见采。及临朝已逝，近在戊申后，禁锢逐辱如故。我既久禁于中朝，又与新政府疑嫌而无丝毫之交，即今兹党禁之开，尚赖革党炮声之力，吾之弃绝于旧朝久矣。况今者十九条颁后，旧朝已行禅让，天所废之，谁能兴之？君自让之，不待保之。

1911年11月11日　来自代理服务器　　　　　　　　　　　转发：32　评论：14

**康有为 C：@黎元洪 R @今村长藏 R @汤化龙 R：** 如今要立此木偶之虚君，举国四万万人，谁最合适？谁最信服？倘若稍有不慎，必会引发内乱，令外国干涉瓜分有机可乘。投骨于地，众犬喑喑而争之；若有定分，争者即止。虚君无事无权，不须才也，唯须有超绝四万万人之资格地位，无一人可与比者，然后有定分而不争焉。则举国之中，只有二人。

1911年11月11日　来自代理服务器　　　　　　　　　转发：186　评论：74

**康有为 C**：@黎元洪 R　@今村长藏 R　@汤化龙 R：以超绝四万万人之地位而众族同服者言之，则只有先圣之后、孔氏之世袭衍圣公。衍圣公真所谓先王之后，存三恪者也。以为圣者之后，故其恪久存而不绝，其公爵世家历二千四百余年。合大地万国而论之，一姓传系，只有日本天皇年历与之同，其无事权而极尊荣，亦略同，又皆出于我东亚国也。
1911年11月11日　来自代理服务器　　　　　　　　　转发：49　评论：31

评论：
**历史胖老师**：老康把孔子后裔"世袭衍圣公"都给搬出来了，让他来做立宪政体下的皇帝，实在是书生意气。
2012年1月1日　来自时光隧道

**康有为 C**：@黎元洪 R　@今村长藏 R　@汤化龙 R：立宪君主，实非君，而只是大世爵而已，不过于公之上，加二级为皇帝。孔子曾有尊号，曰素王、文宣帝，衍圣公不过加二级，袭此素王、文宣帝的爵号，仍是大世爵。素者空也，素王素帝，真虚君也。
1911年11月11日　来自代理服务器　　　　　　　　　转发：24　评论：7

**康有为 C**：@黎元洪 R　@今村长藏 R　@汤化龙 R：公等所求者革命，今则专制之君主与立宪之君主皆革矣，是数千年之大革命，不止一朝之革命，则革命亦告成功矣。
1911年11月11日　来自代理服务器　　　　　　　　　转发：21　评论：9

**康有为 C**：@黎元洪 R　@今村长藏 R　@汤化龙 R：公等所欲者共和也，今虚君之衔，实同无君，共和又告成功矣。
1911年11月11日　来自代理服务器　　　　　　　　　转发：8　评论：5

**康有为 C**：@黎元洪 R　@今村长藏 R　@汤化龙 R：公等所力持者民族，今满人将改姓，实同归化，大臣皆易汉人，虽有达寿，亦不任藩部，其地又非汉人故物也。今高丽、安南亡后，归化者犹且容之，况满、蒙乎？普天地万国，未有不纳异族归化者也。然则君等之民族主义，又已成功矣。
1911年11月11日　来自代理服务器　　　　　　　　　转发：11　评论：6

**康有为 C**：@黎元洪 R　@今村长藏 R　@汤化龙 R：公等举兵一月，所求皆得，所欲皆应，亦又何求？此后求中国之完全，求民生之治安，乃方今之急务。若尚不止，进而过求，则召乱矣，召干涉矣。

1911年11月11日　来自代理服务器　　　　　　　　　　　　　　转发:19　评论:11

**康有为 C:** @黎元洪 R @今村长藏 R @汤化龙 R: 听说京城派大使与公等媾和,窃谓公等不欲救全中国则已,真想救全中国,不可不和。
1911年11月11日　来自代理服务器　　　　　　　　　　　　　　转发:28　评论:9

> 评论:
> **鹤顶红:** 康老贼,你这是白日做梦! 我们堂堂革命党决不会和你们讲和!
> 1911年11月11日　来自大清微博
> **戴草帽的蘑菇回复鹤顶红:** 不讲和难道一直打下去? 打到全中国血流成河?
> 1911年11月11日　来自大清微博
> **鹤顶红回复戴草帽的蘑菇:** 有什么不可以? 我们革命党流了多少血,给你们换来民主自由的生活,你们不懂得感恩吗?
> 1911年11月11日　来自大清微博
> **戴草帽的蘑菇回复鹤顶红:** 你就是个战争贩子!
> 1911年11月11日　来自大清微博

**康有为 C:** 党内诸公,资政院与军队力请宪法信条十九条,已奉旨誓庙,决定照此,则旧朝君权已经禅让。满人只有归化,实同已亡矣。今吾党竭力欲保中国统一,其宗旨非虚君共和制不可;而方法,则非开国民大议会兼纠合军队不可。
1911年11月11日　来自代理服务器　　　　　　　　　　　　　　转发:25　评论:10

**严复 C:** 午前见德璀林。午后见那森,许以秦皇岛房屋借住。
1911年11月11日　来自大清微博　　　　　　　　　　　　　　　转发:13　评论:3

**我不是孙文 R:** @吴稚晖 R: 弟今午从英抵美,行动极端秘密。今晚八点到访,听说先生与张君外出,不遇惘怅。明晚此时再来访,请留寓一候为幸。近日中国之事,真是泱泱大民国之风,从此列强必当刮目相看,凡我同胞,自为喜而不寐也。今后之策,只有各省同心同德,协力于建设,则吾党所持民权、民生之目的,指日可达也。✉
1911年11月11日　来自鸽Phone　　　　　　　　　　　　　　　　共有8条私信

> 评论:
> **吴稚晖回复我不是孙文:** 回寓所看到您留下的信条,明晚定在寓所守候,当面说,来哦。
> 1911年11月11日　来自大清微博

**鸽Phone即时快讯 R:** 孙中山先生抵伦敦后,当地华侨请制国旗,遂手绘青天白日满地红之旗,并附尺寸,成五十幅,悬挂在城东唐人街。

1911年11月11日　来自鸽Phone　　　　　　　　　　　　转发:1874　评论:462

**伍廷芳 R:** 自武汉事起,各省响应,共和政治已为全国舆论所公认。然事必有所取,则功乃易于观成。美利坚合众之制度,当为吾国他日之模范。美国之建国,其初各部颇起争端,外揭合众之帜,内伏涣散之机。其所以苦战八年,卒收最后之成功者,赖十三州会议总机关有统一进行维持秩序之力也。考其第一、二次会议,均仅以襄助各州议会为宗旨。然第三次会议,始能确定国会长治久安,是亦历史必经之阶段。

1911年11月11日　来自大清微博　　　　　　　　　　　　转发:23　评论:9

评论:

**戴草帽的蘑菇:** 君主立宪才是最适合中国、最适合东方的政治体制。

1911年11月11日　来自大清微博

**飞刀:** 为什么我们堂堂天朝,总是热衷于模仿?

1911年11月11日　来自大清微博

**历史胖老师:** 效仿美国。是一条靠谱的路吗?

2012年1月1日　来自时光隧道

**鸭先知回复历史胖老师:** 哎呦喂,不就是一条路吗?又过了些年,一个叫鲁迅的年轻人说:"这地上本没有路,走的人多了,也便成了路。"

2012年1月1日　来自时光隧道

**伍廷芳 R:** 吾国上海一埠,为中外耳目所寄,又设立临时会议机关,磋商对内对外妥善之方法,以期保疆土之统一,复人道之和平。务请各省举派代表,迅即莅沪集议。盼切盼切。

1911年11月11日　来自大清微博　　　　　　　　　　　　转发:47　评论:22

**黎元洪 R:** 昨天美国领事跑来看我,他说孙中山就要由美国动身回来,我想孙先生回来就有办法了。

1911年11月11日　来自大清微博　　　　　　　　　　　　转发:164　评论:54

**梁启超 R: @梁思顺:** 这些天以来,形势无时无刻不在改变,我在日本时的理想以及沿路所作的规划,大半都不能实施,只能随机应变。

1911年11月11日　来自鸽Phone　　　　　　　　　　　　　　共有8条私信

**梁启超 R: @梁思顺:** 京城现在已经没人了,旧内阁已经辞职,不管事,新内阁还没成立,

资政院议员大半都逃走了，不能开会，亲贵相互抵牾，朝廷或许会有其他变乱。天之所废，谁能兴之？✉

1911年11月11日　来自鸽Phone　　　　　　　　　　　　　　　共有11条私信

---

评论：

**历史胖老师：** 梁启超将这次兵谏视为他与革命党人之间的赛跑，谁先抵达终点，将决定中国四万万黎民的幸福，不再发生生灵涂炭的惨剧，不再有无谓而又无辜的流血牺牲，甚至能够促成中国政治的改革，国民素质的教育，让这个已经不堪重负的国家，可以有条不紊地完成历史性的过渡。

2012年1月1日　来自时光隧道

**鸭先知回复历史胖老师：** 哎哟喂，我觉得明显是这哥们儿的冒险意识在蠢蠢欲动。

2012年1月1日　来自时光隧道

**历史胖老师回复鸭先知：** 那也没办法啊，至少还有一线希望就要努力啊，难道拱手让人？不过真的，用不了多久，梁启超就会发现，一切只是书生的一相情愿。

2012年1月1日　来自时光隧道

**张謇 C：** 庄思缄、伍秩庸、温钦甫、继兴、翼之、信卿、韧之抚协议临时议会。

1911年11月11日　来自大清微博　　　　　　　　　　　　　转发：3　评论：5

---

评论：

**历史胖老师：** 各位，各位，我是历史胖老师！注意了！1911年11月11日，这是一个百年不遇的光棍节。这一天着实有趣。革命党和立宪派双方似乎都一筹莫展。革命党还在焦急地等待着孙中山的回归，期待他带回财物和枪炮；立宪派则在做近乎徒劳的挣扎：梁启超在海上飘摇的时候，张謇想抓住最后的希望，确立议会制度，稳定时局。鹿死谁手？

2012年1月1日　来自时光隧道

**鸭先知回复历史胖老师：** 那你来说，鹿死谁手？

2012年1月1日　来自时光隧道

**历史胖老师回复鸭先知：** 表面看来，似乎立宪派的行动更能见成效。

**鸭先知回复历史胖老师：** 那实际上呢？

2012年1月1日　来自时光隧道

**历史胖老师回复鸭先知：** 欲知后事，请看下回。😎

2012年1月1日　来自时光隧道

**鸭先知回复历史胖老师：** 😑

2012年1月1日　来自时光隧道

**蔡锷 C：** 今日豁免被灾各户地丁田粮税。
1911年11月12日　　来自鸽Phone　　　　　　　　　　　　　　　转发：18　评论：12

**严复 C：** 报言江宁恶战。福建松督松寿自尽，朴留宋朴素被害。
1911年11月12日　　来自大清微博　　　　　　　　　　　　　　转发：0　评论：0

**伍廷芳 R：** 中华以革命之艰辛，重产为新国，因得推展其睦谊及福利于寰球，敬敢布告吾文明诸友邦，承认吾中华为共和国。盖诸友邦之俯赐承认，足使敝国得遂其以正直之政体，和洽之通商，亲睦之交际为立国之基础，而此后之岁月，得共享平和及愉快之福也。
1911年11月12日　　来自大清微博　　　　　　　　　　　　　　转发：11　评论：5

**伍廷芳 R：** 吾国之所好者，为共和政体；故其所择者，亦共和政体，窃谓其所择固不失为智也。盖忠告无贵族阶级，亦未尝承某王族为足继垂覆之满清，此即伟大之民主精神也。为官者皆起自田野，而一旦引退，则仍返为平民，华人之中并无所谓亲王、贵族及大公之类。满族之朝代既止，则民主之共和国即继起身，况省议会及全国议会，吾民则已有之矣。共和国敏干之官员，吾民亦已有之而不患其缺乏矣。
1911年11月12日　　来自大清微博　　　　　　　　　　　　　　转发：3　评论：2

**伍廷芳 R：** 吾国十八省中已宣布与满清政府分离，而致盟谊于共和政体者已得十四省，然其余四省不久亦将同循是途辙矣。满清权力已具消亡，其一线余气所发，仅如登场之傀儡而已。当其将亡之际，乃不惜自剥大权，而以已颁布之草定宪法，许人民以实行。自吾中华有史以来，唯今日最为光荣，而此最光荣之篇章，则又以不蘸血之笔缮成之也。
1911年11月12日　　来自大清微博　　　　　　　　　　　　　　转发：56　评论：11

评论：

**鸭先知：** 辛亥革命，真的是一场用"不蘸血之笔"写下的革命吗？更多的血都在后面流，一直流；更多的苦酒也留给将来，慢慢舔舐伤口，慢慢麻醉自己。
2012年1月1日　　来自时光隧道

**梁启超 C：** @梁思顺：此间大危。昨日以来，接见谘议局员及其他民党不少，厥后细查，乃知其中有著名革党及马贼头目。（幸吾言极谨慎，令彼等悦服，然危机乃在此。）今晚忽然得到密报，说军队已经决定拥护我宣布独立。✉
1911年11月12日　　来自鸽Phone　　　　　　　　　　　　　　　共有15条私信

评论：

**历史胖老师：** 梁启超的书生气，在此显露无遗。他认定局势完全在自己掌控之中，甚至坚信，自己可以轻松决定袁世凯的命运，如果袁世凯赞同立宪，就与他合作，如果不赞同，就"取而代之，取否惟我所欲耳"。

2012年1月1日　来自时光隧道

**鸭先知回复历史胖老师：**我觉得这哥们儿的臆想症又爆发了。时代不是想象出来的，时代是真刀真枪干出来的。

2012年1月1日　来自时光隧道

**历史胖老师回复鸭先知：**梁启超此时确实不知道，袁世凯其实已经大权在握，摄政王引退，皇族内阁辞职，载涛也被迫交出了禁卫军，梁启超能够倚仗的力量，都已经无声地蒸发了。

2012年1月1日　来自时光隧道

**鸭先知回复历史胖老师：**看得出他的处境也挺危险，身边就有革命党和马贼头目，他又不是什么武林高手，又没有龙五那样的保镖，他该咋办？

2012年1月1日　来自时光隧道

**历史胖老师回复鸭先知：**更危险的还在后头呢。梁启超抵达奉天时，才终于得知吴禄贞遇刺的消息，但他仍决定继续进京，他天真地估算，自己依然可以获得北洋新军至少一镇半兵力的支援，平定京师，应该不成问题，似乎只需自己再多迈出这一小步，就足以让整个中国前进一大步。

2012年1月1日　来自时光隧道

**鸭先知回复历史胖老师：**一个病态的国家，就是把它的书生都变成武夫，让他们在希望与绝望之间欲生不得，欲死不能。

2012年1月1日　来自时光隧道

**严复 C：**领学部、海军部、币造局三处薪水。袁世凯到京。
1911年11月13日　来自大清微博　　　　　　　　　　　　转发：6　评论：11

**鸽Phone即时快讯 R：**山东宣告独立！
1911年11月13日　来自鸽Phone　　　　　　　　　　　　转发：984　评论：395

**我不是孙文 R：**@英国国务卿诺克斯：如英国同意可自英国借得一百万镑，允诺给英美在华优先权利。✉
1911年11月13日　来自鸽Phone　　　　　　　　　　　　共有8条私信

**英国外务部：**孙中山是理论性与喜说大言的政治家。英国保持中立，并表示对袁世凯将予尊重，所有外国人及反满团体都可能予其总统职位——倘若他能驱除满清并赞成共和。
1911年11月13日　来自代理服务器　　　　　　　　　　　转发：2867　评论：1873

**江苏都督程德全 R：** 各省都督，大局粗定，军政、民政亟须统一，拟联合东南各军政府公电恳请 @孙中山 先生迅速回国组织临时政府，以一事权。中山先生为首创革命之人，中外人民皆深信仰，组织临时政府，舍伊莫属。我公力顾大局，想亦无不赞成，即祈速复。
1911年11月13日　来自大清微博　　　　　　　　　　　　　　　　转发：6　评论：2

**《泰晤士报》：@莫理循：** 我们正屏息注视着你为我们展现的极重要的活剧。要预料结局怎样，似乎就像预料法国革命的结局一样困难。有一点例外，那就是满人的权利一定要粉碎，但我们确信你将会看到《泰晤士报》能安然度过这个动乱的时期，祝你干劲倍增。
1911年11月14日　来自代理服务器　　　　　　　　　　　　　　　转发：328　评论：102

**徐君勉 C：@康有为 C：** 顷十八省已尽行独立，上海已有各省代表齐集，组织新政府及民主宪法。满人气运已绝，若复抗舆论，存皇族，必为全国之公敌矣。
1911年11月14日　来自大清微博　　　　　　　　　　　　　　　　转发：4　评论：2

**徐君勉 C：@康有为 C：** 今日唯有兵力乃可有势力，有势力乃可有发言权。
1911年11月14日　来自大清微博　　　　　　　　　　　　　　　　转发：5　评论：11

评论：
**鸭先知：** 这就叫"枪杆子里面出政权"啊。
2012年1月1日　来自时光隧道

**严复 C：** 袁世凯内阁成立。
1911年11月16日　来自大清微博　　　　　　　　　　　　　　　　转发：84　评论：37

**我不是孙文 R：** 我已循途东归，自美且欧，皆密晤要人，中立之约甚固。今闻已有上海议会之组织，欣慰。总统自当推定黎元洪。闻黎有请推袁世凯之说，合宜亦善。宗旨，但求早固国基。
1911年11月16日　来自鸽Phone　　　　　　　　　　　　　　　　转发：3872　评论：1356

**伍廷芳 R：@江海关税务司墨贤理：** 浦东海关仓库内存有一些军火，原来是清政府的财产。新政府现在需用在这批军火，请你允准提取。
1911年11月16日　来自大清微博　　　　　　　　　　　　　　　　转发：5　评论：3

**李书城 R：** 上海光复以后，当地名流如张謇、汤寿潜、赵凤昌等推庄蕴宽来湖北，他告诉我来湖北的真意，是请黄兴先生到上海去。他说，上海方面的人认为黎元洪是武昌起义的革命党人所拥戴出来的,不是真正的革命党领袖,而孙先生还在海外未回,现在只有黄先生是国内唯一的革命领袖,应该负起领导全国革命的责任,到上海去统率江浙军队攻克南京,在南京组织全国军政统一机构,继续北伐,完成革命事业。他敦促黄先生早赴上海。但是黄先生对他说:"全国军政统一机构是愈早组织愈好,但不必要我担任领导人。我现还担任武汉方面的作战任务,不能离开武汉。看以后情形如何再说。"

1911年11月16日　来自鸽Phone　　　　　　　　　　　　转发:42　评论:16

**萱野长知**:天黑,寸尺难辨,加以下小雨,路上满是泥泞,实在寸步难行;因此接近敌人时,已是天明,夜袭变成昼袭。受敌人机关枪部队的直接攻击,革命军死者众。虽越尸百战,努力不懈,但黄兴所部湘军却几乎被消灭,地上毫无东西可以隐蔽。我以为这样战法,只有全军灭顶,所以遂与林一郎劝黄兴撤退,并退到本营花园的阵地。在花园阵地庭前潜入了一个敌方的便衣人员,并拿着手枪对准黄兴的侧背。我用日本话喊一声:"危险!"顿时黄兴拔刀把对方的头砍成两块了。黄兴在东京曾习剑道,而井上大将的公子井上义雄送给他的这把古刀真是锐利。

1911年11月17日　来自鸽Phone　　　　　　　　　　　　转发:44　评论:14

**李书城 R**:我军退却时,敌人并未追击。他们探知我军已全部撤退后,才开至河岸,与我军隔河相持。我与 **@今村长藏** 先生在将到日暮后,踏着泥泞道路后退。直到天黑,才回到汉阳。是晚,下令汉阳各部队彻夜警戒,做战斗准备。

1911年11月17日　来自鸽Phone　　　　　　　　　　　　转发:18　评论:5

**今村长藏 R**:　**@石陶钧 R**:汉口不易守,速赴湖南,助谭延闿谋急救与根本发展。✉

1911年11月17日　来自鸽Phone　　　　　　　　　　　　共有6条私信

**莫理循**:我看不出有和解的希望。清王朝注定垮台,我还没有见到袁世凯,但我肯定,只要他活着就想当独裁者,不论政府是君主立宪还是共和制的。形势瞬息万变,叫人难以跟上。今天早晨我见到了资政院同袁世凯谈判的代表。他是个从骨子里反对清朝、主张共和的革命者。这里的有才智的中国人中,我还没有见到不反对清朝的。

1911年11月17日　来自代理服务器　　　　　　　　　　　转发:326　评论:156

**莫理循: @《泰晤士报》**:蔡廷干和我的有趣谈话,留给我的清晰印象是:没有人希望搞保留满人地位的君主立宪制;袁世凯的亲信蔡廷干本人反对保留满人地位;皇室自己开始意识到它的处境毫无希望并且要退到热河去。

1911年11月17日　来自代理服务器　　　　　　　　　　　转发:220　评论:132

**莫理循**：@《泰晤士报》：蔡廷干说，在武昌时他曾问到孙中山在这场革命中起了什么作用。人们告诉他，孙中山在起义中没有起任何作用，起义纯粹是军事行动。与蔡廷干会见的革命者带几分蔑视地谈到他不过是一个革命的吹鼓手，没有参加过任何实际行动，为了保住性命总是躲到一边。他们说尽管在日本受过训的人当中有一些曾是孙中山的党人，但不能说孙中山在当前这场革命中起过任何作用。

1911年11月17日　来自代理服务器　　　　　　　　　　　　　　转发：57　评论：15

**伍廷芳** R: **@庆亲王** V: 夫年来假立宪之美名，行专制之虐政，上下中外罔不周知，朝廷之大信已漓，虽复家喻户晓，其谁信之。

1911年11月18日　来自大清微博　　　　　　　　　　　　　　转发：12　评论：45

**伍廷芳** R: **@庆亲王** V: 上月中旬，廷芳计无复之思，欲以保皇之尊荣，免生灵涂炭，电请皇上及监国逊位，同赞共和，以应时机。区区之忱，未蒙见谅。或将责廷芳以不忠，然此非廷芳之辜恩，实由忠言不听于前，至于今日，舍此别无良策也。

1911年11月18日　来自大清微博　　　　　　　　　　　　　　转发：19　评论：4

评论：
**飞刀**：伍廷芳，别狡辩了！你就是我们大清国的叛徒！
1911年11月18日　来自大清微博

**伍廷芳** R: **@庆亲王** V: 庚子之变，乘舆播迁，举朝束手无策，端王矫诏召回使臣，以绝外交。维时廷芳驻美，首不奉诏，商请美国布告列强，保全中国领土，是以得免瓜分之祸。迨及返国，待罪京师，又尝竭千虑之一，屡陈改革之策，使其言听计从，则中兴尚有可期，不幸未蒙采纳，以致今日土崩瓦解之势。

1911年11月18日　来自大清微博　　　　　　　　　　　　　　转发：27　评论：8

**伍廷芳** R: **@庆亲王** V: 比闻涛邸及良弼等，重募死士，暗杀汉人，悬赏三等，廷芳亦在应杀之列，道路传闻，必非无因而至。窃谓若此野蛮举动，原非亲贵所宜为。且汉人百倍于满，果使挺刃寻仇，互相报复，为满旗计，后患何堪设想，利害安危之机，惟殿下审度而图维之，天下幸甚。

1911年11月18日　来自大清微博　　　　　　　　　　　　　　转发：24　评论：6

**李书城** R: 黄兴先生今天早上才得知，昨日，甘兴典并未退回原防，竟率所部向湖南逃走。同时得知第一路军亦未按照原定命令从青山渡江向刘家庙进攻，原因是协统成炳荣是日酒醉，下错命令，竟命军队向与青山相反的方向开动……第二路军因标统杨选青适于是晚在家结婚，未亲往指挥，故亦未遵令从汉阳东北岸向汉口龙王庙进攻……
1911年11月18日　来自鸽Phone　　　　　　　　　　转发: 64　评论: 18

**评论:**

**历史胖老师:** 革命显然无法如此一帆风顺，诸多的变故让这些原本就缺乏组织的革命党显得更加漏洞百出，前途叵测。
2012年1月1日　来自时光隧道

**鸭先知回复历史胖老师:** 出来混，总是要还的。
2012年1月1日　来自时光隧道

**《申报》:** 袁世凯内阁组织成立，总理大臣袁世凯，外务大臣梁敦彦，副大臣胡惟德；度支大臣严修，副大臣陈锦涛；司法大臣沈家本，副大臣梁启超；邮传大臣杨士琦，副大臣梁如浩；农工商大臣张謇，副大臣熙彦；陆军大臣王士珍，副大臣田文烈；海军部大臣萨镇冰，副大臣谭学衡；理藩大臣达寿，副大臣荣勋；学务大臣唐景崇，副大臣杨度；民政大臣赵秉钧，副大臣乌珍。
1911年11月18日　来自大清微博　　　　　　　　　转发: 1023　评论: 537

**评论:**

**鹤顶红:** 袁世凯内阁里居然还有满族人！袁世凯还有没有半点诚意？！真该千刀万剐！
1911年11月18日　来自大清微博

**戴草帽的蘑菇回复鹤顶红:** 擅权的是满清皇族权贵，不要把一些有实力的满族官员也一概论之。
1911年11月18日　来自大清微博

**鹤顶红回复戴草帽的蘑菇:** 凭什么不能一概论之？瞧你那副穷酸奴才相！
1911年11月18日　来自大清微博

**我爱北京紫禁城回复鹤顶红:** 皇上宽宏大量，做出这么多让步，你们这群刁民还不满足！
1911年11月18日　来自大清微博

**鹤顶红回复我爱北京紫禁城:** 你好紫好爱国啊。你爱你的祖国，你的祖国爱你吗？
1911年11月18日　来自大清微博

**历史胖老师:** 这是一届不折不扣的混合内阁，召集了朝廷和立宪派的大批重要人物，袁世凯想把天平摆平，但是此刻，大地都在震颤，天平又如何维持微妙的平衡？
2012年1月1日　来自时光隧道

**梁启超 C:@袁世凯:** 新内阁员中有我的名字，滥竽充数，且疑且骇，我平庸愚笨，何足赞鸿猷，备员伴食，于国于公，两无所裨，谨坚辞。深负雅意，无任惭悚。

1911年11月20日　来自鸽Phone　　　　　　　　　　　　　　转发：0　评论：0

---

评论：

**历史胖老师：**袁世凯组阁后，任命梁启超为司法副大臣，梁启超却拒绝了。是他看不上这个职位，还是另有所图？他很快就会表明心迹。

2012年1月1日　来自时光隧道

**梁启超 C: @袁世凯：**现在只有在北京、武昌两地之外，再选择一个重要的区域，例如上海之类，速开国民会议，合全国人民代表，以解决联邦国体、单一国体、君主立宪政体、共和政体等各大问题，以及统一组织之方法条例。无论会议出现什么结果，都绝对服从，持续下去，分裂的祸患或许可以避免。

1911年11月1日　来自代理服务器　　　　　　　　　　　　　　转发：89　评论：12

---

评论：

**鸭先知：**立宪派现在已经将帝国最后的希望寄托在袁世凯身上，梁启超、张謇、严复，莫不如此。

2012年1月1日　来自时光隧道

**历史胖老师回复鸭先知：**吊诡的是，梁启超、张謇、严复他们都曾与袁世凯誓不两立。"戊戌变法"时梁启超曾被袁世凯"出卖"；严复当初也屡次谢绝袁世凯的邀请，不肯充当他的幕僚，以至一向极善于用人、拉拢人的袁世凯，都失去了耐心，忿忿地发誓，"严某纵圣人复生，吾亦不敢再用。"张謇更是早在20多年前就曾与袁世凯绝交。他们此时态度都发生了一百八十度大转弯。

2012年1月1日　来自时光隧道

**鸭先知回复历史胖老师：**袁世凯太有魅力了。果然是负心汉才更受欢迎啊！

2012年1月1日　来自时光隧道

**历史胖老师回复鸭先知：**他们显然并非放弃气节，而是对袁世凯能力的看重，毕竟，袁世凯在新政、军事、经济和城市改革方面的成绩，都有目共睹，无出其右者，如同严复所说："于新旧两派之中，求当元首之任，而胜项城者，谁乎？"只是，立宪派将赌注押在一介枭雄身上，终究不甚稳妥，但又别无选择。

2012年1月1日　来自时光隧道

**星座八爷回复历史胖老师：**大家为什么这么喜欢袁世凯呢？星盘上也有解释滴。小袁的水星和火星都落在第九宫，第九宫的人是天生的改革者，积极支持服务性质的高等教育、宗教、哲学机构，且会以实际行动来表现，而非仅仅纸上谈兵，总之是会将梦想变成真的人。但所谓改革未必会是翻天覆地逐鹿中原，譬如小袁走的就是稳健的路线，见微知著，在局部或某些领域实行改变或改良，从而积极追求自己所秉持的理想。他在晚清新政时做的一系列改革可是有目共睹，改革可是他的天赋。
2012年1月1日　来自时光隧道

**黎元洪 R:** 今日，驻沪各省代表来电，承认武昌为民国中央军政府，由本都督执行中央政务。
1911年11月20日　来自大清微博　　　　　　　　　　　　　　转发：17　评论：5

**袁世凯:** @梁启超 C: 公抱天下才，负天下望，简命既下，中外欢腾。务祈念神州之陆沉，悯生灵之涂炭，即日脂车北上，商定大计，同扶宗邦。
1911年11月21日　来自大清微博　　　　　　　　　　　　　　转发：19　评论：11

**我不是孙文 R:** 在英任务已完成，乃取道法国而东归。过巴黎，曾往见其朝野认识，皆极表同情于我，而尤以现任首相格利门梳为最诚恳。
1911年11月21日　来自鸽Phone　　　　　　　　　　　　　　转发：956　评论：418

**今村长藏 R:** 清军以水陆两路分向民军左翼三眼桥、琴断口方面进攻，由面粉厂渡河，进占琴断口。敌马队一营复向三眼桥冲锋，民军马队竭力抵御，坚守不退，三眼桥得以无恙。
1911年11月22日　来自鸽Phone　　　　　　　　　　　　　　转发：142　评论：55

**今村长藏 R:** @黄一欧 R: 写了一幅字送给我儿，努力杀贼！
1911年11月22日　来自鸽Phone　　　　　　　　　　　　　　转发：1946　评论：367

评论：

**鸭先知:** 一边打仗还一边写字，怪不得仗总是打不好。
2012年1月1日　来自时光隧道

**历史胖老师:** 各位，各位，我是历史胖老师！关于这幅字，且听胖老师慢慢道来。黄一欧多年后有过一段回忆："江浙联军正在进攻南京，战斗激烈的时候，张竹君带领救伤队来了。她这次带来先君给我的一封信，拆开一看，上面写着一句话：'努力杀贼！——欧爱儿。父字。拾月初一日。'盖有先君当时常用的一颗小章：'灭此朝食'。这是先君在汉阳督战时，知道我参加了江浙联军攻南京，特地写来勉励我的。早年写过一段跋语，装裱起来，现在不知流落何处了。"
2012年1月1日　来自时光隧道

**今村长藏 R:** 清军在汉阳三眼桥附近与民军战斗甚烈。其炮兵向锅底山附近猛烈射击。另部清军潜占美娘山，侧击三眼桥。民军退占锅底山至花园之线。我与吴兆麟、曾昭文等赴十里铺、花园等处查看敌情。是晚，下令以战斗队形彻夜防敌夜袭。并派花园附近民军一部夜袭仙女山及美娘山之敌。

1911年11月22日　来自鸽Phone　　　　　　　　　　　转发：42　评论19

**鸽Phone即时快讯 R:** 重庆独立！

1911年11月22日　来自代理服务器　　　　　　　　　转发：2301　评论：358

**袁世凯：** @罗瘿公 C: 极盼梁启超先生来帮忙，何以不来。

1911年11月22日　来自大清微博　　　　　　　　　　转发：861　评论：439

评论：

**罗瘿公回复袁世凯:** 梁先生一时不便来，他希望您来负责兵事，他来负责舆论。

1911年11月22日　来自大清微博

**袁世凯回复罗瘿公:** 用何办法？

1911年11月22日　来自大清微博

**罗瘿公回复袁世凯:** 拟发表意见，并办一报，转移舆论。

1911年11月22日　来自大清微博

**袁世凯回复罗瘿公:** 此亦易事，唯时艰孔亟，以卓如大才，正当出而发舒，岂宜办报。因复言：司法事，非渠所习。渠言：不必拘定司法；若肯来时，欲办何事，可听其自择。

1911年11月22日　来自大清微博

**罗瘿公回复袁世凯:** 此时实有未便之故。

1911年11月22日　来自大清微博

**袁世凯回复罗瘿公:** 是亟怕革命党，他向来与革命党不对，岂独今日，何必畏之。

1911年11月22日　来自大清微博

**袁世凯回复罗瘿公:** 我总抱定十九条宗旨；我自出山即抱定君主立宪，此时亦无可改变。

1911年11月22日　来自大清微博

**罗瘿公回复袁世凯:** 按十九条，便非立宪，纯是共和，南军既要求共和，我当允其共和，但当仍留君位，可名为君位共和。

1911年11月22日　来自大清微博

**袁世凯回复罗瘿公:** 我主张系君主立宪共和政体。

1911年11月22日　来自大清微博

**罗瘿公回复袁世凯:** 不如君主共和之直截了当，君主无否决之权，无调海陆军之权，但当名为君位耳。

1911年11月22日　来自大清微博

**袁世凯回复罗瘿公：** 各国公使意见皆赞成中国君主立宪，昨有电致唐、伍两代表云：奉本国政府命令，忠告中国两方，非赶紧解决不可，现不用正式公文，先以朋友之义忠告等语，如延不解决，各国必出而干预，欲求为现在之局面而不可得。

1911年11月22日　来自大清微博

**袁世凯回复罗瘿公：** 革党人如汪精卫之类，已见过数次，屡以不入耳之言相劝，我屡与解说满、蒙、回、藏之问题，汪精卫似有所悟，然南边全尚意气，非推倒满洲不可，如何办得到？

1911年11月22日　来自大清微博

**罗瘿公回复袁世凯：** 闻伍秩庸极固执，恐不易转圜。伍本我的老门生，其人已老，脑筋已不活动。渠本主张君主立宪，近日始改变宗旨。惟秩庸虽充代表，未必全体服从，试观南省各府有都督，县有都督，岂能统一等语。

1911年11月22日　来自大清微博

**李书城 R：** 王隆中竟率领他的部队擅离汉阳，退到武昌两湖书院，说要在武昌休息几日再赴汉阳作战。我奉黄兴先生命，到武昌劝他开回汉阳。但他对我说，兵士实在太疲劳，不休息几日不能作战。我商请黎元洪允给该部五十万元犒金，只要该部开回汉阳。他还是执意不肯开回，竟至向我下跪。我未能说服他，只得回去报告黄先生。黄先生也无法可想，只是和我共同叹息而已。

1911年11月23日　来自鸽Phone　　　　　　　　　　　　　　转发：42　评论：19

**我不是孙文 R：** @路透社：吾志不急在做中国之总理大臣，惟做此官，苟有益于中国，亦所不辞。中国此事分崩离析，吾甚以为荒谬。盖中国人民万不可无一善良政府也。

1911年11月23日　来自鸽Phone　　　　　　　　　　　　　　转发：4825　评论：2484

**罗瘿公 C：** @梁启超 C：和议极不易得手，昨日唐绍仪有八次电来，袁世凯复电仍坚持。现一面候和议，一面备战。从两方面观察，皆不能复战。然南军持之至坚，如和议不成，势必再战。日人调兵已集奉天，必来干预，后事恐愈弄愈坏。而青年相见，论及外人干涉，必嗤之以鼻，谓必无此事，南中言论无不如此。南北分两大派，北方均盼和议成立，君位存在；南方均思破坏和议，锄去满清。

1911年11月23日　来自大清微博　　　　　　　　　　　　　　转发：0　评论：3

**罗瘿公 C：** @梁启超 C：北中志士，近日皆已南下，京、津中几绝迹矣。然平日讲宪政著名之人，在南中行动不能自由。徐佛苏在沪寸步有人监察；有自北来者，动疑为政府侦探。在沪中而不从革党者，地位极危险，云：近闻禁卫军有变动之象，今晚已传有变（昨日冯国璋接任），不知确否？
1911年11月23日　来自大清微博　　　　　　　　　　　　转发：0　评论：3

**罗瘿公 C：** **@梁启超 C：** 外人揣测，谓袁世凯将为总统。昨见袁时，气度极闲暇，言下似甚有把握，不知其心何如。窃谓总统当非其所利耳。
1911年11月23日　来自大清微博　　　　　　　　　　　　转发：0　评论：9

**我不是孙文 R：** **@滨海杂志：** 不论我将成为全中国名义上的元首，还是与别人或者那个袁世凯合作，对我都无关紧要。我已做成了我的工作，启蒙和进步的浪潮业已成为不可阻挡的。中国，由于它的人民性格勤劳和驯良，是全世界最适宜建立共和政体的国家。在短期内，它将跻身于世界上文明和爱好自由国家的行列。
1911年11月23日　来自鸽Phone　　　　　　　　　　　　转发：295　评论：46

评论：

**历史胖老师：** 大公无私啊！天真的孙中山总是能让人泪流满面……
2012年1月1日　来自时光隧道

**鸭先知回复历史胖老师：** 麻烦您流眼泪的时候，姿势优雅一点，千万不要斜着四十五度角仰望天空
2012年1月1日　来自时光隧道

**星座八爷回复历史胖老师：** 各位可别把小孙想得这么简单！别忘了他可是超级可怕的第十宫。第十宫的相关星座是摩羯座，更可怕的是小孙的木星也落在摩羯。他绝对具有守株待兔的耐力，成功欲望超强，上进心和企图心十分旺盛。最可怕的小孙的水星也落在第十宫，为了成就自己的事业、名望而追求更高的教育，目的在于为有名声、荣誉的事业作准备，人生的每一步都是为了可预见、可设定的更好的未来，一切都是运筹帷幄，为了未来的事业作准备。
2012年1月1日　来自时光隧道

**我不是孙文 R：** **@滨海杂志：** 中国革命运动目前的状况，恰似一片干燥的树林，只需要星星之火，就能腾起熊熊烈焰。这火星便是我所希望得到的五十万英镑。再次，关于领导者们的财务状况，我可以说，目前没有一个人拥有大量资产，虽然有些人曾经有过。但他们全都富有才干，足可与世界上同类人物中的任何一个相比而毫不逊色。
1911年11月23日　来自鸽Phone　　　　　　　　　　　　转发：173　评论：52

**我不是孙文 R：** **@法国外交部：** 您能够立即或者在最短期间内借钱给临时政府吗？

1911年11月23日　来自鸽Phone　　　　　　　　　　　　　　　共有7条私信

评论：

**法国外国部回复我不是孙文：**不能，至少不能立即借。您向我断言共和派会取得最后胜利。但是您怎么肯定一省接受了共和制其他省也会同样接受呢？

1911年11月23日　来自代理服务器

**我不是孙文回复法国外交部：**运动在全国各地自发兴起并迅猛展开，清楚地表明这不是一些局部性的叛乱，而是一个事先经过长期准备、有完善的组织，以建立联邦共和国为目的的起义。袁世凯的机灵狡猾也许能推迟，但绝不能阻挡这种成功。您能借钱给我们吗？

1911年11月23日　来自鸽Phone

**法国外交部回复我不是孙文：**条件是借款的担保要充分令人满意。

1911年11月23日　来自代理服务器

**我不是孙文回复法国外交部：**同时希望看到在我要去的那些法属殖民地撤销有关我停留的禁令。

1911年11月23日　来自鸽Phone

**李书城 R：**湘军协统刘玉堂率所部千余人来汉阳增援。黄兴先生命他到花园前线抵御从仙女山来攻的敌军，他率所部到达阵地后，数次向前冲锋，因敌军用机关枪扫射，未能得手。当日下午，刘不幸中弹阵亡，所部兵士纷纷后退。在花园山、扁担山防守的鄂军均在黄昏后全部退却，日间所守阵地都被敌人占领。

1911年11月25日　来自鸽Phone　　　　　　　　　　　　　　转发：47　评论：14

**梁启超 C：　@罗瘿公 C：**鄙人既确信共和政体为万不可行于中国，始终抱定君主立宪宗旨；欲求此宗旨之实现，端赖袁世凯，然则，鄙人不助袁世凯，更复助谁？至旁观或疑为大势已去，引身规避，此则鄙人平生所不屑者。鄙人既抱一主义，必以身殉之，向不知有强御之可畏。昔者与不法之政府斗，率此精神；今日与不正之舆论斗，亦同此精神。

1911年11月26日　来自鸽Phone　　　　　　　　　　　　　　转发：19　评论：4

评论：

**名言帝：**昔者与不法之政府斗，率此精神；今日与不正之舆论斗，亦同此精神　——梁启超

2012年1月1日　来自时光隧道

**梁启超 C：　@罗瘿公 C：**吾自信，袁世凯若能与我推心握手，天下事大有可为。虽然，今当

举国中风狂走之时,急激派之所最忌者,唯吾二人,骤然相合,则是并为一的,以待万矢之集,是所谓以名碍实也。

1911年11月26日　来自鸽Phone　　　　　　　　　　　　转发: 78　评论: 51

评论:

**鸭先知:** 梁启超这句话真眼熟,不就是《三国演义》里面曹操对刘备的那一句暧昧的表白吗——"天下英雄,唯使君与操耳。"

2012年1月1日　来自时光隧道

**梁启超 C: @罗瘿公 C:** 吾自问,对于图治方针,可以献替于项城者不少;然为今日计,则拨乱实为第一义,而图治不过第二义。以拨乱论,项城坐镇于上,理财治兵,此其所长也。鄙人则以言论转移国民心理,使多数人由急激而趋于中立,由中立而趋于温和,此其所长也。分途赴功,交相为用。而鄙人既以此为自任,则必与政府断绝关系,庶可冀国民之渐见听纳。若就此虚位,所能补于项城者几何?而鄙人则无复发言之余地矣。此所谓弃长用短也。

1911年11月26日　来自鸽Phone　　　　　　　　　　　　转发: 13　评论: 5

**梁启超 C: @罗瘿公 C:** 共和之病,今已见端,不出三月,国民必将厌破坏事业若蛇蝎,竭思所以治之。其时,则我辈主义获伸之时也。而此三月之中,最要者需保京师无恙,其下手在调和亲贵,支持财政,项城当优为之。此则因势利导,转变舆论,鄙人不敏,窃以自任。鄙人无他长处,然察国民心理之微,发言抓着痒处,使人移情于不觉,窃谓举国中无人能逮我者。今兹革军之奏奇功,得诸兵力者仅十之三,得之言论鼓吹者乃十之七。今欲补救,固不可,然非与项城分劳戮力,则亦无能为役也。望公为达此意。

1911年11月26日　来自鸽Phone　　　　　　　　　　　　转发: 10　评论: 4

**今村长藏 R:** 汉阳危在旦夕。命 **@李书城** 向都督府报告军情。

1911年11月26日　来自鸽Phone　　　　　　　　　　　　转发: 152　评论: 45

**李书城 R:** 到武昌向都督府报告汉阳战况,当即举行军事会议。与会者赞成作有准备的撤退。唯都督府副参谋长杨玺章主张坚守汉阳,虽至一兵一卒亦不放弃。并自告奋勇,组织参谋人员赴汉阳助战。

1911年11月26日　来自鸽Phone　　　　　　　　　　　　转发: 17　评论: 59

评论:

**历史胖老师:** 杨玺章此时慷慨请战,第二天,他就将阵亡。

2012年1月1日　来自时光隧道

**鸽Phone即时快讯 R:** 新军哗变，@端方 被军官刘怡凤所杀。被杀之前，端方说他的祖先是汉人，姓陶。

1911年11月27日　来自代理服务器　　　　　　　　　　　　　转发：824　评论：156

**胡祖舜 R:** 军政府当召开紧急会议，黄兴主张放弃武昌，率所有精锐及饷糈械弹乘舰东下，进取南京，以为根据，再图恢复。众谓武昌为首义之区，动关全局，若不战自退，各省势受动摇，虽欲卷土重来，天下谁复再与共事？况有长江天堑，据险以守，敌焰虽张，当非旦夕可图。阳夏之役，以我未经训练之师，当彼精悍之众，尚能相持四十余日。今各省纷纷响应，分电乞援，必多劲旅，胜负正未可知。一致主张固守武昌，仍推黄兴为总司令。孙武、张振武尤为愤慨，范腾霄亦陈说以守武昌为得计。黄以所议不合，当夜乘轮东下。

1911年11月27日　来自鸽Phone　　　　　　　　　　　　　　转发：18　评论：10

---

评论：

**鸭先知：** 黄兴这算什么？出走？私奔？临阵脱逃？是愤慨还是羞愧？您老是前敌主帅啊！就这么撂挑子走了，你那些兄弟怎么办？

2012年1月1日　来自时光隧道

**历史胖老师回复鸭先知：** 非也！非也！让我们来看看胡元的评价："克强自武汉苦战力绌来沪。见面笑曰：'成功矣！'克强曰：'我败走，何出此言？'　曰：'君非军事学家，败乃常事。前者，君一人革命，故难成功。自黄花岗事出，全国人心皆趋向革命，自成功矣。'"

2012年1月1日　来自时光隧道

**星座八爷：** 小黄的土星落在水瓶，或多或少就有了水瓶座的缺点——压力一大就爱逃避，难当大任。

2012年1月1日　来自时光隧道

**李书城 R:** 进攻汉口失败，不仅暴露了我军的弱点，也使敌人轻视我军，加强了敌军进攻汉阳的企图。这是因为我在战略战术上都犯了极大的错误所致。

1911年11月27日　来自鸽Phone　　　　　　　　　　　　　　转发：11　评论：4

**李书城 R:** 从战略上说，我军若不进攻汉口，敌人是不敢轻于进攻汉阳的。因为汉阳的防御工事相当稳固，并且作了些夸大的宣传，使敌军望而生畏。且敌我两军隔河对峙，船只都靠在我方河岸，敌若渡河攻坚，地势于我有利，于敌不利。我若坚守汉阳，可争取时间，得到更多省份的响应和所派援军的支援。如果这样，汉阳是尽可不失的。

1911年11月27日　来自鸽Phone　　　　　　　　　　　　　　转发：9　评论：6

**李书城 R:** 从战术上说,我不懂得兵士是作战的基础,未查明军官和兵士的训练程度,只按照书本上的作战公式下命令,结果三路进攻的负责军官一个被撤职,两个被处死。士兵不仅在战场上死伤了很多,而且在退却途中并无敌军追击,落水而死的亦竟达数百人之多。敌军是素有训练的北洋军,我以初成之师与之作阵地战,真是既不知彼也不知己,犯了军事上的大忌。进攻汉口的失败,又引起了汉阳的失守。因我的作战计划错误,使黄先生受"常败将军"之讥,使革命形势受到挫折,我至今犹引为遗憾。

1911年11月27日　来自鸽Phone　　　　　　　　　　　转发: 45　评论: 18

评论:

**历史胖老师:** 李书城显然不应承担全部的责任。因为袁世凯已经确定复出,这让北洋军会意,一鼓作气打下汉口,直如探囊取物耳。

2012年1月1日　来自时光隧道

**鸭先知回复历史胖老师:** 这个故事告诉我们,一定要对大怪严防死守。

2012年1月1日　来自时光隧道

**今村长藏 R:** 明月如霜照宝刀,壮士淹汹涛。男儿争斩单于首,祖龙一炬咸阳烧,偌大商场地尽焦。革命事,又丢抛,都付与鄂江潮。

1911年11月28日　来自鸽Phone　　　　　　　　　　转发: 184　评论: 96

评论:

**鸭先知:** 又在这里写诗!还有闲情逸致写诗!仗都打败了!

2012年1月1日　来自时光隧道

**历史胖老师回复鸭先知:** 非也非也!这事不能全怪黄兴,武汉的权力斗争太复杂了,俗话说攘外必先安内,内部问题都没解决,又怎能一致对外?黄兴有说不出的苦衷啊!

2012年1月1日　来自时光隧道

**蔡锷 C:** 得各省电,公认鄂为临时政府,专任外交代表。兹事不宜迟缓,请鄂都督查各省电,如已占多数,即用海线发电报告各省就近知会各国领事。并由鄂先告外交团速电达各该国承认,以便实行。至要至盼。

1911年11月30日　来自鸽Phone　　　　　　　　　　转发: 18　评论: 5

**1911 12**

宣统三年　　农历辛亥年

**忌** 借钱・让权・谈立宪

**宜** 谈判・回国・哈同花园吃午饭

**外蒙古独立**

在沙俄政府策动下,外蒙古宣布独立。

**各省酝酿北伐**

宣布独立的各省商议北伐,清廷骤感压力。

**南北和谈**

清廷以袁世凯为全权大臣,委托代表到南方和谈。唐绍仪与伍廷芳代表北方和南方,开始漫漫和谈之路。

**蔡锷主张建造民国**

云南都督蔡锷主张迅速组织中央政府,定国名为"中华民国"。

**赵尔丰被斩首**

赵尔丰被杀,清廷在四川的势力终于大势已去。

**孙中山回国**

孙中山回国,没带回一枪一炮,只带回革命精神。

**孙中山当选临时大总统**

十七省代表公选孙中山为中华民国临时大总统。

**莫理循：** 武昌的革命似乎已经土崩瓦解。汉阳还不至于会被帝国的部队占领。黎元洪现在愿意接受袁世凯不久以前向他提出的条件，而袁世凯似乎正重提这些条件。袁世凯称，他首先要求知道黎元洪是凭什么权力进行活动的，他到底有多大的权力代表省当局的意见，因为黎元洪宣称他愿意接受君主立宪，而过去他曾坚决宣称他决不同要求保留皇室的人作任何妥协。袁世凯手下的蔡廷干和刘承恩已经去汉口，以便劝说革命派领袖宣布袁世凯为民国总统。

1911年12月1日　来自代理服务器　　　　　　　　　　　　转发：14　评论：9

**莫理循：** @《泰晤士报》：昨天深夜，蔡廷干由袁世凯那里来看我，告诉我袁世凯已同意在一定条件下停战。鉴于北京的一般看法是停火已被拒绝——事实上新任陆军部大臣满人荫昌明确表示，没有不投降的停战。

1911年12月1日　来自代理服务器　　　　　　　　　　　　转发：185　评论：46

**今村长藏 R：** 抵达上海，答《民立报》记者问。此行目的，在速定北伐计划，并谋政治之统一。

1911年12月1日　来自鸽Phone　　　　　　　　　　　　转发：45　评论：16

评论：

**历史胖老师：** 各位，各位，我是历史胖老师！黄兴所谋求的"政治之统一"，已经预示了国家未来的大势。占据南方的革命党不得不寻求与袁世凯合作，以求保住前途难测的革命成果，那个"速定北伐计划"，更多的只是一种外交辞令。

2012年1月1日　来自时光隧道

**今村长藏 R:** 与 @章炳麟 @宋教仁 @程德全 @陈其美 等联名致电 @徐绍桢 @林述庆 @朱瑞 @刘之洁 等，贺光复南京："南京光复，赖诸公指挥之劳，将士用命之力。东南大局，从此敉平。"
1911年12月2日　来自鸽Phone　　　　　　　　　　　　　　转发: 18　评论: 3

**今村长藏 R:** @黎元洪 R: 南京光复，联军克日来援。
1911年12月2日　来自鸽Phone　　　　　　　　　　　　　　转发: 3　评论: 12

**今村长藏 R:** @林述庆 R: 湖北战事紧要，亟待应接。临淮关须有劲旅驻守，既可进取，又可为援鄂之策应。
1911年12月2日　来自鸽Phone　　　　　　　　　　　　　　转发: 0　评论: 4

**章太炎 R:** @赵凤昌 R: 昨日议临时政府地点，迄今无议。主张在湖北的只有我，主张在金陵的只有克强 @今村长藏，而渔父 @宋教仁 斟酌其间，不能谈论。愿公大宣法语，以觉邦人。不然，仆辈所持，既与克强不合，终无谈了之期。
1911年12月2日　来自大清微博　　　　　　　　　　　　　　转发: 5　评论: 8

**严复 C:** 往谒 @袁世凯 内阁，得晤。提出六条建议：一、车驾无论何等，断断不可离京。二、须有人为内阁料理报事。禁之不能，则排解辩白。三、梁启超不可不罗致到京。四、收拾人心之事，此时在皇室行之已晚，在内阁行之未迟。五、除阉私之制是一大事。又，去跪拜。六、设法募用德、法洋将。
1911年12月2日　来自大清微博　　　　　　　　　　　　　　转发: 3　评论: 5

**皇上 A：** @梁启超 C: 内阁代递汪大燮电奏梁启超称，患病甚深，不克起程，请代恳开缺等语。该副大臣素具热诚，曾受先朝特达之知，际此时局艰危，讵忍意存诿卸！著传语副大臣赶速调治，病体稍痊，迅即回国任事，毋再固辞。
1911年12月3日　来自大清微博　　　　　　　　　　　　　　转发: 6　评论: 9

**盛先觉 C:** @章炳麟 R: 听说您曾有给满洲与清帝使之自立之议?
1911年12月3日　来自大清微博　　　　　　　　　　　　　　转发: 71　评论: 35

---

评论：

**章炳麟回复盛先觉:** 昔诚有此议，今已知其不可而作罢矣。

1911年12月3日　来自大清微博

**盛先觉回复章炳麟：** 我还听说您曾有共和政府成立之后，首立清帝为大总领，后再黜而竟废之之议？
1911年12月3日　来自大清微博

**章炳麟回复盛先觉：** 昔亦诚有是，然今大势已粗定，清廷万无能为力，且革命党势甚嚣嚣，再作此言必大受辱。吾今亦不敢妄谈矣。
1911年12月3日　来自大清微博

**蔡锷 C：** 国家组织纲要，鄙意略有数端：一，定国名为中华民国，合汉、回、蒙、满、藏为旗式，构造统一之国家；二，定国体政体为民主立宪；三，建设有力之中央政府。
1911年12月5日　来自鸽Phone　　　　　　　　　　　　　　转发：3　评论：5

评论：
**小强：** 蔡将军！我要上访！我家的房子被县长亲戚强拆了啊！做了他家的花园啊！我爸和他们论理被他们活活打死了啊！他们还扬言要杀了我啊！您可得为我做主啊！
1911年12月5日　来自大清微博

**莫理循：**　**@《泰晤士报》：** 和平有望，双方都厌战，双方都遇到了财政困难。袁世凯到北京以来表现十分好。他显示出上乘的政治家品质，并且逐渐成为局势的主宰者。所有的事情均取决于他。万一他被暗杀，则将出现混乱，然而他被刺的危险总是存在的。南京的革命党的武装队伍行动十分有节制，"南京大屠杀"等报道均属荒谬的夸大之词。
1911年12月5日　来自代理服务器　　　　　　　　　　　　转发：28　评论：11

评论：
**鸭先知：** 各位注意，此"南京大屠杀"，非彼"南京大屠杀"也！
2012年1月1日　来自时光隧道

**《时报》：** 驻沪各省都督府代表联合会前经议定以武昌为临时政府。现在南京已下，鄂军务适紧，乃复决定暂设南京。昨日浙江汤都督、江苏程都督、沪军陈都督均至代表会出席，赞成此事。并与驻沪各代表投票公举黄兴君为假定大元帅，又举黎元洪君为副元帅，黎君兼任鄂军都督，仍驻武昌。
1911年12月5日　来自大清微博　　　　　　　　　　　　　转发：16　评论：8

**《齐鲁公报》：** #欢迎大会实况# 为欢迎临时政府大元帅，特开大会于江苏教育总会。苏州程都督　@程德全，上海陈都督　@陈其美 及各省都督府代表，均准时莅会。俟黄大元帅、

**@今村长藏**：苊止，即开会行欢迎礼，一时欢呼声如雷动。
1911年12月5日　来自大清微博　　　　　　　　　　转发：174　评论：70

**《齐鲁公报》**：#欢迎大会实况#先由程都督雪楼起述：昨日自大元帅举定后，即邀同陈其美，亲往黄大元帅行辕道欢迎意，恭请苊会。大元帅谦辞不肯承任，经德全等再三劝驾，仅允到会重行选举。
1911年12月5日　来自大清微博　　　　　　　　　　转发：35　评论：16

**《齐鲁公报》**：#欢迎大会实况#继沪军都督陈其美说："昨日之选举，万不可作为无效；况大元帅责任重大，关系全国。方今北虏未灭，军事旁午，非有卧薪尝胆之坚忍力者，不足肩此巨任，故其美以为舍克强先生外，无足当此者。"
1911年12月5日　来自大清微博　　　　　　　　　　转发：11　评论：4

**《齐鲁公报》**：#欢迎大会实况#黄大帅起辞，谓才力不胜，拟举首先起义之黎元洪为大元帅，再由各都督中举一副元帅。
1911年12月5日　来自大清微博　　　　　　　　　　转发：57　评论：13

**《齐鲁公报》**：#欢迎大会实况#黄大帅又说：兴并愿领兵北伐，誓捣黄龙，以还我大汉河山而后已。至于组织政府，则非兴所能担任者也。
1911年12月5日　来自大清微博　　　　　　　　　　转发：285　评论：162

评论：

**锅巴**：黄先生和孙先生一样，不愧是大公无私之人！有他们在，中华就有希望！
1911年12月5日　来自大清微博

**鹤顶红**：黄先生虽然有公心，可他带兵打仗实在是……不说也罢……无论如何，顶一记！
1911年12月5日　来自大清微博

**飞刀**：黄兴有何德何能？组织政府他当然办不到，北伐他就能胜任吗？白日做梦！
1911年12月5日　来自大清微博

**《齐鲁公报》**：#欢迎大会实况#嗣由各代表相谓：现今事机危迫，战争未息，黄大元帅苟不俯从众意，其如全国人民何？
1911年12月5日　来自大清微博　　　　　　　　　　转发：20　评论：6

**《齐鲁公报》**：#欢迎大会实况# 黄大元帅复辞，谓孙中山将回国，可当此任。
1911年12月5日　来自大清微博　　　　　　　　　　　　　转发：102　评论：96

**《齐鲁公报》**：#欢迎大会实况# 某君起谓，开会已两时之久，西伯利亚铁道所装之军械，已通过二百余里，京汉铁路之兵亦行近百余里矣。方今军务倥偬，时间异常宝贵。孙中山先生诚为数十年来热心革命之大伟人，然对外非常紧急，若无临时政府，一切交涉事宜，俱形棘手。况大元帅为一时权宜之计，将来中华底定，自当由全国公选大总统，是故某以为黄大元帅于此时实不必多为退让。于是黄大元帅乃允暂时勉任。
1911年12月5日　来自大清微博　　　　　　　　　　　　　转发：54　评论：37

**今村长藏 R**：@胡汉民 R：请再调数营前来，会合北伐。
1911年12月5日

　　评论：

　　**胡汉民回复今村长藏**：现已公举姚雨平为正司令，马锦春为副司令，督师北上。分为两次开行：马锦春已定于二十日出发，姚雨平则后一二日出发，约期二十四五日定可抵沪，与各省义师联络进行，一律由黄元帅调度。
　　1911年12月5日　来自大清微博　　　　　　　　　　　转发：18　评论：9

**黎元洪 R**：各省代表均到鄂，议定临时政府组织大纲，并订期在南京公举临时大总统组织临时政府，经敝处通告各省，谅已达览。现忽据来电称，沪上有十四省代表，推举黄兴为大元帅，元洪为副元帅之说，情节甚支离。如实有其事，请设法声明取消，以免混淆耳目。
1911年12月5日　来自大清微博　　　　　　　　　　　　　转发：285　评论：493

　　评论：

　　**鸭先知**：黎元洪真不是个东西。人家黄兴还在主动推让大元帅的位子，想让黎元洪担任。黎元洪这厮倒坐不住了，还想争功？别忘了，他不过是清军的降将，不以身殉国已经够难堪的了，现在还想争权力。真不是个东西。
　　2012年1月1日　来自时光隧道

　　**历史胖老师回复鸭先知**：非也非也。且听胖老师慢慢道来。黎元洪这时也是身不由己。他是被湖北的革命党孙武和张振武挟持的，这俩人一直是两个刺儿头，当初黄兴到武汉时，黎元洪出面拜将，就是为了将黎元洪的地位置于黄兴之上，从而占据主动权。不料上海的这次选举完全打乱了他们的计划，黎元洪从领袖变成副手，这也就意味着湖北的权威将大打折扣，这显然不是他们能接受的。

2012年1月1日　来自时光隧道

**鸭先知回复历史胖老师：** 就你事儿多。

2012年1月1日　来自时光隧道

**星座八爷回复鸭先知：** 小黎嘛，月亮和火星落在第六宫，本来是有为奴仆的服务意识的，很懂得享受过程，在过程中未必会计较太多。本来应该是这样的哦。但因为第十宫对他的影响太大，就成了既追求重在参与，又渴望胜券在握，就显得得失心较重。唉，人之常情嘛！

2012年1月1日　来自时光隧道

**伍廷芳 R：** @英国驻汉口领事禄福礼：在武昌的代表们硬要折返并已到达这里，国民会议即将在南京召开。由于这里有许多重要事务需我参与，我不可能离开这里去武昌。

　　**@英国驻汉口领事禄福礼：** @伍廷芳 R：十一省代表邀请您来汉口，以便与袁世凯的代表进行谈判。

　　1911年12月6日　来自代理服务器　　　　　　　　　　　转发：9　评论：4

1911年12月6日　来自大清微博　　　　　　　　　　　　　转发：3　评论：1

**盛先觉 C：** @梁启超 C：十一月二十日晨抵长崎，得知汉阳失守，武昌垂危的消息，舟中有人将它归咎为黄兴，我因不得其详，未敢赞一辞焉。

1911年12月7日　来自大清微博　　　　　　　　　　　　　转发：0　评论：4

**盛先觉 C：** @梁启超 C：12月2日午前九时抵上海，昼食后走访章太炎，不遇，折赴吴淞军政府访李燮和总司令，亦不遇，遇旧友某，因就夕食于军政府。军政府纪律严肃，内附有女子北伐队，我曾目击焉。其志诚足多矣，窃未见其可也。夜返上海，复访章太炎，又不遇，乃访宋教仁之寓，亦不遇，而遇李燮和于其门。李服清服（常人服装），互寒暄数语，各道十余年来契阔，嗣各以事匆促，不能详谈而别。临别，李言明晨七时赴南京，应该是这一天的午后已有南京光复消息的缘故。

1911年12月7日　来自大清微博　　　　　　　　　　　　　转发：0　评论：6

**盛先觉 C：** @梁启超 C：12月3日，访章炳麟。略道虚君共和主义，章求其详，觉因出先生所属携长书示之，章请俟三数日略行研究而后相答，觉许之，并历述南海及先生之苦心孤诣，且求其善为研究焉。章许诺后，觉具述私意三策（此皆尝以谋诸先生，兹故不赘）。章说："利用达赖，是诚善策，今兹有赵竹君者，曾居张之洞幕下，亦尝主张此策，君盍往访，余当为君介。至于清廷既毫无势力，惟吾所欲为可耳，所足忧袁一人已。"

1911年12月7日　来自大清微博　　　　　　　　　　　　　转发：0　评论：7

**盛先觉 C：** **@梁启超 C：** 时在坐有庄蕴宽者，江苏常州人，曾充代表前赴武昌归来，言及武昌事权不一，命令不行，太息痛恨不能置。且极言湘鄂之重重矛盾日深，多有悬隔。
1911年12月7日　来自大清微博　　　　　　　　　　　　转发：0　评论：5

**盛先觉 C：** **@梁启超 C：** 午后，访熊希龄先生。熊先生遂询觉，今归来意欲何居？觉遂言："闻民党中有宁弃藩属而求本部独立之说，私意极不谓然，今之归国，实为谋统制蒙藏回之故。"略述政策，熊先生极力赞成，并为划策。
1911年12月7日　来自大清微博　　　　　　　　　　　　转发：0　评论：7

**盛先觉 C：** **@梁启超 C：** 12月5日邀山西人白某（曾游学日本法政大学，已毕业，并尝毕业研究科）来谈，此人尝游新疆，熟悉该处情形，未谙回语，素有慨于回回之好乱，思有所以驭之之术，而未能得，乃相与谈论久之，大恨相知之晚，因互约此后竭力相助为理。
1911年12月7日　来自大清微博　　　　　　　　　　　　转发：0　评论：8

**盛先觉 C：** **@梁启超 C：** 十二月六日午后访章太炎，托词事繁不见，仅以书答，盖其左右厄之也。窃察书旨所答，究对何人，暧昧不能晓，乃浼其左右欲面求说明……觉微闻章太炎左右数人，嚣张浮华，专事阿谀，颇有视太炎为奇货可居之慨，而章太炎似亦竟为所蒙蔽者然。甚矣哉！君子可欺以其方，小人无往而不在也。
1911年12月7日　来自大清微博　　　　　　　　　　　　转发：0　评论：6

**盛先觉 C：** **@梁启超 C：** 要之革命党万不能就虚君共和之策，较温和如章太炎者，所说犹然，况其余乎？黄兴专注北伐，似不可动，可动者其宋教仁乎？惜未能相见也。
1911年12月7日　来自大清微博　　　　　　　　　　　　转发：0　评论：13

**今村长藏 R：** **@胡汉民 R：** 此间组织临时政府，急盼兄来主持一切。
1911年12月8日　来自鸽Phone　　　　　　　　　　　　转发：18　评论：11

**严复 C：** 袁世凯派唐绍仪为全权代表，南下议和。我也为各省代表之一。晚上，唐绍仪一行登上专车，并剪去辫子。我未剪，以示不主共和之意。
1911年12月8日　来自大清微博　　　　　　　　　　　　转发：85　评论：37

---

评论：

**编号1840：** 英国原装进口福寿膏！我保证是唯一！在全国各大药店、烟馆，只要是我这种福寿膏，不要说低于10两银子，低于20两银子的都没有！如果找得到，今天这个我送你不要钱。我敢保证。如果我们今天要价是50两银子,那就是要多少有多少。但今天我们要价5两银子!只要5两银子!只提供39包,卖完了,恭喜你,就买不到了。请快留言!先到先得!

1911年12月5日　来自大清微博

**鹤顶红:** 死到临头了,还不肯剪辫子!你就等着吧,清廷不会给你报销丧葬费的!

1911年12月5日　来自大清微博

**飞刀:** 我看你翻译"物竞天择,适者生存"的时候脑子挺清楚的,怎么遇到事情就这么糊涂呢?

1911年12月5日　来自大清微博

**戴草帽的蘑菇:** 严复先生孤独的抗争,看起来太过悲壮……那些成日里口口声声说爱国的人,事到临头却都成了墙头草。

1911年12月5日　来自大清微博

**蜗族:** 严先生,我是读着您翻译的《天演论》长大的,辫子还是先剪了吧,免得革命党找您麻烦。我也剪了,把辫子藏在柜子底下了,万一哪天朝廷缓过劲儿来了,咱们还可以再挂在脑袋上……

1911年12月5日　来自大清微博

**鹅鹅鹅:** 严复这种人就是书生意气,成不了气候。

1911年12月5日　来自大清微博

**梁启超 C:** **#新中国建设问题#** 呜呼!吾中国大不幸,乃三百年间戴异族为君主,久施虐政,屡失信于民,逮于今日,而有此事,殆成绝望,贻我国民以极难解决之一问题也。

1911年12月8日　来自代理服务器　　　　　　转发: 957　评论: 362

**梁启超 C:** **#新中国建设问题#** 吾十余年来,日夜竭其力所能逮,以与恶政治奋斗,而皇室实为恶政治所从出。于是皇室乃大憾我,所以戮辱窘逐之者,无所不用其极。虽然,吾之奋斗,犹专向政府,而不肯以皇室为射鹄;国中一部分人士,或以吾为有所畏,有所媚,讪笑之,辱骂之,而吾不改吾度。盖吾畴昔确信美、法之民主共和制决不适宜中国,欲跻国于治安,宜效英之存虚君,而事势之最顺者,似莫如就现皇统而虚存之。十年来之所以慎于发言,意即在是,吾行吾所信,故知我罪我,俱非所计也。

1911年12月8日　来自代理服务器　　　　　　转发: 358　评论: 116

---

评论:

**名言帝:** 吾行吾所信,故知我罪我,俱非所计也。——梁启超

2012年1月1日　来自时光隧道

**梁启超 C:** #新中国建设问题#今之皇室乃饮鸩以祈速死,甘自取亡,而更贻我中国以难题。使彼数年以来稍有分毫交让精神,稍能布诚以待吾民,使所谓十九条信条者,能于一年数月前发布其一二,则知吾民当不屑与较者。而无如始终不寤,直至人心尽去,举国皆敌,然后迫于要盟,以冀偷活而既晚矣。

1911年12月8日　来自代理服务器　　　　　　　　　　　转发: 402　评论: 84

**梁启超 C:** #新中国建设问题#夫国家之建设组织,必以民众意向为归,民之所厌,虽与之天下岂能一朝居。呜呼,以万国经验最良之虚君共和制,吾国民熟知之,而今日殆无道以适用之,谁之罪也? 是真可为长太息也。

1911年12月8日　来自代理服务器　　　　　　　　　　　转发: 1140　评论: 572

**严复 C:** 此行原派不过二十余人,京官争钻同来,乃至五十余人之多,随从倍之,不知何故,岂事成尚望保举耶?

1911年12月9日

评论:

**鸭先知:** 参与南下谈判的严复对许多事情都看不顺眼,南下的代表团鱼龙混杂,有希望拯救华夏、重归和平者,也不乏拉拢关系、谋求私利者,严复的身份在其中则更加格格不入,他只是一次次地将白眼留给那些潜在的敌人与朋友。

2012年1月1日　来自时光隧道

**今村长藏 R:** @汪精卫 R: 希望你能说服袁世凯。能顾全大局,与民军为一致之行动,迅速推翻满清政府。袁世凯举事宜速,须令中国为完全民国,不得令孤儿寡母尚用虚位。

1911年12月9日　来自鸽Phone　　　　　　　　　　　　转发: 3　评论: 19

评论:

**历史胖老师:** 各位,各位,我是历史胖老师! 这段话背后隐藏着很多信息。汪精卫每天晚饭后去跟袁世凯聊天,讲共和多么好,君主制多么不好,往往聊到深夜才走,最后真的把袁世凯说动了,至少也是让袁世凯下定了决心。在中国的共和之路上,汪精卫可谓居功至伟,刺杀摄政王在先,劝说袁世凯在后。

2012年1月1日　来自时光隧道

**鸭先知回复历史胖老师:** 物理学不是有作用力和反作用力吗? 难道汪精卫就没被袁世凯影响过?

2012年1月1日　来自时光隧道

**历史胖老师回复鸭先知：** 当然有，汪精卫在狱中受到肃亲王的影响，出狱后又和袁世凯走得很近，思想从过去的激进转向平和，甚至可以说保守。他后来组建日伪政府，可以说也受到清末这段时期交友的影响。

2012年1月1日　来自时光隧道

**鸭先知回复历史胖老师：** 就是变得越来越没有原则了。

2012年1月1日　来自时光隧道

**星座八爷回复鸭先知：** 你觉得小汪没原则吗？错！他有原则，但他的原则是灵活机动的，绝对不会只有一个非黑即白的原则。

2012年1月1日　来自时光隧道

**黎元洪 R：** @伍廷芳 R：清袁内阁派唐绍仪为代表来鄂讨论大局，十一省公推先生为民军代表与之谈判。此举关系至重，元洪已专托苏代表雷君奋前往迎迓，务望辱临，至为盼祷。

1911年12月9日　来自大清微博　　　　　　　　　　　转发：5　评论：17

评论：

**伍廷芳回复黎元洪：** 辱十一省公推廷为民国代表，谊不敢辞。惟此间组织临时政府，各省留沪代表，未许廷一日远离。又交涉甚繁，实难遵召，未克赴鄂，亲聆大教，歉甚！恳即转致唐公速来沪上，公同谈判，即由尊处立派专轮护送尤妥。

1911年12月9日　来自大清微博

**伍廷芳回复黎元洪：** 代表民国赴鄂谈判一节，谊不敢辞，抑亦弟所深愿。唯各省在沪代表挽留甚力，难拂众情。已详皓电，谅可察鉴。闻驻沪各国领事极望在沪谈判，顷英领电京英使，转商袁世凯饬唐来沪。雷君奋来谈，亦极赞成。想公当表同情，恳即转致唐公，速来沪上，至祷！

1911年12月11日　来自大清微博

**历史胖老师：** 革命刚刚开始没多久，革命党内部的明争暗战已经愈演愈烈。武昌比南京更加需要名分，谈判在武昌进行，不过是为了获得主动权，而伍廷芳则以各种理由拒绝前往武昌，一定要把谈判的地点设在上海，这也使得湖北一派愈发受挫，革命党内部的分裂之势，有些微妙。

2012年1月1日　来自时光隧道

**张謇 C：** 至沪，知党人意见之复杂。破坏易，建设难。谁知之者！

1911年12月10日　来自大清微博　　　　　　　　　　转发：18　评论：32

评论：

**鸭先知：** 和严复一样，又是一次悲怆的唱叹。不过，大清帝国的状元张謇终究还是把辫子给剪了。
2012年1月1日　来自时光隧道

**张汉章 C：** **@梁启超 C：** 敝省山东此次独立,原系运动军队,皆已成熟,始敢宣告。后军队内部争权,致有反对。袁世凯乘隙派人到山东,得以取消独立。……惟事体重大,山东所处地位,究宜取急进主义,抑取缓进主义,先生高见,尚乞明以教我。且山东之举动,与南北战局颇有关系,究应如何策应,先生关怀时局,指挥早定,乞勿吝金玉为荷。
1911年12月10日　来自大清微博　　　　　　　　　　　　　　转发：0　评论：5

**严复 C：** 汉口气象自是萧索,舆论于北军之焚烧汉口,尚有余痛,民心大抵皆向革命军。
1911年12月11日　来自大清微博　　　　　　　　　　　　　　转发：138　评论：52

**莫理循：** **@《泰晤士报》：** 所有人都希望我去汉口。在北京结识的革命党的代表希望我去,我们公使馆希望我去,而袁世凯显然对我此行感到高兴,他派一辆专车供我全程使用,并派一名军官护送我到汉口。由于双方都极其重视我的意见,我也许能做些事。我有信心地认为,袁世凯相信他已经把无偿的革命党首领黎元洪争取到他这一边,而江苏巡抚赞成袁世凯所主张的君主立宪制。
1911年12月12日　来自代理服务器　　　　　　　　　　　　　转发：86　评论：47

评论：
**星座八爷：** 快去吧! 快去吧! 小莫这家伙,月亮落白羊,火星落射手,属于脑子想到哪儿情感涌向哪儿,脚步就走到哪儿的家伙,行动力一流! 要不他也不会不远千里来到中国,按照老毛的话说,这是什么精神? 这是国际主义精神!
2012年1月1日　来自时光隧道

**章太炎 R：** **@谭人凤 R：** 革命军起,革命党消,天下为公,乃有克济。今读来电,以革命党人召集革命党人,是欲以一党组织政府,若守此见,人心解体矣。诸君能战则战,不能战,弗以党见破坏大局。
1911年12月12日　来自大清微博　　　　　　　　　　　　　　转发：13　评论：9

评论：
**我不是孙文回复章太炎：** 吾党偏怯者流,乃唱为"革命军起,革命党消"之言,公然登诸报纸,至可怪也。此不特不明乎利害之势,于本会所持之主义而亦蕢之,儒生之言,无一粲之值。

1911年12月12日　来自时光隧道

**严复 C:** 以师生的情分往见 **@黎元洪**，他备极欢迎，感动之深，以至于痛哭流涕。党人有名望者约二三十在彼。

1911年12月12日　来自大清微博　　　　　　　　　　　　转发: 15　评论: 18

评论：

**鸭先知:** 痛哭流涕……真没看出来，严复和黎元洪都是演员？

2012年1月1日　来自时光隧道

**历史胖老师:** 非也非也。黎元洪曾是严复的弟子，不过，严复对他的评价并不高。两人见面抱头痛哭，严复自然有末世的感慨，而黎元洪尽管已经身在革命军中，却也未尝没有世事更迭的哀伤。严复以为可以劝说黎元洪"弃暗投明"，不料已无任何可能。这让严复更加失望。

2012年1月1日　来自时光隧道

**余表进 C：@梁启超 C：** 先生才略盖世，尤富于政治思想，古今中外，无与伦比。方天下多事之秋，正赖先生出而谋苍生幸福。海邦久处，十年有余矣，时会未逢，故无所借手，而此心未尝一日忘中国也。同人等组织同志，力为匡助，冀达先生救时之目的而已。

1911年12月12日　来自代理服务器　　　　　　　　　　　转发: 21　评论: 11

**余表进 C：@梁启超 C：** 观今中国风云四起，正豪杰有为之时，先生不尝云乎，英雄造时势，时势亦造英雄。虽不能为造时势之英雄，以当为时势所造之英雄，岂俯仰依违，因人成事哉。使先生而在隐者流，则肥遁鸣高，斯言责耳。

1911年12月12日　来自代理服务器　　　　　　　　　　　转发: 15　评论: 4

**余表进 C：@梁启超 C：** 如持救世主义，朝廷可辅则辅之，国务大臣之任，固如愿以偿也。如不可辅，率我同志自成一旅，平定祸乱，手定宪法，宏我汉京，则东省马贼不妨利用之，以为干城之具也。若对于国务大臣之任，既徘徊观望而不敢前，而召兵平乱之壮举，又不克为之，但坐观成败，归楚归汉，与时转移。语曰宁为鸡口，毋为牛后，同人等窃为先生不取也。

1911年12月12日　来自代理服务器　　　　　　　　　　　转发: 18　评论: 6

**余表进 C：@梁启超 C：** 先生为海内外人望所归，若能提倡义声，云集响应，十万之师，可刻而集，于整军劲旅驰骋中原，召号群雄，息兵争而议宪法，其敢有破坏，举兵诛之，执牛耳而为盟主,岂不伟哉。

1911年12月12日　来自代理服务器　　　　　　　　　　转发:27　评论:11

**罗瘿公 C**：@梁启超 C：自袁世凯入京之后,北伐秩序都已恢复,各部司员照常入署办事,商务照常贸易,每次入京车人数比出京多。北省一般舆论有不满意于袁者,甚盼康、梁内阁。

1911年12月13日　来自大清微博　　　　　　　　　　转发:11　评论:7

**罗瘿公 C**：@梁启超 C：此次议和,是经过英国商界的要求,英国领事从中调停停战,开议解决君主民主问题。有人说,英国一定会等到南京失陷以后,才出面调停,那么,北方必然容易作出让步,否则未必肯多让。

1911年12月13日　来自大清微博　　　　　　　　　　转发:4　评论:5

**罗瘿公 C**：@梁启超 C：汪精卫自共济会后,时来往京津之间,先由严修介绍见袁世凯。袁谓:"国民会议,我极赞成,惟我站之地位,不便主张民主,仍系主君主立宪,万一议决后,仍系君主多数,君当如何?"汪答:"决议后我必服从多数;惟以我观察时论之趋向,必系民主多数。如议决民主,公当如何?"袁谓:"既经决议,王室一面我不敢知,我个人必服从多数。"汪又到天津见唐绍仪,唐说此事是我发起,必以多数为服从。此次议会北中以唐为主体,南中以汪为重要枢纽,议决后战事当可望和平。

1911年12月13日　来自大清微博　　　　　　　　　　转发:3　评论:6

---

评论:

**鸭先知**：促成南北议和,汪精卫可谓居功至伟,这一笔是不容抹煞的。

2012年1月1日　来自时光隧道

**历史胖老师回复鸭先知**：重新出狱的汪精卫周旋于革命党和立宪派之间,真是左右逢源,就跟鸭先知似的,水陆两栖……

2012年1月1日　来自时光隧道

**鸭先知回复历史胖老师**：你们家的鸭子才是两栖动物!一个研究历史的人,不学点生物学就敢胡言乱语,真叫人绝望。

2012年1月1日　来自时光隧道

**历史胖老师回复鸭先知**：鸭子是什么动物并不重要,重要的是汪精卫的身份转变。汪精卫算是民国开国元勋之一,此后也一路春风得意,1924年,他还为孙中山代笔写了遗嘱,地位在国民党内如日中天,可惜终究敌不过陈其美的小弟蒋介石。

2012年1月1日　来自时光隧道

**鸭先知回复历史胖老师：** 你这狡猾的老头儿又转移话题……在我看来，汪精卫跟吕布有点像，都是帅哥，都有两把刷子，名声在外，可也都有性格缺陷，瞻前顾后，内心怯懦……

2012年1月1日　来自时光隧道

**历史胖老师回复鸭先知：** 高富帅，他俩三点占了两点，不错了。

2012年1月1日　来自时光隧道

**鸭先知回复历史胖老师：** 汪精卫高吗？他敢脱了鞋量身高吗？

2012年1月1日　来自时光隧道

**历史胖老师回复鸭先知：** ……

2012年1月1日　来自时光隧道

---

**罗瘿公 C：** **@梁启超 C：** 袁世凯当时未敢强迫摄政王退位，接收禁卫军后，才由唐绍仪代为计划，先将禁卫军炮队全数调援山西，再将药弹运送南伐军，京中所留禁卫军仅三四千人，无炮无弹，载洵、载涛都无能为，才决定请摄政王退位。马上又派冯国璋充军统，尽收满人兵权，而满人中最枭雄者为良弼，亦收为己用。于是满人之权，尽入己手，必无他虞。乃派大使赴汉口议和，无论解决如何，皆易办理，皆唐绍仪帷幄之功。冯国璋调到北京，系表明不与南军决战之意。南中有段祺瑞，是袁世凯最信赖的人，忠勇夙著，人言在冯国璋之上。

1911年12月13日　来自大清微博　　　　　　　　　　　转发：11　评论：9

评论：

**鸭先知：** 晚清看起来还算稳固的大厦在一夜之间崩塌，满清贵族退出政治舞台，除了革命党的步步紧逼，与袁世凯的暗中运作也不无关系。

2012年1月1日　来自时光隧道

**历史胖老师回复鸭先知：** 年轻而又武断的满清贵族们，太晚才想起袁世凯，结果等来的不是一缸水，反倒是一把干柴。袁世凯此时其实依然没有谋反之心，更谈不上称帝的打算，他只是想寻求一种安全感。

2012年1月1日　来自时光隧道

---

**罗瘿公 C：** **@梁启超 C：** 本军将领多是袁世凯的旧人，甚为固结，只知听袁号令，不知满洲，更不知革命，袁足以自固。袁言南军日言北伐，惜其不来，若其来，以南人脆弱之躯，当苦寒之地，稍有濡缓，必不能支，则和议更为易成。

1911年12月13日　来自大清微博　　　　　　　　　　　转发：32　评论：18

**庆亲王 V:** 所有在上海和在华南的外国人都赞成共和,委实令人痛心。
1911年12月14日　来自大清微博　　　　　　　　　　　　转发:2758　评论:1100

评论:
**鸭先知:** 慈禧太后在世时,庆亲王一度是满清贵族中地位最显赫者,当然,他也算是民国第一贪官。所有贪官说起这些冠冕堂皇的大道理时,总是显得痛心疾首,无比真诚。
2012年1月1日　来自时光隧道

**严复 C:** 乘"洞庭号"轮船离武汉,前往上海。
1911年12月14日　来自大清微博　　　　　　　　　　　　转发: 5　评论: 14

**伍廷芳 R:** @袁世凯 停战议和已经互允,彼此皆应确守信誓。刚刚得知,河南清军三路进攻,占据太和县,实属违法背约,乞即饬令确实停战,退回原驻地,以昭大信。
1911年12月14日　来自大清微博　　　　　　　　　　　　转发: 3　评论: 7

**张謇 C:** 剪掉辫子,寄给退翁,此亦一生之纪念日也。
1911年12月14日　来自大清微博　　　　　　　　　　　　转发: 18　评论: 5

评论:
**历史胖老师:** 唉,为了忘却的纪念。
2012年1月1日　来自时光隧道

**吴冠英C:** @梁启超 C:知先生仍有远游之志。先生忧国忧民之心,勃然不能自已,如此热诚,固使人不胜佩服。但先生此时出山,最易惹世人之误解,万不容不审慎。此前奉天之行,外间已纷传先生将教赵督借俄国军队来平定革命军,沪上及粤中各报攻击先生已数日。此时若再有被外人误会之事,使一般人视为众矢之的,群转锋以相向,则不但所谋事将一无所长,于国家亦无裨益,李陵所谓杀神无益,适足增羞,此时之举动,万不可不慎之又慎。
1911年12月14日　来自大清微博　　　　　　　　　　　　转发: 3　评论: 7

**吴冠英C:** @梁启超 C:窃谓此时欲望举事,万不可不先定名义,若无名义,必不能号召天下。但是附和民主共和的学说,与革命党雷同,只会被他们轻视。不然,则仍标榜君主立宪的学说吗? 一年以前,此说固有最强之理由,现在却难以成立。以前主张君主立宪,是为了避免杀人流血的惨剧,现在已杀人矣,已流血矣。将士之暴骨沙场者,不知其几千百,人民之失所流离者,不知其几千万,闻其原因何在,则皆由皇室无道所致耳。夫因一人一姓之无道,遂使举国涂炭,今仍欲倡议保全其皇位,其势实不顺。

1911年12月14日　来自大清微博　　　　　　　　　转发: 4　评论: 4

评论:

**名言帝:** 夫因一人一姓之无道,遂使举国涂炭,今仍欲倡议保全其皇位,其势实不顺。
——吴冠英

2012年1月1日　来自时光隧道

**吴冠英C:** **@梁启超 C:** 数月之后,如果新政府尚未成立,则全国糜烂,固渴需建设之人才。即使新政府成立,无论居政治之中心者是袁世凯还是黄兴,他们都是不学无术之辈,欲实施宪政,其缺点必次第暴露。且大乱之后,非用专制手段必不能整齐庶政,而现在人民慷慨赴死以事革命的原因,无非是寻求自由。如果新政府仍用专制手段,必大失人心。我觉得,数月之后,执政者必厚集天下之怨谤,而为众矢之的,上下冲突之事,或许仍会在那时发生。借舆论之势力,别树鲜明之旗帜,以号召一切,必有事半功倍者。那时才是先生出山的最佳时机。

1911年12月14日　来自大清微博　　　　　　　　　转发: 18　评论: 11

评论:

**鸭先知:** 吴冠英的判断倒真是极对,不过,身处乱世之间,这种坐山观虎斗的态度也着实毒辣。

2012年1月1日　来自时光隧道

**历史胖老师回复鸭先知:** 这也说明了摆在袁世凯和革命党面前的路将何其艰难。为了民主,必须先专制,已经没有人信奉这样的道理。

2012年1月1日　来自时光隧道

**鸭先知回复历史胖老师:** 梁启超出山还是不出山,内部的意见都不一致。有人担心危险,有人觉得百害而无一利,有人觉得不是最佳时机。但也有人觉得机不可失,失不再来。梁启超该如何选择?

2012年1月1日　来自时光隧道

**吴冠英C:** **@梁启超 C:** 默观目下中国之时势,窃意先生之出山,实非其时,若数月后乎,则时势逼人来,先生虽欲高卧,恐亦为舆论所不许矣。孟子曰: 人有不为也,而后可以有为。目前举动,愿先生慎之又慎也。

1911年12月14日　来自大清微博　　　　　　　　　　　　　转发：3　评论：5

评论：
**名言帝：** 人有不为也，而后可以有为。——孟子
2012年1月1日　来自时光隧道

**伍廷芳 R：** 袁世凯称：北方土匪蜂起，奸杀焚掠，民不聊生。这些匪徒大多冒充革命军，玷辱民军名誉。官军责在保民，理难坐视。且汉口附近之民军，于停战多日后攻击老关驻扎的官兵。该处与武昌近在咫尺，还如此违法背约，他处无须枚举。请各省都督查明详复，以免误会，各保名誉，使袁世凯没有借口。
1911年12月15日　来自大清微博　　　　　　　　　　　　　转发：23　评论：19

**今村长藏 R：@南狩：** 民国政府行将成立，尚望友邦国民推爱相助。
1911年12月15日　来自鸽Phone　　　　　　　　　　　　　转发：25　评论：18

**《海峡时报》：** 孙逸仙博士将组织政府攻击北京！绝无妥协可言！
1911年12月15日　来自代理服务器　　　　　　　　　　　　转发：13974　评论：8693

**我不是孙文 R：@邓泽如 R：** 迟迟未能回国，是因为要在欧洲破坏满清借外债，并为新政府谋求借入外债。此次直返上海，解释借洋债之有万利，而无一害。中国今日非五万万不能建设裕如。✉
1911年12月15日　来自鸽Phone　　　　　　　　　　　　　共有8条私信

评论：
**鸭先知：** 孙中山自己也借外债，开出的条件也不菲。不过后来，借外债倒也成了他攻击袁世凯的借口。历史这回事，如此而已。
2012年1月1日　来自时光隧道

**陈嘉庚：@我不是孙文 R：** 五万元如数汇寄，请查收。
1911年12月15日　来自代理服务器　　　　　　　　　　　　转发：0　评论：9

**罗瘿公 C：@梁启超 C：** 现当停战期间，京津一带，极为静谧，议和已移至上海。时论认为，实施君主立宪，大有希望，但梁燕孙说，不过有三成把握而已。
1911年12月15日　来自大清微博　　　　　　　　　　　　　转发：0　评论：5

**罗瘿公 C:** @梁启超 C：南中各省代表多系宪友会人，如浙省陈敬第来信，说大势已趋共和，主张君主立宪的话，开口就会被攻击，恐怕不能不并入共和，要解决民主问题，必举袁世凯为总统，杨度说，袁世凯仍可为拿破仑。

1911年12月15日　来自大清微博　　　　　　　　　　　　　转发：3　评论：6

---

评论：

**鸭先知：** 袁世凯到底是"中国的华盛顿"还是"中国的拿破仑"？华盛顿那一代美国建国者的公心，和拿破仑这样的乱世枭雄，怎可同日而语？

2012年1月1日　来自时光隧道

---

**罗瘿公 C:** @梁启超 C：有人认为，俄、日、德三国断不容中国实行民主，必出而干涉，以兵力压制革命党，此后隐忧方大，深望南中有深识之士，早为解决。

1911年12月15日　来自大清微博　　　　　　　　　　　　　转发：5　评论：11

---

**罗瘿公 C:** @梁启超 C：梁燕孙问，公言论机关，需要多少款项？我告诉他：非十万两不能开手，欲握言论之中坚，非绝大报不可。梁燕孙说：大众商量，亦以公为君主立宪主持最力之人，得公持于下，必可渐转舆论。其意似乎很想让袁世凯出资，组一机关报，此事当熟商之。

1911年12月15日　来自大清微博　　　　　　　　　　　　　转发：7　评论：4

---

**伍廷芳 R：** @今村长藏 R @程德全 R @陈其美 R：总统缓举，由大元帅代行亦可，只是应当加紧设立财政、军政等部，组织临时内阁。否则不成政府，不便与敌政府议和，外国亦恐不承认，大局攸关，务请速行。

1911年12月16日　来自大清微博　　　　　　　　　　　　　转发：11　评论：18

---

**伍廷芳 R：** @袁世凯：民军之起，在改政体，以救国民。苟不息争，决不嗜战，以后民军确行遵守。只是清军屡屡违约，蒙蔽钧听，妄以土匪污我名誉，群情颇愤。现时东南西北皆民军之迹，所至与土匪决不相混。土匪二字，清廷以诬我民军久矣。武昌起义，清谕即以土匪相斥。今尊电概称北方土匪，一如前此清谕指斥武昌义师之词，此民军所不肯受也。即如山西民军，尊处屡派员调和，此次袭攻娘子关，于停战期间而不停战，意若置诸土匪之列，其为诬罔，岂复待言？请确指何处系此项土匪，以便分别办理。

1911年12月17日　来自大清微博　　　　　　　　　　　　　转发：32　评论：7

---

评论：

**历史胖老师：** 伍廷芳曾说，弱国无外交，但可以有外交家。他曾通过外交手段签订了近代中国第一个平等条约《中墨通商条约》。他既熟谙西方的现代法律与外交政策,又懂得进退之道。此时,他与各方之间的斡旋,对袁世凯的不卑不亢,足以看出功力。
2012年1月1日　来自时光隧道

**伍廷芳 R: @赵凤昌 R:** 刚刚北方议和总代表唐绍仪来拜访,已约明日两点钟在小菜场议事厅开议。全权文凭,请在明日午前给我。黄兴的头衔,似可添设"代办大总统"的字样。
1911年12月17日　来自大清微博　　　　　　　　　　　　　转发:3　评论:5

**记者刘星楠:** 黄兴力辞大元帅之职,并推举李元洪大都督为大元帅。当经改举黎元洪为大元帅,黄兴为副元帅。议决:黎大元帅暂驻武昌,由副元帅代行大元帅职权,组织临时政府。
1911年12月17日　来自大清微博　　　　　　　　　　　　　转发:4　评论:7

评论:

**历史胖老师:** 革命党内部的矛盾,其实已经昭然若揭。这个由各种阶层、各派力量暂时结盟的群体,从来都无从消弭彼此间的裂痕,这种裂痕将持续并影响整个民国。
2012年1月1日　来自时光隧道

**严复 C:** 在上海英租界市政厅举行首次会议。十一个代表到会,其中只有两个重要人物——伍廷芳和唐绍仪。
1911年12月18日　来自大清微博　　　　　　　　　　　　　转发:0　评论:0

**伍廷芳 R: @陕西军政府 R:** 袁世凯派唐绍仪为总代表,来上海与民国军政府议和,我作为民国总代表与唐使交涉,今日提议,一面由唐使电袁内阁饬各军队,不得由河南及甘肃进攻陕西;一面由我电告贵都督,请饬军队于停战期内,不得进攻清军,违者均处以严惩。停战之期,自十二月九日早八时起,至十二月二十四日早八时止。

1911年12月18日　来自大清微博　　　　　　　　　　　　　转发:3　评论:6

**严复 C：**谒杨五先生 **@杨士琦**，言回京事。到开平局定船。
1911年12月19日　来自大清微博　　　　　　　　　　　　　　　　　转发：3　评论：7

---

评论：

**历史胖老师：**唉！负气出走的严复。眼看大势已去，再留无益。
2012年1月1日　来自时光隧道

**鸭先知：**突然觉得严复挺可爱的。
2012年1月1日　来自时光隧道

**星座八爷回复鸭先知：**如果你有一个小严这样的土象星座好朋友，恭喜你，你有一个很靠谱的朋友！但如果是出去玩，就不要带上他了，因为他的个性有点儿闷，开不起玩笑，只要他在，气氛很容易会不自觉地冷下来……不过，这样的人是个讲冷笑话的高手也说不定！
2012年1月1日　来自时光隧道

---

**蓝公武 C：　@梁启超 C：**袁世凯第一次借款不成，现又借款，在商议中，恐亦无效。奇窘万状，故和议内容，据人所述，不过借此延宕，若至万不得已时，则划分南北，挟隆裕、宣统而避居洛阳，以守北方。传说如是，虽未必可信，其能力之薄弱，于此可见一斑。✉
1911年12月19日　来自大清微博　　　　　　　　　　　　　　　　　　共有5条私信

**蓝公武 C：　@梁启超 C：**今日冯君来，微露袁世凯有仰助于二先生之意。冯君答以深信二先生有整理中国今日难局之力，以时机未熟，故尚未出山。推测其意，所以仰望二先生出山者，有二故：一欲借二先生以收罗人才，挽回舆论；一望二先生联络华侨，整理财政。只是袁世凯很担心康有为先生将来权在其上，因此还踌躇未决。✉
1911年12月19日　来自大清微博　　　　　　　　　　　　　　　　　　共有7条私信

**蓝公武 C：　@梁启超 C：**现在南北议和，万事谨慎，我们不想十分活动，只是每天侦探袁世凯的行动及政府情形与士夫心理，报告二先生，再定计划。✉
1911年12月19日　来自大清微博　　　　　　　　　　　　　　　　　　共有9条私信

**卜鲁斯：　@莫理循：**划时代的会议已经开始。唐绍仪已于星期天到达。伍廷芳接待唐绍仪甚为谦恭有礼，你当然知道，他们是老相识，但伍廷芳明显而策略地示意：第一号人物是他本人，而不是唐钦差。法磊斯对伍廷芳说："如果你愿意，唐绍仪十分乐意先拜会你，但在某种意义上说，他是这里的客人，因此也许你会愿意先去拜会他。"伍廷芳毫不犹豫地回答："唐绍仪是来此求和的"，接着又改口说，"是来与我们安排和平条件的，因此我想他应先来拜会"。这不过是一件不足挂齿的小事，但我认为相当准确地说明了立宪党人的思想状况。
1911年12月19日　来自代理服务器　　　　　　　　　　　　转发：88　评论：62

**郑孝胥 C：** 杨度刚到上海，就收到乱党的恐吓信，遂遁去。
1911年12月20日　来自大清微博　　　　　　　　　　　　转发：3　评论：4

**伍廷芳 R：** **@武昌军政府 R：** 今日午后三时与唐使开议。因停战期限将满，各事均未开议，且武昌原定停战规则，秦、晋另有专章。今则各省皆包括在内，故议定续停战规则之停战期限。期间两军于各省现在用兵地方一律停止进攻。再，廷芳今日提议谓，今日人心倾向共和，舍承认共和，别无议和之法。唐使谓，欲和平解决，非共和不可。但须电达袁内阁再行通知会议。
1911年12月20日　来自大清微博　　　　　　　　　　　　转发：4　评论：2

**唐绍仪：** 我同情共和党人。
1911年12月20日　来自大清微博　　　　　　　　　　　　转发：3851　评论：2462

**记者刘星楠：** 各省代表会议自南京致函黄兴，请"即速来宁，组织临时政府"。
1911年12月20日　来自大清微博　　　　　　　　　　　　转发：0　评论：0

**黎元洪：** 黄君克强宏才硕画，自足胜大元帅之任，乃谦让不居，屡推元洪承乏。元洪才识平庸，何敢当此重任？……姑顺代表诸公之请，承受大元帅名义，即委任副元帅执行大元帅一切任务。
1911年12月21日　来自大清微博　　　　　　　　　　　　转发：0　评论：0

评论：

**鹤顶红：** 黎元洪，你丫脸皮真厚！你就是个权力狂！伪君子！小偷！
1911年12月21日　来自大清微博

**戴草帽的蘑菇回复鹤顶红：** 你们革命党里不都是这样的人物吗？
1911年12月21日　来自大清微博

**鹤顶红回复戴草帽的蘑菇：** 我查到你的IP地址了，你给我等着！
1911年12月21日　来自大清微博

**袁世凯：** 你的突然行动让所有人都迷惑不解。

**@唐绍仪：** 我同情共和党人。
1911年12月20日　来自大清微博　　　　　　　　　　转发：3851　评论：2462
1911年12月21日　来自大清微博　　　　　　　　　　转发：526　评论：461

**郑孝胥 C：** 严右陵来，谈甚久。右陵不剪辫，以示不主共和之意。又曰："经此事变，士君子之真面目可以见矣。南方学者果不值一钱也。"　**@严复**
1911年12月21日　来自大清微博　　　　　　　　　　转发：3　评论：5

评论：

**星座八爷：** 越轨的事儿就别指望小严了。他天生道德感极强，再加上土星落在第一宫，又是金牛，生来严肃高贵，正直勤奋，绝对不会做任何越雷池半步的事。就算维新的想法再激烈，手段还是相对温和的。
2012年1月1日　来自时光隧道

**《申报》：** 是日，孙中山乘"地云夏"英邮船抵香港，九时船泊码头。
1911年12月21日　来自大清微博　　　　　　　　　　转发：2488　评论：957

**我不是孙文 R：** 以形势论，沪宁在前方，不以身当其冲，而退就粤中，以修战备，此为避难就易，四方同志正引领属望，至此其谓我何？我恃人心，敌恃兵力，既如所云，何故不善用所长，而用我所短？谓袁世凯不可信，诚然；但我因而利用之，使推翻二百六十余年贵族专制之满洲，则贤于用兵十万。纵其欲继满洲以为恶，而起基础已远不如，颠之自易。故今日可先成一圆满之段落。我若不至沪宁，则此一切对内对外大计主持，绝非他人所能任。
1911年12月21日　来自鸽Phone　　　　　　　　　　转发：287　评论：98

**张謇 C：** 雪。
1911年12月22日　来自大清微博　　　　　　　　　　转发：0　评论：0

**郑孝胥 C：** **@严复** 自言："或询其素主新学，何为居腐败政府之下而不去耶？答曰，尝读柳子厚《伊尹五就桀赞》，况今日政府未必如桀，革党未必如汤，吾何能遽去哉！"
1911年12月22日　来自大清微博　　　　　　　　　　转发：5　评论：7

**伍廷芳 R：** **@袁世凯：** 会议曾声明停战期间，两军均不得进攻，至于军事上之调遣，与进攻不同，未为违约。固镇临淮关皆在民国境内，今只调遣军队，未尝进攻，是民军并无违约之举动。民军初起，虽绝无抢掠扰害之事，但清廷往往加以抢掠扰害之名，以快其屠杀之念。此次停战期间,难保不又以此为借口。暴动二字,更无界说。但停战期间,如有借口暴动匪类等名目,侵犯民军及革命党人,即是破坏规约,殊于和议有碍。

1911年12月22日　来自大清微博　　　　　　　　　　　　　　转发：11　评论：7

**张謇 C：** @三井洋行：#保证书# 兹因黄君克强为中华民国组织临时政府之费用,向贵行借用上海通行银元三十万元。约定自交款日起一个月归还,并无抵押物。如还期不如约,惟保证人是问。除息率及汇水由黄君另订条件外,特具此书。　@黄兴

1911年12月22日　来自大清微博　　　　　　　　　　　　　　转发：3　评论：6

评论：

**戴草帽的蘑菇：** 张先生,为何您这样的人物,也开始和黄兴这种乱匪勾结在一起了?请您三思啊!

1911年12月22日　来自大清微博

**鹤顶红回复戴草帽的蘑菇：** 我们革命党深得人心,共和是大势所趋,你这种负隅顽抗的家伙,才真是死无葬身之地!

1911年12月22日　来自大清微博

**《民立报》：** 昨日,江浙联军代表李燮和等赴上海,欢迎黄兴到南京组织临时政府。答以因财政困难,人才缺乏,刻下正在此间筹划,一旦就绪,即行前往。

1911年12月23日　来自大清微博　　　　　　　　　　　　　　转发：8　评论：3

**袁世凯：** @梁启超 C：十余年来,执事含忠吐谟,奔走海外,抱爱国之伟想,具觉世之苦心,每读所著文字,未尝不拊掌神往也。世凯衰病侵寻,久已忘怀仕禄,今秋鄂变猝发,以身受先朝知遇之隆,不得不勉承恩命,督师汉上。寻奉中旨,督促入都,引荐英契,共挽危局。命下之日,中外欢迎。执事热心匡时,万流仰镜。

1911年12月23日　来自大清微博　　　　　　　　　　　　　　转发：1859　评论：226

评论：

**历史胖老师回复鸭先知：** 文字极美。看人家袁世凯是怎样奉承人的。学着点儿!

2012年1月1日　来自时光隧道

**鸭先知回复历史胖老师：** 老胖,抱爱国之伟想,具觉世之苦心,命下之日,中外欢迎。老胖热心匡时,万流仰镜。吐……

2012年1月1日　来自时光隧道

**李书城 R:** 黄兴先生本拟早日起程赴南京就职,并已商请张謇向上海日商三井洋行借款三十万元作到南京后军政费的开支。但在预定起程赴南京的前一天晚上,黄先生忽向我说,他明天不去南京了。我问何故不去。黄先生说:"顷接孙中山先生来电,他已起程回国,不久可到上海。孙先生是同盟会的总理,他未回国时我可代表同盟会;现在他已在回国途中,我若不等待他到沪,抢先一步到南京就职,将使他感到不快,并使党内同志发生猜疑。太平天国起初节节胜利,发展很快,但因几个领袖互争权力,终至失败。我们要引以为鉴戒。肯自我牺牲的人才能从事革命。革命同志最要紧的是团结一致,才有力量打击敌人。要团结一致,就必须不计较个人的权力,互相推让。"

1911年12月23日　来自鸽Phone　　　　　　　　　　　　　　转发:816　评论:139

评论:

**小甜甜:** 呜呜呜~太感动了!我都要哭了!好爱好爱黄大哥啊!革命党真好!黄大哥,我现在就来上海!你是风儿我是沙,缠缠绵绵到天涯。

1911年12月23日　来自大清微博　　　　　　　　　　　　　转发:0　评论:0

**严复 C:** 到仁记路开平公司问船。

1911年12月23日　来自大清微博　　　　　　　　　　　　　转发:0　评论:0

**伍廷芳 R:** @黎元洪 R: 唐绍仪因等袁内阁回电,至今未再会议。已逐日往催,务求早日能决。共和目的,我始终坚持,外人干涉,断无其事,但求我等确守文明办法,不至变生意外。

1911年12月24日　来自大清微博　　　　　　　　　　　　　转发:0　评论:5

**蓝公武 C:** @梁启超 C: 袁世凯的计划已着着进行,表面所筹得之款,虽近七百余万,大约可望之款,约有二千万左右,借款运动,暗中亦甚进行,唯无从探悉其秘耳。总之,北方足以支持三个月。✉

1911年12月24日　来自大清微博　　　　　　　　　　　　　共有7条私信

**蓝公武 C:** @梁启超 C: 南方友人屡有函来,均言秩序已乱,首领及军队互相冲突,盗贼蜂起,民心厌乱,如苏州省城热闹之处,白昼抢劫之事,已见不鲜。孙中山并未携得款来。南方财政窘迫异常,虽设有种种劝捐勒捐之法,均无效力,如苏省以收田赋招民反对,已成不得了之势,南方之败,可立而待。昨友人深夜来告,孙中山在南京被刺,受重伤,未知确否。总之此等事实,在意中早晚所必有。✉

1911年12月24日　来自大清微博　　　　　　　　　　　　　共有8条私信

评论：

**历史胖老师：** 传闻太多。孙中山遇刺？你们不能听着风就是雨啊！要有自己的判断！

2012年1月1日　来自时光隧道

**鸭先知回复历史胖老师：** ……

2012年1月1日　来自时光隧道

[蓝] **蓝公武 C：** @梁启超 C：北方表面上虽似退让到极点，有开国民会议公决之诏，实则皆袁世凯的计划，借以敷衍时日。✉

1911年12月24日　来自大清微博　　　　　　　　　　　　共有5条私信

[蓝] **蓝公武 C：** @梁启超 C：此时仅宜虚与联络，万不宜轻动，战端开后，南方锐气尽时，我辈方可大活动。南方之必败，识者早已料及。袁世凯兵力虽厚，但想平定十四省，则不仅势所不可，力所不能，且亦心所不敢。因此南方败后，袁世凯必仍以召开国民会议来收场，我辈活动当在此时。✉

1911年12月24日　来自大清微博　　　　　　　　　　　　共有11条私信

[公] **我不是孙文 R：** 我没有一文钱。带回来的只是革命的精神！革命之目的不达，无议和之可言也。

1911年12月25日　来自鸽Phone　　　　　　　　转发：9582　评论：3975

评论：

**流星雨：** 孙大炮，你这个骗子！

1911年12月25日　来自大清微博

**咕噜木：** 钱乃是身外之物，轻于鸿毛！革命精神重于泰山！

1911年12月25日　来自大清微博

**皇亲国戚联合会：** 想让您的事业飞黄腾达吗？想让您的仕途步步高升吗？没有关系怎么成？请关注皇亲国戚联合会。本会专门经营与各类名人合影业务！不管是皇上，摄政王，总统，总理，陆军部部长，保证让您合得满意，合得开心！

1911年12月25日　来自大清微博

**鹤顶红：** 等来等去，等回这么个结果！

1911年12月25日　来自大清微博

**戴草帽的蘑菇回复鹤顶红：** 哈哈！这就是你们的领袖！

1911年12月25日　来自大清微博

**芭拉：** 我可以骂人吗?
1911年12月25日　来自大清微博

**我不是孙文回复芭拉：** 不可以。
1911年12月25日　来自大清微博

**芭拉：** 那我没什么好说的。
1911年12月25日　来自大清微博

**我不是孙文 R：** @宋教仁 R：内阁制，是平时不让元首当政治之冲，决不是这个非常时代应当采用的制度。吾人不能对于唯一置信之任，而复设防制之法度。我亦不肯询诸人之意见，自居于神圣之赘疣，以误革命之大计。
1911年12月25日　来自鸽Phone　　　　　　　　　　　　转发：56　评论：27

评论：

**历史胖老师：** 宋教仁主张责任内阁制，他认为，总统制很可能导致国家过度依赖总统个人的才能与品德，而内阁制则有利于集思广益，并且，内阁总理出现可以更换，总统独揽大权的话则没这么容易。宋教仁敏锐地发现了中国的症结所在，未来国家政局的动荡也恰恰是沿着他的预言走下去的，然而，对于这个中肯的提议，他的同志们充耳不闻，屡次否决，甚至有人说，宋教仁坚持责任内阁制，是为了竞选总理，架空孙中山，获得权力。而致力于建立内阁制的宋教仁，也被人讽刺为"议会迷"。
2012年1月1日　来自时光隧道

**鸭先知回复历史胖老师：** 老胖说得对。宋教仁的一生，和时代格格不入。不管是他的同志还是他的敌人，都仇视甚至诋毁他。
2012年1月1日　来自时光隧道

**历史胖老师回复鸭先知：** 可笑的是，革命党对于选择总统制还是内阁制的态度，竟在短短数月之内就发生了颠覆性的变化。现在包括孙中山在内的革命党都主张总统制，可是，几个月后，当孙中山把临时大总统让给袁世凯时，临时参议院马上改编"临时约法"，限制总统的权力。他们不信任袁世凯，当然也情有可原，可这种不信任，做得未免太过粗暴直白。而归根到底，对于中国究竟应该采取怎样的制度，大多数人依然茫然无知，意气用事。
2012年1月1日　来自时光隧道

**张謇 C：** 辞去盐政总理的职务。
1911年12月26日　来自大清微博　　　　　　　　　　　　转发：0　评论：5

**伍廷芳 R：** **@黎元洪 R：** 前闻太原失守，即与唐绍仪交涉，要求三事：一为清兵退出太原驻地，二为处罚擅自行动之军队，三为赔偿损害。唐使已告诉袁内阁。刚才袁内阁回复说，并无其事，可派人会查，如有此事，当依所开三条办理。
1911年12月26日　来自大清微博　　　　　　　　　　　　转发：4　评论：7

**伍廷芳 R：** **@黎元洪 R：** 陕州赵统领说，自上月奉停战之谕，派红十字会员姚景铎持函通告民军首领，却被毁函惨杀。此事如果属实，诚为民军之污点。望即行查办。
1911年12月26日　来自大清微博　　　　　　　　　　　　转发：2　评论：5

**《民立报》：** 昨日，孙中山先生抵达上海。孙先生登岸，即由黄宗阳先生招待，至哈同花园午膳后，由伍外交总长邀至宅第互商要政。黄兴元帅、陈其美都督及胡汉民都督、汪精卫诸君同往。

1911年12月26日　来自大清微博　　　　　　　　　　　　转发：558　评论：120

**我不是孙文 R：** **@《民立报》：** 武昌举师以来，我就由美旅欧，奔走于外交、财政二事。今归海上，得睹国内近况，从前种种困难虽幸破除，而来日大难尤甚于昔。今日非我同人持一真精神，真力量，以与此困难战，则过去之辛劳将归于无效。
1911年12月26日　来自鸽Phone　　　　　　　　　　　　转发：8891　评论：3840

---

评论：

**今村长藏回复我不是孙文：** 闻驾抵沪，同志欢欣无极。兹特派 **@时功玫　@田桐雨** 前来接待，以表同人敬意。
1911年12月26日　来自鸽Phone

**湖南都督谭延闿：** 微博闻公到沪，巨跃三百，谨代表全湘百万生民欢迎。先生万岁！中华民国万岁！
1911年12月26日　来自大清微博

**安徽都督孙毓筠：** 听说您到上海，大局必可挽回，已派代表赴沪欢迎。
1911年12月26日　来自大清微博

134

**广西总督陆荣廷：** 先生勉念吾民，以共和提倡宇内，登高一呼，乾坤回转，凡属血气之伦，罔不饮和食德，海内同望，匪朝夕矣。

1911年12月26日　来自大清微博

**江浙联军总司令徐绍桢：** 东南略定，民国新成，我公艰难缔造，卅年如一日。黄帝降鉴，日月重光，公志大酬，民气复活，水源木本，全国镌恩。北房未灭，庶政无主，人自树兵，不谋统一。我公雄略盖世，为华盛顿替人。祖国明灯，非公莫属。当有善策，以靖横流。

1911年12月26日　来自大清微博

**浙江省议会：** 耶！

1911年12月26日　来自大清微博

**鹤顶红：** "真精神，真力量"！赞！

1911年12月26日　来自大清微博

**诺亚子：** 我严重怀疑孙文利用公款出游欧美！我会彻查此事！欢迎各位踊跃提供资金支持！

1911年12月26日　来自大清微博

**戴草帽的蘑菇回复鹤顶红：** 哪有什么精神？哪有什么力量？你们孙大炮除了会满嘴跑火车，还能做什么？革命以后怎么办？只有君主立宪才能救中国！

1911年12月26日　来自大清微博

**我不是孙文 R：** @《大陆报》：革命不在金钱，而全在热心。吾此次回国，未带金钱，所带者精神而已。革命之目的不达，无议和可言也！

1911年12月26日

**《大陆报》** @我不是孙文 R：你为何与日本走得如此近？

1911年12月26日　来自大清微博　　　　　　　　　转发：1105　评论：884

---

评论：

**孙中山回复《大陆报》：** 吾辈将与各国政府皆有关系。吾辈将建设新政府，岂不顾修好于各国政府？

1911年12月26日　来自鸽Phone

**戴草帽的蘑菇回复我不是孙文：** 别狡辩了！你这个卖国贼！

1911年12月26日　来自大清微博

**鹤顶红回复戴草帽的蘑菇：** 你这种满清奴才就是唯恐天下不乱！煽动民族情绪，你们就能渔翁得利吗？白日做梦！

1911年12月26日　来自大清微博

**《大陆报》 @我不是孙文 R：** 您是否将任大总统？
1911年12月26日　来自大清微博　　　　　　　　转发：762　评论：462

评论：
**我不是孙文回复《大陆报》：** 我觉得 @黎元洪 不错！
1911年12月26日　来自鸽Phone

**章太炎 R：** 逸仙返，自谓携兵舰四艘至，且挟多金。 @我不是孙文
1911年12月26日　来自大清微博　　　　　　　　转发：871　评论：495

**谭人凤 R：** 孙中山先生到沪，大开宴会，奢谈清廷借款已被破坏，民军方面如何可望列强投资。而代为吹拍者，又谓业带款项若干，且有国外兵船相助。
1911年12月26日　来自大清微博　　　　　　　　转发：115　评论：83

**我不是孙文 R： @《中法新汇报》：** 我个人赞同汲取美利坚合众国和法兰西共和国的各自长处，选择一种间于二者的共和体制。我们很想借鉴其他国家。
1911年12月26日　来自鸽Phone　　　　　　　　转发：3　评论：7

**居正 R：** 黄兴与宋教仁等专车赴宁，驻丁家花园。晚赴江苏咨议局各省代表会，提议三事：一、改用阳历；二、改为中华民国纪元；三、政府组织取总统制。经众讨论，一、二两事并为一案，全体赞成。总统制与内阁制，宋教仁仍主内阁制，经黄兴剀切说明提案理由后，多数赞成总统制，并决定临时政府组织大纲及隔日选举临时大总统。
1911年12月27日　来自大清微博　　　　　　　　转发：15　评论：8

**蓝公武 C： @康有为 C　@梁启超 C：** 今日往见李梦溪，他说：和议无成，行政经费至本月十六日已尽，借款目下难望，一亲贵嫉视袁世凯。他又说眼下已筹得款项，按兵不动，徐待南方内讧，然后攻其一二重要地方，乃再以和平方法解决时局为上策。
1911年12月27日　来自大清微博　　　　　　　　共有18条私信

**我是代表： @我不是孙文 R：** 在代表会所决议的临时政府组织大纲，本规定选举临时大总统，但 @袁世凯 的代表 @唐绍仪 到汉口试探议和时，曾表示如南方能举 @袁世凯 为大总统，则袁亦可赞成共和。因此代表会又决议此职暂时留以有待。
1911年12月27日　来自大清微博　　　　　　　　转发：1　评论：5

**我不是孙文回复我是代表：** 那不要紧，只要 **@袁世凯** 真能拥护共和，我就让给他。不过总统就是总统，临时字样，可以不要。

1911年12月27日　来自鸽Phone　　　　　　　　　　　　　　转发：886　评论：416

**我是代表：** @我不是孙文 R：这要发生修改组织大纲问题，俟回南京与代表会商量。

1911年12月27日　来自大清微博　　　　　　　　　　　　　　转发：1　评论：2

**我不是孙文回复我是代表：** 本月十三日为阳历一月一日，如诸君举我为大总统，我打算在那天就职，同时宣布中国改用阳历，是日为中华民国元旦，诸君以为如何？

1911年12月27日　来自鸽Phone　　　　　　　　　　　　　　转发：452　评论：164

**我是代表：** @我不是孙文 R：此问题关系重大，因中国用阴历，已有数千年的历史习惯，如毫无准备，骤然改用，必多窒碍，似宜慎重。

1911年12月27日　来自大清微博　　　　　　　　　　　　　　转发：3　评论：3

**我不是孙文回复我是代表：** 从前换朝代必易服色，现在推倒专制政体，改建共和，与从前换朝代不同，必须学习西洋，与世界各国从同，改用阳历一事，即为我们革命成功第一件最重大的改革，必须办到。

1911年12月27日　来自鸽Phone　　　　　　　　　　　　　　转发：358　评论：60

**我是代表：** @我不是孙文 R：此事重大，当将先生建议，报告代表团决定。

1911年12月27日　来自大清微博　　　　　　　　　　　　　　转发：6　评论：4

**我不是孙文回复我是代表：** 当然。

1911年12月27日　来自鸽Phone　　　　　　　　　　　　　　转发：0　评论：0

**美洲同盟会：** @《民立报》：孙中山先生才、德、望中外相符，请举为总统，内慰众望，外震强邻。 **@我不是孙文**

1911年12月27日　来自代理服务器　　　　　　　　　　　　　转发：168　评论：47

**伍廷芳R：** @黎元洪 R：此前会议，我提议共和，唐绍仪赞成。只是说需要得到袁内阁回电，才能决定。今日尚未得确实回电，续停战期即将截止，届时若再无切实答复，恐和议无效。请通告各军队，准备战事为要。

1911年12月28日　来自大清微博　　　　　　　　　　　　　　转发：6　评论：11

**伍廷芳 R: @黎元洪 R: 刚才**唐绍仪说，袁内阁电嘱开国民会议将共和问题付之多数取决，决定之后，两方均须依从，为此欲于今日会议此事。我认为，共和主义已为全国人心所趋向，原不必再开会议以观民情，但袁既欲免战事，且有服从民意之心，则此亦可为解决目前问题之一法。

1911年12月29日　来自大清微博　　　　　　　　　　　　　　　转发: 5　评论: 8

**伍廷芳 R:** 自十二月三十一日早八时起，所有山西、陕西、湖北、安徽、江苏等处之清兵，五日之内，一律退出原驻地方百里以外，只留巡警保护地方。民军亦不得进占，以免冲突，俟于五日内商妥退兵条款，按照所订条款办理，其山东、河南等处民军已经占领地方，清军不得来攻，民军亦不得进去他处。

1911年12月29日　来自大清微博　　　　　　　　　　　　　　　转发: 7　评论: 3

**莫理循:** 我毫不怀疑唐绍仪是在袁世凯的充分认可下才这样做的，但我没有证据。
　　**@唐绍仪:** 我同情共和党人。
　　　　1911年12月20日　来自大清微博　　　　　　　　　转发: 3851　评论: 2462
1911年12月29日　来自代理服务器　　　　　　　　　　　　　　转发: 142　评论: 88

**共和建设会:** 致十四省代表团，组织临时政府，请举孙中山先生为总统，以救国民。兆众以志，全体欢迎。

1911年12月29日　来自大清微博　　　　　　　　　　　　　　　转发: 152　评论: 75

**莫理循:** 我前天晚上回到北京，正赶上皇帝颁布谕旨，宣称统一召开国民大会以便决定中国未来的政府。我在上海见到不少共和派的首领，我向他们指出，任命像孙中山或黎元洪这样的领袖为民国总统，绝不能指望会得到列强的早日承认。孙中山对中国的情况一无所知，而黎元洪则在省外毫无地位。

1911年12月29日　来自代理服务器　　　　　　　　　　　　　　转发: 386　评论: 166

**莫理循:** 我对共和派的首领们说，只有袁世凯才能得到列强的信任，因为他已经显示出他的治理国家的才能比中国当代的任何政治家都高。革命领袖们对我说，他们肯定会任命袁世凯为中华民国首任总统，并且他们准备用书面形式写下这种谅解。现在的问题是：袁世凯会接受这一任命吗？他说，他和他的祖先忠实地为清廷服务，而他不愿将来被看做篡位的人。要是清廷本身要求任命他，又将如何呢？由袁世凯出任总统，则满洲人的利益比帝国的任何一个汉人当总统都更有保障。

1911年12月29日　来自代理服务器　　　　　　　　　　　　　　转发: 75　评论: 29

**今村长藏 R:** 在同盟会本部欢迎孙中山先生的大会上发表演讲:"今日尚非欢乐之时,他日民军占据黄龙,再当与诸君痛饮耳。"

1911年12月29日　　来自代理服务器　　　　　　　　　　　　转发: 56　评论: 14

**记者刘星楠:** 各省代表会议用无记名投票法选举临时大总统。由议长汤尔和主席。监选员刘之洁(是日监选员,原定程德全、徐绍桢二人,因风闻是日有人在会场投掷炸弹,故均于初九日逃避赴沪),监视先开推举票,揭示被推为临时大总统候选者三人如左: 孙文、黎元洪、黄兴。旋投票选举,每省一票,到会代表十七省,共计十七票。投票结果,孙中山以十六票当选为临时大总统。

1911年12月29日　　来自大清微博　　　　　　　　　　　　转发: 8848　评论: 1372

评论:

**鸭先知:** 孙中山只得了16票? 另一票投给黄兴了?

2012年1月1日　　来自时光隧道

**历史胖老师回复鸭先知:** 非也! 非也! ……哦……那个……其实你说得没错……另一票确实投给黄兴了……

2012年1月1日　　来自时光隧道

**鸭先知回复历史胖老师:** 我看你脑门是被门缝挤过了,整天就知道非也非也,你还非诚勿扰呢! 不过中山先生也不容易了,社会这么复杂,怎么可能有人全票当选?

2012年1月1日　　来自时光隧道

**历史胖老师回复鸭先知:** 非也! 非也! 没过几个月,还真是有个人全票当选了大总统。

2012年1月1日　　来自时光隧道

**鸭先知回复历史胖老师:** 你可别告诉我是袁世凯啊!

2012年1月1日　　来自时光隧道

**历史胖老师回复鸭先知:** 让您失望了,还真是袁世凯。南京临时参议院,袁世凯全票当选。

2012年1月1日　　来自时光隧道

**鸭先知回复历史胖老师:** 怎么可能? 他们不是和袁世凯势不两立吗?

2012年1月1日　　来自时光隧道

**历史胖老师回复鸭先知:** 非也! 非也! 他们别无选择,而且,其实他们也或多或少地相信袁世凯,认定他是中国的华盛顿。在给袁世凯的电文里,他们就毫不讳言,并说,历史上只有华盛顿获得过全票选举,袁世凯是华盛顿第二。问题是,但凡一次选举获得全票通过,十之八九可能存在问题,往往是各方力量相互妥协的产物,不是因为武力威胁、贿赂选举,就是来自美好想象,这样的选举也就难以持久。谁能负荷得起这么沉重的"全票通过"?

2012年1月1日　来自时光隧道

**鸭先知回复历史胖老师：**不管怎么说，黎元洪被排斥在权力结构之外了！总算让老子出了一口恶气。

2012年1月1日　来自时光隧道

**历史胖老师回复鸭先知：**非也！非也！别看黎元洪没当选总统，他可是一个香饽饽。不管是革命党还是袁世凯，都得想办法拉拢他，他在湖北，天高皇帝远的，可是中坚力量，有点像三国时的东吴，他的态度很可能影响整体局势。

2012年1月1日　来自时光隧道

**《申报》：**孙中山抵沪后，中外人士皆以望见颜色为快，投刺相访者络绎不绝。孙原定晤客时间自下午二时至五时止，盖不敢以无谓之应酬，致误办事之时刻也。唯来访者众，不能不一一接洽，故常自晨至暮无休息云。

1911年12月29日　来自大清微博　　　　　　　　　　　转发：879　评论：451

**美国在华官员河马李：** @《大陆报》：严正声明！我来中国参加中国革命是我个人的行动，与中国政府毫无关系！

1911年12月29日　来自鸽Phone　　　　　　　　　　　转发：1869　评论：682

评论：

**鸭先知：**严正声明！Christian Bale来中国完全是个人的行动，和张艺谋毫无关系！

2012年1月1日　来自时光隧道

**《民立报》：**今日十七省代表在南京举行选举临时大总统仪式，先生当选，乞即日移驾来宁，组织临时政府。各省代表会叩孙中山先生。

1911年12月29日　来自大清微博　　　　　　　　　　　转发：417　评论：82

评论：

**我不是孙文回复《民立报》：**光复中华，皆我军之力，文毫发无功。竟承选举，何以克当？唯念北方未靖，民国初基，宏济艰难，凡我国民皆具有责任。诸公不计功能，加文重大之服务，文不敢不勉从国民之后。当刻日赴宁就职。先此敬复。

1911年12月29日　来自鸽Phone

**我不是孙文 R：** @黎元洪 R：武昌举义，四海云从，列国舆论歌颂民军无微不至，尤其钦佩您之艰苦卓绝。文于中国革命虽奔走有年,而此次实行并无寸力,谬蒙各省代表举为总统,且感且愧!唯有勉为其难,以副公之盛意。武汉为全国之枢纽,公之责任艰难,伏惟珍重。

1911年12月29日　来自鸽Phone　　　　　　　　　　　　　　　转发:738　评论:417

**我不是孙文 R**　**@邓泽如 R**:现为组织中央政府,需款甚巨,委任阁下等向南洋侨商征集大款,国债票日间附上。

1911年12月29日　来自鸽Phone　　　　　　　　　　　　　　　转发:24　评论:11

**《大陆报》**　**@我不是孙文 R**:中国尚须几时能恢复旧观?

1911年12月29日　来自大清微博　　　　　　　　　　　　　　　转发:0　评论:4

评论:

**我不是孙文回复《大陆报》**:只需数月而已。国会将必赞成民主,固不容疑。现在 **@伍廷芳**　**@唐绍仪** 两君之会议,已非议和,盖满廷必须完全服从民军也。全国商务即日可望恢复,尤以外国商务较为神速。

1911年12月29日　来自鸽Phone

**《大陆报》**　**@我不是孙文 R**:新政府将拟何种新政?

1911年12月29日　来自大清微博　　　　　　　　　　　　　　　转发:0　评论:3

评论:

**我不是孙文回复《大陆报》**:新内阁成立后,自有明文。南京新政府毋庸建设华丽宫殿,昔日有在旷野树下组织新政府者。今吾中华民国如无合宜房宇组织新政府,则盖设棚厂以代之,亦无不可。

1911年12月29日　来自鸽Phone

**我不是孙文 R**:　**@江亢虎**:余对社会主义必竭力赞成之。此主义向无系统的学说,近三五年来研究日精,进步极速,所惜吾国人知其名者已渺,解其意者尤稀。贵党提倡良可佩慰,余意必广为鼓吹,使其理论普及全国人心目中。至于方法,原非一成不变者,因时制宜可耳。

1911年12月29日　来自鸽Phone　　　　　　　　　　　　　　　转发:67　评论:13

## 【微访谈】
### 孙中山赴南京就职前微访谈

**卸磨杀驴**:　**@我不是孙文 R**:列强对中国革命之态度如何?

1911年12月29日　来自大清微博　　　　　　　　　　　　　转发：0　评论：4

**我不是孙文回复卸磨杀驴**：余深望全球各国予中国革命以同情。
1911年12月29日　来自鸽Phone　　　　　　　　　　　　　转发：42　评论：17

**10086**：@我不是孙文 R：对于满清政府之官员，将来如何处置？
1911年12月29日　来自大清微博　　　　　　　　　　　　　转发：9　评论：12

**我不是孙文回复10086**：满政府属下之官员，除实在不堪录用之外，其余均酌予保留。
1911年12月29日　来自鸽Phone　　　　　　　　　　　　　转发：185　评论：54

**大飞**：@我不是孙文 R：税制改革打算如何进展？
1911年12月29日　来自代理服务器　　　　　　　　　　　　转发：1　评论：3

**我不是孙文回复大飞**：币值之改革当于最短期内实行。
1911年12月29日　来自鸽Phone　　　　　　　　　　　　　转发：4　评论：2

**肚丝**：@我不是孙文 R：关于治外法权如何？
1911年12月29日　来自大清微博　　　　　　　　　　　　　转发：3　评论：2

**我不是孙文回复肚丝**：各种改革完全时，政府当立即取消领事裁判权。
1911年12月29日　来自鸽Phone　　　　　　　　　　　　　转发：15　评论：8

**狂战士**：@我不是孙文 R：现今政府训练一共和军队，但所募之兵俱属上海下流人物，纯系生科，果能有战斗力否？
1911年12月29日　来自鸽Phone　　　　　　　　　　　　　转发：15　评论：28

**我不是孙文回复狂战士**：广州现有军队十万人，虽未久经训练，然均若殖居南非洲婆尔人之善战。
1911年12月29日　来自鸽Phone　　　　　　　　　　　　　转发：19　评论：4

**贾宝玉**：@我不是孙文 R：日本之态度如何？
1911年12月29日　来自大清微博　　　　　　　　　　　　　转发：44　评论：16

**我不是孙文回复贾宝玉：** 英国或不致追随日本之后。我深信日本不久反将追随英国，对于中华共和政体表示友谊。

1911年12月29日　来自鸽Phone　　　　　　　　　　　　　转发：146　评论：85

————————————————本次微访谈结束————————————————

**《民立报》：** 孙中山先生为我报中，英文题词"协心同力"及 Unity is our watch word.

1911年12月29日　来自大清微博　　　　　　　　　　　　转发：19　评论：7

**伍廷芳 R：@黎元洪 R：** 袁世凯说：汉阳清军辎重太多，今虽发退兵命令，唯恐五日内不能尽行退出百里以外，至何日始能退尽，如日再行电复。希为查照。

1911年12月30日　来自大清微博　　　　　　　　　　　　转发：4　评论：2

**巴克斯：@莫理循：** 今天的《国风报》指名道姓地提到你，而你可能尚未见到。文章一开始就含沙射影地提到你和袁世凯的亲密友谊，并提到袁派专车送你去汉口。文章说你强烈反对中国实行共和制，其理由是，如果清朝帝制被推翻，就会阻碍你的国家顺利推行侵略政策。"我们感到可耻！"愤怒的作者简单地用这样的话结束了他的文章。

1911年12月31日　来自代理服务器　　　　　　　　　　　转发：14　评论：22

**今村长藏 R：** 赴南京，向各省代表会议提议："改用阳历，以中华民国纪元"，全体赞成。

1911年12月31日　来自鸽Phone　　　　　　　　　　　　　转发：156　评论：32

**今村长藏 R：@于右任 R：** 今日由参议会决议，以明日为中华民国元年正月一日，孙大总统来南京，组建临时政府。

1911年12月31日　来自鸽Phone　　　　　　　　　　　　　转发：371　评论：56

## 1912 / 1

民国元年　　　农历壬子年

**忌**：失眠·封侯·锯腿·扔炸弹

**宜**：用iMG·做代言·印钞票·爱国货

### 民国开元
民国开元，改国号为中华民国，定1912年为民国元年。

### 孙中山就任临时大总统
孙中山在南京宣誓就职临时大总统，黎元洪当选副总统，成立中华民国临时政府。

### 同盟会刺杀袁世凯
京津同盟会成员谋划炸死袁世凯，未遂。

### 宗社党领袖良弼遇刺
满清贵族组成的宗社党，威胁到袁世凯及南北和谈。最终良弼遇刺身亡。

### 商谈皇帝逊位条件
清廷最后挣扎，无济于事。在袁世凯的主导下，以优厚条件协商皇帝退位。

**张謇 C：** 南京临时政府成立。是日改用阳历，适元年正月一日。
1912年1月1日　来自大清微博　　　　　　　　　　　　转发：3　评论：5

**我不是孙文 R：** @陈其美 R：我辈革命党，不需要那么多繁文缛节的就职仪式，只一车足矣。
1912年1月1日　来自iMG　　　　　　　　　　　　转发：862　评论：421

**公民代表景耀月：** @我不是孙文 R：今日之举，为五千年历史所未有，我国民所希望者，在共和政府之成立及推倒满洲专制政府，使人人得享幸福自由。孙先生为近代革命创始者，富有政治学识，各省公民选定后，今日任职，愿孙先生始终爱护国民自由，勿负国民期望。
1912年1月1日　来自iMG　　　　　　　　　　　　转发：88　评论：24

评论：

**我不是孙文回复公民代表景耀月：** 颠覆满洲专制政府，巩固中华民国，图谋民生幸福，此国民之公意，文实遵之，以忠于国，为众服务。至专制政府既倒，国内无变乱，民国卓立于世界，为列邦公认，斯时文当解临时大总统之职，谨以此誓于国民。
1912年1月1日　来自iMG

**我不是孙文 R：** @袁世凯：公方以旋转乾坤自任，即知亿兆属望，而目前之地位尚不能不引嫌自避。所以，我虽暂时承之，而虚位以待之心，终可大白于将来。望早定大计，以慰万万人之心。
1912年1月1日　来自iMG　　　　　　　　　　　　转发：46　评论：18

**佐原笃介：** 袁世凯处境十分困难，而他马上能做的具体事情，就是下野并离开中国前往欧洲，并且他一旦看到合适的时机就该早日这样做。无论如何，我对共和制的中国没有信心，因为中国人不论地位高低，就其禀性和气质来说，个个都是小暴君。可是在目前，中国人几乎满脑袋都是可以从共和制得到赐福的想法，而不知道共和制为何物，而且他们盲目行事，和他们争论也无用。我的看法是，对中国人撒手不管，让他们尝到苦痛，而后会有一个政党出来挽救时局，唤醒并且拯救民众。如果没有这种人物出现，中国将陷入混乱并且永远毁灭。

1912年1月1日　来自代理服务器　　　　　　　　　　　转发：58　评论：11

---

评论：

**鸭先知：** 中国人个个都是小暴君。哈哈。

2012年1月1日　来自时光隧道

**历史胖老师回复鸭先知：** 还有这一句"中国人几乎满脑袋都是可以从共和制得到赐福的想法，而不知道共和制为何物"，真是一针见血。

2012年1月1日　来自时光隧道

---

**iMG官网：** iMG全体同仁恭祝中华民国万岁！用iMG，爱民国！让大清微博见鬼去吧！iMG微博浏览器系统最新劲爆上线！免费下载，免费安装，免费使用！带给您全新的民国体验，不一样的民国生活！

1912年1月1日　来自iMG　　　　　　　　　　　　　转发：9962　评论：3461

**我不是孙文 R：** 用iMG，爱民国。　　@iMG官网

1912年1月1日　来自iMG　　　　　　　　　　　　　转发：16882　评论：11980

**今村长藏 R：** iMG，我看行。　　@iMG官网

1912年1月1日　来自iMG　　　　　　　　　　　　　转发：8517　评论：6368

**汪精卫 R：** 用iMG，她好我也好！　　@iMG官网

1912年1月1日　来自iMG　　　　　　　　　　　　　转发：28576　评论：22963

**魏易：** @莫理循　帝国的银行现在完全崩溃了。前行长叶先生现在上海，并且十分可能在为新政府效劳。他突然辞职引起许多猜疑。一些希望他倒霉的人竟然说他从银行金库携带四十万两银子潜逃。但这纯属诬蔑。他是一个革命党人，如此而已。

1912年1月1日　来自大清微博　　　　　　　　　　　转发：3　评论：5

**魏易：** @莫理循：目前的革命当然对中国很有好处，但同时又是晴天霹雳，破坏了许多人的经济生活。我像其他许多人一样，在全国性的旋风稍稍平息时，一切必须重新开始。
1912年1月1日　来自大清微博　　　　　　　　　　　　　　转发：6　评论：11

**蔡锷 C：** 滇反正后，内部谧安，即派一师团援蜀，拟蜀定后赴鄂会师。
1912年1月1日　来自鸽Phone　　　　　　　　　　　　　　转发：4　评论：2

**我爱北京紫禁城：** 来看看孙中山的真面目！这个狗贼，和洪门的强盗沆瀣一气！
　　**@我不是孙文：** 洪门团体以反清复汉为宗旨，现时清祚已衰，内忧外患，政权摇摇欲坠，正是洪人闻鸡起舞，奋力报国之时。内地革命队伍已备，所欠缺者钱财耳。若吾人在海外筹得三十万元，以供给国内枪械之需，便可推翻清朝专制皇朝。
　　1911年2月21日　来自鸽Phone　　　　　　　　　　　　转发：46　评论：18
1912年1月1日　来自大清微博　　　　　　　　　　　　　　转发：31　评论：29

**我爱北京紫禁城：** 我愿意私人捐出一万元，求购孙中山的首级！
　　**@我不是孙文：** 吴仕送我回旅馆。入房后，吴以手电筒遍照各处及床下，我问何故？吴回答说：为慎重保护也。听了这话，我不禁感慨："清政府悬赏二十万元购吾首级，今在海外旅游，幸赖洪门手足护卫，乃可化险为夷。"
　　1911年2月21日　来自鸽Phone　　　　　　　　　　　　转发：375　评论：241
1912年1月1日　来自大清微博　　　　　　　　　　　　　　转发：22　评论：15

**鸽Phone即时快讯 R：** 各位！我发现，在美国，有个中国预言家！
　　**@胡适：** 作书致仲诚，君武，颇多感喟之言，实以国亡在旦夕，不自觉其言之哀也。
　　1911年3月24日　来自代理服务器　　　　　　　　　　　转发：385　评论：67
1912年1月1日　来自iMG　　　　　　　　　　　　　　　　转发：384　评论：196

评论：
**历史胖老师：** 一年前，远在美国留学的胡适就说，"国亡在旦夕"，何出此语？
2012年1月1日　来自时光隧道

**鸽Phone即时快讯：** 周公预言，民国必胜！耶！
　　**@胡适：** 连日日所思维，夜所梦呓，无非亡国惨状，夜中时失眠，知"嫠不恤其纬，而忧宗周之陨"，是人情天理中事也。
　　1911年3月24日　来自代理服务器　　　　　　　　　　　转发：891　评论：654

1912年1月1日　来自iMG　　　　　　　　　　　　　　　转发：890　评论：1950

**蜗族：** 昨天还用"大清微博"，今天就得改用"iMG"了。大清还是民国，与我们这些平头百姓又有什么相干？日子不还是一天一天地过？
1912年1月1日　来自iMG　　　　　　　　　　　　　　　转发：890　评论：1950

**伍廷芳 R：** @黎元洪 R：现在议和进行大有解决之望，战事决不宜轻启，已与唐绍仪订定：一面由唐绍仪告袁内阁停战，一面由我请诸公速申停战命令。惟两方同时发电，到有迟速，恐有参差，故复嘱上海英总领代发无线电报至汉口英总领，请其速向两方代传停战，以期息战事而续和议。
1912年1月1日　来自iMG　　　　　　　　　　　　　　　转发：4　评论：3

**伍廷芳 R：** @黎元洪 R：正拟与唐绍仪磋商，忽得武汉开战之耗。据唐绍仪言，得袁内阁电云，我军先开战，是否属实，乞速明复。
1912年1月1日　来自iMG　　　　　　　　　　　　　　　转发：0　评论：6

**伍廷芳 R：** 中华民国外交总长以租界行政、警察等权此时未经收回，特先妥拟《中华民国对于租界应守之规则》，一律遵守，免生枝节，俟大局底定，再行改定办法。
1912年1月1日　来自iMG　　　　　　　　　　　　　　　转发：0　评论：3

**宋教仁 R：** 法制院直隶于临时大总统，其职务如下：一、草订法律命令案；二、对于法律命令有应修改及增订者，得具案呈报大总统；三、考核各部草订之法律命令案。
1912年1月1日　来自iMG　　　　　　　　　　　　　　　转发：3　评论：5

---

评论：

**鸭先知：** 让宋教仁仅仅负责一个法制院，这个任命太莫名其妙了。
2012年1月1日　来自时光隧道

**历史胖老师回复鸭先知：** 孙中山提名国务员名单，八个总长都得到多数票通过，只有宣布到任命宋教仁为内务总长时，现场突然大乱。有人跳上桌子，有人拔枪，有人骂宋教仁是"专制家"，有人信誓旦旦地说看到满族人在他家中住过，以此证明他是革命的"叛徒"。对宋教仁的任命始终未能通过，拖延了十几天，他才被任命为总统府下属的法制院总裁。
2012年1月1日　来自时光隧道

**鸭先知回复历史胖老师：** 至于吗？相互之间还以同志自居呢！

**历史胖老师回复鸭先知：** 也有不少朋友为宋教仁鸣不平，认为这个任命明显是大材小用，于右任也说："先生当此时代，虽有精锐的眼光，而不能运其敏活的手段，尽因为此也。"宋教仁却不以为然，"总长不总长，无关宏旨，我素主张内阁制，且主张政党内阁，如今七拼八凑，一个总长不做也罢。共和肇造，非我党负起责任，大刀阔斧，鼎故革新，不足以言政治。旧官僚模棱两可，畏首畏尾，哪里可与言革命、讲共和？"正像他批判的一样，"七拼八凑"，一直是民国初年的现实。并且，人们总是试图与敌人达成暂时的和解，却无意对同志进行宽容与理解。这就是政治。

2012年1月1日　来自时光隧道

**伍廷芳 R：** 我与唐绍仪提请国民会议时，曾力言今各省代表团即是国民会议，毋庸再为赘举。唐绍仪坚称：直隶、山西、河南、奉天虽派代表，只有发言之权而无决断实行之权，且蒙、回、藏尚未有人来，不可使疑为见弃。我的意思是，国民大多数趋向共和已成显著之事实，而唐绍仪犹以国民会议为言者，不过欲清帝服从多数之民意，以为名誉之退位而已。且传之万国，知民国政府以国民多数之意见使清帝服从，不徒用兵力，犹为文明待遇，实历史上光荣之事。若议决共和彼不肯从，则是失信于天下，不止为全国人民所共弃，且将为万国所共弃。故我也以为可行。

1912年1月2日　来自iMG　　　　　　　　　　　　　　　转发：389　评论：251

**伍廷芳 R：** 国民会议议决之地方，唐绍仪言：袁意在北京，我则主张南京。唐使历以青岛、威海卫为言，我皆拒绝。后以不愿因争议之故，耽延时日，改为在上海开会，唐使允电告袁内阁，尚未回电。

1912年1月2日　来自iMG　　　　　　　　　　　　　　　转发：4　评论：7

评论：

**皇亲国戚联合会：** 想让您的实业飞黄腾达吗？想让您的仕途步步高升吗？本会最新推出的经典业务！与中华民国大总统孙中山合影，每人只需缴纳十万会费，注册高级会员，就保证您梦想成真！

1912年1月2日　来自大清微博

**伍廷芳 R：** @我不是孙文 R　@黎元洪 R：武汉两军因彼此误会而致开战端，几令和局决裂。现与唐绍仪代表议定，由两方面同时通告各军队，以后需要从我这里来电述和议决裂、战事重开，才可发令开战，否则，纵使一方先开战端，此方只宜一面抵御，一面向我致电以便交涉，和局幸甚。

1912年1月2日　来自iMG　　　　　　　　　　　　　　　转发：8　评论：15

**徐佛苏 C：** **@梁启超 C：** 今既合矣，则联建党基以北方为较要，因为南方汲汲组织临时政府，以统一目前，而善后事宜端绪千万，不暇与吾辈议党。若北方则秩序渐复，舆情之极依仗袁世凯，将来之大党必以他为中枢，吾辈亦不能不挟引此公以弥补各种危机。若最近时间，袁世凯能立党，则国势可以转危，而后来贤浩乃有恢恢厝布之余地也。故弟在沪无甚活动，虽曾多见党中要人，皆未暇多言建党。

1912年1月2日　来自大清微博　　　　　　　　转发：0　评论：4

**我不是孙文 R：** 中华民国改用阳历，以黄帝纪元四千六百零九年十一月十三日为中华民国元年元旦。

1912年1月2日　来自iMG　　　　　　　　转发：1863　评论：1457

评论：

**草民：** 你是大总统？你要真是大总统你怎么不加V？

1912年1月2日　来自大清微博

**我不是孙文回复草民：** 要求平等自由！拒绝实名认证！坚决不加V！

1912年1月2日　来自iMG

**草民回复我不是孙文：** 吹吧！接着吹！你要是大总统孙文，那我还是孙悟空呢！

1912年1月2日　来自大清微博

**我真是孙文 R：** 从今天起，改名——我真是孙文。

1912年1月2日　来自iMG　　　　　　　　转发：958　评论：442

**我真是孙文 R：** 吾人正当破除所谓官僚资格，外交问题，吾自决之，勿怯也。

1912年1月2日　来自iMG　　　　　　　　转发：869　评论：146

**我真是孙文 R：** **@黎元洪 R：** 临时参议院已选举您为副总统。

1912年1月2日　来自iMG　　　　　　　　转发：173　评论：46

**袁世凯：** **@伍廷芳 R：** 此次变乱，各省扰攘，本政府不忍生灵涂炭，特备文委托唐绍仪代表赴沪作为总理大臣全权代表，专为讨论大局之利害，其权限所生，只以切实讨论为范围。乃迭接唐代表电文，与贵代表会议各条约，未先与本大臣商明，逐行鉴定，本大臣以其中必有必须声明及碍难实行各节，电请唐代表转致，嗣据唐代表一再来电请辞代表之任，未可强留。现经请旨准其辞任。至另委代表接议，一时尚难其人，且南行需时，嗣后应商事件，先由本大臣与贵代表直接往返电商，以期简捷，冀可早日和平解决。

1912年1月2日　来自大清微博　　　　　　　　　　　　转发: 66　评论: 38

评论:

**伍廷芳回复袁世凯:** 您的电报让我深为诧异,此次唐使来沪,携有总理大臣全权代表文凭,开议之始,互验文凭,本代表即认唐使有全权会议。五次所订各约,一经签字即生遵守之效力。来电所称唐使电开会议各条,均未先与商明遽行鉴定,本代表实不能承认此言。但知这一经唐使签字之后,贵政府即当遵行。今唐使虽辞职,而未辞职以前所签字之约,不因此而失其效力。贵大臣深明交涉,谅必能守此公例。至于所称应商事件,必须面商。通函尚不能尽,何况电报。本代表此次与唐使会订与唐使会订国民会议办法,已将就绪,只余会议地方及日期,已由唐使电达中外,指望以和平解决,指日可俟。今提忽有此意外,和局难保不因此动摇。贵大臣如果有希望平和之决心,应先示人以信,宜迅照初十日所订定退兵办法,饬各军队于五日之内,退出原驻地方百里以外,以昭大信,是所切祷。

1912年1月3日　来自iMG

**伍廷芳回复袁世凯:** 您提议停战期限展长十五天,本代表前与唐使会订国民会议办法,已将就绪。只余会议地点及日期,已由唐使电达,请贵大臣先将此两条迅为电复。如以本代表办法为然,则国民会议指日可开,大局早定,人心早安,诸事皆易商量。如不以此办法为然,则彼此磋商必非电报所能尽悉。请贵大臣亲来上海一行,以便彼此直接妥商,早日解决,实为至便。

1912年1月3日　来自iMG

**伍廷芳回复袁世凯:** 昨与唐使签字定约,嗣后两军须得全权代表电报述和议决裂、战事重开,始可发令开仗。应再为声明,以免歧异。

1912年1月3日　来自iMG

**历史胖老师:** 反驳得有礼有节,不愧为"弱国无外交,但可以有外交家。"

2012年1月1日　来自时光隧道

**蔡锷 C:@成都军政府:** 武昌倡议,各省景从;独赵尔丰盘踞成都,仇视军民,参加屠戮。滇蜀谊切唇齿,诚不忍秦越相视,爰简旅劲,星夜赴援,不独以酬川省协济之恩,亦以伸天下同仇之义。现蜀告独立,滇军本可长驱武汉,直捣黄龙,闻蜀中匪徒趁虚切发,四处劫掠,扰害商民。蜀苦苛法久矣,岂堪重罹涂炭,故电商援军与蜀军联络,荡平匪乱,恢复治安。经营善后,整理内政,皆蜀大夫之责,非滇军所敢与闻。

1912年1月3日　来自iMG　　　　　　　　　　　　　　　转发: 12　评论: 7

**张謇 C:** 与孙中山谈政策,未知涯畔。

1912年1月3日　来自大清微博　　　　　　　　　　　转发：86　评论：155

评论：

**历史胖老师**：张謇看到的正是孙中山最大的弱点。立宪派往往认为孙中山过于理想主义，流于空谈，相比而言，袁世凯至少有手段，有成果。而此时的中国百废待兴，显然更需要后者，这是他们拥护袁世凯而不看好孙中山的原因。

2012年1月1日　来自时光隧道

**我真是孙文 R：**如清帝实行退位，宣布共和，则临时政府决不食言。文即可正式宣布解职，以功以能，首推袁氏。　@袁世凯

1912年1月3日　来自iMG　　　　　　　　　　　转发：681　评论：294

**袁世凯：**@我真是孙文 R：君主、共和问题现方付之国民公决，所决如何，无从预揣，临时政府中之说，未敢与闻。

1912年1月4日　来自iMG　　　　　　　　　　　转发：4　评论：12

评论：

**我真是孙文回复袁世凯：**文不忍南北战争，生灵涂炭，故于议和之举，并不反复。虽民主、君主不待再计，而君之苦心，自有人谅之。倘由君之力，不劳战争，达国民之志愿，保民族之调和，清室亦得安乐，一举数善，推工让能，自是公论。文承各省推举，誓词具在，区区之心，天日鉴之。若以文为有诱致之意，则误会矣。

1912年1月4日　来自iMG

**袁世凯：**@伍廷芳 R：只令一面退扎，而民军仍旧，殊不公平。

1912年1月4日　来自大清微博　　　　　　　　　　　转发：3　评论：11

评论：

**伍廷芳回复袁世凯：**前与唐使讨论退兵办法时，以各处民军皆系就地起事，只有停止进取，无所谓退。惟清军队，皆自北方调来，志在攻取，故商量罢兵，宜调回清军方足表和平之诚意。是以彼此订约，只言清军退回，系就实际情形著想，非办法有畸轻畸重也。今称只令一面退扎，而民军仍旧，殊不公平。实因未知当日会议实情，故有此语。

1912年1月4日　来自iMG

**伍廷芳回复袁世凯：**唐使所签之约，与贵大臣自行签约无异。今唐使所签之约，贵大臣如可任意更改，是即将来贵大臣所签之约，亦可任意更改。如是和议，何日可成。五洲

万国，尚无此例，望贵大臣三思而行，勿为世人所骇笑。
1912年1月4日　来自iMG

**鸭先知：**"骇笑"这个词用得惊心动魄，仿佛鲁迅后来的一篇短文《狗的驳诘》："一条狗在背后叫起来了。我傲慢地回顾，叱咤说：'呔！住口！你这势利的狗！''嘻嘻！'他笑了，还接着说，'不敢，愧不如人呢。'"
2012年1月1日　来自时光隧道

**伍廷芳 R：@袁世凯：** 电商乃无益之事，须贵大臣亲来上海一行，惟贵大臣即亲来，而唐使未辞职以前所签字之约，仍不能更改，此实为普通定例。天下自有公论，非本代表有意执拗也。
1912年1月4日　来自iMG　　　　　　　　　　　　　　　　　　转发：5　评论：11

**伍廷芳 R：@黎元洪 R：** 日前武汉战事系汉阳清军违约开战，现袁内阁对北京外交团坚称，我军先行违约，欲证其妄，是由尊处知会中外商团或工部局详述其事，签字证明，以破其说。
1912年1月4日　来自iMG　　　　　　　　　　　　　　　　　　转发：3　评论：6

评论：
**历史胖老师：** 谈判波诡云谲，峰回路转。寸土必争，步步相向。中国人也可以按照西方的法律、条例作为条件来相互博弈，尽管笨拙，但毕竟开始尝试进入现代世界。
2012年1月1日　来自时光隧道

**伍廷芳 R：@袁世凯：** 滦州军队主张共和，即系民军。现在停战期间，清军应缓进攻，以免违约。
1912年1月4日　来自iMG　　　　　　　　　　　　　　　　　　转发：0　评论：0

**伍廷芳 R：** 广东同乡诸君公，顷接传单称：吾粤旅沪同乡因新政府内阁发表，弟廷芳转任司法，弟温宗尧未与其列，众意颇不赞成，将于明日集会推举代表前往江宁向孙大总统有所陈述，并欲将认定之借款四十万两暂不交付等情。弟等闻之，甚为惶骇。窃维诸君子之意，殆以为新政府对于弟等位置失当，有所不平。然弟等观之，则新内阁之组织除弟廷芳滥竽而外，均甚得人，而诸君子之举动，于公于私，两皆未合。谨请为诸君子一言。……今幸新政府成立，受任得人，弟等方可稍息仔肩，藉藏鸠拙，乃不料诸君子未明斯意，转似为弟等鸣其不平，是非蹈旧日官场之积习，即大失我共和国民之人格耶。
1912年1月4日　来自iMG　　　　　　　　　　　　　　　　　　转发：178　评论：55

**麦孺博 C：@梁启超 C：**今日和议决裂，南不肯让，北之军队大愤，闻各镇统制联衔弹劾唐绍仪，唐已辞职。袁世凯撤唐，即已撤销唐此前所定的条件。听说袁世凯已将自己的产业尽行抵押，以充军饷，为亲贵倡。
1912年1月4日　来自大清微博　　　　　　　　　　　　　　　转发：0　评论：4

**莫理循：**孙中山本人当选后立即致电袁世凯，表示他是临时接受职务，时机一到即行辞职，让位给袁世凯。稀奇古怪的事一再发生。主持总统宣誓的中国人是 **@汪精卫**。他曾因投弹谋刺摄政王而被捕，被判终生苦役，最后获释。他是我所见到的最为可亲的人之一，长得挺好看的广东人，风度翩翩，通晓语言，一个日本语学者，近世中国知识界的名人，中国评论界一致推崇的文章能手。
1912年1月5日　来自代理服务器　　　　　　　　　　　　　　转发：42　评论：18

评论：
**小强：**莫记者你好！我家的房子被县长亲戚强拆了啊！做了他家的花园啊！我爸和他们论理被他们活活打死了啊！他们还扬言要杀了我啊！您来我们这里做个报道吧！您是外国人，县长不敢拿您怎么样的！求求您了！
1912年1月5日　来自大清微博

**伍廷芳 R：@袁世凯：**张钟端等确系民党有名人物，齐扰于杀害之后，犹加以土匪抢劫之名，实令人不平。贵大臣只凭捏造之供辞，不复查办，良非重人道、保和平之本旨。
1912年1月5日　来自iMG　　　　　　　　　　　　　　　　　转发：0　评论：3

**蔡锷 C：**吾滇自反正以来，整理内治，扩张军备，经费骤减，入不敷出，深恐财政支绌，不足以促政治之进，责唯有约我同仁，酌减薪俸，以期略纾民困，渐裕饷源。
1912年1月5日　来自iMG　　　　　　　　　　　　　　　　　转发：12　评论：3

**我真是孙文 R：@林宗素 R：**将来必予女子以完全参政权，惟女子须急求法政学知识，了解平等自由之真理。
1912年1月5日　来自iMG　　　　　　　　　　　　　　　　　转发：163　评论：52

**莫理循：@《泰晤士报》：**孙中山顺利地组织了内阁。最为出色的成员是外交总长王宠惠，此人的语言学造诣是非凡的，通晓日、英、法、德等外文。他是广东人，但精通官话，总之，是个非凡的人物。他是耶鲁大学的民法博士，他将德国民法译为英文，在伦敦出版并受到好评。

1912年1月5日　来自代理服务器　　　　　　　　　　　　　　转发: 40　评论: 12

**莫理循：** @《泰晤士报》：实业总长 **@张謇** 过去组织过大规模的工业和农业开发机构。他是个巨富，真正的工业先驱。正当盛年，大有前途。
1912年1月5日　来自代理服务器　　　　　　　　　　　　　　转发: 16　评论: 9

**莫理循：** @《泰晤士报》：伍廷芳，这位对中国刑法法典进行修改并使之人道主义化的人，担任司法部总长，是极好的任命，因为尽管此人是个笨驴，但他的正义感却是中国少有的。他是林肯法律协会律师，出生时是英国臣民。
1912年1月5日　来自代理服务器　　　　　　　　　　　　　　转发: 46　评论: 18

**莫理循：** @《泰晤士报》：其他任命看来也是合理的。占领南京并显示颇有军事才能的将军被任命为陆军部总长，而在革命中最为活跃的湖南人黄兴担任副总统。袁世凯的内阁无法与这个内阁相比，袁世凯的内阁是袁世凯强制组成的，根本无法工作，大部分阁员请病假，避不就职。
1912年1月5日　来自代理服务器　　　　　　　　　　　　　　转发: 25　评论: 11

**莫理循：** @《泰晤士报》：袁世凯的日子很不好过。他累死了。他患严重的失眠症，就职以来益形苍老。他所显示的意志与坚忍不拔的精神不能不令人钦佩。
1912年1月5日　来自代理服务器　　　　　　　　　　　　　　转发: 46　评论: 19

评论：

**鸭先知：** 外国观察家似乎都对袁世凯不太抱有希望。袁世凯在他们眼中似乎被时局逼迫得老态龙钟。这只衰老的狮子还能重新醒来吗？
2012年1月1日　来自时光隧道

**历史胖老师回复鸭先知：** 春天来了，鸭子都醒了，何况是狮子。
2012年1月1日　来自时光隧道

**莫理循：** @《泰晤士报》：我并不怀疑清廷要垮台。此外，尽管这不是朱尔典所持的观点，我相信一定会出现一个民国，而袁世凯只要在此期间不被炸死，会成为民国的第一任总统。
1912年1月5日　来自代理服务器　　　　　　　　　　　　　　转发: 387　评论: 42

**莫理循：** @《泰晤士报》：我见到袁世凯时，他小声对我耳语："再加些压力，清廷就垮台了。"正在热河筹建宫廷。如果朝廷去热河，事情就简单了。为什么他们还不去热河呢？

1912年1月5日　来自代理服务器　　　　　　　　　　　　　转发：662　评论：157

**伍廷芳 R：** **@袁世凯：** 现在民军光复已十余省，不能无统一机关，在国民会议未决议以前，民国组织临时政府，选举临时大总统，此是民国内部组织之事，为政治上之通例。若以此相诘，请还问清政府，国民会议未决议以前，何以不即行消灭，何以尚派委大小官员。贵大臣亦当无词。请先责己，而后责人，方为公允。
1912年1月6日　来自iMG　　　　　　　　　　　　　　　　转发：3　评论：3

评论：
**名言帝：** 请先责己，而后责人，方为公允。——伍廷芳
2012年1月1日　来自时光隧道

**伍廷芳 R：** **@袁世凯：** 代表既由各处民众选举出，自能代表该处人民之意思；合各处人民之意思，以为全国人民之意思，何云专制？且各处既有三人，何云少数？
1912年1月6日　来自iMG　　　　　　　　　　　　　　　　转发：2　评论：8

**伍廷芳 R：** **@袁世凯：** 按照唐绍仪特使交验的文凭，阁下有切实讨论，以定大局之全权；而唐使为阁下之全权代表，故阁下所有之权限已尽交与唐使。阁下说，唐代表于讨论之外，如有应行签订之条款，必须经本大臣允许方可正式签押与云，唐使交验文凭全然不合，本代表绝不承认。
1912年1月6日　来自iMG　　　　　　　　　　　　　　　　转发：4　评论：6

**伍廷芳 R：** **@袁世凯：** 国民会议未开，人心未定。虽阁下与本代表切望平和而两方军队情意未孚，北军既屡违约妄动，而民军以义发起，目的未达，北望中原，自难安枕。故国民会议必宜早开，以确保平和，弭息战祸，望阁下迅即商定开会地方及日期为盼。
1912年1月6日　来自iMG　　　　　　　　　　　　　　　　转发：5　评论：5

## 【微访谈】
### 孙中山&《大陆报》记者

**《大陆报》：** **@我真是孙文 R：** 伍廷芳为司法总长，外间颇为错愕。
1912年1月6日　来自iMG　　　　　　　　　　　　　　　　转发：3　评论：5

**我真是孙文回复《大陆报》：** 此不足异，外人皆以伍博士为外交之才，而自吾人视之，其律

学更优于外交也。伍博士前曾编订新律,今将略加修改而采用之。余意伍博士此职责实处内阁最要地位,盖修订法律为第一要举,必有良美之法制,而后外务始能有所成就也。
1912年1月6日　来自iMG　　　　　　　　　　　　　　　转发:14　评论:20

**《大陆报》**:@ 我真是孙文 R :改革政策为何?
1912年1月6日　来自iMG　　　　　　　　　　　　　　　转发:2　评论:1

**我真是孙文回复《大陆报》**:今日谈此似犹过早,吾人应为之事甚多,其政策将由内阁决之。
1912年1月6日　来自iMG　　　　　　　　　　　　　　　转发:4　评论:5

**《大陆报》**:@ 我真是孙文 R :领事裁判权将废撤否?
1912年1月6日　来自iMG　　　　　　　　　　　　　　　转发:3　评论:3

**我真是孙文回复《大陆报》**:自当废撤,一俟改革既定,即须实行此事。
1912年1月6日　来自iMG　　　　　　　　　　　　　　　转发:1　评论:0

**《大陆报》**:@ 我真是孙文 R :今将如何永远和平?
1912年1月6日　来自iMG　　　　　　　　　　　　　　　转发:2　评论:4

**我真是孙文回复《大陆报》**:上海已开始议和,然军民如不得已,仍将继续开战。
1912年1月6日　来自iMG　　　　　　　　　　　　　　　转发:0　评论:0

**《大陆报》**:@ 我真是孙文 R :能战之军共有若干?
1912年1月6日　来自iMG　　　　　　　　　　　　　　　转发:18　评论:5

**我真是孙文回复《大陆报》**:吾有十万之众,现驻广东。
1912年1月6日　来自iMG　　　　　　　　　　　　　　　转发:117　评论:45

**《大陆报》回复我真是孙文**:您是说十万经过训练的有效战斗力吗?
1912年1月6日　来自iMG　　　　　　　　　　　　　　　转发:4　评论:5

**我真是孙文回复《大陆报》**:不必已练,但需能战,此辈皆能战者,一旦身临疆场,则扫敌如摧枯矣。
1912年1月6日　来自iMG　　　　　　　　　　　　　　　转发:461　评论:73

**《大陆报》**：@ 我真是孙文 R：日本政府恐引起本国之革命，故颇反对中国建共和政体。
1912年1月6日　来自iMG
转发：22　评论：3

**我真是孙文**回复**《大陆报》**：嘘……
1912年1月6日　来自iMG
转发：749　评论：41

**《大陆报》**：@ 我真是孙文 R：各国对于承认共和之态度如何？
1912年1月6日　来自iMG
转发：6　评论：7

**我真是孙文**回复**《大陆报》**：No problem!
1912年1月6日　来自iMG
转发：71　评论：34

**《大陆报》**回复**我真是孙文**：据外间谣言英、日两国似稍有不愿承认之意。
1912年1月6日　来自iMG
转发：18　评论：6

**我真是孙文**回复**《大陆报》**：余信此说必不确，余知英已预备承认共和，从前虽有英国将从日本所为之说，唯此已为过去之事，今则日本将从英国之所为矣，且日本政府与吾人颇有友谊，必不反对也。
1912年1月6日　来自iMG
转发：32　评论：11

**《大陆报》**：@ 我真是孙文 R：先生曾说"南京将作永远之都城"，而各国政府曾在北京置有产业，今将反对此议。
1912年1月6日　来自iMG
转发：5　评论：2

**我真是孙文**回复**《大陆报》**：其费无几，如各国反对此事，吾人偿之可也。
1912年1月6日　来自iMG
转发：7　评论：3

**《大陆报》**：@ 我真是孙文 R：何时可解付赔款？
1912年1月6日　来自iMG
转发：61　评论：24

**我真是孙文**回复**《大陆报》**：吾人已以海关入税抵解矣。
1912年1月6日　来自iMG
转发：48　评论：13

----------本次微访谈结束----------

**保·亨·庆丕：** **@莫理循：** 广东人"认真"起来了，极想把北方人收拾掉；有消息说北方人同样急于要干掉南方人。目前袁世凯能够制止所有这些有罪的愚蠢行为。不知道究竟为什么他不告诉皇室他已不再为皇室效力了。如果他的坦率会使他在一些急性的满人手中送命的话，他至少可以体面地隐退，从而一笔勾销他往日的罪孽。
1912年1月8日　来自代理服务器　　　　　　　　　　　　转发：58　评论：13

**伍廷芳 R：** **@黎元洪 R：** 停战守约，中外注目。袁世凯想诬陷我们，必破其说，以暴其罪。
1912年1月8日　来自iMG　　　　　　　　　　　　　　转发：0　评论：3

**犬养毅：** **@日本总理大臣西园寺：** 是否绝对不许中国行共和政治？
1912年1月8日　来自代理服务器　　　　　　　　　　　　转发：3　评论：11

评论：

**西园寺回复犬养毅：** 没有这回事，邻国采取何种政体与日本无关。
1912年1月8日　来自代理服务器

**日本外务大臣内田康哉回复犬养毅：** 中国行共和政治对日本不利，所以我们反对，必要时日本将以武力维持中国的君主政体。请您将这种方针转达给南方革命党的领袖。
1912年1月8日　来自代理服务器

**犬养毅：** **@我真是孙文 R：** 为了达到革命的目的，您应当联合康有为、岑春煊，对抗袁世凯。✉
1912年1月8日　来自代理服务器　　　　　　　　　　　　转发：0　评论：7

**美国保皇党 C：** 美属市得顿埠会所被孙文党人拆废一空，所有什物相架门口匾额对联全行拆废，抛之街外，有中立人见而不平，公论一二句，即被他党人随街驱逐殴打，曾打四五人不堪者，幸各同志知机，无与其争论，故无损伤者，然亦受辱不少矣。事因前数月孙文到处混骗军饷，曾到本埠言说，力攻保皇党，所说者除诽谤本党外，则无一言别事宗旨者，其情可知矣。至今闻他登任总统，美国各埠张灯结彩，庆贺孙文，故声言我保皇党显系与其反对，一唱百和，故有此事。@日新大报馆
1912年1月8日　来自大清微博　　　　　　　　　　　　转发：138　评论：95

**美国保皇党 C：** 目下祖国之风潮如何，果系属于何党之力，抑实系孙文为总统，究竟内容如何，本党尚有雪耻之一日否？仰即明白回示，俾得坚持到底。倘实系孙文为总统，本党必

无望之期，且防回唐仍恐被其加害。　@日新大报馆
1912年1月8日　　来自大清微博　　　　　　　　　　　　　　　转发：116　评论：87

**张謇 C**：因筹还款事到上海，晤少川。　@唐绍仪
1912年1月9日　　来自大清微博　　　　　　　　　　　　　　　转发：0　评论：4

**伍廷芳 R**：　@黎元洪 R：汉阳姚守禀称，一月七日正午，突有民军陈得胜带飞鸿轮船载数十人执枪驶至武圣庙，将派充水上巡警之江清轮船并巡检察十余人及军械衣物等件强行拖去等语。查水上巡警专保地方治安，何竟违约，强行拖去。希即电饬鄂民军将该巡警等迅予放还，并将违犯信约之人从严惩办，以昭公允，并速复等因。是否确有其事，希查明速复为盼。
1912年1月9日　　来自iMG　　　　　　　　　　　　　　　转发：0　评论：3

**康有为 C**：两月以来，仅仅长江流域六省，饿殍已二千六百万，全国可推矣。若延战年月，天下分裂，将为奴隶，利民罪遗。呜呼痛心！鄙人戮逐禁锢十四年矣，戮弟掘坟，祸害至酷；及至摄政以来，禁逐如故。党禁之开，亦赖革党炮声之力，与旧朝弃绝久矣。然忧心殷殷，念我土宇。今国民大会成议难矣，山河破碎，瓜分迫矣。鄙人不忍，是用有言，告我汉族勿自内争而召瓜分。搦管写此，仰天流血，不知涕之何从也。
1912年1月10日　　来自代理服务器　　　　　　　　　　　　　转发：17　评论：9

**康有为 C**：美乎日本报曰：今满清已亡，汉人已兴，共和已得，乃不顾生民之涂炭，而争君主、民主之虚名，而不虑外人之干涉，岂不大愚哉？何其言之切中也！
1912年1月10日　　来自代理服务器　　　　　　　　　　　　　转发：78　评论：41

评论：

**六啊六**：沙发！
1912年1月10日　　来自大清微博

**下站者何人**：板凳！
1912年1月10日　　来自iMG

**我的快乐时代**：马扎！
1912年1月10日　　来自大清微博

**飞越迷雾**：席子！
1912年1月10日　　来自大清微博

**山的那边海的那边**：挖坑！

1912年1月10日　　来自iMG

**当归:** 峡谷!
1912年1月10日　　来自大清微博

**轰隆隆:** 海沟!
1912年1月10日　　来自大清微博

**康有为 C:** 夫吾国之广土众民，大地莫我比焉。俄广土而荒寒，美广土而人寡，英广土而绝壤远隔，岂若我地兼之、人倍全欧哉？吾畴昔呼吁而力请立宪，逾年而即开国会，举此金瓯无缺之万里腴壤，五千年文明华胄之四万万同胞，而为之善治焉。理财厚生，练兵制舰，朔方畜百万之马队，太平洋横数百之楼船，将与英、俄、美诸大并辔齐驱，与列强度长絜大，与万国讲信修睦。盖唯吾莫大之国土，有此资格焉。故昔贫万死而任之，何图今者山河碎裂、金瓯不全也。
1912年1月10日　　来自代理服务器　　　　　　　　　转发: 115　评论: 70

**张謇 C:** 又见少川。　**@唐绍仪**
1912年1月10日　　来自大清微博　　　　　　　　　　转发: 0　评论: 2

**查尔斯·马奎尔：　@莫理循:** 以你巨大的影响力，你可以做许多事情来帮助这些在这场战争中流离失所的可怜的平民，他们没有参加战争中的任何一方。不论战争在哪里进行，受害最深的总是那些不幸的"土地的主人"，并不是战争的某一方有意要让他们受苦，但这总是不可避免的。不能给汉口的这些受难者以足够的帮助，而现在南京附近的战事已告结束，就必须做工作使他们返回家园，因为今冬将是长江流域所经历过的最寒冷的冬天，至少自然界的各种迹象说明了这一点。
1912年1月10日　　来自代理服务器　　　　　　　　　转发: 14　评论: 22

**查尔斯·马奎尔：　@莫理循:** 我听说张勋装备了四十门克虏伯野战炮和八十支小口径快枪；而革命军仅有五十来门山炮和马克沁机枪以及两门4.7英寸大炮。在皖北和苏北的农村中作战，移动这些大炮会极其困难。
1912年1月10日　　来自代理服务器　　　　　　　　　转发: 683　评论: 561

**伍廷芳 C：　@六国领事:** 中国共和政府对于唐绍仪，本极满意。不意此议卒为满清政府所破坏。唐使闻共和政府所提出之理由毫无异辞，极思和平解决，乃提议以政体付之国会公决。旋下谕旨声称政府将唯国会公意是从。不意清廷既得限停战目的，遂不承认其代表之定案。致令唐使请销议和之责，清廷竟准其开缺。现在袁世凯极欲破坏唐绍仪所定议案，此种举动足以妨害列强所冀望之和平。则是平安之局卒为满清政府破坏。将来延长乱象，战事复活，罪在满清政府。所以共和政府不得不迅速发表。

1912年1月10日　来自iMG　　　　　　　　　　　　　　　　　　转发：4　评论：11

**《申报》**：总统府庶务长 **@缪思敬** 招摇撞骗，狐假虎威，种种违法；宣布其罪状，交苏都督 **@庄思缄** 明正典刑。

1912年1月10日　来自iMG　　　　　　　　　　　　　　　　　　转发：8510　评论：3473

**罗瘿公 C**：**@梁启超 C**：虚君共和之制，唐绍仪已商议，伍廷芳仍坚持不允。现在议和已成过去，撤退代表，由内阁直接电商，两方态度都很强硬。停战期满，即为决裂之期。南北均异常激昂，非战不可，若使外人不干涉，必血战矣。

1912年1月10日　来自大清微博　　　　　　　　　　　　　　　　转发：0　评论：3

**罗瘿公 C**：**@梁启超 C**：您说有可能赴沪一行，此事万万不可。有京官数人在沪，偶诶共和，即或絷或戕，断无明知其火坑而故蹈之理。津中《民意》等报，彼党之机关报，日描写康、梁丑态，昨又登梁微服入都，与袁密商，现匿袁处等。

1912年1月10日　来自大清微博　　　　　　　　　　　　　　　　转发：0　评论：5

**莫理循**：**@卜鲁斯**：形势正变得非常混乱。目前全部问题在于如何使皇帝退位。要施加各种压力，促使他退位。有人提议，一个好办法是使上海商会通过约翰·朱尔典爵士向庆亲王和皇帝的父亲提出请愿书，敦促皇帝立即退位，理由是皇室妨碍和平，而没有和平是不可能恢复正常贸易的。这个建议来自袁世凯自己的人，我认为可行。因为如果我们能使一个商会这样做了，所有旁的商会将会跟着做，积累起来的力量会是非常强大的。

1912年1月10日　来自代理服务器　　　　　　　　　　　　　　　转发：0　评论：11

**陶芷泉 R**：　**@我真是孙文 R**：江北情形困难，月内非有八万金，江北大局必不堪问。望 **@庄思缄** **@陈其美** **@张謇** 统筹接济。

1912年1月10日　来自iMG　　　　　　　　　　　　　　　　　　转发：0　评论：13

**我真是孙文 R**：　**@巴黎法国外长**：我荣幸地通知您，张翼枢现被任命为中华民国临时政府驻法国政府全权代表，为的是使两个姊妹共和国能建立友好关系，并能为推进文明及发展工商业而共同努力。

1912年1月11日　来自iMG　　　　　　　　　　　　　　　　　　转发：0　评论：7

评论：
**巴黎法国外长回复我真是孙文：** 我们不承认张翼枢的外交身份。
1912年1月11日　来自代理服务器
**鸭先知：** 张翼枢是杜月笙的好朋友，也是他的法文秘书，时任法租界公董局华董、法国哈瓦斯通讯社中文部主任。
2012年1月1日　来自时光隧道

**伍廷芳 R：** @袁世凯：津浦铁路北段既为清政府所管，至南段，民军于未议和以前已经占领，并非近日始行进占。张勋强行侵扰，自应撤退。至撤退之后，应由民军派员管理。若民军不进占北段，不为违约。
1912年1月12日　来自iMG　　　　　　　　　　　　　　转发：0　评论：3

**我真是孙文 R：** @蔡元培 R：关于内阁之舍北及其组织用人之道，弟意亦如是，惟才能是称，不问其党与省也.．
1912年1月12日　来自iMG　　　　　　　　　　　　　　转发：3　评论：5

**莫理循：** 日本是袁世凯和他的下属主要担心的对象，而我不断告诉他们，根本用不着担心日本人为支持现在的帝制而进行干涉。
1912年1月12日　来自代理服务器　　　　　　　　　　　转发：10　评论：4

**日本内阁：** 不能允许革命军在中立地带以内登陆，但可默许革命军在其他地带登陆。
1912年1月12日　来自代理服务器　　　　　　　　　　　转发：881　评论：467

**张謇 C：** @我真是孙文 R：请通电各省军政府，不要因为有嫌疑就轻易地拘捕人、打人。
1912年1月12日　来自大清微博　　　　　　　　　　　　转发：12　评论：15

**我真是孙文 R：** 若今日改革政治为共和，则国犹是国，人犹是人，蓄众容我，并无畛域。当此百务方新，革命英奇，难敷全国建设之用，宁可以狭义示人，动辄逮捕狙击，使四海之内，屏息而听，重足而立。嗣后各地如遇此等嫌疑告密之事，应先令查根凭实，再交审判确实核查，庶刑当其罪，法允于平，不致以嫌疑二字，滥用拘击，为民国革新名誉之累。
1912年1月12日　来自iMG　　　　　　　　　　　　　　转发：18　评论：11

**我真是孙文 R：** 张謇日前宣布的改革盐法意见，尚待决于国会，扬州、淮南运商尽可照章请运,并一面组织公司,不必自相惊疑,停运食盐。
1912年1月12日　来自iMG　　　　　　　　　　　　　　　　转发:3　评论:6

**伍廷芳 R:** @袁世凯:您强调南人对于北人感情甚恶,是无稽之谈。民国之内已无汉、满、蒙、回、藏之分,更何有南北之界。不独南方同胞所不欲闻,即北方同胞闻之亦应失笑。至于少数败类,甘为奸细,理宜与众共弃,岂能以为借口?
1912年1月13日　来自iMG　　　　　　　　　　　　　　　　转发:0　评论:5

**伍廷芳 R:** @袁世凯:阁下崛起于义师云合之际,清政府所有政事、军事之全权悉萃于一身。海内喁喁,力冀有以慰四万万同胞之望。而乃偏听赵、陈诸督之言,欲将北方诸省爱国志士悉加以土匪之名,以快其屠杀。甚至于已经承认之陕西民军亦肆行攻杀,不复知失信为可耻。举措如此,深足疑诧。今试问阁下是否欲以土匪之名加诸北方诸省之民,以肆其残杀,及是否置十二月二十日所订的条约于不顾,以加攻击于陕西之民军?
1912年1月13日　来自iMG　　　　　　　　　　　　　　　　转发:0　评论:7

**伍廷芳 R:** @我真是孙文 R　@今村长藏 R:黎元洪副总统说,现恐和议决裂,竭力准备,尚未完全。✉
1912年1月13日　来自iMG　　　　　　　　　　　　　　　　转发:0　评论:5

**鸽Phone即时快讯 R:** 袁世凯背信弃义,捕杀北京、天津革命党人!和谈已无希望!
1912年1月14日　来自iMG　　　　　　　　　　　　　　　　转发:9643　评论:3561

**伍廷芳 R:** @我真是孙文 R　@今村长藏 R:袁内阁说,停战期限转瞬又满,提议延期。双方讨论旬余无效果,我本不能允其所请,只是昨天接旅沪洋商团来函以商务损失,渴望两方不再开战,早日和平解决,并电催清帝退位以顺人心。是则想望和平,尽人所同。今袁既提议延期,似不必过于固执,以失天下之望。
1912年1月14日　来自iMG　　　　　　　　　　　　　　　　转发:0　评论:4

**伍廷芳 R:** @我真是孙文 R　@今村长藏 R:唐绍仪说,得北京确实密电,现在清廷正商筹退处之方,此后如何推举,苟不得人,则祸变益巨。前云:孙君肯让袁君,有何把握,乞速详示云云。廷即告以孙君肯让已屡经宣布,决不食言。若清帝退位,则南京政府即可发表袁之正式公文。
1912年1月14日　来自iMG　　　　　　　　　　　　　　　　转发:0　评论:4

评论：

**历史胖老师：** 南北双方都需要和平，而袁世凯还需要权力，对双方而言，这都必须是一笔不能亏的生意，谈判如此拖沓，正是这个原因。

2012年1月1日　来自时光隧道

**伍廷芳 R：** 外蒙古王公，共和者非仅汉人之利，汉、满、蒙、回、藏所同利也。今诸王公何以于专制之满清尚思拥戴，于共和之民国反不赞同。颇闻京中有人布散流言，谓民军所持民族主义至为狭隘，想诸王公闻之致生疑虑，故有此言。若以本代表所闻，民国成立，汉、满、蒙、回、藏一律平等，确无疑义。其满、蒙、回、藏原有之王公爵俸及旗丁口粮等必为相当之位置，决不使稍有向隅，且国民平权，将来之大总统，汉、满、蒙、回、藏人皆得被举。政治上之权利，决无偏倚，此皆本代表所敢为诸王公明告者。

1912年1月14日　来自iMG　　　　　　　　　　　　　　　　　转发：22　评论：18

**《上海民立报》：** 会稽陶成章先生，心瘁革命事业，历有年所。此次浙省光复，功绩在人耳目。最近浙汤督改任交通总长，浙督颇有与公者，而公推让不就，其谦恭尤可钦佩。昨晚二时许，公在广慈医院静宿，忽有二人呼陶先生，公寤而外视，二人即出手枪，击中公太阳部。

1912年1月15日　来自iMG　　　　　　　　　　　　　　　　　转发：35　评论：22

评论：

**鸭先知：** 各位，各位，我是鸭先知！同盟会大佬陶成章被杀，幕后黑手是陈其美，而暗杀者之一，就是未来的国家元首——蒋介石！

2012年1月1日　来自时光隧道

**历史胖老师回复鸭先知：** 别抢我台词！各位，各位，我是历史胖老师！鸭先知就爱说一些八卦谈资，看问题要看本质！陶成章之死暗示了同盟会内部的权力斗争何其凛冽，中国的前景，也因此变得更加扑朔迷离。

2012年1月1日　来自时光隧道

**我真是孙文 R：@伍廷芳 R：** 如清帝实行退位，宣布共和，则临时政府决不食言，我即可正式宣布解职，以功以能，首推袁氏。

1912年1月15日　来自iMG　　　　　　　　　　　　　　　　　转发：126　评论：95

评论：

**名言帝：** 以功以能，首推袁氏。——孙中山
2012年1月1日　来自时光隧道

**莫理循：** 我处于兴奋激动之中。退位诏书明天或后天就发布。袁世凯准备每年给他们多达五百万两银子，这是一个很荒谬的数字。我在和他的通信中说，一百万两就很够了。我提到波斯和土耳其的情形。我说，生活费的水准是摄政王自己定的，他引退后每年得到五万两。因此，他们不应该给别的亲王比这更高的生活费。一共只有八个亲王。皇帝将得到二十五万两。在整个这场危机中表现不错的皇太后也许得到相同的生活费。袁世凯打算给她特殊优待，因为她是光绪的遗孀，而人们责怪袁世凯1898年错待了光绪。
1912年1月16日　来自代理服务器　　　　　　　　　　　　　转发: 186　评论: 99

**莫理循：** 唐绍仪的辞职要求被接受了，但从那以后他一直同袁世凯保持着密切关系。他是通过他的亲密朋友梁士诒进行联系的，梁士诒是广东人，当时任邮传部代理大臣，是自1898年起便逃亡日本的著名学者梁启超的亲戚。因为唐绍仪同扔炸弹的汪精卫联系密切，又因为汪精卫在北京时几乎天天同袁世凯进行联系（有一次汪精卫来看我，就是同袁世凯谈了三小时以后来的），就可以看出袁世凯已经多么深地介入共和运动，又多么容易使我相信袁世凯会同意实行共和并出任第一任总统。
1912年1月16日　来自代理服务器　　　　　　　　　　　　　转发: 43　评论: 18

**莫理循：** 有人企图炸死袁世凯，发生了极大的骚动。我和我的秘书正站在大门口，突然听到爆炸声，天空都变得昏暗了。炸弹是从东北角拐角处的两所房子里扔出来的。这两所房子都是载沣王爷的财产。因此引起了一个错误的报道，说一个扔炸弹的人和王爷的家属有关系。扔炸弹的人很快就被抓，随即处死了。
1912年1月16日　来自代理服务器　　　　　　　　　　　　　转发: 25　评论: 11

评论：

**鸭先知：** 袁世凯的马车跑得快，没被炸着，他的卫队管带袁金标和排长一人、亲兵二人、马巡二人、平民二人和马二匹被炸死。
2012年1月1日　来自时光隧道

**历史胖老师：** 暗杀袁世凯的事，其实是革命党干的。京津同盟会选在一月十六日行动，结果据说同盟会北京分会又紧急下令，终止暗杀计划，因为南北议和真正的阻力并不是袁世凯，而是宗社党。等到郑毓秀赶到现场报信时，炸弹已经引爆。
2012年1月1日　来自时光隧道

**汪精卫 R: @梁启超 C:** 我前此为反对君主立宪甚力之人,以此之故,致唇舌笔墨之际,往往开罪于先生,其实于先生之为人,未尝不心焉向往也。今者以国民之力,使中华民国立于大地之上,我敢决先生必不以其与夙昔宗旨相歧之故,而不愿其有成。此其取证,盖有在语言文字之外者,想先生必不以为谬也。方今共和之治,毕露萌芽,中国前途,悲观乐观,交萦于爱国者之胸中。以积学养望,夙以指导国民为念如先生者,其可无以教之乎?
1912年1月17日　来自iMG　　　　　　　　　　　　　　　　　转发:10　评论:8

**溥伦 V:** 望皇上自行逊位,由袁世凯做总统。事若果成,岂但中国之幸,抑亦皇室之福。
1912年1月17日　来自大清微博　　　　　　　　　　　　　　转发:7　评论:11

**庆亲王 V:** 皇上除了在优待条件下退位外,别无其他安全办法。
1912年1月17日　来自大清微博　　　　　　　　　　　　　　转发:8518　评论:5812

**载泽 V:** 皇上倘若逊位,日后有何颜面见列祖列宗?
1912年1月17日　来自大清微博　　　　　　　　　　　　　　转发:4798　评论:3561

**伍廷芳 R:　@我真是孙文 R　@今村长藏 R:** 唐绍仪不能来,有万不得已之故。一、唐已与北京往返电商,一入南京,诸多耽搁。二、唐入南京,无论如何秘密,必为人知,将为北京外人所疑,居中调停,不能得力。如公必不能来,请俟清帝宣告退位之后,再商办法。
1912年1月18日　来自iMG　　　　　　　　　　　　　　　　共有16条私信

**良弼 V:** 决不答应! 必须剿灭乱党! 你已经老了。
　　**庆亲王 V:** 皇上除了在优待条件下退位外,别无其他安全办法。
　　　　1912年1月17日　来自大清微博　　　　　　　　　　转发:8518　评论:5812
1912年1月17日　来自大清微博　　　　　　　　　　　　　　转发:371　评论:108

　　评论:
　　**历史胖老师:** 这一天,良弼率众人大闹庆王府。次日,良弼、铁良、溥伟、善耆等人组织"君主立宪维持会",成立宗社党,矛头不仅指向革命党,还直指袁世凯。
　　2012年1月1日　来自时光隧道

**蔡廷干:　@莫理循:** 满族和蒙古族的王公们昨天会面进行磋商,但所有的人都像蚌壳缄口不语。只有一个蒙古人即那王那彦图无拘束地发了言,他是主战的。我们同南方的革命党人正在取得充分的谅解。我们会面时再和你谈。那些王公们或蠢驴们明天要拜

访总理。✉

1912年1月18日　来自大清微博　　　　　　　　　　　　　　　　　共有10条私信

评论：

**历史胖老师：** 彦图会采取什么行动呢？见一月二十四日他发给梁启超的微博。

2012年1月1日　来自时光隧道

**鸭先知回复历史胖老师：** 你什么时候也成先知了？

2012年1月1日　来自时光隧道

**历史胖老师回复鸭先知：** 嘿嘿……嘿……

2012年1月1日　来自时光隧道

**张謇 C：** 家庙行礼。写春帖子"民时夏正月，国纪汉元年"；"晋以武兴虞不腊，周于农用夏之时。"

1912年1月19日　来自大清微博　　　　　　　　　　　　　　　　转发：0　评论：3

评论：

**历史胖老师：** 时代的转捩，就这样悄无声息地来了。

2012年1月1日　来自时光隧道

**唐绍仪：@伍廷芳 R：** 之前您说，皇帝退位后，可以称"大清皇帝"，已经奏明及遍告皇室，乃勉允退让。今改称"让皇帝"，满人向爱虚名，必生变动，且彼等必虑已允者复改，将来皆可更改，满腹疑团更生枝节，且蒙古、伊犁、呼伦贝尔等处纷纷独立，呼伦贝尔且声明排汉扶清。我辈于南北合一之后，有此一大问题不易解决，不知当如何费力，更不知能否挽回。姑留大清虚名尚可借此操纵，希冀满蒙离而复合。若并去之，直无可与交涉之词。谋大事者，宜争实际，不得惜此虚号，而贻国家分裂之祸。并非拘守尊君之义，专为皇帝计也。务乞且商办到以全大局。✉

1912年1月19日　来自iMG　　　　　　　　　　　　　　　　　　共有17条私信

**伍廷芳：@我真是孙文 R @今村长藏 R：** 唐绍仪说，全国统一之政府，必不可不迅为成立。否则，北方陷于无政府之状态，而统一政府虽举袁世凯为总统，决不能由袁一方组织。故孙公辞职，袁公被举之后，两大总统为交替起见，对于组织统一政府，必须直接筹商。唐所以屡欲孙公来沪，即为预筹统一政府办法，免致临仓促。✉

1912年1月19日　来自iMG　　　　　　　　　　　　　　　　　　共有9条私信

**伍廷芳: @我真是孙文 R @今村长藏 R:** 与唐绍仪交涉，初谓宜称"让帝"，继因磋商仍许称"清帝"，既有以待外国君主之礼待之一语，则此空名，直与王公世爵等，同为废物，似不必重视。仍居宫禁，改为暂居宫禁，将来迁移，势在必行，所争只在迟早。至德宗崇陵云云，是为寡妇孤儿，为其夫与父请求。在我许之甚微，在彼求之甚切，前代鼎革，对于前朝帝王常从丰殓葬，今我民国，何必吝此。✉

1912年1月19日　来自iMG　　　　　　　　　　　　　共有10条私信

**水野幸吉:** 庆亲王出乎意料地突然改变了态度，变得拥护君主立宪。这显然是因为昨天晚上禁卫军的代表对亲王殿下进行了恫吓性的访问。

1912年1月19日　来自代理服务器　　　　　　　　　　转发: 16　评论: 8

**《泰晤士报》:** 南京军队现随意放枪伤人及在娼寮滋闹，建议临时政府以强硬手腕禁绝此类现象。

1912年1月19日　来自代理服务器　　　　　　　　　　转发: 22　评论: 15

评论:

**我真是孙文回复《泰晤士报》:** 南京各军纪律不整，本总统早有所闻。今阅上海《泰晤士报》论说，其所登载，多系实情。该报向表同情于民国，今为恳切之忠告，若不切实警戒约束，不惟贻笑大方，后患何堪设想！

1912年1月19日　来自iMG

**伍廷芳 R: @袁世凯:** 如清帝实行退位，则民国政府所以待之者如下: 优待皇室条件: 一、清帝退位之后，其名号仍存不废，以待外国君主之礼待之。二、暂居宫禁，日后退居颐和园。三、优定清帝岁俸年支若干，由新政府提交国会决议，惟不少于三百万之数。四、所有陵寝宗庙得永远奉祀，并由民国妥为保护。五、德宗崇陵未完工程及奉安经费，仍照实用数目支出。六、保护其原有之私产。

1912年1月20日　来自iMG　　　　　　　　　　　　　转发: 2397　评论: 1118

评论:

**鹤顶红:** 不杀他已经算给他面子了，还要每年给他俸禄？！

1912年1月20日　来自大清微博

**戴草帽的蘑菇:** 皇上，这些条件都是骗人的，千万不能答应啊！

1912年1月20日　来自大清微博

**蜗族:** 谁来保护我们的私有财产？

1912年1月20日　来自大清微博

**小强回复蜗族：** 是啊！谁来保护我们的私有财产？我家的房子被县长亲戚强拆了啊！做了他家的花园啊！我爸和他们论理被他们活活打死了啊！他们还扬言要杀了我啊！谁来保护我啊！

1912年1月20日　来自大清微博

**我爱北京紫禁城回复戴草帽的蘑菇：** 这真是我大清的奇耻大辱，倘若皇上退位，我也将自杀以谢天下！

1912年1月20日　来自大清微博

**我真是孙文 R：** @伍廷芳 R：我让位的条件是 @袁世凯 不得于民国未举之先接受清廷统治权以自重。

1912年1月20日　来自iMG　　　　　　　　　　　　转发：42　评论：17

评论：

**袁世凯回复我真是孙文：** 因维持北方秩序问题，请在清帝退位后将南京临时政府取消，在北方另立政府。

1912年1月20日　来自大清微博

**美国华侨立宪派 C：** 吾党在广东位置，诚不知如何而可耳，实无面目以入广东之门耳。焚毁《商报》之耻，未知何时方雪，昨封禁《国事报》之特电，又见告矣……同盟会用野蛮手段而粉碎之，且毁坏会所各伟照而莫敢谁何，并殴伤同志五六人。一月以来，各埠同志告警，书其抑郁之情，诚不忍卒读耳。

1912年1月20日　来自代理服务器　　　　　　　　　转发：527　评论：46

**伍廷芳 R：** @我真是孙文 R：日来与袁内阁切实筹商清帝退位办法，本定于初三日即发表清帝退位之谕旨，后因发生难问，以致稍滞。此难问之发生，在清帝退位后对于北方如何处置，清帝统治权以及消灭，而我临时政府，事实上，尚不能直接统辖北方，则北方将陷于无政府之状态。

1912年1月21日　来自iMG　　　　　　　　　　　　转发：11　评论：5

**伍廷芳 R：** 据目下情形，是北方各官吏将士赞同共和，对于组织统一全国之政府宜得其同意。故廷芳以为清帝退位宜由袁世凯君与南京临时政府协商，以两方同意组织统一全国之政府。如此，则统一政府成立之后，于内必能统一全国之秩序，于外必能得全国之承认。

1912年1月21日　来自iMG　　　　　　　　　　　　转发：13　评论：9

**我真是孙文 R:** 我接受总统职位,是为把中国从迫在眉睫的危殆和屈辱中拯救出来。
1912年1月21日　来自鸽Phone　　　　　　　　　　　　　转发: 7949　评论: 4612

**伍廷芳 R:** @**黎元洪 R:** 允许皇室暂居宫禁这一条,曾切实磋商。据云: 严寒之际,仓促实难迁移,故暂允其请,退位之后,对于旧日专制腐败之建筑物,谅无不拆毁改造,彼自难淹留。退居之约,势在必行,必不能任其久居,致滋疑议。
1912年1月22日　来自iMG　　　　　　　　　　　　　　转发: 0　评论: 3

**伍廷芳 R:** @**我真是孙文 R:** 清帝退位后宜由 @**袁世凯** 君与南京临时政府协商,以两方同意组织统一全国政府。
1912年1月22日　来自iMG　　　　　　　　　　　　　　转发: 4　评论: 18

评论:

**我真是孙文回复伍廷芳:** 我说过只要清帝退位我一定辞职,但前提是 @**袁世凯** 能与满洲政府断绝一切关系,变为民国国民。但后来据我观察,袁世凯不光想取消满清政府,并需同时取消民国政府,自在北京另行组织临时政府,则此中临时政府将为君主立宪政府乎? 抑民主政府乎? 人谁知之? 纵彼有谓为民主之政府,又谁为保证? 故文昨电谓须俟各国承认后,始行解职,无非欲巩固民国之基础,并非前后意见有冲突也。
1912年1月22日　来自iMG

**我真是孙文 R:** @**伍廷芳 R** @**汪精卫 R:** 以前说的事情,如果再不办到,就是有心反对,众怒实难犯,请告 @**唐绍仪**。
1912年1月22日　来自iMG　　　　　　　　　　　　　　转发: 12　评论: 9

**犬养毅:** @**我真是孙文 R:** 要警惕袁世凯,不宜轻离南京。✉
1912年1月22日　来自代理服务器　　　　　　　　　　　共有11条私信

**我真是孙文 R:** @**《大陆报》:** 在 @**袁世凯** 切实声明维持共和之前,我仍将他视为满人之忠臣。他目前的所作所为,只是为了要当总统罢了。
1912年1月22日　来自iMG　　　　　　　　　　　　　　转发: 361　评论: 44

**溥伟 V:** 乱党实不足惧,只要出军饷,就有忠臣去破贼杀敌。冯国璋说过,只要发三个月的饷,他就能把革命党打败。
1912年1月22日　来自大清微博　　　　　　　　　　　　转发: 7229　评论: 4182

172

评论：

**隆裕太后回复溥伟：** 内帑已经给袁世凯全要了去……

1912年1月22日　来自大清微博

**溥伟回复隆裕太后：** 从前日俄战争的时候，日本帝后拿出了自己的首饰珠宝赏军，结果士气大振，请太后也学一下这个办法。

1912年1月22日　来自大清微博

**善耆回复溥伟：** 好主意!

1912年1月22日　来自大清微博

**隆裕太后回复溥伟：** 胜了固然好，要是败了，连优待条件都没有，岂不是要亡国吗?

1912年1月22日　来自大清微博

**隆裕太后回复善耆：** 就是打仗，也只冯国璋一人，焉能有功?

1912年1月22日　来自大清微博

**隆裕太后：** 载涛你管陆军，知道我们的兵力怎么样？　　**@载涛**

1912年1月22日　来自大清微博

**载涛回复隆裕太后：** 奴才练过兵，没打过仗，不知道。

1912年1月22日　来自大清微博

**溥伟 V：** 优待条件不过是欺人之谈。就和迎闯王不纳粮的话一样，那是欺民，这是欺君。即使这条件是真的，以朝廷之尊而受臣民优待，岂不贻笑千古，贻笑列邦?

1912年1月22日　来自大清微博　　　　　　　　　　　　转发：7229　评论：4182

**良弼 V：** @袁世凯：欲将我朝天下断送于汉人，我辈决不容忍，愿与阁下同归于尽!

1912年1月22日　来自大清微博　　　　　　　　　　　　　　　　　共有0条私信

**张謇 C：** 至沪，知北方逊位诏初三日本可下，以南方一点疑而沮焉。

1912年1月23日　来自大清微博　　　　　　　　　　　　　　转发：0　评论：2

**伍廷芳 R：** **@我真是孙文 R：** 若清帝退位，全国有统一之共和政府，则我辈目的已达。总统如何选举，国务总长如何委任，似皆容易商量。若以此复起战争，使天下流血，岂国民之福? 廷所夙夜筹画者，无非欲早定大局，以免生民涂炭。尚希谅察。

1912年1月23日　来自iMG　　　　　　　　　　　　　　　　转发：0　评论：6

**卜鲁斯：** **@莫理循：** 唐绍仪非常肯定孙中山正把事情弄糟；伍廷芳和温宗尧二人对孙中

山发出关于皇帝退位的第二批条件更为恼火。唐绍仪告诉我,昨天夜里他接到第三批条件,其中包括五个新条件。但他和伍廷芳电告孙中山,再提出什么条件简直是发疯,因而他们没有提出这些条件。温宗尧说,如果他有一支手枪,他就亲手杀死孙中山。当然这不过是说说而已,但却说明了他们对他们的临时总统抱有怎样的看法。

1912年1月23日　来自代理服务器　　　　　　　　　　　　转发:14　评论:6

**莫理循**:谈判遇到了严重的挫折。孙中山背弃了他的许诺。他同意关于皇帝退位和建立共和的各项解决办法后,现在又提出下列不可能实施的新建议:不能在北京建立临时政府,皇帝应直接向在南京的以他为代表的共和派移交权力,或更正确地说实行投降。

1912年1月23日　来自代理服务器　　　　　　　　　　　　转发:22　评论:8

**莫理循**:孙中山有三名日本顾问:一名政治顾问,两名财政顾问。袁世凯在北京的两名主要政敌同日本人有密切的交往。袁世凯的主要敌人铁良,长期以来同日本人关系密切。1908年袁世凯倒台时只有日本人高兴,而他的倒台是由一个满人结党搞的,铁良是其中最有影响的成员。现在他又回到北京,在满人中煽动不信任袁世凯的情绪。和铁良一起的有良弼,他是一个满人,曾在日本八年,被认为是中国军队中受到最高级训练的军官,统帅一支禁卫军。

1912年1月23日　来自代理服务器　　　　　　　　　　　　转发:17　评论:11

**莫理循**:袁世凯正努力使从旧政体到新政体的变化平稳进行,尽量不猝然从事,可是他的策略被误解了。各省都非常混乱,再也不能夸耀共和运动有秩序地进行了。

1912年1月23日　来自代理服务器　　　　　　　　　　　　转发:4　评论:2

**蒙古王公那彦图**:**@梁启超 C:** 先皇下诏立宪,今上颁布信条,既为立宪之君,当食立政之报。民均主张共和,排斥君谓,欺人孤寡,攘夺非分,稍有人心,能不发指?公倡议保皇,热心祖国,内外蒙藩部落,俱表同情。既因君谓存亡,危在旦夕,请公等速归,共好凑匡济之策,亟谋寻待之方,失今不图,会其曷及?扶冲主而维先皇,惟公是赖。蒙古合境上马,愿执鞭以从。

1912年1月24日　来自大清微博　　　　　　　　　　　　转发:15　评论:18

---

评论:

**戴草帽的蘑菇**:万望梁任公接受王公大人的邀请,麾师南下,扫平乱党!

1912年1月19日　来自大清微博

**鹤顶红**:梁启超真是个香饽饽,他一个口出狂言的书生,抵挡得住我们的千军万马吗?

1912年1月19日　来自iMG

**莫理循：**铁良已回到北京，正在策动满人反对袁世凯，看来他会成功而袁世凯不得不离开。实际上，昨天夜里人们作了极大的努力使袁世凯辞职并于今天早晨去天津。专列已在前门火车站等了他几天了。不难想象他走后会发生什么事情。
1912年1月24日　来自代理服务器　　　　　　　　　　　　　　　　转发：0　评论：0

**伍廷芳 R：　@袁世凯：**看报纸时得知公遇难，深感牵挂。
1912年1月24日　来自iMG　　　　　　　　　　　　　　　　　　　　转发：4　评论：15

**莫理循：**我找不出任何理由解释为什么袁世凯竟不能继续左右形势。有些对袁世凯的不信任，如果不是全部的话，归根到底是他的脑袋里缺一根弦的儿子不谨慎，从一开始就称他父亲为未来的中华联邦共和国的总统。袁世凯的目标是当总统，我对此从没有任何怀疑。可是在袁世凯采取行动之前，他儿子的冒失已播下人们对他父亲不信任的种子。
1912年1月24日　来自代理服务器　　　　　　　　　　　　　　　　转发：18　评论：12

评论：

**历史胖老师：**袁世凯的这个脑子缺一根弦的儿子袁克定，未来还将做更多让他父亲头疼的事情，并且一手将他的父亲送上末路。以致袁世凯临终时恨恨地说，是他害了我。
2012年1月1日　来自时光隧道

**蔡廷干：　@莫理循：**寄上两份满人的传单。好像义和团的日子又来了。你看过后请送给朱尔典爵士，因为满人的意图是将袁总理和朱尔典爵士一起暗杀。后天他们开会。✉
1912年1月24日　来自大清微博　　　　　　　　　　　　　　　　　共有9条私信

**伍廷芳 R：　@袁世凯：**国民会议选举法，前与唐代表议定，唯开会地点及日期与阁下电商未决。此乃十余日以前之事，迩来所切实筹商者，为清帝退位办法，立候解决。何乃忽提过去之事，实所不解。祈开诚布公，速将清帝退位问题解决，以慰天下之望。
1912年1月25日　来自iMG　　　　　　　　　　　　　　　　　　　　转发：4　评论：7

**伍廷芳 R：　@黎元洪 R：**日前唐绍仪劝段祺瑞赞成共和，令清帝退位，昨日段祺瑞说，此因政体由内阁会议，自应静候解决，乃至今尚未定议。顷已电阁府部，痛陈利害，并联合各军奏议俯顺舆情。段祺瑞能如此，洵明大义。尊处速派心腹代表与之接洽，并劝其速电清廷调停,战期将满,我辈断不忍南北自相残杀,应请清帝速行退位,否则统兵入京。
1912年1月25日　来自iMG　　　　　　　　　　　　　　　　　转发:3　评论:2

**王宠惠 R:** 今天下午举行的国民会议特别会议,讨论了同盟会的政策,并作出有关议和以及孙逸仙博士自愿辞去共和国大总统职务以支持袁世凯的声明。
1912年1月25日　来自iMG　　　　　　　　　　　　　　　　　转发:58　评论:26

**伍廷芳 R: @袁世凯:** 现在停战之期既至一月二十九日上午八时为满,务望于期满以前,迅将清帝退位,确实宣布,以期和平解决,若清廷仍以争一君位之故,流全国之血,则咎有所在,非民军之责。
1912年1月26日　来自iMG　　　　　　　　　　　　　　　　　转发:0　评论:3

**我真是孙文 R: @陈炯明:** 维持困难,能否以广东铁路抵押借款。
1912年1月26日　来自iMG　　　　　　　　　　　　　　　　　转发:2　评论:8

评论:

**粤路公司回复我真是孙文:** 得先生电后即开股东会议,争而不决。
1912年1月26日　来自iMG

**戴草帽的蘑菇:** 你这个卖国贼! 你们革命党口口声声说朝廷卖铁路卖主权,你们呢? 真是站着说话不腰疼!
1912年1月26日　来自iMG

**鹤顶红回复戴草帽的蘑菇:** 权宜之计而已,你激动什么?
1912年1月26日　来自iMG

**戴草帽的蘑菇回复鹤顶红:** 你们这群乱党就是人前一套人后一套!
1912年1月26日　来自iMG

**鸭先知:** 以粤路抵押借外债,最终还是实行了。
2012年1月1日　来自时光隧道

**良弼 V:** 我辈军人,死何足惜,吾见政府不可为,故组织宗社党以图危局,今我死,清室亦亡,刺我者真知我者也。
1912年1月26日　来自大清微博　　　　　　　　　　　　　　　转发:7412　评论:4951

评论:

**我爱北京紫禁城:** 国失栋梁!

1912年1月26日　来自大清微博

**戴草帽的蘑菇：**到底是袁世凯干的还是革命党干的？

1912年1月26日　来自大清微博

**蜗族：**这打打杀杀生生死死的日子，什么时候才是个头啊！

1912年1月26日　来自大清微博

**盛宣怀：** @我真是孙文 R：借款之事义不容辞，但目前即以产业加以借押款，无人肯借，或如来电所云，华日合办，或可筹借。或由新政府将公司产业股款、欠款认可，即由政府与日合办，股东只要股款、欠款皆有着落，比允。否则，或由公司与日商合办，均可。

1912年1月26日　来自大清微博　　　　　　　　　　　　　转发：3　评论：12

---

评论：

**我真是孙文回复盛宣怀：**民国于您并无恶感情，若肯筹款，自是有功，外间舆论过激，可代为解释。惟所拟中日合办，恐有流弊。政府接认，亦嫌非妥当办法，不若公司自借巨款，由政府担保，现将各欠款清偿，留一二百万作重新开办费，再多借数百万转借于民国。

1912年1月26日　来自iMG

**范源濂 C：** @梁启超 C：汪精卫前在津、沪，屡次晤谈，即倾慕师之为人，兹由沪来函敬为转呈，即希省览。外寄汇票一纸计银元二千枚以备尊需。此款前与荷公商过，系南中筹得，由汪精卫交来，其心无他，唯有诚实仰慕之一念，濂深信之，可确为保证也。

**汪精卫 R：** @梁启超 C：我前此为反对君主立宪甚力之人，以此之故，致唇舌笔墨之际，往往开罪于先生，其实于先生之为人，未尝不心焉向往也。今者以国民之力，使中华民国立于大地之上，我敢决先生必不以其与夙昔宗旨相歧之故，而不愿其有成。此其取证，盖有在语言文字之外者，想先生必不以为谬也。方今共和之治，毕露萌芽，中国前途，悲观乐观，交萦于爱国者之胸中。以积学养望，夙以指导国民为念如先生者，其可无以教之乎？

1912年1月17日　来自iMG　　　　　　　　　　　　　　转发：10　评论：8

1912年1月26日　来自大清微博　　　　　　　　　　　　转发：0　评论：3

**我真是孙文 R：** @美国公使　@英国公使　@法国公使　@德国公使　@俄国公使　@日本公使：本总统甚愿让位于袁世凯。岂知袁忽欲令南京临时政府立即解散，此则为民国所万难照办者，盖民国之愿让步，为共和，非为袁氏也！袁若尽力共和，则今日仍愿相让。当袁氏闻民国愿举为总统之消息后，即一变其保清之态度，而力主清帝退位，至前此所议国民大会一节亦复尽行抹却。既而知民国必欲其实行赞成共和而决不肯贸然相让，堕其诡计，则袁氏又复变态矣！袁氏之意，实欲使北京政府、民国政府并行解散，俾得以一人以独揽大权！

1912年1月27日　来自iMG　　　　　　　　　　　　　　　　　　　转发：6　评论：11

**伍廷芳 R：@黎元洪 R：**唐绍仪已电段祺瑞，如尊处派员前往，宜即接洽，不知尊处是否已经派员前往？北洋将士赞同共和，理应与之联合。段现统第一、第二两军，处武汉前敌，则尊处就近与为接洽，必能泯除猜嫌，同定大局，但不可将他们视为投降者，以免挑起恶感。

1912年1月27日　来自iMG　　　　　　　　　　　　　　　　　　　转发：0　评论：4

---

评论：

**历史胖老师：**袁世凯通过北洋系向清廷施压，尽管他自己看似隐藏幕后，但谁都知道，被北洋系一班将士从来对袁世凯唯命是从，倘若没有他的振臂一呼，段祺瑞之辈在此时绝不敢擅权行动。

2012年1月1日　来自时光隧道

**我真是孙文 R：**此次议和，屡次展期，原欲以和平之手段，达到共和之目的。不意 **@袁世凯** 始则取消 **@唐绍仪** 之全权代表，继又不承认唐绍仪于正式会议时所签允之选举民国议会以决议国体之法。复于清帝退位之问题，业经彼此往返电商多日，忽然电称并未与 **@伍廷芳** 代表商及等语。民国既许以最优之礼对待清帝及清皇室，今以袁世凯一人阻力之故，致另共和之目的不能速达，又令清帝不能享逊让之美名，则袁世凯不特为民国之害，且实为清帝之仇。此次停战之期届满，民国万不允再行展期，若有变故，皆为袁世凯之咎！

1912年1月27日　来自iMG　　　　　　　　　　　　　　　　　　　转发：483　评论：157

**罗瘿公 C：@梁启超 C：**中国分裂，对日本和俄国最有好处。近来种种阻碍，皆日本人为之鼓动，将来政治进行，唯日本之阻力最大，最好能于日本民党中暗中煽动，使其对于政府有种种之骚扰，则其无能力干扰中国，此事任或可办到。✉

1912年1月27日　来自大清微博　　　　　　　　　　　　　　　　　共有11条私信

---

评价：

**鸭先知：**近代日本的几次侵华都造成了颠覆性的后果，甲午战争加速了清廷的崩塌，篡夺青岛扩大了中国国内反政府的力量，而八年抗战则彻底拖垮了民国。

2012年1月1日　来自时光隧道

**罗瘿公 C：** **@梁启超 C：** 袁世凯之心，千孔百窍，外人无从琢磨，日日言君位，至今尚未改口，只是松缓了一些，而其左右自唐绍仪明赞共和之外，如梁、赵秉君、杨度及其余，也都主张共和。前者已有真在天津组织临时政府，定初二赴津，车已久备，因津宅已预定矣。亲贵哄闹之后，此事暂阁。此时离停战期满不过两三日，而袁世凯神志从容，纯无焦急，足以断定袁世凯会主张共和。✉

1912年1月27日　来自大清微博　　　　　　　　　　　　　　　共有5条私信

---

评价：

**鸭先知：** 以后给姑娘写情书，可以借用这句话："某某之心，千孔百窍，无从琢磨。"
**@名言帝**

2012年1月1日　来自时光隧道

**罗瘿公 C：** **@梁启超 C：** 前两日恭亲王甚激昂，载泽亦甚主张听任袁世凯辞职，由铁良来组织内阁。他们只是哄闹而已。太后决不敢听任袁世凯辞职，袁世凯也必定不会辞职。这群人纷纷主战，非不能战也，战则重蹈义和团的覆辙，徒增糜烂，以至亡国，袁必不肯。观日内袁氏从容之态，而知袁必不放手。✉

1912年1月27日　来自大清微博　　　　　　　　　　　　　　　共有6条私信

**罗瘿公 C：** **@梁启超 C：** 昨日有袁世凯封一等侯之事，此极笑话。醇王谒太后，出即往告袁氏，即为此事，当系以此安其心，使其效忠，此真妇人孺子之见。皇位存废已在其手，一侯爵岂足以恬之耶。✉

1912年1月27日　来自大清微博　　　　　　　　　　　　　　　共有7条私信

---

评价：

**鸭先知：** 自身尚且难保，还以为一个小小爵位可以留住袁世凯？当真是妇人孺子之见。

2012年1月1日　来自时光隧道

**历史胖老师：** 非也非也！从老罗的前一条微博其实已经可以看出，满清皇族内部对于时局的看法并不统一，太后最终决定以名禄来稳定袁世凯之心，也算是顶着极大的压力了。只不过王朝已经颓废到如此地步，这种权宜之计又怎能影响袁世凯对未来的选择？

2012年1月1日　来自时光隧道

**段祺瑞 V：** 某国欲渔利，又岂止一某国，尚有怂恿外蒙独立，为吞并计者。祸机之发不知胡底，兄弟阋墙，外犹御侮。谋国利民福者似宜远瞻近瞩，审慎出之，我夙抱宗旨不忍地方再有糜烂、涂炭生灵；且公使俱在都门，秩序一乱，是将授以干涉之柄也。联奏昨夜半已到京，今日未知如何？况两军相持太近，时有冲突，已拟稍退，民军不可再进，致生恶感。孙、黄两公，统祈代为致意！

1912年1月28日　来自大清微博　　　　　　　　　　　转发：386　评论：1220

---

评价：

**鸭先知：**段祺瑞快要起义了！压倒骆驼的最后一根稻草已经长成了！

2012年1月1日　来自时光隧道

**历史胖老师回复鸭先知：**段祺瑞一生"三造共和"，这是第一次。

2012年1月1日　来自时光隧道

**名言帝回复历史胖老师：**段祺瑞？就是鲁迅《纪念刘和珍君》里那个执政的刽子手？我还记得里面那些名言哩！"沉默啊，沉默，不在沉默中爆发，就在沉默中灭亡！""惨象，已使我目不忍视了；流言，尤使我耳不忍闻。"还有，还有，"就将这作为后死者的菲薄的祭品，奉献于逝者的灵前。"

2012年1月1日　来自时光隧道

**鸭先知回复名言帝：**姑娘，这些主动暴露年龄的名言就少说点吧……鲁迅……现在的语文课本里还有几篇鲁迅的文章？何况，历史不只是由名言构成的！历史复杂得很！刘和珍这件事不是你想象得那么简单。

2012年1月1日　来自时光隧道

**历史胖老师回复名言帝：**段祺瑞一生确实"三造共和"，这是梁启超说滴，不管段祺瑞在其中私心有多少、公德有多少，他确实有功于民国。鲁迅写这篇文章时，背景是很复杂滴……

2012年1月1日　来自时光隧道

**名言帝回复鸭先知：**喊！一看你就是上学时不好好读课文的家伙！鲁迅白纸黑字写在那里，你默写时肯定默不出来被叫到墙角罚站了！还是胖老师好，胖老师又博学又谦逊。我问胖老师去！

2012年1月1日　来自时光隧道

**鸭先知回复名言帝：**你这种孩子，就是让无聊的教育给害了。你可知道，鲁迅并没有写段祺瑞对开枪毫不知情，事后更在广场上长跪不起，也没有写段祺瑞从此誓言食素，即便晚年因营养不良导致体质下降也没有改变，"人可死，荤不可开。"

2012年1月1日　来自时光隧道

**鸭先知回复历史胖老师：**哎哟喂，老胖！我发现一个问题哎，你回复姑娘时怎么不用"非也非也"啦？

2012年1月1日　来自时光隧道

**历史胖老师回复鸭先知：**咳咳！

2012年1月1日　来自时光隧道

**伍廷芳 R：** @我真是孙文 R　@黄兴 R　@黎元洪R：段君洵明大义，我已屡请黎副总统速派员与之接洽，黄陂等处，两军尤为接近，更须妥为处置。并望大总统、陆军总长致电段君与之联络，以期一致进行，完全达到共和目的。

　　**段祺瑞 V：**某国欲渔利，又岂止一某国，尚有怂恿外蒙独立，为吞并计者。祸机之发不知胡底，兄弟阋墙，外犹御侮。谋国利民福者似宜远瞻近瞩，审慎出之，我夙抱宗旨不忍地方再有糜烂、涂炭生灵；且公使俱在都门，秩序一乱，是将授以干涉之柄也。联奏昨夜半已到京，今日未知如何？况两军相持太近，时有冲突，已拟稍退，民军不可再进，致生恶感。孙、黄两公，统祈代为致意！

　　1912年1月28日　来自大清微博　　　　　　　　　　　　转发：386　评论：1220

1912年1月28日　来自iMG　　　　　　　　　　　　　　　　转发：13　评论：20

**伍廷芳 R：** @我真是孙文 R：停战之期至明日上午八时为满，不再展期，已经决定。惟段祺瑞现为北洋四十二将校联名电奏清廷，速行宣布共和。段现统第一、第二两军，处武汉前敌。如黎副总统与之接洽，则明日武汉方面可联为一，不致复有战争之事。至张勋一军，唐绍仪屡电劝其赞同共和，张回电反对。唐君又电袁内阁嘱其严饬张军，勿得暴动。倘明日停战期满，张依然跳梁，则兵衅非自我开，更可令天下万国知曲直所在。

1912年1月28日　来自iMG　　　　　　　　　　　　　　　　转发：7　评论：11

**伍廷芳 R：** @袁世凯：张勋昨又分兵由王庄、宿州、固镇、向临淮、蚌埠、怀远、涡阳四路进兵，殊属显违信约。祈电表内阁迅速严加诘责阻止为要。是张勋先行违约进兵，如阁下不加诘阻，则破坏和约之咎，不在民军。

1912年1月28日　来自iMG　　　　　　　　　　　　　　　　转发：0　评论：4

---

评价：

**鸭先知：**张勋这种自始至终都很坚定的保皇立场，现在看来，其实还挺可爱的。

2012年1月1日　来自时光隧道

**历史胖老师回复鸭先知**：张勋虽然保皇，却也对袁世凯尊崇备至，如果要在皇上和袁世凯之间做一个选择，他似乎还是倾向于后者多一些。
2012年1月1日　来自时光隧道

**我真是孙文 R**：禁止仇杀保皇党人。
1912年1月28日　来自iMG　　　　　　　　　　　转发：4　评论：8

**我真是孙文 R**：@临时参议院 R：革命之事，破坏难，建设尤难。
1912年1月28日　来自iMG　　　　　　　　　　　转发：22　评论：19

**章太炎 R**：@我真是孙文 R：请力谋调处同盟会与光复会两会关系。
1912年1月28日　来自鸽Phone　　　　　　　　　转发：0　评论：5

**我真是孙文 R**：@陈炯明　@同盟会　@光复会：近闻在岭东之同盟会、光复会不能调和。二党宗旨，初无大碍，特民生主义之说稍殊耳。两会欣戴宗国，同仇建房，非只良友，有如弟昆；纵前兹一二首领政见稍殊，初无关于全体。今兹国新立，建房未平，正宜协心同力，以达共和之目的。
1912年1月28日　来自iMG　　　　　　　　　　　转发：7　评论：11

**我真是孙文 R**：@蒙古王公贡桑诺尔布 V：民国革命之宗旨为群起扫除专制，并非仇满，实欲合全国人民，无分汉、满、蒙、回、藏，相与共享人类之自由。
1912年1月28日　来自iMG　　　　　　　　　　　转发：16　评论：29

**张謇 C**：@汪精卫 R：极盼以和局成就为人民幸福，此君解事可喜。
1912年1月29日　来自大清微博　　　　　　　　转发：0　评论：12

**伍廷芳 R**：@我真是孙文 R @黎元洪 R：段祺瑞联合各路统兵大员，主张共和，我已屡次请黎副总统派员与之接洽，尚未得复，至为廑系。如彼此接洽妥协，则武汉方面当不至再有战事。
1912年1月29日　来自iMG　　　　　　　　　　　转发：5　评论：13

评价：
**鸭先知**：我越来越讨厌黎元洪这家伙了，时刻打着自己的小算盘，计较着得失，又优柔寡断。唉，时无英雄，使竖子成名！

2012年1月1日　来自时光隧道

**历史胖老师回复鸭先知：**乱用名言！什么叫"时无英雄"？袁世凯、段祺瑞不是英雄吗？孙中山、黄兴不是英雄吗？梁启超不是英雄吗？　**@名言帝**

2012年1月1日　来自时光隧道

**名言帝回复鸭先知：**胖老师说得真好！

2012年1月1日　来自时光隧道

**鸭先知回复历史胖老师：**老胖，你应该开一门"搭讪学"的课……

2012年1月1日　来自时光隧道

**历史胖老师回复鸭先知：**说这些有的没的干嘛？你设身处地想一想，如果你是黎元洪，面对这么复杂的局势，你又会怎么做？

2012年1月1日　来自时光隧道

**我真是孙文 R：　@中华国货维持会：**民国易服之问题，衣式之要点在于卫生，便于动作，宜于经济，状于观瞻。同时，又须使丝业、农业各界力求改良，庶衣料仍不出国内产品。

1912年1月29日　来自iMG　　　　　　　　　转发：2931　评论：1582

评价：

**蜗族：**国家糜烂成这样，还有心思设计衣服，难不成又要强迫我们买这种衣服穿？革命啊革命，革来革去，还不是革老百姓的腰包？

1912年1月29日　来自iMG

**鹤顶红回复蜗族：**民国伊始，要有新风气，当然要改换服装。再说了，为国家掏点钱，你就这么多废话？

1912年1月29日　来自iMG

**戴草帽的蘑菇：**我大清子民，决不穿乱党的衣服！

1912年1月29日　来自大清微博

**鹤顶红回复戴草帽：**那我们就用你们几百年的残暴来回答你们！"留头不留服，留服不留头！"

1912年1月29日　来自iMG

**我真是孙文回复鹤顶红：**要宽容。对待敌人更要发挥人间大爱。

1912年1月29日　来自iMG

**诺亚子：**我严重怀疑　**@我真是孙文**　是服装厂的幕后老板！民国易服不过是他中饱私囊的手段！我马上就会发起对　**@我真是孙文**　的调查，欢迎各位网友积极提供线索以及物质援助。

**我真是孙文 R：** **@中华国货维持会：**民国易服之问题，衣式之要点在于卫生，便于动作，宜于经济，状于观瞻。同时，又须使丝业、农业各界力求改良，庶衣料仍不出国内产品。

1912年1月29日　来自iMG　　　　　　　　　　　　转发: 2931　评论: 1582

1912年1月29日　来自iMG　　　　　　　　　　　　转发: 1526　评论: 472

**段祺瑞 V：** **@伍廷芳 R：**武汉代表易来孝，已令僚属接洽。我昨晚移驻广水为保和平，不意后来之车，遇放火药二次，车虽无大损，因之稽迟，致与后车相触，死伤二十余人，士气大愤。此等举动能否严禁，勿令我过于为难也。已派混成一标又步五营赴京，又商阁府部拟令第二镇旋保，相机进止。虽然如是，不能一蹴而就也。✉

1912年1月30日　来自iMG　　　　　　　　　　　　　　　　共有18条私信

**莫理循：**令人惊讶的是在北京这样的城市里，有那样多的中国人设法购置武器。价格为四十五法郎的勃朗宁左轮手枪在北京卖一百两银子一支。我的一个丹麦朋友告诉我，三百五十个袁世凯的人员，身着便服，带着勃朗宁左轮手枪，大部分是他自己卖给他们的。今天他卖了他所有的最后十一支枪。袁世凯采取了一切防伪措施，但是很难想象他怎样能够逃开暗杀。

1912年1月30日　来自代理服务器　　　　　　　　　　　　转发: 13　评论: 18

**唐绍仪：** **@伍廷芳 R：**今日召见皇族，均不反对，亦不便遽言共和，上意亦活动，拟明日先觅一密旨，如可得，即与您作正式谈商。稍迟数日，乃宣布。因禁卫军反对极力，冯国璋不能制，现正添兵布置也。✉

1912年1月30日　来自iMG　　　　　　　　　　　　　　　　共有25条私信

**莫理循：**上个星期五夜里，满洲人当中最好战的良弼去看袁世凯。良弼离开袁世凯的住所后，驱车前往北城的肃亲王府，然后回到他西城的家。当他从台阶上走向屋里时，有一个身穿禁卫军制服的人跟上去同他讲话。就在他转回身的时候，这个人向他掷了一枚炸弹，正撞在良弼所站的台阶上。炸弹爆炸，炸死了投弹的人，也使良弼的左腿重伤。这事发生在夜里十一点钟。

1912年1月30日　来自代理服务器　　　　　　　　　　　　转发: 29　评论: 21

**莫理循：**良弼用电话召来一向给他看病的河田医生，这位日本医生立时驱车从城的另一端赶来，途中被中国警卫士兵拦住，耽搁了十分钟。如果他们再多耽搁五分钟那就来不及了。事情就是这样，良弼已经奄奄待毙，因为没有一个人想到把他的大腿用止血绷带扎紧。人们把他抬到床上，等他从昏迷中醒来时，医生们从他的膝关节处锯掉了他的腿。……倘若今天我打电报告诉你他的死讯，那是不会使人感到意外的。
1912年1月30日　来自代理服务器　　　　　　　　　　　　转发: 25　评论: 19

> 评论：
> **鸭先知：** 主战派的良弼被炸死，终于彻底打消了清廷负隅顽抗的决心。这个时代，还得靠暗杀来说话，也真是莫大的悲哀。
> 2012年1月1日　来自时光隧道

**溥伟 V:** 得到密信，赵秉钧等密请袁世凯将诸皇族尽驱入宫，以兵守禁城，俟共和告成再说，又有派遣军队，护卫各府，名曰保护，实监其出入之谋! 真是狠毒! 各位回见!
1912年1月30日　来自大清微博　　　　　　　　　　　　转发: 16　评论: 11

**莫理循：** 所有满洲高级官僚中最邪恶的铁良，一听说谋杀他兄弟的消息便逃离北京。目前他在天津，那里还有皇族的各系宗亲。
1912年1月30日　来自代理服务器　　　　　　　　　　　　转发: 41　评论: 8

**伍廷芳 R: @库伦电局商会:** 听说蒙汉同胞均赞成共和，幸有电局顾元衡、商会总理陈大业这二位先生提倡热诚，曷胜钦佩。
1912年1月30日　来自iMG　　　　　　　　　　　　　　转发: 4　评论: 5

**蔡锷 C: @我真是孙文 R:** 查各省通用银元、银币均系满清旧模，现神州光复，建设共和，总统已立，民国基础确定，应铸造新币，以重圆法，而崇国体。拟请速造中华民国银铜圆新模，颁行通用，以便陆续收回旧币，以免淆乱耳目。
1912年1月30日　来自iMG　　　　　　　　　　　　　　转发: 5　评论: 4

**莫理循：** 昨天，我们收到两封电报——一封是德国人拍来的，内称那里又发生战斗，革命军已被击退。第二份电报是我们驻南京领事拍来的，说是那里又交火，二万五千名革命军正在推进。碰到这种情况，一个记者该怎么办？
1912年1月30日　来自代理服务器　　　　　　　　　　　　转发: 426　评论: 38

**鸽Phone即时快讯 R:** 财政部奉令发行南京军用钞票。
1912年1月31日　来自鸽Phone　　　　　　　　　　　　转发: 4　评论: 2

# 1912 / 2

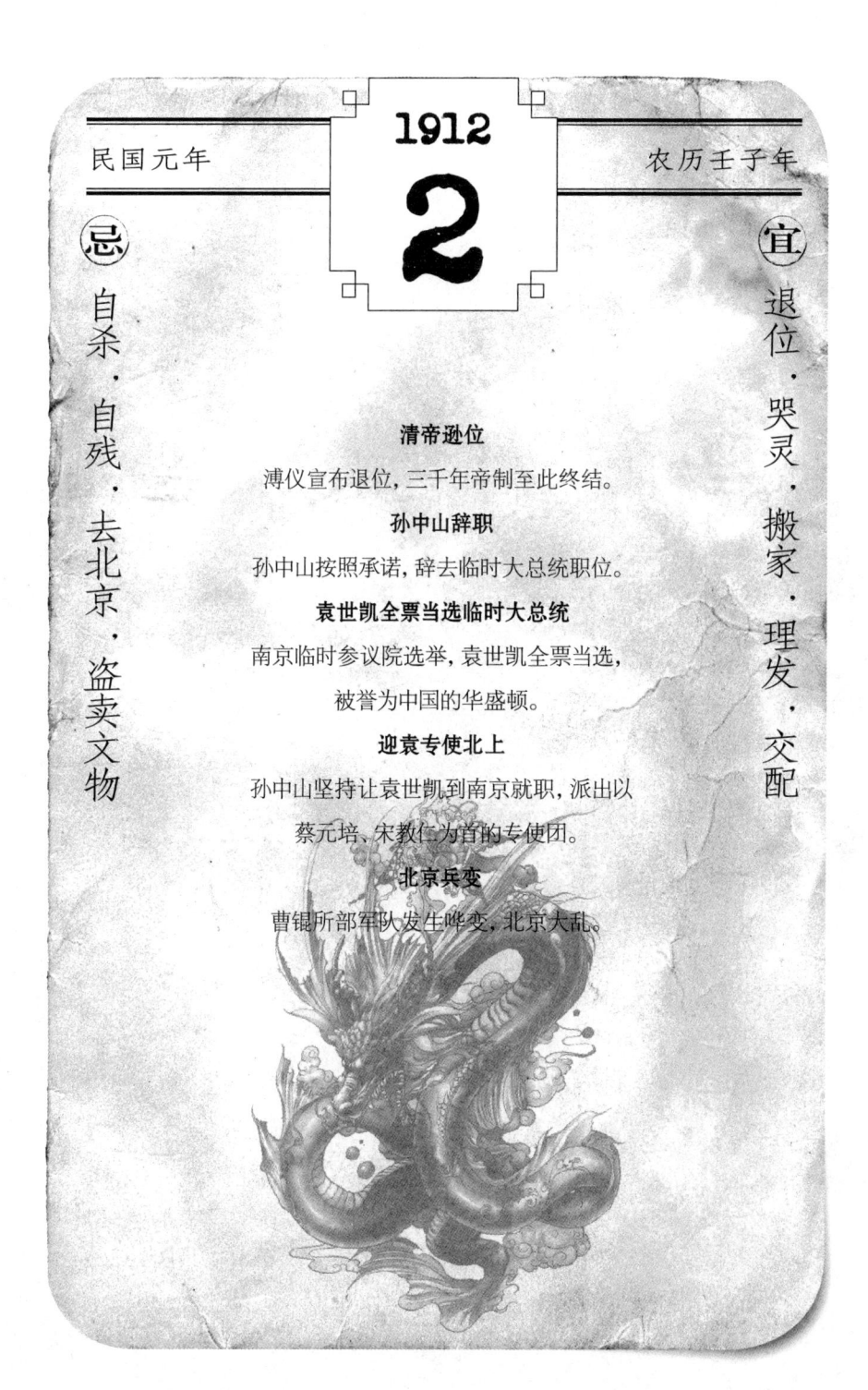

民国元年　　农历壬子年

**忌**：自杀・自残・去北京・盗卖文物

**宜**：退位・哭灵・搬家・理发・交配

### 清帝逊位
溥仪宣布退位，三千年帝制至此终结。

### 孙中山辞职
孙中山按照承诺，辞去临时大总统职位。

### 袁世凯全票当选临时大总统
南京临时参议院选举，袁世凯全票当选，被誉为中国的华盛顿。

### 迎袁专使北上
孙中山坚持让袁世凯到南京就职，派出以蔡元培、宋教仁为首的专使团。

### 北京兵变
曹锟所部军队发生哗变，北京大乱。

**段祺瑞 V:** 力主共和!
1912年2月1日　来自大清微博　　　　　　　　　　　　转发: 5154　评论: 2672

**我真是孙文 R: @黎元洪 R:** 北军赞同共和, 似无疑义。 **@段祺瑞** 既经贵处与之协商, 彼军退时, 可勿相逼, 以免疑心, 而生冲突。
1912年2月1日　来自iMG　　　　　　　　　　　　　　转发: 67　评论: 19

**康有为 C: @梁启超 C:** 黎元洪照会雪梨, 希望认民军债, 吾意欲不必应之, 吾党有款, 何必要供给革命党? 汝意云何, 可见告, 以便议复电。女同安有病, 因不通日语未请医, 家人过于拘滞。望代请小儿之医, 令人代译为望。
1912年2月2日　来自代理服务器　　　　　　　　　　　转发: 3　评论: 4

---

评论:

**鸭先知:** 康有为这些年都是怎么过的呀……
2012年1月1日　来自时光隧道

**伍廷芳 R:　@北京蒙古联合会:** 贵会赞同共和, 诚五大民族之幸福, 无任敬佩。所称蒙古制度、风俗、语言、文字向与内地不同, 此非独蒙古为然, 即内地各省风气亦有参差, 将来实行共和, 互为扶持, 自能融合无间, 至于逼处强邻, 凡我同胞咸深忧患。倘能同心协力, 内治既理, 外侮自可无虞。前此南北隔膜, 谣诼繁兴。今兹开心见诚, 同努力于共和政体之成立。则前日之危疑, 正以促今日之相亲相爱也。
1912年2月2日　来自iMG　　　　　　　　　　　　　　转发: 5　评论: 11

评论：

**名言帝：** 前日之危疑，正以促今日之相亲相爱也。——伍廷芳

2012年1月1日　来自时光隧道

**乔·柏来乐：** 伍廷芳给我的印象是一个闲扯淡的家伙，不是一个倡导革命的人。孙中山每当有危险时总是躲进幕后。

1912年2月3日　来自代理服务器　　　　　　　　　　　　　　转发：0　评论：2

**我真是孙文 R: @日本政界&财界联络渠道森恪：** 我们希望将满洲委托给日本，而日本给革命以援助。……万一此数日间无足够资金以救燃眉之急，许多军队要离散，革命政府将遭瓦解的命运。作为最后办法，在革命政府最后崩溃以前，在军队离散以前，与袁世凯缔结议和，抑止天下大乱，以后慢慢筹集军资，再图大举。……然如在阴历年底得不到一千五百万元，则只有把政权让给袁世凯。希望日方提供至急的现金，以防止军队之溃散。✉

1912年2月3日　来自iMG　　　　　　　　　　　　　　　　　　共有39条私信

评论：

**鸭先知：** 孙中山打算把满洲割让给日本，以此换得日本的资助，这算不算卖国？

2012年1月1日　来自时光隧道

**历史胖老师回复鸭先知：** 非也非也，孙中山要"驱除鞑虏，恢复中华"，满洲本是满清的发源之地，让出去倒和他们断绝了关系。

2012年1月1日　来自时光隧道

**鸭先知回复历史胖老师：** 难道满洲是个阑尾？这可是华夏的领土啊！

2012年1月1日　来自时光隧道

**森恪：** **@益田孝** 因财政穷困，在旧历年底以前如能得到一千五百万元，则能战争，革命政府不致陷入混乱。与汉冶萍公司有五百万元借款成立，故以招商局作担保与日本邮船会社、英德美国一千万元借款在交涉中，若五日内两项借款无望，则万事皆休，孙中山、黄兴将与袁世凯和议，可能授袁世凯以政权。孙中山答应租借满洲。✉

1912年2月3日　来自代理服务器　　　　　　　　　　　　　　共有25条私信

评论：

**鸭先知：** 日本人行动还真快……

2012年1月1日　来自时光隧道

**我真是孙文 R：　@姜亢虎：** 社会主义虽人类共同思想，实西洋最新之学说，函需输入新著，使一般人可解宗旨为入手第一义。自苦政务太繁，不能躬任主持，拟令长子　**@孙新**　自美洲回国者赞助其事。

1912年2月3日　来自iMG　　　　　　　　　　　　　　　转发：0　评论：3

评论：

**鸭先知：** 孙中山1912年就开始谈社会主义了……太时尚了……

2012年1月1日　来自时光隧道

**历史胖老师回复鸭先知：** 这些概念在那个年头，就像郭美美爱的玛莎拉蒂差不多。

2012年1月1日　来自时光隧道

**鸭先知回复历史胖老师：** 嘘……老胖，小心微博大管家……

2012年1月1日　来自时光隧道

**何宗莲：　@我真是孙文 R：** 北方各界，并非均不赞成共和，即满人中亦居多赞成。不过以时势观各界，实因民军訾北人有不两立之势，又到处残杀满人，骤举总统，意近除去专制复行专制耳。

1912年2月3日　来自iMG　　　　　　　　　　　　　　　转发：0　评论：5

评论：

**我真是孙文回复何宗莲：** 我要救同胞于水火，毫无私意于其间。共和民国，系结合汉、满、蒙、回、藏五大种族共谋幸福，安有自分南北之理，更安有苛待满族之理？若赖公等之力，令共和国家早日成立，我当即避贤路。

1912年2月3日　来自iMG

**张浩 C：　@梁启超 C：** 不久以前，智若兄到沪，述及康有为之政见，偏僻迂谬，不切时势，万无附从之理。袁世凯早已赞成共和，南北磋商今复就绪，逊位之事发表在即。吾党不欲登舞台则已，如其欲之，必须早与袁世凯携手，方能达成目的。　**@梁炳光　@冯翼年　@何天柱** ✉

1912年2月3日　来自大清微博　　　　　　　　　　　　　共有6条私信

评论：

**历史胖老师：** 梁启超越成长，与老师康有为之间的分歧也就越大，而康有为在大势面前依然坚持君主制,更成为两人分歧的焦点,师徒之间的决裂,已经在所难免。

2012年1月1日　来自时光隧道

**星座八爷回复历史胖老师：**小梁可是月土摩羯,要是论沉潜论腹黑,小梁绝对更胜一筹。但小梁现在依然不忍心跟老师决裂,其实也是因为双鱼本色,重感情,爱和谐。

2012年1月1日　来自时光隧道

**历史胖老师回复星座八爷：**您又在这里瞎白话了。那么请问,为什么老康没有办法始终包容自己的爱徒?

2012年1月1日　来自时光隧道

**星座八爷回复历史胖老师：**在心理学的观点中,如果这个世界只有两个人,那么这两个人的角色不能一模一样,一旦有一方扮演了好人,另一方就会下意识地走向他的反面以寻求自我认同。

2012年1月1日　来自时光隧道

**历史胖老师回复星座八爷：**

2012年1月1日　来自时光隧道

---

**张浩 C：　@梁启超 C：**南中首领与你的感情原本挺融洽的,只是因为康有为的信被披露,语言过火,挑动恶感,有一部分人极为衔愤,日恣诽谤,腾电相闻,遐迩宣传,互相指目,若不即行自辩,必于前途有碍,请兄再作大文字一篇,以发表最近之政见,斡旋前文,自完其说,此实为目前之要者,幸速为之,勿更延缓。　**@梁炳光　@冯翼年　@何天柱**　✉

1912年2月3日　来自大清微博　　　　　　　　　　　　　共有11条私信

**张浩　@梁启超：**近来,杨度也改变宗旨,设立共和促进会,并未有人讥其反覆,《大共和报》力嘉许之。政见本随时势而变迁,不足为病也。如康有为决不以为然,出其专制之力来相阻隔,则各树一帜,各行其是,万不可再屈以求合。古人云:机者难得而易失,时乎时乎不再来。吾辈已过中年,宁堪再误?　**@梁炳光　@冯翼年　@何天柱**　✉

1912年2月3日　来自大清微博　　　　　　　　　　　　　共有9条私信

---

评论:

**历史胖老师：**康有为、梁启超师徒分裂,已如箭在弦上,不得不发。是性格使然,更是时代使然。

2012年1月1日　来自时光隧道

**康有为 C：　@梁启超 C：**今商务之败固多端,亦非一人,而最甚者叶恩也。侵盗浪支三十余万……吾一切与汝共事,互有得失,吾亦不肯诿过于人。试问商败至今五六年,吾曾有一言以用叶委过于汝乎？若有则人应闻之。若必责我，则我最大罪为不能坚守拒汝之荐叶也。汝可反躬思之，汝不迫吾认错，吾亦不及此也。若当时破除情面，拂汝大怒而不受叶，则商务无今日之败，亦无命案，且必开党禁。然而必败者，则旧朝当亡，必生出种种支离也。不然以汝之智，何受人些须招呼小惠，而付人以数百万之大业乎？

1912年2月4日　来自大清微博　　　　　　　　　　　转发：0　评论：15

---

评论：

**鸭先知**：说到底，还不是因为钱。所有的反目，创业的合作者，师徒，甚至家人都是如此。不信你去看每天黄金时段，除了新闻联播，一定是家庭纠纷。

2012年1月1日　来自时光隧道

**星座八爷回复鸭先知**：双鱼座的小康素来以孔夫子传人自居，而且他的感觉之细腻感情之丰富也不亚于夫子。孔夫子有雅量，而小康这样的人器量就没那么大了，而且想象力很丰富，要是觉得有人要背叛自己，自己脑海里余音绕梁，加上旁边有人挑唆，绝对三人成虎，变成铁板上钉钉的事实。注意，夫子最在乎的是师生情谊，不是爱情。

2012年1月1日　来自时光隧道

**星座八爷**：当老康遇到小梁，就可以拍一部电影，叫《世上的另一个我之民国版》。两个人都是太阳水星第十宫双鱼啊有木有，两个人都是金星白羊啊有木有，两个人都是火星第六宫天蝎啊有木有，太像了有木有！如果这两个人一男一女，谈恋爱一定会分手，因为两只刺猬在一起凑太近只会互相伤害；如果这两个人是师父和徒弟，早晚分道扬镳啊，谁能忍受一个比自己年轻十五岁的那么优秀的自己天天在跟前晃？谁能忍受十五年前的自己跨越时空遇见你？

2012年1月1日　来自时光隧道

**名言帝回复星座八爷**：谁说很像就一定会分手？我跟我男朋友到现在还是如胶似漆呢。

2012年1月1日　来自时光隧道

**星座八爷回复名言帝**：这位姑娘，有一个词叫"七年之痒"，陈奕迅还唱过一首红遍祖国大江南北的《十年》……好吧这一切当八爷没说，八爷谨代表全中国人民祝福你的爱情早日修成正果。

2012年1月1日　来自时光隧道

---

**康有为 C：@梁启超 C**：与汝隔别八年，积疑在胸，纵汝谅我，亦宁能无少存于胸乎？然观墨事如此，真天也，亦可以已矣……汝频书大怂，吾曾一言攻之否？来时且为之辩，即吾家人亦不知之。即汝乎，不知汝含怂意如何，而敢于不揣摩心理而径行其忠者，自问真无

分毫有他，而亲如父子兄弟，故致触汝之逆鳞也。若有少揣心理，知汝羽毛丰满，又学博名高，应退让以寻常友朋相待，则岂敢于大名鼎鼎之汝、为副大臣之后，而致其冒渎干涉者哉？吾与汝比翼连枝，空积于心者不亲不祥。

1912年2月4日　来自大清微博　　　　　　　　　　　转发：0　评论：15

评论：

**星座八爷**：忍不住，还是要来揭秘康梁分歧真正的原因：小梁的木星落在第四宫的狮子座，第四宫是田宅家庭宫，也涉及自我观念与外在环境之间的关系。如果把传统的家庭观念放大到整个内心的领域，在木星这颗吉星的照耀之下，王者之风必然会锋芒毕露。而相对保守念旧的老康，怎能容忍爱徒羽翼渐丰，展翅翱翔？怎能容忍爱徒声威渐隆，一呼百应？

2012年1月1日　来自时光隧道

**我真是孙文 R**：　@今村长藏 R：时局至此，已非停战问题，乃在南北合力一致，联师北上，以实力定大局。

1912年2月4日　　来自iMG　　　　　　　　　　　　转发：0　评论：3

**我真是孙文 R**：　@《申报》：袁世凯提议再停战期展长7日，此举似可不必，盖关于停战问题之一切计划，早与清军从战之各将领议定也。

1912年2月4日　　来自iMG　　　　　　　　　　　　转发：0　评论：5

**罗瘿公 C**：　@梁启超 C：日来共和政体已决定，君主议论已渐灭无余，京中报馆并改变言论，所尚持君主论者，仅资政院议员所开《民视报》耳，仅数百纸，不足轻重也。

1912年2月5日　来自大清微博　　　　　　　　　　转发：0　评论：4

**罗瘿公 C**：　@梁启超 C：有一说法，诏纸已备好，宝交到袁世凯之手。袁世凯挟以为与南方磋商之据，已电知孙氏，此说最近之。

1912年2月5日　来自大清微博　　　　　　　　　　转发：0　评论：11

**罗瘿公 C**：　@梁启超 C：都中有一种议论，谓共和发布后，旗人恨极，往焚报馆杀人以泄愤。另一种谓暗杀党，列君主党名数十人，必尽杀之。

1912年2月5日　来自大清微博　　　　　　　　　　转发：0　评论：9

评论：

**鸭先知：** 袁世凯就险些遭到毒手。而共和也在这血路上建立起来。
2012年1月1日　来自时光隧道

**莫理循：** 从英国发来的一封电报说路透社自北京发出了如下的电文："谕旨已经颁发，指示袁世凯阁下与南方共和派合作组成共和政府。此事尚未公之于众，但不致出现麻烦。"这道谕旨正由梁士诒草拟中，昨天他还同我磋商这件事。他认为在十天之内不可能颁发，因为尚有种种细节必须同孙逸仙商定。最主要的难题是给孙中山本人安排什么职位。
1912年2月6日　来自代理服务器　　　　　　　　　　　　　　　转发：0　评论：8

**伍廷芳 R：** **@袁世凯** 前日颍州告战，倪嗣冲令人揭红十字会旗出城，在战线前后侦察。嗣将我在四十铺待该会医治伤兵全泼洋油焚毙；死者破棺弃尸，惨无人理，请向袁内阁严重交涉，以警将来而清界限。否则再有战事，**@红十字会** 我军不认保护，难免危险。
1912年2月6日　来自iMG　　　　　　　　　　　　　　　　转发：0　评论：4

---

评论：

**鸭先知：** 红十字会我军不认保护。　**@名言帝**
2012年1月1日　来自时光隧道

**伍廷芳 R：** **@袁世凯** 关于皇帝逊位后优待之条件：第一款，清帝逊位之后，尊号仍存不废，以待外国君主之礼相待。第二款，清帝逊位之后，岁用四百万元，由中华民国政府付与。第三款，清帝逊位之后，暂居宫禁，日后移居颐和园，侍卫照常留用。第四款，清帝逊位之后，其宗庙陵寝，永远奉祀，由中华民国酌设卫兵，妥慎保护。第五款，清德宗崇陵未完工程，如制妥修，其奉安典礼，仍如旧制，所有实用经费，均由中华民国支出。第六款 以前宫内所用各项执事人员，可照常留用，惟以后不得再招阉人。第七款 清帝逊位之后，其原有之私产，由中华民国特别保护。第八款 原有之禁卫军归中华民国陆军部编制，额数、俸饷仍如其旧。
1912年2月6日　来自iMG　　　　　　　　　　　　　　　　转发：3950　评论：1778

---

评论：

**蜗族：** 桃花潭水深千尺，不及我爸是皇上。退个位还有这么多优待，我们这些草民真是白活了，只能每天烧香念佛，期待过个54年能生个好人家。
2012年1月1日　来自iMG

**戴草帽的蘑菇：** 你们这群乱臣贼子，这些算什么优待条件！简直是对皇上、太后的羞辱！

1912年2月6日　来自大清微博

**鹤顶红**：有这些钱还不如喂狗！我们辛辛苦苦革命，到头来还要养着他们？！

1912年2月6日　来自iMG

**小甜甜**：嫁人还得嫁皇上，有房有车，退位了每年还有大把的银子。

1912年2月6日　来自iMG

**蜗族回复小甜甜**：皇上还有三宫六院呢，你怎么办？

1912年2月6日　来自iMG

**诺亚子**：这笔钱是从哪里来的？你们有什么权力做这笔交易？

1912年2月6日　来自iMG

**飞刀**：你们哪那么多废话！花点钱就能走向共和，不是挺好的吗？非得再流血你们才开心吗？

1912年2月6日　来自iMG

---

**伍廷芳 R**：@袁世凯：关于清皇族待遇之条件：一、清王公世袭概仍其旧。二、清皇族对于中华民国国家之公权及私权与国民平等。三、清皇族私产一体保护。四、清皇族免当兵之义务。

1912年2月6日　来自iMG　　　　　　　　　　　　　　　转发：1560　评论：911

**段祺瑞 V**：@伍廷芳 R：北方军界不忍生灵涂炭，现多主张共和政体，朝廷亦无成见。无非尊重人道，以国利民福为宗旨。朝廷若以政权公诸国民，为数千年未有之盛德，凡成臣民自应欢迎感戴，以尽报答之微忱。我军界同人，协同北方各界商议优待条件，务请贵代表照此承认。@冯国璋 @姜桂题 @张勋 @翼长 @段芝贵 @倪嗣冲 @曹锟

1912年2月6日　来自iMG　　　　　　　　　　　　　　　转发：8118　评论：3514

评论：

**鹤顶红**：老段好样的！回头找你喝酒去！

2012年1月1日　来自iMG

**戴草帽的蘑菇**：呜呼哀哉！皇上这是养了一群狼啊！大清休矣！

2012年1月1日　来自大清微博

**蒙古联合会 V**：@伍廷芳 R：全国人心现已多数趋于共和，朝廷以国家为重，俯顺民情，并无成见。惟皇氏既以国利民福为念，不私政权，公之国民。国民如愿以偿，可省无数头颅生命，是皇室让德之隆，诚为古今中外所罕有。按之报施之道，自应格外尊崇尽礼，以厌四方之观听，以副改革之初心。

1912年2月6日　来自iMG　　　　　　　　　　　　　　　　　　　　转发: 3　评论: 8

**段祺瑞 V:** **@裕隆太后 V:** 共和国体，原已致君于尧舜，拯民于水火。乃因二三公迭次阻挠，以至恩典不颁，万民受困。现在全局威迫，四面楚歌，京津两地，暗杀制动党林立，稍疏防范，祸变即生。三年以来皇族之败坏大局罪实难数。时至今日，皇上欲求之一安富尊荣之典，四万万人欲求一生活之路而不见许，瑞等不忍宇内有此败类也，谨率全体将士入京，与王公制陈利害，挥泪登车，昧死上达。

1912年2月6日　来自大清微博　　　　　　　　　　　　　　　　　转发: 527　评论: 119

**我真是孙文 R:** **@招商局:** 各位董事、股东，政府因为军需国用，非得巨款无以解决民国之困难。战士既不惮牺牲其生命，则我商民亦必致其力尽义务于国家。前者提出以招商局局产抵押借款之议，实于贵局之权利利益毫无所损。

1912年2月6日　来自iMG　　　　　　　　　　　　　　　　　　　　转发: 0　评论: 3

**徐佛苏 C:** **@梁启超 C** **@汤觉顿 C:** 我预感，时局将有结果，党派当着先组织，并细察国中将来党派，其一为现政府党，袁世凯为魁；其一为民党，孙中山为魁。这两派都比较有希望成为大。但这两党，都不是能和我们有一致行动的派别。若公等虽亦有大党之希望，然此刻不必显然独立一帜，盖最近发起时，势力不如彼两党之大，入党者必怀观望，且恐彼两党误会我与之反对也。故公等于最近间以虚待为宜，然又不可不稍祭其基，弟再四思之，刻下以加入黎元洪一党为得。✉

1912年2月6日　来自大清微博　　　　　　　　　　　　　　　　　共有8条私信

**徐佛苏 C:** **@梁启超 C** **@汤觉顿 C:** 黎元洪在武昌，现发起一民社，人才颇多，黎若任其魁，有数善在。一则彼素超然于各党之外，彼出则可调和各党派而泯其形迹，入党者必多。一则彼系军队要人，吾国将来毫无阶级，纯系平民政治，然同为平民，各党相持又无可判其胜负，于是不得不挟军队以卫其主义，故吾国之政治可名之曰平民的军队政治也。有军队要人为党之中枢，故吾国之政治可名之曰平民的军队中恒指也。有军队要人为党之中枢，则军队加入者必多，故现在以黎为最相宜。✉

1912年2月6日　来自大清微博　　　　　　　　　　　　　　　　　共有11条私信

**张謇 C:** 与孙中山、黄兴，争汉冶萍不可与日人合资。

1912年2月7日　来自大清微博　　　　　　　　　　　　　　　　　转发: 0　评论: 18

---

评论:

**星座八爷**：小张，月亮落在第四宫的摩羯，在自己统治的世界或家庭内部常常是封建大家长的形象，较严肃，重威严，好面子，不太能容忍异议分子。一旦权威被挑衅，他们会一改往日的慈眉善目，立刻拉下脸来，厉声喝斥，直至对方偃旗息鼓俯首称臣为止。可惜，这次他面对的不是自己的工厂，也不是小小的南通，而是两位国家元首。而孙中山和黄兴的固执己见，更加剧了张謇对临时政府的失望，转而彻底倒向务实的袁世凯。

2012年1月1日　来自时光隧道

**佐原笃介**：南京的共和政府根本不稳。它没有固定财政来源，也不能控制其治下各省的财政。事实上各省自行其是，也不希望有什么中央政府，特别是关于财政，然而财政总值陈锦涛却在设法取得控制权。有人告诉我，他为了控制各省财政在国民会议上提出的一些措施遭到一致反对，因此他提出辞呈，但是孙加以慰留。在军队方面的情况也是如此。

1912年2月7日　来自代理服务器　　　　　　　　　　　　　　　转发:7　评论:11

**我真是孙文 R：　@美国驻华使馆参赞**：我们有三亿六千人民，我们在十五个省份行使权利——远达缅甸边境，但是我们是不合法的。我们有政府，但不合法，我们不能继续这样下去。人民已经在督责我们，他们不了解为什么不承认我们，他们不了解我们的外交问题。你知道排外情绪到处都是，它可能爆发，我们无法阻止它——我们无法向那些督责我们的中国人解释。世人都很友善——欧洲人都够朋友，但我们需要承认，你们应该承认我们！

1912年2月8日　来自iMG　　　　　　　　　　　　　　　　　转发:7　评论:6

评论：

**美国驻华使馆参赞回复我真是孙文**：如与北方协议将中国划分为二各建一政府，将会获得承认。

1912年2月8日　来自代理服务器

**我真是孙文回复美国驻华使馆参赞**：不可能，我国人民的感情是一致的。所有的人都反对满清，都站在我们一边。北京并没有政府，我对袁世凯的为人表示焦虑。

1912年2月8日　来自iMG

**张謇 C**：孙中山、黄兴答复，汉冶萍已签。

1912年2月8日　来自大清微博　　　　　　　　　　　　　　　转发:0　评论:6

**康有为 C：　@梁启超 C**：忽省复书斐然，其文与前书相敌，循诵展视，为之欣笑，真故人所谓以翰墨为勉劳矣。今与尔偕隐，共事述作，无复有歧。党名中国宪政四字亦佳（非以党名昝汝，乃解吾非不虚受耳，勿误会），然可再思。
1912年2月9日　来自代理服务器　　　　　　　　　　　　　　　转发：0　评论：18

**伍廷芳 R：** @袁世凯： @倪嗣冲 @张勋 合兵围攻涡阳甚急，现方谋和平解决，何竟有此举动。设使涡阳不守，何以对民军？
1912年2月9日　来自iMG　　　　　　　　　　　　　　　　　　转发：0　评论：7

**我真是孙文 R：** @陈炯明：粤为东南要地，现时秩序未复，人心未安，执事新经营，深洽人望，当为地方勉留。即以大局计，无论和战如何，粤亦为最有力之后援，岂可无人以资震慑？今省会来电，亦同此意，可知谋百粤之治安，实难于求北伐之大将。
1912年2月9日　来自iMG　　　　　　　　　　　　　　　　　　转发：0　评论：6

**我真是孙文 R：** @黎元洪 R：专卖一节，非禁烟良法。盖视为一种收入，必难收净尽之效，理势然也。
1912年2月9日　来自iMG　　　　　　　　　　　　　　　　　　转发：0　评论：5

**康有为 C：** @梁启超 C：皇上日间或即逊位，吾等奉命救主而未复命崇陵，不能不陈位素服为哭临也。岁暮萧条，只有抚痛。
1912年2月10日　来自代理服务器　　　　　　　　　　　　　　转发：13　评论：28

**康有为 C：** @梁启超 C：惟吾二人二十年患难生死之交，所关甚大，不能以细故轻之。若彼此之意未通，伏积而发，不祥莫大焉。故偶有所触，不能不告，若隐之，非所以待亲爱之汝。望克广德心，宏开道眼而读之。
1912年2月10日　来自代理服务器　　　　　　　　　　　　　　转发：7　评论：16

**伍廷芳 R：** @段祺瑞 V @张怀芝 V：袁内阁所开优待条件，凡无碍于共和主义者无不迁就以期早日和平了结。惟清帝若不实行逊位，则有类于虚君位之嫌，全国人民糜烂血肉以争共和，岂愿得此虚位之结果？执事既赞成共和，想必表同情于此次修正案，尚望赞助为感。张君少轩一军屡次先与民军冲突并将临阵受伤之民军将士挖肉饲犬。以致各处闻风激愤，迭电诘问。我详加审度，张君既赞成共和，民军决无意于挑衅，唯两军相距太近，冲突易生。如张君能回师北向，促进共和，自无此等恶感。望执事即以此意婉劝张君为祷。
1912年2月10日　来自iMG　　　　　　　　　　　　　　　　　转发：0　评论：8

**张謇 C:** 与竹君见少川 **@唐绍仪** 再与孙中山、黄兴写信,汉冶萍之抵债犹可。
1912年2月10日　来自大清微博　　　　　　　　　　　　　　　转发:0　评论:15

**莫理循:** 我觉得孙中山并不能掌握局势。昨天晚上我听说唐绍仪和袁世凯目前不是一个心眼。我认为唐绍仪正在逐步促成一种至少为一派革命党人不能同意的局面。我还没有发现谁是或什么是这里的支配力量。唯一弄清楚的是,孙中山的一部分追随者对于已经造成的不利于他们领袖的局势有反感。唐绍仪似乎确信一切事务的中心将转移到北京去。孙和他的人好像根本不予考虑。
1912年2月10日　来自代理服务器　　　　　　　　　　　　　　转发:256　评论:187

　　评论:
　　**鹤顶红:** 你才不能掌握局势! 你们全家都不能掌握局势! 一个老外,凭什么干涉我国内政!
　　1912年2月8日　来自iMG

　　**我爱北京紫禁城回复鹤顶红:** 莫理循先生不愧是世界一流的大记者,对时局的看法真是深入浅出,比你们不知道强到哪里去了! 皇上万岁!
　　1912年2月8日　来自大清微博

**袁世凯:** **@南京临时政府** 共和为最良国体,世界之公认,今由弊政一跃而跻及之,实诸公累年之心血,亦民国无穷之幸福。大清皇帝既名诏辞位,业经世凯署名,则宣布之日,为帝政之终局,即民国之始基。从此努力进行,务令达到圆满地位,永不使君主政体再行于中国。
1912年2月11日　来自大清微博　　　　　　　　　　　　　　转发:4472　评论:1865

**严复 C:**《民国初建,政府未立,严子乃为此诗》:"镫影回疏棂,风声过檐隙。美人期不来,乌啼蛰窗白。"
1912年2月12日　来自大清微博　　　　　　　　　　　　　　　转发:0　评论:1

　　评论:
　　**鸭先知:** 清帝退位,授袁世凯全权组织临时政府。严复作诗以美人喻政府,盼望早日成立。这首诗也体现了立宪派对袁世凯的期望。
　　2012年1月1日　来自时光隧道

**黎元洪 R:** 共和为最良国体,世界之公认。

1912年2月12日　来自iMG　　　　　　　　　　　　　　　转发：47　评论：21

**张謇 C**：@我真是孙文 R：汉冶萍事前不能参与，后不能补救，自劾辞职，即日归里，是日旋通。

1912年2月12日　来自大清微博　　　　　　　　　　　　转发：4　评论：7

**微博调查局 V**：各位亲们，你们好！时代潮流，浩浩荡荡，新世界的钟声，已经敲响！在这个辞旧迎新的美妙日子里，微博调查局将取代微博大管家，进行微博的日常管理。请大家文明礼貌地使用微博。祝您愉快！问候您的家人！

1912年2月12日　来自iMG　　　　　　　　　　　　　　　转发：16882　评论：11980

**袁世凯**：@伍廷芳 R：您所开清帝辞位后优待条件已照会驻京各国公使。清帝辞位之诏和我赞成共和宣言书，一并奉上。

1912年2月13日　来自大清微博　　　　　　　　　　　　转发：733　评论：468

**伍廷芳 R**：@我真是孙文 R　@今村长藏 R　@黎元洪 R：现在清帝既经辞位，北方秩序暂由袁君维持，与南京临时政府协一办法。自此，合汉满蒙回藏同建中华民国，全国一致，悉泯猜想，同心协力，以固共和之政本，进国民之幸福。诸君与袁君有造于民国者，至大且远。

1912年2月13日　来自iMG　　　　　　　　　　　　　　　转发：15　评论：8

**伍廷芳 R**：@我真是孙文 R　@黄兴 R　@黎元洪 R：连接陆军部来电，知各处清军与我军接近者，仍时有冲突。唯今者，清帝辞位，清国统治权业已消灭。自此以后，国内所有军队皆中华民国之军队，岂宜自相冲突？廷与唐君已电告袁慰亭，通饬各处军队一律改悬中华民国五色旗以示划一，此后见同一国旗之军队，不可挑衅。如见从前清国军队尚未改悬国旗者，应即通告，嘱其遵照袁君电命，改悬民国旗。如果始终甘为民国之敌，则必为双方所共弃。

1912年2月13日　来自iMG　　　　　　　　　　　　　　　转发：13　评论：9

**梁士诒**：@梁启超 C：袁项城急于融洽党派，曾电季直疏通，且亟申延揽兄，季深韪之；惟兄决计在野，项城恐孤立，故暂照尊请，力任鼓吹。编辑一部，俟季北旋再定。共和制度，项城拟参合法、美、葡而合于我国三年内所适宜者之秉画宗旨，速撰寄。制宪权可设法也。

1912年2月13日　来自大清微博　　　　　　　　　　　　转发：0　评论：12

200

**康有为 C：@梁启超 C：** 一昨禅让诏下，旧朝遂亡。虽王者礼乐，尚作虞宾；故国版章，还归民族。然三百年之王业，运与劫移；十四载之亡人，事随波逝。典章服朔，有若易世；人物风俗，如适他是。躬逢大劫，能不哀乎？
1912年2月13日　来自代理服务器　　　　　　　　　　　　转发：471　评论：258

**康有为 C：　@梁启超 C：** 伏惟先帝舍身救国，功德在民。惟吾与子亲对宣室，毗赞维新，躬受衣带，与闻密勿。而大业不就政变同患；尧台莫救，鼎湖空慕。服丧肃毕，经途三年，玉步已移，空劳万死。既无弘演纳肝之诚，只事子家反鞍之哭。鞠躬尽瘁，无所救补；感念知遇，只惭付托。俯仰今昔，能不怆绝！其他诸子，或奔走王事者有年，或服绅笏仕者累世；今迄用无成，当同恻凄。盖闻君子怀义，不以存亡易节；交友投分，不以死生异心。况夫君臣之义、患难之际乎？岁暮云尽，天运已非；新旧时移，君臣道尽。海水怒号，朔风凄厉；秋声动竹，落日在山。悲从中来，不可断绝；设坛祭告，聊写我哀。若诸子同心，望来行礼，咸具素服，今即举行。
1912年2月13日　来自代理服务器　　　　　　　　　　　　转发：694　评论：283

> 评论：
>
> **历史胖老师：** 这一代遗老遗少和历朝都不同，前朝哭的都是朝代本身，这一代哭的却多是光绪。光绪也只是他们的一个完美想象的对象罢了。这些边缘知识分子阴差阳错地获得了帝王的垂青，尽管没有获得实际的权力，却已经足以令他们感恩戴德。
> 2012年1月1日　来自时光隧道
>
> **名言帝：** 这一岁暮云尽，天运已非；新旧时移，君臣道尽。海水怒号，朔风凄厉；秋声动竹，落日在山。悲从中来，不可断绝；设坛祭告，聊写我哀。——康有为
> 2012年1月1日　来自时光隧道

**溥伟 V：** 我决心不住民国地！从此前往青岛定居。若乘汽车，则一日可返清宫。
1912年2月13日　来自大清微博　　　　　　　　　　　　转发：15　评论：11

> 评论：
>
> **历史胖老师：** "若乘汽车，则一日可返清宫。"这哥们还在为日后的复辟做准备呢！
> 2012年1月1日　来自时光隧道

**善耆 V：** 我发誓，不履民国寸土！从此前往旅顺定居。
1912年2月13日　来自大清微博　　　　　　　　　　　　转发：12　评论：9

**戴草帽的蘑菇：** 宣统五年，永远都不会到来了……

　　**@徐佛苏**： **@梁启超** 现在此会已成立矣（名为宪友会）。其纵览者，系三头政治，弟与雷继兴、孙伯兰当选。此会声势极隆，三数月之内，各省必皆有分会成立，且必有七八省占全盛之势，在宣统五年之国会，必占大多数议席。若中央总部能主持得法，各省又不分裂，则真泱泱大党之风也。

1911年7月8日　　来自代理服务器　　　　　　　　　　转发：882　　评论：410

1912年2月13日　　来自大清微博　　　　　　　　　　转发：219　　评论：63

**我真是孙文 R：** 向参议院辞职，并推荐 **@袁世凯** 继任。

1912年2月13日　　来自鸽Phone　　　　　　　　　　转发：1476　　评论：899

---

评论：

**鸭先知回复星座八爷：** 八爷，你看孙中山的星盘不是说他超级有野心吗？为什么还肯让位给袁世凯？

2012年1月1日　　来自时光隧道

**星座八爷回复鸭先知：** 说得好听一点，小孙的火星落在巨蟹座，其实有着非常被动、犹豫的一面，从星盘而言，这样的人面对争端如果可以和平解决，绝不会诉诸干戈。家庭纷争如此，国家矛盾亦然，更何况他时常以国为家，追求国内的和谐太平。

2012年1月1日　　来自时光隧道

**鸭先知回复星座八爷：** 我不相信他是这么天真的人。鲁迅说《三国演义》"欲显刘备之长厚而似伪，状诸葛之多智而近妖"，我深以为然！孙中山让位一定有玄机！

2012年1月1日　　来自时光隧道

**星座八爷回复鸭先知：** 这位同学很聪明啊！如果从厚黑学的角度出发，这样做就意味颇深了。很多深谋远虑，往往体为返璞归真。说得简单一点，你以为有那么多星落在摩羯和天蝎的人是吃素的？密云不雨啊。有野心不代表不会让位，顺应大势一样可以青史流芳，在历史大潮中急流勇退禅让权力的做法，更可在成就小孙谦谦君子之美名的同时，无形中强化小袁争权夺利的阴谋家形象。小孙一旦忍痛割爱，成人之美，如此一来，南北之争就可以偃旗息鼓，清帝逊位，天下太平，走向民主，走向共和。于国于己，都是以退为进，小孙何乐不为？

2012年1月1日　　来自时光隧道

**历史胖老师回复星座八爷：** 你们这分明是以小人之心度君子之腹啊！中山先生一生为革命啊！

2012年1月1日　　来自时光隧道

**星座八爷：** 🤐

2012年1月1日　来自时光隧道

**我真是孙文 R:** @袁世凯: 至共和政府不能由清帝委任组织,若果行之,恐生莫大枝节。请即速来宁,以副群望。如虑一时北方无人维持秩序,当可由执事举人,电知临时政府,委以全权。

1912年2月13日　来自鸽Phone　　　　　　　　　　　　　　　　　转发: 582　评论: 172

**我真是孙文 R:** @章太炎 R: 汉冶萍借款一事,弟非不知权利有外溢之处,其不敢爱惜声名,冒不韪而为之者,犹之寒天解衣付质,疗饥为急。先生等盖未知南京军队之现状也。每日到陆军部取饷者数十起,军事用票,非不可行,而现金太少,无以转换,虽强迫市人,亦复无益。似此紧急无术之际,如何能各方面兼顾?

1912年2月13日　来自鸽Phone　　　　　　　　　　　　　　　　　转发: 15　评论: 22

评论:

**章太炎回复我真是孙文:** 仍然反对。

1912年2月13日　来自iMG

**张謇回复我真是孙文:** 反对,我辞去实业部长一职。

1912年2月13日　来自大清微博

**鸽顶红:** @我爱北京紫禁城: 嘿! 哥们儿,你准备什么时候自杀以谢天下啊?

**我爱北京紫禁城回复戴草帽的蘑菇:** 这真是我大清的奇耻大辱,倘若皇上退位,我也将自杀以谢天下!

1912年1月20日　来自大清微博

1912年2月13日　来自iMG　　　　　　　　　　　　　　　　　　转发: 29　评论: 13

**《泰晤士报》记者福来萨:** 孙中山和内阁已向议会提出辞呈。他们的辞职在"新任大总统抵达南京"之日生效。换句话说,他们的辞职要等袁世凯(假定他能被推举)到这里来才算数。与此同时,议会正在讨论退位诏书是否满足他们的渴望。唐绍仪和伍廷芳今晚到达,无疑会加快和影响目前的讨论。这两人都很不高兴给予满洲人的过分的条件,不满意诏书中的语调,他们公开讲出有敌意的话。

1912年2月14日　来自代理服务器　　　　　　　　　　　　　　　　转发: 12　评论: 8

**我真是孙文 R:** @袁世凯: 今日我偕各部总次长到参议院辞职,已得允诺。

1912年2月14日　来自iMG　　　　　　　　　　　　　　　　　　转发: 0　评论: 3

**莫理循：** 蔡廷干刚才来看我，谈关于我在今天下午五点钟去见袁世凯的事。他说袁世凯讨厌至极，他连辫子都不肯剪掉。

1912年2月14日　来自代理服务器　　　　　　　　　　　　转发：1686　评论：523

评论：

**蜗族：** 袁世凯不肯剪辫子，还是有些愚忠啊！唉！我的辫子早就剪掉了，难道我还不如袁世凯？

1912年2月14日　来自大清微博

**我爱北京紫禁城：** 袁世凯，别在这里惺惺作态了！皇上就是你亲手卖掉的！可怜皇上和太后都待你不薄！谁不知道你渴望权力！剪个辫子对你来说算什么！

1912年2月14日　来自大清微博

**戴草帽的蘑菇：** 袁世凯，日后你在九泉之下有何颜面见先帝和先皇太后！

1912年2月14日　来自大清微博

**莫理循：** 孙中山的电报实质上摧毁了他自己的承诺，坚持袁世凯不得由清廷授权，并要求他立即前往南京磋商国是。这显然是孙逸仙和他的那些没有办事经验的年轻人这样坚持的，因为伍廷芳已向袁世凯发电致贺，同时大家都知道张謇和程德全是拥护袁世凯的。唐绍仪也电梁士诒致贺。

1912年2月14日　来自代理服务器　　　　　　　　　　　　转发：42　评论：85

**鸽Phone即时快讯 R：** 先生以清帝退位，南北统一，是日11时率各部及右都尉以上将校赴明孝陵行祭告礼，军事数万。各国领事临观。　**@我真是孙文**

1912年2月15日　来自iMG　　　　　　　　　　　　　　　转发：625　评论：48

评论：

**鸭先知：** 之所以拜谒明孝陵，竟然循的是"反清复明"的幌子，这样也真有些无趣了。

2012年1月1日　来自时光隧道

**我真是孙文 R：** 清帝退位，南北统一，**@袁世凯** 为民国之友，盖于民国成立事业功绩极大。今日参议院选举总统，若袁公当选，余深信必能巩固民国。至临时政府地点，仍设南京。余于解任后，亦仍愿尽力于新政府也。

1912年2月15日　来自iMG　　　　　　　　　　　　　　转发：5821　评论：3930

**我真是孙文 R：** 　**@袁世凯：** 今三点钟由参议院举公为临时大总统，临时政府地点定在南京。现派专使奉请我公来宁接事。民国大事，选举得人，敬贺。
1912年2月15日　来自iMG　　　　　　　　　　　　　　　转发: 54　评论: 16

**南京临时参议院：** 一致选举袁世凯为中华民国临时大总统。查世界历史，选举大总统，满场一致者，只华盛顿一人。公为再见。同人深幸公为世界之第二华盛顿，我中华民国之第一之伟业，共和之幸福，实基此日。
1912年2月15日　来自iMG　　　　　　　　　　　　　　　转发: 9467　评论: 4662

评论：

**鸭先知：** 全票通过！非袁莫属！孙中山之前都没这待遇，当时选举时，有一票投给了黄兴。
2012年1月1日　来自时光隧道

**历史胖老师：** 各位，各位，我是历史胖老师！。看问题要看本质！想想看，选举全票通过，无非是两种情况：要么是对权威的畏惧，要么是对偶像的崇拜；如果不是独裁者操控，就一定是相互妥协的产物。深谙权谋之道的袁世凯当然知道，妥协的一方，势必希望获得相应的回报，一旦自己无法符合他们期望的标准，失望的情绪就会迅速演化为仇恨——而事实上，没有人能够担负这样完美苛刻、不切实际的期待，何况是"成大事者不拘小节"的袁世凯。
2012年1月1日　来自时光隧道

**鸭先知回复历史胖老师：** 也就是说，危机现在已经埋下？
2012年1月1日　来自时光隧道

**历史胖老师回复鸭先知：** 无错！
2012年1月1日　来自时光隧道

**鸭先知回复历史胖老师：** 袁世凯，不能承受的选票之重啊。
2012年1月1日　来自时光隧道

**南京临时参议院：** 经复议，临时政府仍设于南京。
1912年2月15日　来自iMG　　　　　　　　　　　　　　　转发: 420　评论: 67

**吴玉章 R：** 南京参议院开会的时候，一开始通过了迁都北京的决议。此时总统已经动身去明孝陵了，我急着去找 **@今村长藏**。他说："过了12点如果还没有把决议改正过来，我就派兵来！"经过我们一天紧张的努力，第二次会议终于把第一次的决议纠正过来了。
1912年2月15日　来自iMG　　　　　　　　　　　　　　　转发: 3　评论: 5

评论：

**鸭先知：** 这……听起来怕怕的……

2012年1月1日　来自时光隧道

**我真是孙文 R:** @袁世凯：请严禁私卖奉天行宫器物与外国人。

1912年2月15日　来自iMG　　　　　　　　　　　　　　　转发：3　评论：5

**张謇 C:** 见逊位诏，此一节大局已定矣，来日正难。

1912年2月15日　来自大清微博　　　　　　　　　　　　转发：3　评论：5

评论：

**鸭先知：** 来日正难……说得何其平静，其实谁又知道这轻描淡写的一笔之下藏匿着多少百感交集……

2012年1月1日　来自时光隧道

**历史胖老师回复鸭先知：** 张謇当然是个有责任心的士绅，但永远不要忘记，他还是一个商人……

2012年1月1日　来自时光隧道

**黄一欧 R:** 当初我们进了教练所，最初感到陌生，慢慢就和同学们搞熟了，主要做了两件事：一是在同学中间暗地进行关于反清革命的宣传工作，有时还送些同盟会宣传革命的书报给同学们，一篇到手，竞相传阅，很能收些潜移默化之效；二是替在广州设立的秘密机关运输枪支弹药。为起义而临时设立的秘密机关有三十多处，我们身穿巡警制服，手夹包袱，包袱内藏着手枪和子弹，送到指定的秘密机关。广州气候已很暖和，我们夹着沉重的包袱，提心吊胆地穿街过巷，送到目的地常常是满身大汗了。

@端方：成都店铺关闭，新军似不可靠。总督业拿首要，并出示劝谕开市。英人多避难至重庆、宜昌。重庆现甚平靖，商人不肯罢市。绥定、叙州、嘉定均有罢市情形。资州临近，有美国教士被殴。

1911年9月8日　来自大清微博　　　　　　　　　　　　转发：12　评论：9

1912年2月16日　来自iMG　　　　　　　　　　　　　　转发：3　评论：5

评论：

**历史胖老师：** 新军虽由清廷选拔、培养，却受西方思想影响很大，倾向于革命，最终成为"弑父"的力量。如果没有这些军事力量的介入，单纯依靠小规模起义，很难成功。至于新军的革命倾向，可参见年初黄兴在黄花岗起义前发的一条微博：///**@今村长**

**藏**：张鸣岐来广东就任总督，在广东有不少我们的同志，将尊簋、陶茂榛，一位任新军协统，一位任新军标统，其他担任管带、队官的也有数人。这真是千载难逢的良机。如果再预备两三个月，必能发挥巨大作用。(1911年1月24日　来自大清微博)
2012年1月1日　来自时光隧道

**伍廷芳 R**：@**我真是孙文 R**　@**黎元洪 R**：自议和以来，廷以疏才，谬承重任，深唯今日共和思想已普遍于人心……中华民国自此完全发达于大地之上，诚我五大民族无疆之幸福也。廷唯共和事业，我大总统、副总统率十四省之同胞，成之于前；而袁君率北省及满、蒙、回、藏诸同胞继之于后，曾不半载，遂竟成功。此皆由我全体军民之苦心毅力，磅礴鼓荡，大而且速，故能收此良果。廷受任以来，夙夜儆惕，虑以覆餗，贻羞民国。今幸借我军民之力，全国统一，何以告竣。谨辞议和总代表之职。此后仆仍当尽国民之天职，竭其愚虑，以仰赞高明。伏祈鉴谅，无任祷且。
1912年2月16日　来自iMG　　　　　　　　　　　　　　　　转发：14　评论：21

评论：
**我爱北京紫禁城**：伍廷芳，我大清就是让你这种出尔反尔的乱臣贼子给葬送的，你还有脸在这里得了便宜还卖乖！怎么不一头撞死！
1912年2月16日　来自大清微博

**鹤顶红回复我爱北京紫禁城**：喂！你怎么不遵守诺言，一头撞死！
1912年2月16日　来自iMG

**我真是孙文 R**：@**唐绍仪**：请北上与外国公使交涉并督促 @**袁世凯** 南下。
1912年2月16日　来自iMG　　　　　　　　　　　　　　　　转发：2　评论：7

**蔡廷干**：@**莫理循**：他们同意让我去剪掉袁世凯的大辫子，而不是叫理发师，因为他感到相当难为情。这是你的独家新闻。我会让你知道做这件事的准确时间。✉
1912年2月16日　来自大清微博　　　　　　　　　　　　　　共有11条私信

评论：
**历史胖老师**：拿破仑当年加冕时，迫不及待；袁世凯如今剪辫时，却犹豫不决。袁世凯的辫子与拿破仑的冠冕，都是通往权力的媒介。
2012年1月1日　来自时光隧道

**名言帝回复历史胖老师**："袁世凯的辫子与拿破仑的冠冕，都是通往权力的媒介。"哇！

2012年1月1日　来自时光隧道

**鸭先知回复历史胖老师：** 不管是袁世凯的辫子还是拿破仑的冠冕，都不过是皇帝的新装。　@名言帝

2012年1月1日　来自时光隧道

**莫理循：** 今天下午蔡廷干当着一位秘书和袁世凯的儿子袁云台的面，剪掉了袁世凯的辫子。我没有把这件事电告《泰晤士报》，但是建议布什电告《每日邮报》。

1912年2月16日　来自代理服务器　　　　　　　　　　　　　转发：11　评论：5

**冯翼年 C：　@梁启超 C：** 共和既成立，中国将为政党世界，宗旨果同也，则互相提携而共组织一党；若宗旨稍异，则党员可以自由脱党，岂昔日攀附权强之比乎。昔日之攀附权强者，一失足即不可自拔，今则进退绰然有余裕，尚何有盛孝章、孔北海之虑哉。且所谓与袁共事之难者，不过就帷帏中人言之，古之所谓帷帏中人，即今之所谓秘书官也。袁之欲罗致足下，前曾以司法次官位置之，未尝引以为密勿中人也。既非密勿中人，则一机关有一机关之中恶人，无所谓附袁，不过借此机会为出山之计耳。今日有机可出，将来尚可以好找朋侣，为他日政党之预备，否则大局既定，昔日政闻社中之诸朋侣，行且投身别党矣。

1912年2月16日　来自大清微博　　　　　　　　　　　　　　转发：0　评论：5

**莫理循：** 孙中山本人深得日本人的同情。他曾在日本居住多年，他对于那个国家比对于中国更为了解。事实上，他对于中国非常无知。因此日本人很容易利用这种心理。此外，孙逸仙还自以为他在日本有很大影响，足以取得日本对南方共和政府的承认。

1912年2月16日　来自代理服务器　　　　　　　　　　　　　转发：3　评论：8

**莫理循：** 星期三下午，袁世凯请我前去。他把他收到的孙逸仙的电报拿给我看了，他也把他的答复告诉了我。他不会到南京去。

1912年2月16日　来自代理服务器　　　　　　　　　　　　　转发：12　评论：6

**莫理循：** 袁世凯对我说，他认为像武昌的黎元洪，是他的行动引起了革命；张謇，共和内阁的农业总长，一位正当盛年的能力非常杰出的人；还有伍廷芳和其他人，是"真正的中国人"，他们都赞成他。而那些"半中国人"，像孙中山那种对自己的国家很少了解的人，看起来似乎不赞成他。

1912年2月16日　来自代理服务器　　　　　　　　　　　　　转发：42　评论：13

评论：

**鸭先知：** 半中国人……周杰伦，来唱首《半兽人》……
2012年1月1日　来自时光隧道

**莫理循：** 袁世凯对我说他认为唐绍仪能成为一个很好的议长。他决定在他的内阁里任用很多广东人以便安抚广东省的民心。
1912年2月16日　来自代理服务器　　　　　　　　　　　转发：21　评论：15

评论：

**历史胖老师：** 袁世凯以为，就算唐绍仪和革命党走得很近，但以他们二人长达二十年的交情，唐绍仪一定仍会是他最得力的助手。两人一为总统，一为内阁总理，一定能成一番大事。不料，事与愿违，唐绍仪走得太快了，袁世凯却走得太过稳重。
2012年1月1日　来自时光隧道

**伍廷芳 R：** @我真是孙文 R　@黎元洪 R：满蒙王公所注目者，不仅在本族之位置，尤在清帝辞位待遇之厚薄。果使清帝辞位得蒙优待，则皆以为清帝且如此，满蒙诸族更何以虑。设其不然，则皆以为清帝犹不免如此，满蒙诸族更无待言。此种存心骤难解浇，前因优待条件久未商定，大起恐慌，谓既不见容于汉人，不如托庇于外国。东三省及蒙古等处已见端倪，因疑成隙，将为巨患。
1912年2月17日　来自大清微博　来自iMG　　　　　　　转发：14　评论：16

**我真是孙文 R：** @陈其美 R：望勿怀退志。
1912年2月17日　来自iMG　　　　　　　　　　　　　　转发：0　评论：8

**伍廷芳 R：** @我真是孙文 R：前淮沪都督陈其美，请将前山阳县令姚荣泽提解来沪审讯，兹据解到，亟应迅速审结以曲直。我认为，民国方新，对于一切诉讼应采文明办法，况此案情节重大，尤须审慎周详以示尊重法律之意。拟由我特派精通中外法律之员承审，另选通达事理、公正和平、名望素著者三人为陪审员，并准两造聘请辩护士到堂辩护，审讯时任人旁听，如此，则大公无私，庶无失出失入之弊。
1912年2月18日　来自iMG　　　　　　　　　　　　　　转发：3　评论：14

**袁世凯：** @我真是孙文 R：共和政府不能由清帝委任组织，极为正确。然与其孙大总统辞职，不如世凯退居。今日之计，唯有由南京政府将北方各省及各军队妥筹接收以后，世凯立即退归田里，为共和之国民。当未接收以前，仍当皆智尽愚，暂维秩序。
1912年2月18日　来自大清微博　　　　　　　　　　　转发：0　评论：5

评论：

**我真是孙文回复袁世凯：** 已派定 **@蔡元培** 为欢迎专使，**@汪精卫** **@王正廷** 为欢迎员，协同 **@唐绍仪** 北上欢迎。俟公受事而文退。

1912年2月18日　来自iMG

**历史胖老师：** 孙中山坚持要袁世凯到南京就任，这几乎是不可能的。袁世凯的军队都在北方，倘若南下，相对于落入革命党之手，凶吉尚且难料，更可能沦为傀儡，袁世凯不可能作这样的选择。孙中山却一相情愿地派出了专使，希望接袁世凯南下，且看袁世凯怎样来演这一出戏。

2012年1月1日　来自时光隧道

**张謇 C：** 天气晴朗，晨起朝庙。礼服未定制度，便服而已。

1912年2月18日　来自iMG　　　　　　　　　　　　　　转发：0　评论：0

**我真是孙文 R：** **@参议院：** 汉冶萍借款并无违法。

1912年2月18日　来自iMG　　　　　　　　　　　　　　转发：13　评论：28

**康有为 C：** 吾会以保皇为名者，以反对虐民之后党也。中期进行确为立宪之政体，故丙午年吾会改去"保皇"名义，而以"国民宪政"为名。丁未年众议行君主立宪，故复定名曰"帝国宪政"。以既为宪政，国为公有，与国民共之，皆有国会以立法议政，无分君主、民主。

1912年2月19日　来自代理服务器　　　　　　　　　　　转发：4　评论：11

**康有为：** 今既时运迁移，新旧代谢，合五族而大一统，存帝号而行共和，实吾旧旨，仍得我心。今际破坏，虽吾党所不预，而他日建设，岂吾党所能辞？水火异用而相须，舟车异宜而各效，既经迅雷霆震之后，更望和风甘雨之来。人心厌乱而望治，则莫不思归；士夫夙好而同心，则相率偕作。然则吾党前途，负荷至大，开拓益宏。在鄙人等用是兢兢，望同志等益加黾勉。惟今国体已非君主立宪，今特复丙午前旧名，定吾党名为"国民党"，旗用五色，合五十族，亦吾党满汉不分之始志也。

1912年2月19日　来自代理服务器　　　　　　　　　　　转发：18　评论：7

评论：

**历史胖老师：** 又一个国民党诞生了！这是康有为的国民党！民国有好多国民党，但又有哪个是真正代表国民的呢？

2012年1月1日　来自时光隧道

**康有为：** 唯吾同志无愧国民，勿以功名不己出而灰心，勿以党众不得权而易志。中国图强，后事至大，努力奋勉，同奏新勋。

1912年2月19日　来自大清微博　　　　　　　　　　　　　转发：63　评论：28

评论：

**爱我中华：** 老师一语让我们群情振奋，一起努力，以待来日！

1912年2月19日　来自大清微博

**当归：** 大叔，醒醒吧！

1912年2月19日　来自大清微博

**鹤顶红：** 你这个满清走狗，封建余孽！

1912年2月19日　来自iMG

**康有为回复当归：** 闪开！我有先帝遗诏！拉黑！

1912年2月19日　来自大清微博

**康有为回复鹤顶红：** 闪开！我有先帝遗诏！再拉黑！

1912年2月19日　来自大清微博

**莫理循：** @蔡廷干：有人正在致力于把首都迁往南京。我们身在北京的人知道这是不可能的事，因为那一定要引起同外国人的纠葛。我同每一国的公使馆都讨论过这件事。他们宣称除非给予足够的补偿否则不搬迁。他们还说迁都对于中国的主权将造成最严重的损害。现在黎元洪拍电报来说应该在武昌建都。我认为还会受到从济南府、开封府、河南府、西安府、成都和广州发来的电报，提出每座城市作为未来的政府所在地的优点。

1912年2月19日　来自代理服务器　　　　　　　　　　　转发：13　评论：9

**宋教仁 R：** @内田良平：关于《满洲独立宣言》，我并没有误解贵国的真意。不过由于《蒙古独立宣言》及《日俄协议》，会不会引起舆论上的怀疑，我很难预料。至于讲和，则要做到最诚意地为了恢复和平，只有这样，才能完全结束目前局势。我非常希望贵国与中华民国亲善，所以希望此时由贵国政府的负责人迅速采取措施，广泛地向敝国舆论界说明《满洲独立宣言》决不是贵国所愿意做的事。这不仅为了我和敝国的利益。

1912年2月19日　来自iMG　　　　　　　　　　　　　　转发：3　评论：7

评论：

**鸭先知：** 来自宋教仁的抗议！日本亡我之心始终不死，这场危机将在20年后演化成一场更为深重的灾难。

2012年1月1日　来自时光隧道

**卢夫人：** 夫君，我来啦。 **@我真是孙文**
1912年2月20日　来自鸽Phone　　　　　　　　　　　　转发：0　评论：3

**袁世凯：** **@我真是孙文** R：清帝辞位，自应速谋统一，以定危局，此时间不容发，实为唯一要图。民国存亡皆关于是。倾接大总统电开，提出此表，推荐鄙人，嘱速来宁，并举人电知临时政府。世凯德薄鲜能，何敢肩此重任。南行之愿，业已声明。然暂时羁绊在此，实为北方危机隐伏，全国半数之生命财产，万难弃置，并非由清帝委任也。
1912年2月21日　来自大清微博　　　　　　　　　　　转发：965　评论：793

评论：
　**小强：** 袁大总统！我要上访！我家的房子被县长亲戚强强拆了啊！做了他家的花园啊！我爸和他们论理被他们活活打死了啊！他们还扬言要杀了我啊！您可得为我做主啊！
　1912年2月21日　来自大清微博

**袁世凯：** **@我真是孙文** R：孙大总统来电所论，共和政府不能由清帝委任组织，极为正确。现在北方各省军队全蒙代表，皆以函电推举为临时大总统，清帝委任一层，无足再论。然总为遽组织者，特虑南北意见因此而生，统一愈难，实非国家之福。若专为个人职任计，舍北而南，责实有无穷窒碍。北方军民，意见尚多分歧，隐患实繁。皇族受外人愚弄，根株潜长，北京外交团向以凯离此为虑，屡经言及。奉、江两省，时有动摇，外蒙各盟，叠来警告，内讧外患，递引互牵。若因凯一走，一切变端立见，殊非爱国救世之素质。若举人自代，实无措置各方面合宜之人。
1912年2月21日　来自大清微博　　　　　　　　　　　转发：258　评论：110

**袁世凯：** **@我真是孙文** R：然长此不能统一，外人无可承认，险象环集，大局益危。反复思维，与其孙大总统辞职，不如世凯退居，盖就民设之政府，民举之总统而谋统一，其事较便。今日之计，唯有由南京政府将北方各省及各军妥筹接受以后，世凯立即退归田里，为共和之国民。当未接收以前，仍当竭智尽愚，暂维秩序。总之，共和既定以后，当以爱国为前提，绝不欲以大总统问题，酿成南北分歧之局，致资渔人分裂之祸。
1912年2月21日　来自大清微博　　　　　　　　　　　转发：375　评论：93

**华侨代表：** 反对先生让位！ **@我真是孙文**
1912年2月21日　来自代理服务器　　　　　　　　　　转发：5673　评论：1562

评论：

**我真是孙文回复华侨代表:** 诸君尽其心力,今目的已达,以此完全民国,归诸全体四百兆人之手,我辈之义务告尽,而权利则享自由人权而已,非他所问也。至于服务之行政团,若总统类者,皆我自由国民所举用之公仆,当其才者则选焉。总统既非酬庸之具,**@袁世凯** 君即为任劳之人,宜静观其从容敷施,以行国民之意,使国民之根基,由临时尽力维持而完固焉。

1912年2月21日　来自iMG

**我真是孙文 R:** 广东各团体,各报馆。连接各界举议家兄为粤都之电,文未作答,非避嫌也。家兄质直过人,而素不娴于政治,一登舞台,人易欺其以方。粤都任重,才浅肆应,绝竦非所宜。若为择人,则安置军民、办理实业,家兄当能为之。与其强以所难,将来不免覆,何如慎之于始。知兄者莫如弟,文爱吾粤,即以爱兄也。

1912年2月21日　来自iMG　　　　　　　　　转发: 20　评论: 18

评论:

**历史胖老师:** 各位,各位,我是历史胖老师! 这个"家兄",指的是孙文的胞兄。

2012年1月1日　来自时光隧道

**名言帝回复历史胖老师:** 孙文的胞兄……难道是叫孙武?

2012年1月1日　来自时光隧道

**历史胖老师回复名言帝:** 呵呵呵,孙武和孙文没有血缘关系的。孙武是武昌起义的发起者之一,后来陷入与黎元洪的权力斗争。而孙文的胞兄,叫孙眉,他曾为革命捐款无数,并且容忍了自己这个不靠谱的弟弟。现在大伙要选他做广东都督,孙文却替他拒绝了。

2012年1月1日　来自时光隧道

**名言帝回复历史胖老师:** 哇! 原来如此! 胖老师真厉害,孙文也厉害!

2012年1月1日　来自时光隧道

**鸭先知回复历史胖老师:** 老胖,你咋又不说"非也非也"啦?

2012年1月1日　来自时光隧道

**名言帝回复鸭先知:** 哼! 你管得着吗?

2012年1月1日　来自时光隧道

**我真是孙文 R:** **@《泰晤士报》记者福来萨:** **@袁世凯** 来到南方后我将亲自陪伴,以防狂热分子暗杀。

1912年2月21日　来自iMG　　　　　　　　　转发: 1733　评论: 461

**黎元洪 R:** 参议院仍选举我为副总统。
1912年2月22日　来自iMG　　　　　　　　　　　　转发: 25　评论: 19

**我真是孙文 R:** @章太炎 R: 文已坚持毁合办之约，但能否废弃，则视所已收支之两百万元能否付还。守财者财胜于命，或不能迫之，则需另筹。
1912年2月22日　来自iMG　　　　　　　　　　　　转发: 0　评论: 3

**我真是孙文 R:**　@王勋: 该约今各省反对，舆论哗然，　@盛宣怀 宜早设法废去此约且证书有须通过于公司股东会一语，不为通过，此约即废，不患无此处也。
1912年2月22日　来自iMG　　　　　　　　　　　　转发: 2　评论: 9

**我真是孙文 R:**　@陈炯明: 现委任 @汪精卫 督粤，俟 @袁世凯 来宁，精卫即返。
1912年2月22日　来自iMG　　　　　　　　　　　　转发: 4　评论: 11

**我真是孙文 R:**　@黎元洪 R: 已令内务部准 @红十字会 立案。
1912年2月22日　来自iMG　　　　　　　　　　　　转发: 682　评论: 57

**莫理循:**　@布拉姆: 你在2月6日的《泰晤士报》上刊登了下面一则路透社消息:"保皇派军队在南满被一支从鸭绿江登陆的起义军击败，起义军也遭到新任两广总督的部队的胜利阻击。"在短短几行文字里很难找到更多的错误了。第一，那里没有谁打败了；第二，那里没有交锋；第三，鸭绿江不在南满；第四，起义军不可能在鸭绿江口登陆，因为那条江已经封冻无法通航；第五，不可能同两广总督的部队在那里发生遭遇战，因为那里没有这样的总督。两广总督就是广州总督，而广州总督在几个月以前就溜掉了，这你是知道的。
1912年2月23日　来自代理服务器　　　　　　　　转发: 2772　评论: 1593

> 评论：
>
> **鸭先知:** 哈哈! 老莫吐槽路透社吐槽得也太……
> 2012年1月1日　来自时光隧道
>
> **星座八爷回复鸭先知:** 我说什么来着? 天生的毒舌啊!
> 2012年1月1日　来自时光隧道

**梁启超 C：** @袁世凯: 三月以前，举国含生，汲汲顾影，自公之出，指挥若定，起其死而肉骨之，功在社稷，名在天壤。
1912年2月23日　来自代理服务器　　　　　　　　转发: 0　评论: 3

**梁启超 C：** **@袁世凯：** 窃以为我公今后能始终其功名与否，则亦视乎财政之设施与政党之运画何如耳。

1912年2月23日　来自代理服务器　　　　　　　　　　　　　　　转发：2　评论：5

**梁启超 C：** **@袁世凯：** 夫以今日而理中国之财，虽管仲刘晏复生，亦不能不乞灵于外债，固也。虽然外债能借得与否，即借得而遂能苏财政之困与否，皆视财政当局者之学识智略以为断。今日中国非借十万万以上之外债，不足以资建设，此有识者所同认也。

1912年2月23日　来自代理服务器　　　　　　　　　　　　　　　转发：18　评论：7

**梁启超 C：** **@袁世凯：** 善为政者，必暗中为舆论之主，而表面自居舆论之仆，夫是以能有成。今后之中国，非参用开明专制之意，不足以奏整齐严肃之治。

1912年2月23日　来自代理服务器　　转发：22　评论：16

> 评论：
> 
> **名言帝：** 善为政者，必暗中为舆论之主，而表面自居舆论之仆，夫是以能有成。——梁启超
> 
> 2012年1月1日　来自时光隧道
> 
> **鸭先知回复名言帝：** 可惜许多当政者往往颠倒了主仆关系，所以数年之后一个叫鲁迅的年轻人说，最可怕的事情，就是奴隶翻身做了主人。
> 
> 2012年1月1日　来自时光隧道

**梁启超 C：** **@袁世凯：** 今感情之时代既去，建设之大业方始，谣诼之集，当不如前，驱策之劳，略堪自贡，亦拟俟冰泮前后，一整归鞭，尽效绵薄，以赞高深，想亦为大君子所不弃耶？

1912年2月23日　来自代理服务器　　　　　　　　　　　　　　　转发：16　评论：4

**梁启超 C：** **@袁世凯：** 挚友汤觉顿与启超同居十年，向共文字之役，即《国风报》中署名明水者是也。其人有肝胆，而达于事理，治事之才过启超十倍，专治经济学，明体而达用，银行货币尤为专门。举国恐少出其右者，拟日间令其晋谒，代述所怀，望拓阶前盈尺之地，分至贵之晷刻，俾尽其辞，不胜大幸。

1912年2月23日　来自代理服务器　　　　　　　　　　　　　　　转发：5　评论：7

**福来萨：** 我喜欢孙中山的为人。他可能成不了政治家，但是他有许多优点。

1912年2月23日　来自代理服务器　　　　　　　　　　　　　　　转发：162　评论：84

**宋教仁** R: #社会改良会宣言#我国素以道德为教义,故风俗之厚,秩于殊域,而数千年君权之影响,迄今未沫,其与共和思想抵触者颇多。同仁以此建设社会改良会,以人道主义去君权之专制,以科学知识去神权之迷信,条举若干事,互相策励,期以保持共和国民之人格,而力求进步,以渐达于大道为公之盛,则斯会其蒿矢矣。 @唐绍仪 @蔡元培 @刘冠雄 @黄恺元 @李煜瀛 @汪精卫 @戴天仇

1912年2月23日　来自iMG　　　　　　　　　　　　　　转发:18　评论:11

---

评论:

**鸭先知:** "戴天仇"的名字真性感……其实他就是戴季陶,据说老戴可能是蒋介石的次子蒋纬国的真正的父亲……

2012年1月1日　来自时光隧道

---

**宋教仁** R: #社会改良会宣言#一、不狎妓。二、不置婢妾。三、提倡成年以后有财产独立权。四、提倡个人自立不依赖亲朋。五、实行男女平等。六、提倡废止早婚(男子十九岁以上,女子十七岁以上始得嫁娶)及病时结婚之习。七、提倡自主结婚。八、承认离婚之自由。九、承认再婚之自由。十、不得歧视私生子。

1912年2月23日　来自iMG　　　　　　　　　　　　　　转发:62　评论:46

---

**宋教仁** R: #社会改良会宣言#十一、提倡少生儿女。十二、禁止对于儿童之体罚。十三、对于一切佣工不得苛待(如仆役、车夫、轿夫之类)。十四、戒除拜门、换帖、认干儿女之习。十五、提倡戒除承继、兼祧、养子之习。十六、废跪拜之礼,以鞠躬、拱手代之。十七、废大人、老爷之称,以先生代之。十八、废缠足、穿耳、敷脂粉之习。十九、不赌博。二十、在官时不受馈赠。

1912年2月23日　来自iMG　　　　　　　　　　　　　　转发:449　评论:182

---

评论:

**鸭先知:** 法学专家宋教仁,咋变成精神文明办公室主任了……

2012年1月1日　来自时光隧道

---

**宋教仁** R: #社会改良会宣言# 二十一、一切应酬礼仪宜去繁文缛节(如宴会、迎送之类)。二十二、年节不送礼,吉、凶等事不为虚糜之馈。二十三、提倡以私财或遗产补助公益善举。二十四、婚、丧、祭等事不作奢华迷信等举动,其仪节本会规定后会员皆当遵守传布。二十五、提倡心丧主义,废除居丧守制之形式。二十六、戒除迎神、建醮、拜经及诸迷信鬼神之习。二十七、戒除供奉偶像牌位。二十八、戒除风水及阴阳禁忌之迷信。二十九、戒除

伤生耗财之嗜好（如鸦片、吗啡及各种烟酒等）。三十、衣饰宜崇质素。
1912年2月23日　来自iMG　　　　　　　　　　　　　　　　转发：593　评论：341

**宋教仁 R:** #社会改良会宣言#三十一、养成清洁之习惯。三十二、日常行动不得妨害公共卫生（如随地吐痰及随意抛掷污秽等事）。三十三、不可有辱骂、喧闹、粗暴之行为。三十四、提倡公坟制度。三十五、提倡改良喜剧及诸演唱业。三十六、戒除有碍风化之广告（如卖春药、打胎等）及各种印刷品（如卖春画、淫书等）。
1912年2月23日　来自iMG　　　　　　　　　　　　　　　　转发：358　评论：213

**严复 C:** 晚，拜会大总统 **@袁世凯**，到临时筹备处办事。
1912年2月24日　来自大清微博　　　　　　　　　　　　　转发：0　评论：0

**我真是孙文 R：** **@袁世凯:** 望撤退入晋北军。
1912年2月24日　来自iMG　　　　　　　　　　　　　　　　转发：0　评论：4

**严复 C:** 被派往京师大学堂总监督，接管大学堂事务，薪水月三百二两。
1912年2月26日　来自大清微博　　　　　　　　　　　　　转发：0　评论：3

**严复 C:** 此缺本系三品实缺京堂官，今不知何物矣。得差之后，便有人来荐管理员、教员等，可知凡事像前一样。
1912年2月26日　来自大清微博　　　　　　　　　　　　　转发：0　评论：3

**佐原笃介: @莫理循:** 好啦！好啦！袁世凯正如你所希望的那样成为一个独裁者了。不过我正在以很大的兴趣等着看他要用哪些人充当阁员，以及他是否会成为狄斯累利或者成为路易·拿破仑！南京政府正像我最近给你写信所讲的那样毫无作用，不值一顾。目前除非袁世凯拿到称帝的这张王牌，否则他永远不能成立一个稳定的政府。
1912年2月26日　来自代理服务器　　　　　　　　　　　　转发：0　评论：18

---

评论：

**鸭先知:** 这哥们儿真是一个预言家！膜拜！我要去找他的书来看看。
2012年1月1日　来自时光隧道

**司督阁:** 目前在奉天的所有政府建筑物上（张作霖的兵营除外！）和差不多每家商店都飘扬着五色旗。然而在很多小城镇里，情势还不能说是安定，我们感到非常欣慰的是 **@红**

**十字会** 的满洲分会,已经建立起来!
1912年2月26日　来自大清微博　　　　　　　　　　　　转发:52　评论:19

**司督阁:** 张作霖在我们的医院里有不少他的伤病员,他自己对每一个人的情况都有了解。他欢迎 **@红十字会**,并且答应给予一切协助和方便。他说:"在满洲还要流大量的血。"我试图说服他采取更为和解的态度,可是他却说:"当退位诏书颁布时,激烈的战事是势不可免的,战争开始了。"这是很难使人放心的事。然而,幸亏和平的主张占了上风,使得他和我们的好总督最后决定顺从了注定必然发生的事(尽管张作霖继续悬挂龙旗)。要使部队的态度有所改变还稍需时日,所以在南满有些轻微的小冲突,不过两边的军队都已经撤退了。
1912年2月26日　来自大清微博　　　　　　　　　　　　转发:33　评论:15

> 评论:
> **鸭先知:** 张作霖!又一个大佬正蠢蠢欲动,不过此刻,他还算年轻。
> 2012年1月1日　来自时光隧道

**我真是孙文 R: @皇上 A:** 中华民国大总统聘问大清皇帝好,皇帝安居民国之内,吾中华人民皆以宾礼相待。
1912年2月27日　来自iMG　　　　　　　　　　　　　　转发:0　评论:3

**莫理循:** 日本政府竟然在北京留下像伊集院这样的公使,实在荒唐可笑。他是一个好人,然而人们不可能用任何大家都懂得的语言同他交谈。他的英语极为蹩脚,可是他还不让翻译帮助他。在他和他的讲英语的同僚之间所产生的全部误解,差不多都可以归咎于他在英语常识方面的缺陷。
1912年2月27日　来自代理服务器　　　　　　　　　　　转发:16　评论:6

**莫理循:** 袁世凯正在加紧控制人民。他几乎每天都要在临时政府公报上发表一篇文告,这种做法正在使人们产生对他有利的印象。他以近乎谦卑的和经过思考的中肯语气,向人民呼吁要忍耐,向人民保证所作所为都是为了他们的利益,并且对天发誓他一定不重用亲戚或任人唯亲。他宣布有功者将给予褒奖,并且劝告人民安心等待实行目前正在组织中的新文官制度。他在北京已经造成了对他特别有利的印象。他还用他的宣言赢得了基督徒的心。
1912年2月27日　来自代理服务器　　　　　　　　　　　转发:23　评论:8

> 评论:
> **皇亲国戚联合会:** 想让您的实业飞黄腾达吗?想让您的仕途步步高升吗?本会最新

开发业务! 与前大清帝国皇帝合影! 另奉送紫禁城一日游! 每人只需缴纳十万会费,
注册高级会员, 就保证您梦想成真!
1912年2月27日　来自大清微博

**莫理循:** 从英国公使开始, 差不多所有公使都晋谒过大总统。但是有两个引人注目的例
外, 那就是日本公使和俄国代办。伊集院先生, 不知是否奉命行动, 固执地拒绝去晋谒袁
世凯。他是唯一没有去晋谒的公使, 而且他也不会改变他反对共和政府的态度。我不明白
像他这样怎么还能够留在北京担任公使。
1912年2月27日　来自代理服务器　　　　　　　　　　　　　转发: 51　评论: 28

**莫理循:** 唐绍仪和汪精卫昨天抵达, 并且受到了特别隆重的接待。今天我们期待着南京的
代表们出场, 并开始他们有关组成新政府和新政治制度的重要讨论。
1912年2月27日　来自代理服务器　　　　　　　　　　　　　转发: 0　评论: 5

**严复 C:** 告假出京, 到天津过元宵节。
1912年2月28日　来自大清微博　　　　　　　　　　　　　　转发: 0　评论: 4

**章太炎 C:** 创办国学会。
1912年2月28日　来自大清微博　　　　　　　　　　　　　　转发: 32　评论: 19

**鸽Phone即时快讯 R:** 北京城兵变! 大乱! 迎袁专使失踪!

1912年2月29日　来自鸽Phone　　　　　　　　　　　　　　转发: 562　评论: 157

---

评论:
　　**历史胖老师:** 以蔡元培为首的迎袁专使团, 在北京受到款待。他们还没开始劝袁世
　　凯, 袁世凯却已经与他们商量南下的具体行程, 希望先到汉口与黎元洪会面, 再顺长

219

江直下南京就职,听得蔡元培等人心花怒放。不料当晚,北京军队哗变,是袁世凯的亲信曹锟部下,理由是未发军饷。全城大乱,专使们纷纷躲进六国饭店,此后电报孙中山,称北方形势不稳,建议袁世凯留在北京就任大总统。至于北京兵变究竟是袁世凯导演的,还是突然发生,已成历史谜团。

2012年1月1日　来自时光隧道

**1912**

**3**

民国元年　　　农历壬子年

忌：买官・打官司・烧房子

宜：集邮・做校长・买墓地・抵制日货

### 袁世凯就职

北京兵变后，北方形势紧张，孙中山最终同意，袁世凯在北京就任临时大总统。

### 同盟会选举总理

同盟会在南京召开本部全体大会，宣布其宗旨为"巩固中华民国，实行民生主义"，并选举孙中山为总理，黄兴、黎元洪为协理。

### 唐绍仪出任内阁总理

唐绍仪与袁世凯相交多年，同时也在南北和谈中与同盟会关系极好，成为内阁总理最佳人选。

### 颁布《中华民国临时约法》

南京颁布《中华民国临时约法》，部分条款专为限制袁世凯的权力。

### 唐绍仪组阁

唐绍仪内阁中，有同盟会成员蔡元培、宋教仁、王宠惠、王正廷，占据半壁江山。但军权和财政权则仍掌握在袁派人物手中。

**莫理循：** 袁世凯最亲信的士兵和卫队发起这次兵变使我感到痛心已极。昨天晚上在西城和齐化门外又开始抢劫。第三师所属第十二团洗劫了丰台，现在我又听说在保定府的第六师已经哗变。有一种广泛传播的强烈意见认为大总统应该引咎自尽。我不希望发生这样的事，那样将把这个国家整个投入比目前更坏的无政府状态中去，而且将不可避免地使日本有机会对北京实行军事占领。

1912年3月2日　　来自代理服务器　　　　　　　　　　　　　转发：37　评论：18

**莫理循：** 袁世凯最亲信的第十团的营盘就在我的住宅附近，星期四晚上里面堆满了抢来的东西。当兵的征用马车把东西运到火车站，硬装进火车开往保定府去，没有一个人受到惩罚。袁世凯的兵昨天晚上挨家挨户地闯进去逼索财物。

1912年3月2日　　来自代理服务器　　　　　　　　　　　　　转发：22　评论：15

**伍廷芳 R：　@陈其美 R：#姚荣泽案#** 姚荣泽一案，既按照文明办法审理，则须组织临时正当之裁判所，所有裁判所之支配，应由敝部直接主任。应派某人为裁判官，某人为陪审员，其权原属敝部。……我今拟审理姚荣泽一案办法，须组织一合议裁判所派陈君贻范为所长，丁君榕、蔡君寅副之。应设陪审员三人或五人，临时配定，凡裁判所制度，先由辩护士将全案理由提起，再由裁判官动问原告及各人证，两遭辩护士盘诘，俟原告及人证既终，再审被告。其审问之法与原告同。然后由两造辩护士各将案由复述结束。全案之大要最后由裁判官将两造曲直要点宣读。

1912年3月2日　　来自iMG　　　　　　　　　　　　　　　　转发：10　评论：15

**伍廷芳 R：** @陈其美 R：#姚荣泽案# 至于判决之权，则全属于陪审员。唯陪审员只能为有罪无罪之判决，不能加入他词。如于裁判官及辩护士审问时，有可疑之点，得以简括之词询问原被告及各人证。此裁判所普通之大略情形也。将来办理姚荣泽一案，当采此法。盖民国初立，吾国人一举一动，皆为万国人士所注视。况办理此等重大案件，稍不合文明规则，则必起外人之讥评，故不得不格外注意。免蹈前时滥用法权之覆辙，致失友邦信重新国之感情。凡此非为姚荣泽一人计，为民国之前途计也。

1912年3月2日　来自iMG　　　　　　　　　　　　　　　转发：6　评论：8

---

评论：

**编号1574：** 新福寿膏含片！高科技浓缩制作！含量高！味道棒！感觉好极啦！而且绝不会被警察发现！一片顶十片！实在是居家旅行必备顶级享受！

1912年3月2日　来自大清微博

**福来萨：** 参议院里正在大肆吵闹，孙中山和南京人之间有纷争。他委任了一个不受欢迎的县长，有人说这人是花钱买到的官，人民抱怨说这是重演满洲人的故伎，把官职卖给出价最高的人。我不相信孙中山会干出那种事来，然而他的左右呢？据说这里贪污成风。

1912年3月3日　来自代理服务器　　　　　　　　　　　转发：5　评论：11

**福来萨：** 这里对于广东人极为不满，然而非常隐晦，让你捉摸不到。据说临时政府里尽是广东人，而所有军官都是湖北人和湖南人。

1912年3月3日　来自代理服务器　　　　　　　　　　　转发：32　评论：14

**我真是孙文 R：** 南京城墙屋宇遍贴日本药品广告，有碍观瞻，严令内务部派警丁撤除。 @《民立报》

1912年3月4日　来自iMG　　　　　　　　　　　　　　转发：0　评论：6

**佐原笃介：** @莫理循：没有皇帝，袁世凯永远无法治理这个国家。这就是我告诉你的话。没有皇帝，他就没有了王牌，看看现在闹成什么结果！他的命令，由于他违背了他对皇室的诺言而失去尊严，不受尊重。我希望列强能认识到中国没有皇帝的严重事态和中国建立共和是不可能的事。你亲眼见到了北京及其临近地区发生骚乱的实际状况。远东人民，特别是中国习惯于受专制君主的统治。皇帝在东方像上帝一样，没有皇帝就不可能把人民团结在一起。我要说，中国太可怜了！中国真是一个难以用西方思想去评价的非常别扭的国家！

1912年3月4日　来自代理服务器　　　　　　　　　　　转发：36　评论：17

**我真是孙文 R：** **@蔡元培 R：** 已同意袁世凯不必南下就职，袁世凯在北京行就职式，而与南京、武昌商定内阁总理，由总理在南京组织统一政府，与南京前设之临时政府办交代。 **@袁世凯**
1912年3月5日　来自iMG　　　　　　　　　　　　　　　　　转发：4　评论：15

**我真是孙文 R：** **@蔡元培 R** **@唐绍仪 R** **@汪精卫 R：** 拟由 **@黎元洪** 代表 **@袁世凯** 在南京接事，同意 **@唐绍仪** 任国务总理。至统一组成，任袁公便宜定夺。我原主北京不可建立政府，正因在外人势力范围之中。今日本等纷进兵，尤非昔比。公等持苟且之见，夫复何言！此时在北组织，直自投罗网，甚恐将来为高丽、安南之续。只是我此时再争之，必致强拂众论，而有所恋图。所以我想于10日内办到解职，昭示天下。仍望袁项城远虑，不必觅北方之见。今北方仅军队小动，南方人心犹未统一，项城既不南下，临时政府又瞬息迁移，如何可使异日不致分离？
1912年3月5日　来自iMG　　　　　　　　　　　　　　　　　转发：166　评论：83

评论：

**春天的故事：** 看完楼主的帖子，我的心情久久不能平复，正如老子所云：大音希声，大象希形。我现在终于明白我缺乏的是什么了，正是楼主那种对真理的不懈追求！楼主的帖子让我感到三月不知肉味，余音绕梁，三日不绝。楼主，你写得实在是太好了。我说了这么多，你也关注关注我吧。
1912年3月5日　来自iMG

**鸭先知：** 这哥们儿前两天还在和日本人谈条件……
2012年1月1日　来自时光隧道

**莫理循：** **@布拉姆：** 星期六，唐绍仪将袁世凯给他的一封信拿给我看，信上说保定府已遭摧毁，天主教堂被焚，天主教神父被杀害，所有没有辫子的男人都被砍了头。毋庸置疑，这是吓昏了头的袁世凯，意图使外国害怕而增加他们在北京的兵力。
1912年3月5日　来自代理服务器　　　　　　　　　　　　　　转发：30　评论：7

**莫理循：** **@布拉姆：** 目前使馆里挤满了避难的中国人。外国旅馆里一间客房挤着住十到二十人。唐绍仪从骚乱一开始就没有离开过旅馆，南京的代表们当他们的住所在星期四夜晚遭到抢劫时，先是逃到基督教男青年会的大楼里，随后在美国人陪同下，住进六国饭店再也没有离开过。
1912年3月5日　来自代理服务器　　　　　　　　　　　　　　转发：19　评论：11

**南京临时参议院：** 决议通过 @袁世凯 在北京就职。
1912年3月6日　来自iMG　　　　　　　　　　　　转发：4829　评论：1874

评论：

**袁世凯回复参议院：** 提议由 @黎元洪 代我至南京就职。
1912年3月6日　来自大清微博

**黎元洪回复袁世凯：** 不行啊。我离不开武汉。
1912年3月6日　来自iMG

**鸭先知：** 大伙都打着各自的如意算盘。时局叵测，一定得留在自己的地盘才能确保安全，也才能确保实力。其实这时的中国隐约有一点三足鼎立的意思，互相之间边妥协边对峙。一百年后有个广告说得好："我的地盘我做主。"地盘才是硬道理。
2012年1月1日　来自时光隧道

**袁世凯：** 自经此变，北方商民愈不欲凯南行，函电挽留，日数千起。
1912年3月6日　来自大清微博　　　　　　　　　　　转发：0　评论：4

评论：

**我真是孙文：** 参议院已议决允君于北京受职，尤望即依参议院所开手续，正式受职，速电国务总理及国务员姓名，俾参议院同意，刻日派遣来宁，接收交代，早定大局。
1912年3月6日　来自iMG

**我真是孙文 R：** @黎元洪 R：请保全 @孙武。✉
1912年3月6日　来自iMG　　　　　　　　　　　　转发：0　评论：6

**伍廷芳 R：** @陈其美 R：#姚荣泽案# 目下我国法学渐明，已有律师公会之设，各省裁判所且确许律师到堂办理案件。上海为华洋杂处之区，租界有律师，而内地无之。近虽业已准用，而中国律师不能到租界办案，甚不平允。廷意以此案如姚荣泽欲聘用外国律师，拟准其任便聘用，以为将来中国律师得行诸租界张本。且闻姚荣泽有外国人为之到堂指正，如是则裁判官必须通晓欧美的语言文字，且熟悉欧美裁判制度，方足以资应付。
1912年3月7日　来自iMG　　　　　　　　　　　　转发：0　评论：3

**严复 C：** 就任京师大学堂总监督。
1912年3月8日　来自大清微博　　　　　　　　　　转发：11　评论：9

评论:

**鸭先知**: 北大校长严复就任了! 可惜他没碰上个好时代, 而未来的北大校长蔡元培, 此刻即将受邀加入唐绍仪的内阁。
1912年3月6日　来自大清微博

**罗瘿公 C**: @梁启超 C: 梁士诒说, 袁世凯极盼公归, 已托张季直力向南中疏通, 季直亦甚尽力。
1912年3月8日　来自大清微博　　　　　　　　　　　转发: 3　评论: 7

**宋教仁 R**: @《民立报》: 总统前委任教仁为遣日全权代表。受命以来, 中外各处电促速往。惟统一政府未成立以前, 办理外交诸多窒碍, 且因北京方面事诸待协商, 以故迟未发。今已归京, 俟时局少定, 即行起程, 乞代宣布。再, 统一党举鄙人为理事, 在北京时已发电辞职, 希登报声明是幸。
1912年3月8日　来自 iMG　　　　　　　　　　　转发: 56　评论: 19

**袁世凯**: 民国建设造端, 百凡待治。世凯深愿竭其能力, 发扬共和之精神, 涤荡专制之瑕垢, 谨守宪法, 依国民之愿望, 俾五大民族同趋乐利。凡兹志愿, 率履勿渝, 俟召集国会, 选定第一期大总统, 世凯即行解职。谨掬诚悃, 誓告同胞。
1912年3月9日　来自大清微博　　　　　　　　　　转发: 4872　评论: 1184

**蔡元培 R**: 今日午后三时, @袁世凯 行受职礼。袁公于宣读誓词后, 以誓词交予元培。元培代总统致祝词。袁公诵答词。

1912年3月10日　来自 iMG　　　　　　　　　　　转发: 16　评论: 7

**严复 C**: 出席袁世凯就职典礼, 受职宣誓, 甚为热闹。
1912年3月10日　来自大清微博　　　　　　　　　　转发: 15　评论: 16

评论:

**小强**：严先生，我是您的忠实读者！我要上访！我家的房子被县长亲戚强拆了啊！做了他家的花园啊！我爸和他们论理被他们活活打死了啊！他们还扬言要杀了我啊！您能不能在报纸上写篇文章说说这个事情啊！您和袁大总统熟，能不能和他说说啊！泣血相告！

1912年3月10日　来自iMG

**宋教仁**：#北京事变# 前月二十九日饭后，我们忽闻铳声，初谓正在旧历年节，当系儿童戏弄爆竹，遂未置意，及后四面铳声大起，且皆向专使寓所、贵胄学堂一方面攻击，因呼守卫兵士入问。卫兵云系第三镇兵因争饷事殴斗，遂亦不问及。 **@《民立报》**

1912年3月10日　来自iMG　　　　　　　　　　　　　　转发：115　评论：95

**宋教仁**：#北京事变# 后我至后院见枪弹飞落，始知变起，急入内欲告同寓诸使，则诸人已均向后逃避，遂由后门出外，则见四方火起，弹飞如雨。人地既生，路径莫辨，我偕魏君注车等向一方面行走，屡遭巡警诘问（是时巡警全出）。北京巡警皆旗人，我等疑祸出于宗社党，遂不欲告以详情。途中益多阻滞，后乃变计，见巡警则先之问路。巡警疑我等为日人，因指明路径，谓向前有日人住家。**@《民立报》**

1912年3月10日　来自iMG　　　　　　　　　　　　　　转发：87　评论：62

**宋教仁**：#北京事变# 我等从其言，果见一上仲公馆门条，因叩门入。主人出询我等，答以避难，日人遂亦不询姓字，直答曰："可。"因引我等入，且置酒待。及后日人问我是否与专使同来者，我答非是。该日人又云曾于写真见过颇似赴日专使宋教仁君，我力辩，该日人遂亦不问。是夜我等即宿该日人处，唯闻枪声彻夜不绝，至次日，我等乃迁往六国饭店。
**@《民立报》**

1912年3月10日　来自iMG　　　　　　　　　　　　　　转发：128　评论：277

**宋教仁 R**：#北京事变# 此次专使赴京，袁总统竭诚招待，袁对于南京政府毫无私见，袁幕府中人以唐绍仪为最，其余得力者，则为杨度、汪京宝、梁士诒等。 **@《民立报》**

1912年3月10日　来自iMG　　　　　　　　　　　　　　转发：3　评论：11

---

评论：

**鹤顶红**：宋教仁，别掩饰了！你这个吃里扒外的东西！谁知道你那天趁乱去和日本人做什么交易去了？你现在还想替袁世凯掩饰！你想掩饰什么？

1912年3月10日　来自iMG

**鸭先知**：宋教仁这次又被他的同志们大大地冤枉了。宋教仁在北京一向交友甚广，"北京兵变"发生后,为了打探消息并进行斡旋,他与袁世凯一派人物的来往也更加紧密起来。回到南京后,马君武就当面指控他通敌背叛,宋教仁不忿,两人争执起来,马君武二话不说,挥拳打伤了他的眼睛。宋教仁为此在医院里住了十几天,马君武则轻描淡写地说:"只要钝初真心为党,我可以当面向他道歉。"
2012年1月1日　来自时光隧道

**我真是孙文 R:** 望身后葬于紫金山。　@《申报》
1912年3月10日　来自鸽Phone　　　　　　　　　　转发: 6792　评论: 2894

评论:
**鸭先知:** 那边厢,就职宣誓热热闹闹,这边厢,也在考虑身后事。他们在以各自的方式寻求不朽,却在寻求不朽的路上分道扬镳。
2012年1月1日　来自时光隧道

**名言帝回复鸭先知:** 哇! 记下来记下来!
2012年1月1日　来自时光隧道

**共和之音 C:** 共和之音浏览器今天诞生了! 微博浏览器中的永恒经典! 同一个世界,同一种声音! One World One Voice!
1912年3月10日　来自共和之音　　　　　　　　　转发: 18792　评论: 4769

**康有为 C:**　@袁世凯 慰亭总统四兄执事: 故人契阔久矣。强学共事,为政党之前驱; 党锢遘亡,随旧朝而同尽。唯公际会风云,居中秉轴,白发相望,十有五年。公年五十四,仆齿加长,追怀交旧,岂胜恻恻。
1912年3月11日　来自代理服务器　　　　　　　　转发: 4　评论: 13

评论:
**历史胖老师:** 真难想象,曾经和袁世凯不共戴天的康有为,居然称他为"四兄"。这段话蕴涵着强大的话语逻辑,连强学会共事的陈年旧事都拉出来了,并且直接提出当初是政党先驱,说明我们二人其实是领先中国的。面面俱到,令人感动,但丝毫不提旧日宿怨。
2012年1月1日　来自时光隧道

**康有为 C:**　@袁世凯 门人梁生,荷承拔擢。去岁之杪,李柳溪传述尊旨,垂问勤勤,召还保护,问所欲则许助资力,征意见则垂采刍荛,以国事为重,则捐除芥蒂,以故旧为怀,则不忘远外。鄙人逖听,感动于怀。
1912年3月11日　来自代理服务器　　　　　　　　　　　　　　　转发: 5　评论: 14

**康有为 C：** **@袁世凯：** 公虽挟雄才大略之英姿,而当此艰难奇变之重任,其能治国利民,则公之功德震于宇宙。其不能治国利民,则公之身名,危若冰渊。为公之计,虚延天下魁垒之才,以备顾问,而后措施少误;天下政党之大者与之获商,而后政府不危。恢弘大度,求才若渴,语其本原,尤在公之广德心、布公道矣。
1912年3月11日　来自代理服务器　　　　　　　　　　　　　　　转发: 0　评论: 6

**康有为 C：** **@袁世凯：** 欧美理财,皆有新法专学,故能以千百里小国,数百万人民,而岁入之丰,国富之力,可敌我中国之大,若比利时、荷兰、瑞士乃至丹麦、瑞典是也。其法先改金主币以定物价,继则广设银行以通泉流,然后行纸币、出公债以厚资本。以吾国之大,则银行非有数千不为功,以吾民之多,公债与纸币非有十万万不足用。而今开办之始,何所得金?非立设银行,于伦敦、巴黎、纽约大借外债十数万万,俾一举而银行、货币毕定,铁路、海陆军毕举,外债之重息者皆先清还,而后百政可一日而举之不难也。三年而规模立,七年而治具张,十年而大业成。民富国强,明公之勋业与华盛顿争光矣。
1912年3月11日　来自代理服务器　　　　　　　　　　　　　　　转发: 3　评论: 3

**康有为 C：** **@袁世凯：** 今与公任大政之治才者为何人? 当大政党之相助者为何人? 愿公之留意也。得其人则政举国强,而公勋名灿然;不得其人则财乱国危,而公名位从之而颠。唯公图之。
1912年3月11日　来自代理服务器　　　　　　　　　　　　　　　转发: 2　评论: 7

评论:

**鸭先知：** 说了半天,真正的意图原来如此。
2012年1月1日　来自时光隧道

**严复 C：** 前往京师大学堂接印,除管理员二三十人外,余者全不在堂,存款只剩万余金,洋教员薪水照常支发,非一番整顿,恐将不支。
1912年3月11日　来自大清微博　　　　　　　　　　　　　　　　转发: 0　评论: 2

**严复 C：** 隔日须前往,又每日午前须课普贤英文文法、算学、几何,晚间办公回家,又须点解《左传》、《说文》、《经义述闻》等书。
1912年3月11日　来自大清微博　　　　　　　　　　　　　　　　转发: 0　评论: 2

**伍廷芳 R：** **@陈其美 R：#姚荣泽案#** 裁判姚荣泽案，前拟通融办法，辱蒙俯允，感佩殊深。此案两方均系华人，且裁判地点又在华界，不得准其聘用外国律师，洵属深谋远虑，郑重法权，本与弟意相符，毫无异致。但此案与他案有别，已经中外皆知，并闻有外国人到堂作证；至地点虽在华界，适与租界毗连，尤为外国人所注意瞩目。当此民国建设之初，此案尤为首次，照裁判所文明办法，不得不再三审慎，俾可昭示大同，使彼知我国法律亦有经验，以故格外示以宽容，从权准其聘用，兼可为他日中国律师得以行诸租界地步。本不得援为成例，倘以后遇有华人讼案，确在内地裁判者，则弟亦断不欲轻率许可，以失主权。

1912年3月11日　来自iMG　　　　　　　　　　　转发：0　评论：5

**我真是孙文 R：** 满清的逊位，并非即是中国的完全得救。在我们面前，尚有大量工作必须完成，俾使中国能以伟大强国的身份与列国并驾齐驱。

1912年3月12日　来自iMG　　　　　　　　　　　转发：42　评论：16

**袁世凯：** 任命 **@唐绍仪** 为内阁总理。

1912年3月13日　来自共和之音　　　　　　　　　转发：7382　评论：4512

---

评论：

**历史胖老师：** 吵着要放学的同学不要慌，不会拖堂，请吃方便面的同学不要聊天了。叫后排打扑克的同学安静下，以免影响前排同学睡觉。靠窗看风景的同学，喊下操场打篮球的同学，胖老师要开始画重点了！顺路的同学记得通知在网吧的同学今天的重点——唐绍仪后来组建的混合内阁中，同盟会成员占据多数，蔡元培、宋教仁、陈其美、王宠惠，而唐绍仪本人虽是袁世凯多年的至交，但也加入了同盟会。看起来同盟会占尽了便宜，但实际上，最重要的几个关系军权和财政的部门如陆军部、内务部、交通部都把持在袁派人物手中。

2012年1月1日　来自时光隧道

**星座八爷回复历史胖老师：** 小袁可是处女座啊！处女座是什么人啊？世界富豪星座排行榜的万年前三。善于谋划，善于理财，善于管理——相比散财童子小孙，小袁简直可谓是足不出户，日进斗金。赚钱是一种本事，但花钱是一种艺术，小袁赚钱的本领已经很高，但他花钱的能力更高，好钢全用在刀刃上，投资了不少潜力股，后来回报颇大，堪称独步当世。这种政治嗅觉与财商要是用在期货股市房地产行业，与巴菲特、索罗斯之辈比肩，绝非难事。而且此人极懂现代营销术，深知老百姓要的不是便宜，而是要占便宜。

2012年1月1日　来自时光隧道

**福来萨：** 参议院迄今还未决定同意临时政府迁到北方去。不过从他们目前的精神状态看，他们将不会制造困难。我猜想从现在起一个月内，南京将再度成为一个冷冷清清的地方。
1912年3月13日　来自代理服务器　　　　　　　　　　　　　　　　转发：3　评论：6

**福来萨：** 对于袁世凯玩弄两面派手法的怀疑目前仍然很强烈，大多数有头脑的人似乎相信，袁世凯本人是北京骚乱的策动者。刚刚从北京回来的代表们不相信他是那样的人，而是认为事情出于直接保卫袁世凯的人的怂恿。看来他们已被袁世凯笼络——用甜言蜜语而不是用金钱收买。但是袁世凯好像用金钱收买了很多上海的报纸和这里参议院的一些议员，这在某种程度上说明他是煞费苦心准备把首都留在北京。
1912年3月13日　来自代理服务器　　　　　　　　　　　　　　　　转发：14　评论：7

**我真是孙文 R：** **@盛宣怀：** 我解职后，将从事实业，以振兴时局。
1912年3月15日　来自iMG　　　　　　　　　　　　　　　　　　转发：1142　评论：476

**我真是孙文 R：** 唯教育主义，首贵普及；做人之道，尤重童蒙。中小学校之急应开办，当视高等专门为尤要。顾欲兴办中小学校，非养成多数教员不可；欲养成多数中小学教员，非多设初级优级师范学校不可。故应妥筹办法，通告各省，将已设之优初级师范学校一并开学，其中小学校仍不可听其停闭，速筹开办，是为至要。　**@教育部**
1912年3月15日　来自iMG　　　　　　　　　　　　　　　　　　转发：118　评论：32

**我真是孙文回复天津《民意报》：** 经由同盟会本会监事查复，本部并未发过此项电文，在宁本部亦无各省分会之组织。贵报所载，实与本报无涉，特此声明。　**@申报　@上海各报馆　@天津《民意报》：** 沪上政党报馆多被袁世凯收买。来自 **@同盟会** 的消息。
　1912年3月15日　来自大清微博　　　　　　　　　　　　　　　转发：73　评论：25
1912年3月15日　来自iMG　　　　　　　　　　　　　　　　　　转发：29　评论：16

**我真是孙文 R：** **@袁世凯：** 请令邮政总办 **@帛黎** 除去邮票中有碍国体之"临时中立"字样方许发行。
1912年3月15日　来自iMG　　　　　　　　　　　　　　　　　　转发：11　评论：4

**梁士诒：** **@梁启超 C：** 袁世凯先生拟为兄在沪组织大报馆。
1912年3月15日　来自大清微博　　　　　　　　　　　　　　　　转发：0　评论：14

**严复 C：** 北京至今仍然非常残破凄凉，最令人作呕的景象，就是你几乎每天沿街见到那些身首异处的不幸的人们的尸体。袁世凯答应给予那些遭到大兵抢劫的人以补偿。可是他将如何实现其诺言！其目的是安抚那些人，然而我担心他只能使那些人更加愤懑。这样快地失去民心，的确是所能想象的最危险的事。

1912年3月16日　来自大清微博　　　　　　　　　　　　　转发：0　评论：2

**宋教仁 R：**今我中华聿新，民国前因甲午而后，明识远见之士，怵于国之不可以见辱，而政体之不可以不改变也，于是奔走号呼，潜移默运垂二十年。兹者民国确立以前之艰巨挫折，起蹶兴踬，循环倚仗，不可纪极。若非详加点差，笔之于书，著为信史，何以彰前劣而诏方来，正史载而坚« 国本。为此连同众意，合词呈请大总统速设国史院，遴员董理，刻日将我民国成立始末，调查详讫，撰辑中华民国建国史，颁示海内，以垂法戒而巩邦基。　**@胡汉民 @今村长藏 @王宠惠 @马君武 @于右任 @居正 @汤芗铭 @冯自由**

1912年3月17日　来自iMG　　　　　　　　　　　　　　转发：29　评论：46

**伍廷芳 R：　@陈其美 R：#姚荣泽案#** 尊意于此案准其聘用外国律师及外人指证终不能释然，此诚执事发于爱国之热忱，而为此审慎徘徊之见，唯鄙意则以为不必过虑。吾国法律腐败，审判糊涂，已非一日。故海通之始，外人即将领事裁判权攫而有之，固由当时立约者不谙外情，然吾国法律及审判方法不餍足外人之心，实职其咎。今欲设法收回领事裁判权，必须于未收回之先，将法律及审判方法实地改良，示以采用大同主义之铁证。使各国报纸表扬而赞美之。随即编纂完美之法律，昭示中外，然后有所挟持以与谈判，庶于收回领事裁判权一事，始有希望。

1912年3月19日　来自iMG　　　　　　　　　　　　　　转发：0　评论：3

**伍廷芳 R：　@陈其美 R：#姚荣泽案#** 盖法治完全之国，绝无一领土之内，而有他种法权，参与于其中。今租界之内，尚有他国法庭，实为吾国之大辱。若不从根本上解决，而断断于外国律师之准用与否，愚未见其可也。

1912年3月19日　来自iMG　　　　　　　　　　　　　　转发：14　评论：26

**严复 C：**京中气象尚极不佳，店门多闭，百物腾贵，如之奈何！大学堂无款即不能开学，即我之薪水亦未开支也。公事亦极难办，有学生彭姓兄弟号佛公、侠公，两人在《国风日报》数次造谣，与我反对，教员等极为不平，然只得不与计较。

1912年3月20日　来自大清微博　　　　　　　　　　　　转发：15　评论：7

**我真是孙文　@内务总长：**南京临时政府草创之际，各处奔走疏附来求一地位者，当不乏人。故于用人之际，务当悉心考察，慎重甄选，勿使非才滥竽，贤能远引。

1912年3月20日　来自iMG　　　　　　　　　　　　　　　　转发: 0　评论: 6

**女子参政同盟会代表 R: @我真是孙文 R:** 请大总统将女子参政问题作为议案交参议院决议，即于宪法正文之内定明："无论男女均有选举权与被选举权"。
1912年3月20日　来自iMG　　　　　　　　　　　　　　　　转发: 18　评论: 11

评论：
**我真是孙文回复女子参政同盟会代表:** 此事未有一经提议即行通过者，倘能坚忍耐劳至再三，将来或能达此目的，幸毋为无意识之保举，受人指摘，否则，殊非本总统赞成女子参政权之始意。
1912年3月20日　来自iMG　　　　　　　　　　　　　　　　转发: 39　评论: 16

**佐原笃介: @莫理循:** 我看不出保留住像袁世凯那样一个不得人心的阴谋家，怎能成为使你产生那样高兴的看法和造福中国的原因。有一件事是肯定的：中国已经变得比"革命前的中国"更糟。
1912年3月21日　来自代理服务器　　　　　　　　　　　　　　转发: 384　评论: 156

**佐原笃介: @莫理循:** 治国犹如盖屋。像袁世凯或唐绍仪那样的人物，可能是有能力的承包商，但他们根本不是良好的建筑师。中国具有统治人民的优良设计，那是由一些良好的建筑师根据历史经验设计出来的，也就是说，君主政体及其优美的组织形式。
1912年3月21日　来自代理服务器　　　　　　　　　　　　　　转发: 291　评论: 97

**iMG即时快讯 R: @女子参政同盟会代表 @唐群英** 等60余人携武器欲直入参议院，议长无法，只得电请先生派兵保护。唐等不得入院，又至总统府求见孙中山，并力邀先生出席议院提议此事。
1912年3月21日　来自iMG　　　　　　　　　　　　　　　　转发: 35　评论: 11

评价：
**鸭先知:** 唐群英，可是个不简单的角色。为了国民党改组的事，她还殴打了宋教仁。
2012年1月1日　来自时光隧道

**莫理循:** 中国把它自己卷进同外国银行的可悲的纠纷之中。中国人对四国银行背信毁约，四国银行不仅得到各自政府的支持，而且还得到俄国和日本的支持。中国已经同叫做英比财团的比利时银行团签署了一项合同，签字的是华比银行、韦洛（比利时人）和劳森——

个代表东方银行的英国人,沙逊家族同这家银行有利害关系。唐绍仪对于强迫各家银行中止谈判一事负有责任,可是一些广东人,特别是梁士诒,更应受到指责。这是我所知道的最不明智和最无政治家风度的行动之一。
1922年3月22日　来自代理服务器　　　　　　　　　　　　　转发: 15　评论: 12

评论:

**历史胖老师:** 各位,各位,我是历史胖老师! 所谓四国银行,是汇丰银行、德华银行、东方汇理银行和花旗银行,分别代表英国、德国、法国、美国四国的利益。
2012年1月1日　来自时光隧道

**我真是孙文 R:** @财政部: 中国地称膏腴,地员辽阔,而东南之收获,不见其丰;西北之荒芜,一如其故。此无他,无特别金融机关为之通融资本耳。创设农业、殖边等银行,实属当今扼要之图。
1912年3月23日　来自iMG　　　　　　　　　　　　　　　转发: 4　评论: 5

**卢夫人:** 夫君,我回广东去了,你保重。　　@我真是孙文
1912年3月25日　来自鸽Phone　　　　　　　　　　　　　转发: 0　评论: 5

**严复 C:** 此间政府尚未成立,款项极支绌,大学堂无款,恐不能开学。公事亦极难办,欲辞,则此后当家钱文不知出自何地,奈何奈何!
1912年3月26日　来自大清微博　　　　　　　　　　　　　转发: 0　评论: 3

**莫理循:** 我自己看不出中国怎能由广东人的政府来治理。唐绍仪开始就弄得很糟,明显的迹象是他要组成一个广东人占优势的内阁,也就是说无论是各部总长还是顾问都要用广东人。这里的报纸上已经在说,广东人的专制主义,比满洲人更坏。肯定是这些广东人,把总统卷入同各家外国银行的纠纷之中。
1912年3月26日　来自代理服务器　　　　　　　　　　　　转发: 6　评论: 11

**莫理循:** 内阁总理的头一次行动竟然招致四个大国的抗议,还有另外两个大国为之撑腰,这是非常令人遗憾的事。
1912年3月26日　来自代理服务器　　　　　　　　　　　　转发: 5　评论: 3

**严复 C:** 大总统就职将及两旬,总理亦已公举,至政府各总长,尚未知定属何人。贤者所云,最可庆幸者,不识何指? 北京自元宵节前兵乱,津、保各处继之。民情大非昔此。外交团

一向以袁世凯为中国第一人，文足定倾，武足戡乱，即项城亦以自期；乃今乱者即其最为信倚之军，故外人感情，大非往昔，即项城亦有悔怯之萌，威令不出都门，统一殆无可望，使其早及此，其前事必不尔为。以不佞私见言之，天下仍须定于专制，不然，则秩序恢复之不能，尚何富强之可跂乎？旧政府去如刍狗，不足重陈，而应运之才，不知生于何地，以云隐忧，真可忧耳！

1912年3月27日　来自大清微博　　　　　　　　　　　　　　　转发：4　评论：9

**伍廷芳 R：@陈其美 R：#宋鲁案#** 案据中国银行监督吴鼎昌函称：本行经理宋鲁即宋汉章昨日午后三时，在曹家渡被沪军都督逮捕一案，业已由股东函达左右。查此案发生，宋鲁究竟是否犯罪人，全未明了，即据沪军都督函述宋鲁有被人告发，假造前大清银行账目，侵夺公款之罪。现大清银行清理处，附设中国银行内，且宋鲁现充中国银行经理，应由财政总长或本行监督查办，沪军都督理应批示原告人，使原告人向司法官厅起诉，却回诉状，方是正当方法。否则将原告人诉状咨送财政总长或本行监督，如果据原告人诉状查得确实证据，财政总长或本行监督自能将宋鲁解送司法官厅，俾受司法官之判决，亦非军政府所能越法干涉之案件也。

1912年3月27日　来自iMG　　　　　　　　　　　　　　　　转发：0　评论：7

**伍廷芳 R：@陈其美 R：#宋鲁案#** 今沪军都督竟视宋鲁为现行犯，遽行派兵逮捕，实为藐视司法，侵越权限。共和肇始，讵可滥用威权，至于斯极。伏念保障人民之自由，维持司法之独立，均唯总长是赖。应请总长迅咨沪军都督，一面将宋鲁由本行保释，一面将原告人诉状咨送财政总长或本行监督，以凭查办。

1912年3月27日　来自iMG　　　　　　　　　　　　　　　　转发：0　评论：3

---

评价：

**鸭先知：** 自姚荣泽案之后，伍廷芳与陈其美再起争端。

2012年1月1日　来自时光隧道

**福来萨：** 除了玩弄权术试图在银行团之外作交易的问题外，这显然是一次背信毁约的行为。在这件事情上，唐绍仪肯定失去了在外国人心目中的声誉。然而他似乎看起来挺高兴的样子。当我提出英比财团不可能在很短时间里按中国的需要向中国提供现款时，孙中山讲了一套关于钱的最不中听的荒唐言论。他讲的话幼稚到不值得重复一遍。参议院的人和孙都有这样的印象，即英比财团提出的条件比较优惠，他们为唐辩护的理由，是协定中规定如果能够从任何地方得到更好的条件，就可以自由地同任何地方作交易。

1912年3月27日　来自代理服务器　　　　　　　　　　　　　转发：23　评论：15

**福来萨：** 他们认为这里的军事人员仍然反对迁离南京。据传说，黄兴是个执拗不驯的人，他也拒绝出任陆军总长，因为他不愿意去北京。他愿意留在这里。他们说有一个可能的折中办法，那就是陆军总长留在这里控制军队并照看南方诸省。我担心在军事问题上，恐怕还有一些比捣乱分子更为严重的事情。

1912年3月27日　来自代理服务器　　　　　　　　　　　　　　转发：12　评论：10

**伍廷芳 R：** @陈其美 R：#宋鲁案# 清之末造，立宪虽假，而司法成立所在，行政有司未敢妄为侵越、横恣如贵都督所为。今日人民捐糜顶踵。推倒清政府，以争自由。贵都督乃为清政府行政官吏所不敢为之事，本部窃所未闻。来咨不欲持消极观念，徇个人之自由；本部亦望贵都督勿施积极之手段，破坏民国之基础也。

1912年3月29日　来自iMG　　　　　　　　　　　　　　　　　转发：0　评论：7

**伍廷芳 R：** @陈其美 R：#宋鲁案# 宋汉章一案，贵都督既已违法受理，妄加诱捕，又不于二十四点钟内送交法庭正式审判，是否侵越，难逃众论。本部不惜放弃权责，所虑效尤一起，将来贵都督解组之后，或有反以其道而行之者，恐怕亦难以自保。而民国越发之信，必因之立隳，关系不仅此案。本部敢进最后之忠告，愿请贵都督迅将宋汉章交保出外候讯，饬令原告速赴法庭依法起诉。幸荷采纳，则贵都督既彰勇于改过之令德，又收服从舆论之美名。从此咸信约法，尊重人权，不唯贵都督一身之幸，亦我民国全体之幸。万一不蒙鉴许，人言可畏，本部唯当痛心息喙，以廷天下之集矢于贵都督耳。

1912年3月29日　来自iMG　　　　　　　　　　　　　　　　　转发：0　评论：5

**我真是孙文 R：** 今日中华民国成立，兄弟解临时总统之职。解职不是不理事，解职以后，尚有比政治紧要的事待着手。今日清政府退位，民国成立，民族、民权两主义俱达到，未有民生主义尚未着手，今后吾人所当致力的即在此事。　@同盟会　@唐绍仪　@汪精卫　@《民立报》

1912年3月31日　来自iMG　　　　　　　　　　　　　　　　　转发：4781　评论：2590

**列宁：** 中国的民主主义与民粹主义　//　@美国纽约《独立杂志》　//　@布鲁塞尔《人民报》　//　@我真是孙文：今日中华民国成立，兄弟解临时总统之职。解职不是不理事，解职以后，尚有比政治紧要的事待着手。今日清政府退位，民国成立，民族、民权两主义俱达到，未有民生主义尚未着手，今后吾人所当致力的即在此事。　@同盟会　@唐绍仪　@汪精卫　@《民立报》

　　　1912年3月31日　来自iMG　　　　　　　　　　　　　　 转发：5822　评论：3984

1912年3月31日　来自代理服务器　　　　　　　　　　　　　转发：361　评论：402

评价：

**鸭先知：** 这名字看着挺熟……
2012年1月1日　来自时光隧道

**我真是孙文 R：** 请各省都督将应解部款从速完缴，以充中央行各费用。
1912年3月31日　来自iMG　　　　　　　　　　　　　　　　转发：0　评论：18

**袁世凯：** @今村长藏 R：任您为南京留守。
1912年3月31日　来自大清微博　　　　　　　　　　　　　　转发：8　评论：5

**宋教仁 R：** @唐绍仪：读电不胜惶悚。仁无政治经验，且农林非所素习，断难胜任，明夕赴宁面陈。
1912年3月31日　来自iMG　　　　　　　　　　　　　　　　转发：0　评论：5

评论：

**鸭先知：** 农林总长，又是民国初年这种匪夷所思的任命。但是，这一届内阁后来被人们戏称为"唐宋内阁"，身为农林总长的宋教仁将与内阁总理唐绍仪一道，力挽狂澜，但最终还是失败。
2012年1月1日　来自时光隧道

## 1912 4

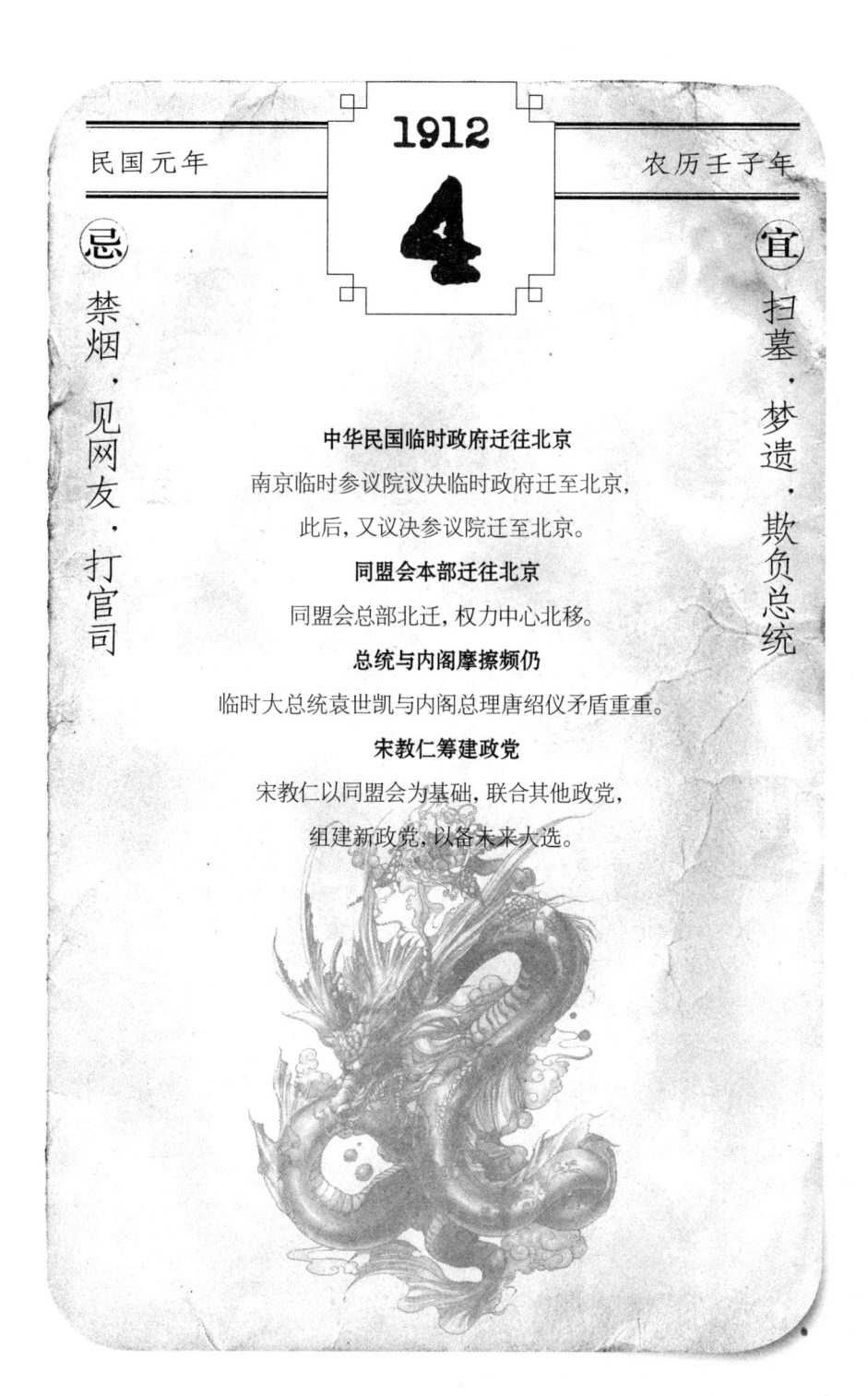

民国元年　　农历壬子年

**忌**　禁烟・见网友・打官司

**宜**　扫墓・梦遗・欺负总统

**中华民国临时政府迁往北京**
南京临时参议院议决临时政府迁至北京，此后，又议决参议院迁至北京。

**同盟会本部迁往北京**
同盟会总部北迁，权力中心北移。

**总统与内阁摩擦频仍**
临时大总统袁世凯与内阁总理唐绍仪矛盾重重。

**宋教仁筹建政党**
宋教仁以同盟会为基础，联合其他政党，组建新政党，以备未来大选。

**宋教仁 R：** **@唐绍仪：** 刻下大局危急，推辞陋习本非所宜，但反复思维，实难胜任。前曾议遣使各国，鄙意刻仍宜速派通告各国专使，以求承认。如此办法，仁仍愿往东一行，唯驻使任重，则不敢当，事毕即归，当尽瘁党务，为政府声援。区区之心，乞鉴察之。
1912年4月1日　来自iMG　　　　　　　　　　　　　　　　　　转发：0　评论：15

**我真是孙文 R：** 今日起我正式解除临时大总统职务。文任职之三月以来，南北统一，战事告终，造成完全无缺之中华民国，此皆中国国民及全国军人之力所致。中华民国成立之后，凡中华民国之国民，均有国民之天职。何为天职，即是促进世界和平。又凡政治、法律、风俗、民智种种事业，均是中华民国国民之责任。本总统今日解职，并非功成身退，实欲以中华民国国民之地位，与各国民之力量，与四万万人协力造成中华民国之稳固基础，以冀世界之和平。
1912年4月1日　来自iMG　　　　　　　　　　　　　　　　　　转发：4　评论：7

**参议院：** 经议决，政府迁都北京。
1912年4月2日　来自iMG　　　　　　　　　　　　　　　　　　转发：18　评论：43

---

评论：
**我爱北京紫禁城：** 人挪死，树挪活，迁都必死！哈哈！
1912年4月2日　来自共和之音

**鹤顶红回复我爱北京紫禁城：** 太崩溃了！你怎么还不履行诺言自杀以谢天下……

1912年4月2日　来自iMG

**严复 C：** 大学堂每月至省须二万金，即不开学亦须万五，刻存款用罄，度支部、学部一文无给，岂能为无米之炊？而外间闻我作总监督，则运动求缺者四面而至。《国风日报》不知有何嫌隙，时时反对，做尽谣言。而堂中各洋教员，又唯恐吾之不干。今日人心，不同如此。但财政问题若无解决，则早晚终当辞职也。

1912年4月2日　来自共和之音　　　　　　　　　　　　　　转发：0　评论：0

评论：

**鸭先知：** 书生从政，最终还是无法适应。繁杂的人际关系和琐碎的小事，最终摧毁了严复的心绪。他在北大校长的位置上几乎无所作为，一切都留给现在的教育总长、未来的北大传奇校长蔡元培。

2012年1月1日　来自时光隧道

**星座八爷回复鸭先知：** 蔡元培是摩羯，本来是喜怒不形于色的，对人的影响力往往是潜移默化的。只有内在修为到了一定的高度，蔡校长才能拥有冯友兰所谓春风化雨的人格魅力啊。

2012年1月1日　来自时光隧道

**严复 C：** 海军总长已任刘资颖，学部则蔡元培，他日若留得名词馆不拆，海军参谋犹在，则月六百金，姑且敷衍，与家人节俭过日，胜大学堂总监督数倍也。

1912年4月2日　来自共和之音　　　　　　　　　　　　　　转发：3　评论：7

评论：

**鸭先知：** 名词馆。只是遗老的一相情愿罢了。

2012年1月1日　来自时光隧道

**福来萨：　@莫理循：** 这里的议会在一个月前投票赞成把政府迁到北京去，后来由于孙逸仙的一次讲话又突然改变了主意。为什么这样做？一般的原因大致上我有所了解，而真正的原因，我刚刚听说是黄兴手下的一位将领去见孙逸仙，表示如果议会不马上收回先前的决议，他们就要把议会大楼推倒压在那些议员头上。此刻如果不能使黄兴交出控制南方军队的权力，将来就会付出惨重的代价。

1912年4月3日　来自代理服务器　　　　　　　　　　　　　转发：13　评论：9

**福来萨：** **@莫理循：** 陈其美现在是沪军都督,他的职业是新闻记者,现在成了将军,不久前又当上了商业总长,对这样的职位,他和你的仆人一样不能胜任。为什么他能如此,原因是上海有一万五千人的部队给他撑腰。
1912年4月3日　来自代理服务器　　　　　　　　　　　　　　　　转发：5　评论：8

**何天柱 C：** **@梁启超 C：** 马相伯说,季直、思缄等都希望老师您能来,以文章鼓动天下,但此时不便来,须三个月后彼等当设法云。
1912年4月3日来自共和之音　　　　　　　　　　　　　　　　　转发：3　评论：7

评论：
**历史胖老师：** 马相伯,复旦大学创校校长。
2012年1月1日　来自时光隧道

**小甜甜：** 我也要到"二十世纪"吃饭！
　　**@胡适：** 下午,与刘寰伟君往游Buttermilk Falls,步行数英里始至。地殊可观。归时已明月在天,林影在地。饭于"二十世纪"。至沈君处打牌,12时始归。
　　　1911年4月9日　来自代理服务器　　　　　　　　　　　转发：3　评论：1
1912年4月3日　来自iMG　　　　　　　　　　　　　　　　　转发：0　评论：0

**小甜甜：** 真的无害的,相信我！
　　**@胡适：** 连日似太忙碌,昨夜遗精,颇以为患。今日访Dr.Wright,询之,医云无害也。余因请其遍察脏腑,云皆如恒,心始释然。
　　　1911年2月20日　来自代理服务器　　　　　　　　　　转发：3　评论：1
1912年4月3日　来自iMG　　　　　　　　　　　　　　　　　转发：0　评论：0

评论：
**鸭先知：** 胡适遗精……
2012年1月1日　来自时光隧道

**《文汇报》：@我真是孙文 R：** 退职后何所从事？
1912年4月4日　来自iMG　　　　　　　　　　　　　　　　　转发：4　评论：13

评论：
**我真是孙文回复《文汇报》：** 政治革命今已告成,余更拟发起一更巨大之社会革命,此社会革命之事业不用兵力而用和平办法。余为社会党人，颇信Henry Geroge 所操之主义。余固一热心之社会党人，深信新政府之必置此策于实行。
1912年4月4日　来自iMG

**《文汇报》：** @我真是孙文 R：请问先生对资本主义如何看待?
1912年4月4日　来自iMG　　　　　　　　　　　　　　　　转发：12　评论：5

评论：

**我真是孙文回复《文汇报》：** 中国今尚无之，中国毋许与大资本团抵抗。中国今日殊无钱，所有之钱均人民之钱耳。然铁路国有、运河国有、航路国有以及大商业国有各制则必能行于中国也。
1912年4月4日　来自iMG

**我真是孙文 R：** 此后中国将探行社会主义，使国计民生优裕；故造筑铁路，使内地与各口岸航线连接，实为入手要图。现中国财力尚能兴办，唯将来推广，须待外国助力，政府当优订条款以招人投资，而不受制于资本家。若各项实业，均将以私款兴办，满若干年后即归国有，并按此计划编订法律。**@《申报》**
1912年4月4日　来自iMG　　　　　　　　　　　　　　　　转发：3　评论：12

**伍廷芳 R：** @陈其美：#宋鲁案# 执事对于此案不能任意受理，即不能任意捕获监禁及审问判断。廷之所以斤斤争辩者，皆为保护民权起见，绝非出于沽名，冀情流俗之虚誉。执事以大才而居高位，充权力之能及亦何施而不可，但恐政权滥用，效尤者众。都督可以滥捕人民，总统即可滥捕都督。专制时代，廷杖大臣，腰斩督抚之风，何难复见于今日。执事不为全国计，曷并不为一身及子孙计耶？
1912年4月5日　来自iMG　　　　　　　　　　　　　　　　转发：14　评论：9

**小甜甜：** 胡适君！一年了！
　　**@胡适：** 今日已为吾国三月十九日，春暮矣，此间犹有雪，天寒至冰点以下。Browning诗曰: Oh, to be in England, Now that April's there.读之令人思吾故国不已。
　　1911年4月5日　来自代理服务器　　　　　　　　　　　转发：1　评论：1
1912年4月5日　来自iMG　　　　　　　　　　　　　　　　转发：0　评论：0

评论：

**鸭先知：** 胡适的时差，也正是那一代人的时差。即便他们已经生活在西方世界，夜以继日地耳濡目染西方的文明和生活方式，在他们心中也依然有另外一种计算时间的方式、体会四季的方式。传统文化在他们心中扎下的根系尤其是由此产生的影响，是他们难以想象的，此后，无论他们怎样宣传反传统、怎样激烈慷慨地将旧世界、旧文明践踏得不名一文，在他们的内心深处，他们依然无法摆脱旧世界留下的烙印。这些人，是革命年代之后中国真正的希望。

2012年1月1日　来自时光隧道

**历史胖老师回复鸭先知：** 但是，值得注意的一点是，当他想起故国，下意识吟诵的已不是唐宋文人营造的那些悲春悼秋的句子，而是西人的诗，或许，面对那个异常陌生的西方世界，也只有西人的句子才能形容得更加妥帖到位吧。

2012年1月1日　来自时光隧道

**名言帝回复鸭先知：** 你们说得好深奥啊……

2012年1月1日　来自时光隧道

---

**康有为 C：** 共和告成之速，虽为政治之革，实由于种族之争。驱异族者，人之同情也；愤恶政府者，又人之同心也。因众人感情之同，乘无道积极之愤，故能南北合力，一呼而倒之。至于建设之业，则斟酌中外，证察古今，非有博极之识，专门之学，不能开口。

1912年4月6日　来自代理服务器　　　　　　　　　　　　　转发：5　评论：7

**康有为 C：** 今之革命，非止革一朝之命也，实革中国数千年专制之命也。今之建设共和，于数千年之中国书传无可考，法典无可因，礼俗无可守。即其名义，甫发明于岁月之间，执人民而问之，必多罔然。或以为人人自由平等也，无复伦理纲纪也，或以为宜分立自治也，甚或以为不须纳租赋也。即士夫或旧学，殆多不知共和之为政何若。慕共和之名者，几以为一改共和，即可袭得美、法之富强，而不知南美因共和而岁大乱，墨且乱削三百年也。

1912年4月6日　来自代理服务器　　　　　　　　　　　　　转发：3　评论：5

评论：

**鸭先知：** "慕共和之名者，几以为一改共和，即可袭得美、法之富强，而不知南美因共和而岁大乱，墨且乱削三百年也。" 老康作文，真是汪洋恣纵，排山倒海……意志不坚定的人还真容易被他那澎湃的激情给降伏了。

2012年1月1日　来自时光隧道

**历史胖老师回复鸭先知：** 老康被大伙丑化了。其实他讲到的问题，虽然有些偏颇，却字字戳中中国的痛处，未来中国的许多弊病，都应验了他的预言。

2012年1月1日　来自时光隧道

**康有为 C:** 若酌美、法之得失,择瑞士之短长,鉴南美之弊害,掸智利之安善,考中国之历史礼俗,去其非而存其是,不违其性习而协其时宜,以救患除害,而致国利民富,则奇才通学犹难之。兹事体大,殆非一二人之所能任耶,又不能专责之于今政府也。
1912年4月6日　来自大力服务器　　　　　　　　　　　　　转发: 12　评论: 15

**伍廷芳 R:** @天津大清银行股东联合会: #宋鲁案# 宋鲁一案,曾接中国银行理监事会及该行监督来函申诉,鄙人已选咨陈其美都督,按文明法律与之理论,怎奈他刚愎自用,一味强词夺理,不恤人言,反以我之正理辩论为沽名钓誉。大总统过问,他也置之不理。鄙人本欲力为挽救,实缘刻下权力不及,司法总长已易他人,我本无才正可退处安闲,借以养晦。唯于此案未能始终其事,深抱歉忱。所幸继任司法总次长均精通法律,必持公论。
1912年4月8日　来自iMG　　　　　　　　　　　　　　　　转发: 8　评论: 14

评论:

**鸭先知:** 陈其美当时算是上海市长,他是同盟会的重要人物,也是青帮大头目,好暗杀,种种想法自然与现代政治制度格格不入。他这样自行其是,还将收获更多恶果。他自己在4年后也死于暗杀。
2012年1月1日　来自时光隧道

**历史胖老师回复鸭先知:** 非也非也! 各位,各位,我是历史胖老师! 看问题要看本质! 这种冲突只是陈其美一人的问题吗? 这是整个同盟会甚至整个国家都必须面对的问题! 就像康有为在前面说的那样,革命是一回事,建设国家是另一回事。马上得天下不能马上治天下,何况中国又碰上一个前所未有的时代,何去何从谁都没有数,只能摸着石头过河,这时最怕的就是一意孤行,不知变通。可惜,同盟会中不乏陈其美这样的人,袁世凯麾下就更不乏这样的人了。归根到底,这是西方现代文明与中国古老传统的博弈。
2012年1月1日　来自时光隧道

**鸭先知回复历史胖老师:** 非也非也……又来了……你和名言帝说去……
2012年1月1日　来自时光隧道

**严复 C:** 京中眼下虽稍平静,但店铺尚未全开,唐绍仪总理新任国务大臣亦未来京,洋债筹借未定,各衙门薪俸,除外务部、邮传部、陆军部外,余人分文未发,致气象总后嗣不佳。南京参议院有带南京来京之说,若果如此,恐尚有一番冲突也。大学堂事甚难办,幸今有法筹款,大约三月半后可以开学。
1912年4月8日　来自共和之音　　　　　　　　　　　　　转发: 0　评论: 0

**鬼见愁:** 投诉iMG浏览器! 简直就是垃圾! 断断续续, 速度慢, 还经常遗失内容! **@iMG官网**

1912年4月10日　来自iMG　　　　　　　　　　　　　　　转发: 472　评论: 115

**我真是孙文 R:** 武汉各界人士, 自光复以来, 共和与自由之声, 甚嚣尘上, 实则其中误解甚多。盖共和与自由, 专为人民说法, 万非为少数军人与官吏说法, 倘军人与官吏, 借口于共和与自由, 破坏纪律, 则国家机关万不能统一。

1912年4月10日　来自iMG　　　　　　　　　　　　　　　转发: 3　评论: 10

评论:

**鸭先知:** 真真的悲哀! 在这个不知自由为何物的国度, 自由最终成为专制的借口。

2012年1月1日　来自时光隧道

**名言帝回复鸭先知:** "自由最终成为专制的借口。" 哇!

2012年1月1日　来自时光隧道

**鸭先知回复名言帝:** 嘿嘿……

2012年1月1日　来自时光隧道

**孙武 R: @我真是孙文 R:** 先生于此时主张第二次革命民生主义, 实为武汉流氓暴动之导火索。

**@我真是孙文 R:** 今吾国之革命乃为国利民福革命, 拥护国利民福者, 实社会主义。故欲巩固国利民福, 不可不注重社会问题。夫美洲之不自由, 更甚于专制国, 盖专制皇帝, 且口不离爱民, 虽专横无艺, 犹不敢公然以压抑平民为职志。若资本家则不然, 资本家者, 一言蔽之, 资本家者无良心者也。

1912年4月10日　来自iMG　　　　　　　　　　　　　　　转发: 86　评论: 17

1912年4月10日　来自iMG　　　　　　　　　　　　　　　转发: 12　评论: 4

评论:

**名言帝:** 好奇怪啊! 孙中山他哥为什么称孙中山为先生?

2012年1月1日　来自时光隧道

**鸭先知回复名言帝:** 前面不是已经说过了吗? 孙武不是孙文他哥! 孙文他哥叫孙眉!

2012年1月1日　来自时光隧道

**名言帝回复鸭先知:** 哦……干吗这么大声!

2012年1月1日　来自时光隧道

**黎元洪 R:** 武汉之局,方摇动不安,先生何奈言此?

**@我真是孙文:** 今吾国之革命乃为国利民福革命,拥护国利民福者,实社会主义。故欲巩固国利民福,不可不注重社会问题。夫美洲之不自由,更甚于专制国,盖专制皇帝,且口不离爱民,虽专横无艺,犹不敢公然以压抑平民为职志。若资本家则不然,资本家者,一言蔽之,资本家者无良心者也。

1912年4月10日　来自iMG　　　　　　　　　　　　　　转发: 52　评论: 18

1912年4月10日　来自iMG　　　　　　　　　　　　　　转发: 26　评论: 5

**福来萨: @莫理循:** 关于贷款问题,我听到一点双方的情况。四家银行已经答应贷款,却在极端需要这笔钱以安抚军队免于哗变的时候,在3月1日这个关键时刻扣发所需的钱等等。银行团拒绝给钱。唐绍仪认为他从他能够弄到钱的地方去弄钱的做法是正当的。唐绍仪对于这些银行家所采取的吓唬他的办法异常气愤,这或许是很有道理的。

1912年4月11日　来自代理服务器　　　　　　　　　　　转发: 9　评论: 12

**严复 C:** 京中各种谣言还是很厉害,诸亲贵家眷,如庆亲王、载洵、载涛等,多离京,唐绍仪诸人北来,不敢驻京,拟驻南苑,用民军保护,则时局大概可知。故五月以前,要接家眷来京,尚需看准,方好举行。车载及搬运费重,不可冒昧,只合在津暂时挤住而已。

1912年4月12日　来自共和之音　　　　　　　　　　　　转发: 5916　评论: 649

**特级砖家:** #微博辟谣#本人遍访京城内城九门,外城七门,发现全城安定,秩序井然,人民安居乐业。

　　**严复 C:** 京中各种谣言还是很厉害,诸亲贵家眷,如庆亲王、载洵、载涛等,多离京,唐绍仪诸人北来,不敢驻京,拟驻南苑,用民军保护,则时局大概可知。故五月以前,要接家眷来京,尚需看准,方好举行。车载及搬运费重,不可冒昧,只合在津暂时挤住而已。

　　1912年4月12日　来自共和之音　　　　　　　　　　转发: 5916　评论: 649

1912年4月12日　来自共和之音　　　　　　　　　　　　转发: 3852　评论: 482

评论:

**小霸王:** 井然什么! 你眼睛长在屁股上吗!

1912年4月12日　来自共和之音

**鹤顶红:** 什么砖家! 一看就是袁世凯的走狗!

1912年4月12日　来自iMG

**我爱北京紫禁城:** 这种砖家就会撒谎! 没有皇上的北京城,哪里还有什么秩序! 哪里还有什么安居乐业!

1912年4月12日　来自共和之音

**蜗族**：同情各位生活在北京的同志们……

1912年4月12日　来自iMG

**我爱北京紫禁城回复蜗族**：老子用不着你们同情! 你们这群在地方上没见过世面的外地人!

1912年4月12日　来自共和之音

**蜗族回复我爱北京紫禁城**：你个乡下人, 土老帽!

1912年4月12日　来自iMG

**诺亚子**：这个砖家有问题! 他真的遍访北京城的内城九门、外城七门了吗? 显然没有! 但他一定报销了很多车马费! 我要彻查此事! 欢迎各位网友提供资金支持!

1912年4月12日　来自iMG

---

**严复 C**：大学堂月薪不过三百二两，然事烦责成亦重，敷衍不可，稍一整顿，必至开罪多人。

1912年4月12日　来自共和之音　　　　　　　　　　　　转发：0　评论：0

**张謇 C**：江宁兵变。

1912年4月12日　来自共和之音　　　　　　　　　　　　转发：3　评论：2

**徐君勉 C**：@康有为 C：军队的事情，恐又成画饼矣。今大局已定，实不宜如此以犯众怒，只有速组政党一事而已。观上海报所刊告白，政党纷纷而出，我尚寂然，不独令党外人轻视，即党内人，亦以为骊山烽火，无不心灰意冷矣。

1912年4月12日　来自共和之音　　　　　　　　　　　　转发：3　评论：5

---

评论：

**历史胖老师**：建党大业，迫在眉睫，替康有为灼急啊!

2012年1月1日　来自时光隧道

**伍廷芳 C**：@袁世凯：侧席求贤，虚怀下士，谦仰之情，溢于词表。既佩汪度，益感相知，捧读之余，惭悚无已。前国民军起义，廷芳徇各省之委托，起办外交，次任议和，旋兼司法。汲修绠短，勉为其难，数月以来，心力交瘁。迩者，唐总理南来，组织内阁，南北英彦，悉已搜罗，济济一时，尽敷助理。正喜群彦匡济，稍息仔肩，隐退林泉，借藏鸠拙。乃蒙委为顾问，实恐无补高深。谨达愚忱，敬辞雅命，伏祈亮察。

1912年4月13日　来自共和之音　　　　　　　　　　　　　　　　转发: 4　评论: 7

**福来萨:** 像黄兴这样一个人竟统治着大约四分之一的中国, 是令人非常难以想象的。他身躯肥胖, 面目呆板, 讲话无精打采。不过, 他一定很有勇气, 否则他就不可能把八个各管各的闹革命的派别捏合到一起, 并设法保住这里的高位。
1912年4月13日　来自代理服务器　　　　　　　　　　　　　　转发: 23　评论: 77

评论:
**小甜甜:** 你敢侮辱我们兴哥! 我和你没完!
1912年4月13日　来自iMG

**福来萨:** 黄兴提到袁世凯在华北, 黎元洪在华西, 他本人在东南管理这个国家。他显然能抓住民政大权, 他背后还有军队给撑腰, 在我看来他好像完全不受北京的支配。
1912年4月13日　来自代理服务器　　　　　　　　　　　　　　转发: 16　评论: 20

**张謇 C:** 孙中山解职, 设继清帝逊位数日后行之, 呵呵!
1912年4月13日　来自大清微博　　　　　　　　　　　　　　　转发: 0　评论: 2

**严复 C:　@朱明丽:** 夫人, 生当乱世, 进款既难靠得住, 此时家用自应从省, 以望稍有余赀, 以为无馆时之地。况子女五六皆幼, 所须教育婚嫁之费, 皆非无钱所能了事。居家伙食油煤尚可限制, 唯添置必宜斟酌, 千万不可爱好就买也。……以后每月先用二百元使用, 不可多费。开正以来, 我无一文进门, 各处薪水皆停发, 大学堂俸银亦未支……
1912年4月14日　来自共和之音　　　　　　　　　　　　　　　转发: 0　评论: 7

**袁世凯:　@梁启超 C:** 鄙人以归隐之身, 当危难之际, 猥不自量, 操舟于惊风骇浪之中, 千回百折, 仅而得此, 然此后万端危险, 虽欲为国民服务, 而春冰虎尾, 不知所届, 非我君子, 孰与告语。财政问题, 尤为棘手, 安得如俄国首相槐特这样的人而任之。
1912年4月15日　来自共和之音　　　　　　　　　　　　　　　转发: 0　评论: 18

评论:
**鸭先知:** 梁启超的理想, 就是成为中国的槐特。可惜, 他只有一支巨笔写天下, 却无力平天下。
2012年1月1日　来自时光隧道

**我真是孙文 R:** 愿同盟会诸君以推翻清政府之精神, 聚以求以后之进步, 使吾人向持之三民主义实行无遗。吾人之所以持民生主义,并非反对资本,反对资本家。要之,本会之民族主义,为对于外人维持吾国民之独立;民权主义,为排斥少数人垄断政治之弊害;民生主义,则排斥少数资本家,使人民共享生产上之自由。故民生主义者,即国家社会主义也。

1912年4月16日　来自iMG　　　　　　　　　　　　　　　　转发: 337　评论: 159

评论:

**历史胖老师:** 各位,各位,我是历史胖老师!"故民生主义者,即国家社会主义也。"孙中山这句话值得细细咀嚼。如果孙中山没有让位,袁世凯没有争权,1912年的中国和1949年的中国会走上同一条路吗?

2012年1月1日　来自时光隧道

**鸭先知回复历史胖老师:** 说说看?

2012年1月1日　来自时光隧道

**历史胖老师回复鸭先知:** 会吗? 不会吗? 会吗?

2012年1月1日　来自时光隧道

**鸭先知回复历史胖老师:** 我勒个去!

2012年1月1日　来自时光隧道

**我真是孙文 R:** @《民立报》:此次革命事业,数十年间,屡起屡仆,而卒睹成于今日者,实报纸鼓吹之力。唯知报纸有此等力量,则此后建设,关于政见政论,仍当独抱一真理,出全力以赴之。

1912年4月16日　来自iMG　　　　　　　　　　　　　　　　转发: 26　评论: 98

评论:

**历史胖老师:** 各位,各位,我是历史胖老师! 孙中山和梁启超都在立意争夺舆论阵地。鹿死谁手?

2012年1月1日　来自时光隧道

**鸭先知回复历史胖老师:** 鹿死谁手?

2012年1月1日　来自时光隧道

**历史胖老师回复鸭先知:** 都输了……

2012年1月1日　来自时光隧道

**鸭先知回复历史胖老师:** 我勒个去!

2012年1月1日　来自时光隧道

**严复 C:** @熊纯如:所管理大学堂,现已借得洋款,大约下月内可开,旧有学生,恐回者不逾半数，果尔，便须添班。但各省所送高等毕业生为数既少，则分科之内，不得不变通办理，别立选科，以宏造就。农科新校宜将次收工，在城外望海楼试验场，计地千余亩。世兄如喜学农，此科中若可为力，我无不为左右地也。祈早夺见报。如定入清华，则须应考。此校现归唐介臣办，我和他很熟，当亦无难。

1912年4月16日　来自共和之音　　　　　　　　　　　　　　　　转发：2　评论：6

评论：
**书中自有颜如玉**：高考志愿指南！北大，清华，农大，应有尽有！让您轻松报考，愉快就读！书中自有黄金屋，书中自有颜如玉！
1912年4月16日　来自共和之音

**严复 C**：@**熊纯如**：贤弟生平以教育为唯一志业，极深佩叹。若可北来相助为理，则分科斋、庶两务中，当以一席位置。
1912年4月16日　来自共和之音　　　　　　　　　　　　　　　　转发：0　评论：2

**伍廷芳 R**: #**姚荣泽案**# 某君造访伍廷芳曰：本日《太平洋报》短评有《伍廷芳破坏法律》一则，如该报所言，君承认否？伍为之一笑，徐发言曰：此所谓好人难做也。余为主持遵守法律之人，讵有破坏法律之理。前此对于姚荣泽一案与沪军都督往返辩论，盖以其时身任司法行政，必须设法组织正当法庭，开正式之裁判。迨既审问之后，其权全属于法庭，余即未尝干涉。此中界限甚为明了，何来此破坏法律之说耶？
1912年4月16日　来自iMG　　　　　　　　　　　　　　　　　　转发：0　评论：15

评论：
**鸭先知**：哎哟喂！这件事至此依然未能尘埃落定？这都多少天了？陈其美真是彪悍。
2012年1月1日　来自时光隧道

**伍廷芳 R**: #**姚荣泽案**# 《太平洋报》又写《赖账》，加短评《伍廷芳说鬼话》，说我曾向袁大总统求情。该报不审事实，而信口置人我可曲谅其无识，而不忍与之较量。但为该报计，颠倒是非，变乱黑白，亦足使价值扫地。如果我确有电致袁大总统，何必不肯承认？即使惧怕舆论，亦可缄口不言，何必言之确凿地否认？独不虑从袁大总统处查出此电乎？又不虑从发电之所，查处电底乎？能赖账于一时，不能赖账于明日，我虽愚昧，何至出此下策？
1912年4月17日　来自iMG　　　　　　　　　　　　　　　　　　转发：0　评论：4

**伍廷芳 R**: #**姚荣泽案**# 总之，我对于此案自问无愧，何畏人言。如有疑我以私人请托移易之者,请向袁大总统处查明,或向发电之处查明,究竟曾否发电,该电码系第几号,发于何时何地?如有凭据,普告天下以声其罪,我亦无悔,否则,请该报执笔人扪心自省,是否失言,我心慰矣,必不以恶声复加于其身也。
1912年4月17日　来自iMG　　　　　　　　　　　　　转发:0　评论:5

**《北京新报》:** 京师大学堂教员多有西人,皆订有合同,虽不开学亦需按月付薪,总计此项开支,为数甚巨。若能开学,每月亦不过再多用数千金,故决计借款开学。
1912年4月17日　来自共和之音　　　　　　　　　　转发:16　评论:28

**我真是孙文 R:** @黎元洪 R:禁烟事件,须俟某国承认后,始能协商。
1912年4月17日　来自iMG　　　　　　　　　　　　　转发:3　评论:5

**宋教仁 R:** 开封都督及各报馆,民国初建,百端待理,普及政治思想,作育从政人才,实为党今急务。宋君运清幸君扬藻等本斯意旨,以武昌为首义地点,交通中心,遂约集海内同志创办法政学校,定名"民国江汉大学"。筹备已有端绪,规模当为宏阔。同人等极表同情,弟任重力勉,还望诸公鼎力维持,襄兹盛举,俾得益臻完善,幸甚!幸甚!　@熊希龄　@谭人风　@程德全　@张謇
1912年4月17日　来自iMG　　　　　　　　　　　　　转发:0　评论:8

**总统府:** 唐总理又来欺负我们总统了。
1912年4月18日　来自共和之音　　　　　　　　　　转发:4　评论:11

---

评论:

**小霸王:** 各位,唐绍仪自从去了趟上海,就和这群乱党眉来眼去,现在回来,以为有乱党撑腰,连袁大总统都不放在眼里了。真是可恶!
1912年4月18日　来自共和之音

**鹤顶红:** 唐总理干得好!我顶你!
1912年4月18日　来自iMG

**小霸王回复鹤顶红:** 顶!顶你个肺!
1912年4月18日　来自共和之音

**我爱北京紫禁城:** 哈哈,狗咬狗,一嘴毛!
1912年4月18日　来自共和之音

**鸭先知:** 袁世凯和唐绍仪其实都挺委屈的。唐绍仪希望按照新的规则办事,行事总理的权力,而不是唯袁世凯之命是从。而袁世凯则无法理解这一代年轻人的办事方

式。纵横官场多年,他已经习惯了凡事都由部下汇报,经过自己应允再行实施,而不是经过总理或者代表们的表决。他的北洋系部属们也确实是这样做的,内务总长赵秉钧就从不出席国务院会议,大事仍然径直向他汇报,然而,其他人却并非如此尊重他这个总统的权威。他苦心安排的官员名单,时常被参议院不问青红皂白地加以否决,他的老部下动辄遭到弹劾,他要实施一项计划之前,经常遭遇阻力,政府的办事效率消耗在参议员们的争吵声中。身为大总统,竟然还不如当年在朝鲜充当一介小吏时的权力大,袁世凯不胜其烦。

2012年1月1日　来自时光隧道

**星座八爷:** 小袁的土象气质浓郁,给人很稳重的感觉。但此君内心极虚,生性多疑,需要强大的物力、财力、人力来支撑世界,否则极度没有安全感。

**历史胖老师:** 唐绍仪引领的第一届内阁,不过百日有余,就像同样短命的戊戌变法百日维新,只不过,这一次并无刀光剑影,生离死别,并无英雄就义,慷慨悲歌,所有的只是情谊的中断,理想的破灭。唐绍仪与袁世凯订交20余年,从朝鲜开始就一直相互扶持,现在却被权力所误。政治可以让两个陌生人戮力与共,也同样可以让兄弟反目,父子成仇,它像一个随心所欲的雕刻家,篡改着每个人的理想与命运。

2012年1月1日　来自时光隧道

**历史胖老师回复鸭先知:** 非也非也,这一次总统与总理之争,其实还有更深远的影响!

2012年1月1日　来自时光隧道

**鸭先知回复历史胖老师:** 此话怎讲?

2012年1月1日　来自时光隧道

**历史胖老师回复鸭先知:** 最终的结局会在几个月后出现,唐绍仪辞职,同盟会内阁成员随之而去。这不仅意味着总统制对内阁责任制的压倒性胜利,也意味着强力领袖对民意代表的压倒性胜利。这是民国第一场总统与总理之争,并将在未来不断重演。

2012年1月1日　来自时光隧道

**严复 C: @熊纯如:** 校中一切规模,颇有更张。即职教各员,亦不尽仍旧贯。窃自唯念平生见当事人所为,每不满志,而加讥评,甚者或为悼惜深慨,及其事至职加,自课所行,了不异故,夫如是,他日者犹操议论,鼓唇舌,以从一世人之后,此其人真不知人道有羞恶矣。故自受事以来,亦欲痛自策励,期无负所学,不怍国民,至其他利害,诚不暇计。

1912年4月19日　来自共和之音　　　　　　　　　　　　　转发: 4　评论: 13

**严复 C: @熊纯如:** 将大学经、文两科合并为一,以为完全讲治旧学之区,用以保持吾国四五千载圣圣相传之纲纪彝伦道德文字于不坠,且又悟向所谓合一炉而冶之者,徒虚言耳,为之不已,其终且至于两亡。故今立斯科,窃欲尽从吾旧,而勿杂以新;且必为其真,而勿循其伪,则向者书院国子之陈规,又不可以不变,盖所祈响之难,莫有逾此者。
1912年4月19日　来自共和之音　　　　　　　　　　　　　转发: 2　评论: 8

**严复 C：@熊纯如：**我把这些想法往告诉别人,不瞠然于吾言者,独义宁 **@陈三立**,故监督此科者,必能胜其职。而为之付者,曰教务提调,我意属之桐城 **@姚叔节**,得二公来,吾事庶几济,此直吾国古先圣贤之所有待,而四百兆黄人之所托命也。
1912年4月19日　来自共和之音　　　　　　　　　　　　　转发: 7　评论: 11

**严复 C：@熊纯如：**本校余科监督提调,必用出洋毕业优等生,即管理员亦求由学校出身而经验者,无他,切戒滥竽而已。
1912年4月19日　来自共和之音　　　　　　　　　　　　　转发: 7　评论: 5

**汪精卫 R：**窃唯民国成立,共和永建,嗣兹遗忘,胥四百兆人民同食幸福。而人民饮水思源,所不忍一刻忘者,尤在出入专制剧烈时代,以一部分之决心,立于政府反对之地位,败则以生命殉之,前仆后继,矢志不移,虽按之事实,大功或未能及身而成,而溯其原因,国本不啻在当年已定。兆铭等或身与其事,或宗旨从同,开国以来,复见一般国民崇拜景仰之忱,既食先德,不忘遗烈,用举烈士刘道一救国死义各事实,敬为大总统陈之。 **@今村长藏 @张继 @马君武 @陈其美 @居正 @宋教仁 @冯自由 @谭延闿**
1912年4月19日　来自iMG　　　　　　　　　　　　　　　转发: 18　评论: 25

评论:

**鸭先知：**联名为民国死难的烈士刘道一正名,入大汉忠烈祠,付国史院立传。汪精卫当年也为一死士,此后变节,颇多争议。一场意外成功的革命改变了多少人。
2012年1月1日　来自时光隧道

**汪精卫 R：**今幸大义昭然,凡为国死义之士,均先后表彰各在案。兆铭等对于刘道一,既悉其生平,复迫于公论,未敢再事含默,用胪列事实,公恳大总统鉴核批奖,准予列入大汉忠烈祠,同享祀典,并宣付国史院立传,以顺舆情而慰忠魂。
1912年4月19日　来自iMG　　　　　　　　　　　　　　　转发: 10　评论: 29

**汤觉顿 C：@梁启超 C：**同人大多认为您应当回国,只是千万不要入政界,入党派,结党亦应少待。但迁《国风》归,或办一法政大学,以为立足点,渐渐与社会接洽,为一无形之团体,待时机已熟,然后生发他种视野。

1919年4月20日　来自共和之音　　　　　　　　　　　　　　　转发: 0　评论: 5

**汤觉顿 C：** **@梁启超 C：** 大概您的归期可在三礼拜或一月以后。那时统一政府亦已成立，以闲云野鹤之身归国主持舆论，则浮言亦可自息。但是如果袁世凯不赞同您回来，则又是一局面，此不过预备耳。但袁世凯无不赞您回来之理，所以您此时似宜多撰大文字，为《国风》出版之用，恐公初归之一月，必无伏案之暇也。

1919年4月20日　来自共和之音　　　　　　　　　　　　　　　转发: 2　评论: 8

**汤觉顿 C：** **@梁启超 C：** 杨度被唐绍仪排斥（唐绍仪极力主张袁世凯南行，杨度反对，故被排斥），顷已往青岛觅屋，作退隐之计。又闻袁世凯欲请您回来，而杨度说此时请某某归，岂非害之耶云云，不悉信否？若杨度果真这样说，又不知他是好意，还是别的意思？实难测也。

1919年4月20日　来自共和之音　　　　　　　　　　　　　　　转发: 3　评论: 5

**iMG即时快讯 R：** 福州各界人士欢迎孙大总统，孙大总统万岁！　**@我真是孙文**

1912年4月20日　来自iMG　　　　　　　　　　　　　　　转发: 4621　评论: 1578

评论：

**我真是孙文回复鸽iMG即时快讯：** 文卸任总统即是平民，"万岁"乃帝王之称，请不要这样叫我。

1912年4月20日　来自iMG

**孙道人回复我真是孙文：** 欢迎孙中山先生！

1912年4月20日　来自iMG

**我真是孙文回复孙道人：** 共和政府如国民公仆，与从前专制政府视人民如犬马不同。是以凡为民国国民者，可组织一大政党监督政府，不可破坏政府，反碍共和。

1912年4月20日　来自iMG

**宋教仁 R：** 现在问题，以军队、财政为最急。整顿军队必先整理财政，而整理财政必先谋各省行政之统一，使各地方长官划清权限，然后制定宪法，回复各省应解之款，军队取逐渐裁汰主义，应以屯垦及戍卫铁路销纳之。**@亚细亚日报**

1912年4月21日　来自iMG　　　　　　　　　　　　　　　转发: 15　评论: 9

**宋教仁 R：** 至于借款问题，中国外债仅十六万万，视各国为最少，此事并无损国家主权。民国建立不但本年须借债，从此六七年中均不可免。此时先逐算每年应借若干，作何用途，

然后渐次整备，亦不难利用外债以强国。外人监督财政之说，虽与借债有关，然或改为检查，亦未可知。 **@亚细亚日报**

1912年4月21日　来自iMG　　　　　　　　　　　　　　　转发：4　评论：7

**我真是孙文 R**： **@天安堂耶稣教会**：此次革命，虽与宗教无甚关系，然外人来华传教，殊能增进道德观念，使吾人尽具纯净之爱国心。此后同胞尽力造成善良政府，则民教相安，中外感情愈厚，世界即或基此永葆和平。

1912年4月21日　来自iMG　　　　　　　　　　　　　　　转发：18　评论：4

**宋教仁 R**：某报所载颇有错误之点，余之所主张，以铁路销纳兵队，盖以之销纳于路工，非以之为卫戍也。

1912年4月22日　来自iMG　　　　　　　　　　　　　　　转发：7　评论：5

**宋教仁 R**：然。

**@亚细亚日报**：屯田之策，于移民原则既多不合，而可屯之地，多在北方，今日须裁之兵，尽属南人，以南人而从事北方农业，尤为不宜之事。

1912年4月22日　来自iMG　　　　　　　　　　　　　　　转发：18　评论：15

1912年4月22日　来自iMG　　　　　　　　　　　　　　　转发：7　评论：9

**宋教仁 R**：今日之外债，颇含有政治臭味。日俄两国加入借债团体，可免生枝节，足为吾国之利；或有疑其协以谋我者，则六国之他种共同利害，原不一致，此节可无虑也。 **@亚细亚日报**

1912年4月22日　来自iMG　　　　　　　　　　　　　　　转发：3　评论：11

**宋教仁 R**：今日国家之所急，乃在统一南北、安置军队、整理财政诸大端，农林诸政，目前尚难着手，今日可办者，亦唯有颁布农林制度，振兴农事教育诸端而已。 **@亚细亚日报**

1912年4月22日　来自iMG　　　　　　　　　　　　　　　转发：5　评论：8

**宋教仁 R**：商业之效，较农林为速，救中国今日之急，莫如振兴商业，而振兴今日中国之商业，尤以奖励土产之输出为宜，当与工商总长商量办法也。 **@亚细亚日报**

1912年4月22日　来自iMG　　　　　　　　　　　　　　　转发：0　评论：2

**宋教仁 R**：今日言国会者，大都有倾向二院制度之景象，唯上院组织法颇待研究。参议院多数意见，皆主张由地方议会选举。此制取代表地方，乃联邦制度之遗义，我国不取联邦制,此法即不适用,将来选举上院议员,莫如由各种公法人选出,如自治团体、商会、教会、大学堂及华侨商会等,均得选出议员,则各种社会均有代表,较为完善。此说非余个人所倡,近来欧洲学者,固多有主张此制者。 **@亚细亚日报**

1912年4月22日　来自iMG　　　　　　　　　　　　　转发: 9　评论: 14

**宋教仁 R:** 统一、同盟两党,政纲本无不同,故于两党皆有关系。唯同盟会分子复杂,本非政党组织,前此勉强改为政党,原非余之本意;且同盟会多有感情用事之举,尤非政党所宜出。然感情用事,统一党人亦有不免,如将来两党均不能化除意见,余意欲于两党外另求同志,更组织一党,以为国家效力之地。**@亚细亚日报**

1912年4月22日　来自iMG　　　　　　　　　　　　　转发: 3　评论: 11

评论:

**历史胖老师:** 宋教仁组党的意愿已经非常明显。并且,他与同盟会之间的矛盾其实也已经暗示出来。这些共同经历过生死的人,却大多不谙国际法则,中国的政党理想就更生于这样波诡云谲的时代,最终抹上了血色。

2012年1月1日　来自时光隧道

**宋教仁 R:** 很是。我会与唐总理商量妥善办法。

**@亚细亚日报:** 前清时代,政府一切行动,皆守秘密主义,国民与国家隔绝,政治腐败,悉源于是,在新闻界不但访事为难,且因而登载多不实在。今共和政府,当力除此习。其法宜于国务院中,设一新闻记者招待所,派秘书员每日午后将会议国务事项,除应守秘密者外,悉数发表。如此不但新闻界甚得便利,即于政府政策之主张,亦不至传讹,妨碍进行。**@宋教仁**

1912年4月22日　来自iMG　　　　　　　　　　　　　转发: 37　评论: 16

1912年4月22日　来自iMG　　　　　　　　　　　　　转发: 12　评论: 5

**iMG即时快讯 R:** 香港政府禁止孙中山先生登岸。

1912年4月24日　来自iMG　　　　　　　　　　　　　转发: 4891　评论: 2478

评论:

**我爱北京紫禁城:** 禁得好!这种乱臣贼子,就应该千刀万剐!

1912年4月24日　来自共和之音

**鹤顶红:** 不让先生登岸,我们就用血肉之躯为先生杀开一条血路!

1912年4月24日　来自iMG

**iMG即时快讯 R:** 孙中山先生于11时抵广州天字码头。 **@陈炯明** 派出军队数千,自码头至都督府沿途迎接保护。先生登岸时,长堤中万头攒动,均欲一见伟人为荣。
1912年4月25日　来自iMG　　　　　　　　　　　　　转发: 6521　评论: 4892

**我真是孙文 R:** 今日民国正当草创,欲中国成为强固之民国,非有精强陆军不可,故民国前途以来我军人之力正多。今日要务在乎扩张军备,以成完坚固之国,然后可与世界列强并驾齐驱。若军人忘其本分,不为四万万同胞谋幸福,而为个人谋权力,恐非军人最初所抱之革命宗旨。
1912年4月26日　来自iMG　　　　　　　　　　　　　转发: 189　评论: 42

**我真是孙文 R: @广东省议会:** 兄弟到香港时,即闻有人欲行第二次革命,以图推翻广东政府,我辈若不急起维持,将目前紧要事件速为筹划,恐祸端即见于顷刻。盖目下实事如此紧迫,函应即日举定 **@胡汉民** 先生为正任都督,以安大局。
1912年4月27日　来自iMG　　　　　　　　　　　　　转发: 8　评论: 11

> 评论:
> **议长回复我真是孙文:** 拟请 **@胡汉民** 先生为正任都督,皆由孙先生特荐,且众人共信孙先生之言。
> 1912年4月27日　来自iMG　　　　　　　　　　　　转发: 1　评论: 3

**我真是孙文 R:** 今日虽已共和,尚未大定,欲其大定,必须统一。统一之法,非恃人心,则恃武力,其流弊必至于专制。然人心不能统一,必生祸乱。今回粤省,见各报之言论繁絮,不按公理,攻击政府,以致人心惶惶,不能统一。故今日之报纸,必须改易其方针,人心乃能一致。
1912年4月27日　来自iMG　　　　　　　　　　　　　转发: 5　评论: 5

**我真是孙文 R:** 兄弟回粤欲办两事,其一则练兵,其一则办实业,使粤人生计不致困难。
1912年4月27日　来自iMG　　　　　　　　　　　　　转发: 47　评论: 21

**《民立报》:** 北京各报载,农林部宋总长提议,将盐茶二税划入该部接收。某报又载,宋总长引用私人为农部要职。 **@宋教仁**
1912年4月28日　来自iMG　　　　　　　　　　　　　转发: 12　评论: 16

**宋教仁 R:** 税务为国家正供,而盐茶尤其巨宗,此财政部性质也。农林部以振兴实业、扩充公利为目的，一切岁入之款，俱不得过问。前开阁议，所以提及此者，缘从前商家自由运盐，进步太迟，弊端百出，若收为国有，别予商家以相当之酬报，使商不折本，国税骤增，公私两尽，此亦整理财政之一端。且某所主持者，变从前运售自由制度为专卖制度，归利于国家，非攘利于农林部，以农林部性质与财政部性质不同故也。**@《民立报》**

1912年4月28日　来自iMG　　　　　　　　　　　　　　　转发：15　评论：7

**宋教仁 R：** 而茶之为物，乃森林一部分，如何制焙，如何销售，期在发达茶叶，揽收茶税，斯言何来？至用人一事，余所同行之部员，大半系江浙人，必具有专门学识者，量材而器使之，不唯无南北分，亦并无新旧别，外间云云，真乃呓语。**@《民立报》**

1912年4月28日　来自iMG　　　　　　　　　　　　　　　转发：12　评论：5

**我真是孙文 R：** 与英、美、德、法四国银行谈判一事，倘若四国利用中国现今财政困难而阻中国之进步，则国人必将发奋自助，设法在国中募集公债，以济目前之急。盖中国非穷困，唯筹款之机关不完备耳。

1912年4月29日　来自iMG　　　　　　　　　　　　　　　转发：8　评论：14

**宋教仁 R：** 我国近年非荒旱即水灾，哀黎遍地，赈济无及，良由农林腐败之故。仆既代国民负此责任，必勉励为之；但非一朝夕所能奏功，且需款亦甚巨，深望社会之援助，及记者之鼓吹。

1912年4月29日　来自iMG　　　　　　　　　　　　　　　转发：20　评论：25

## 1912 5

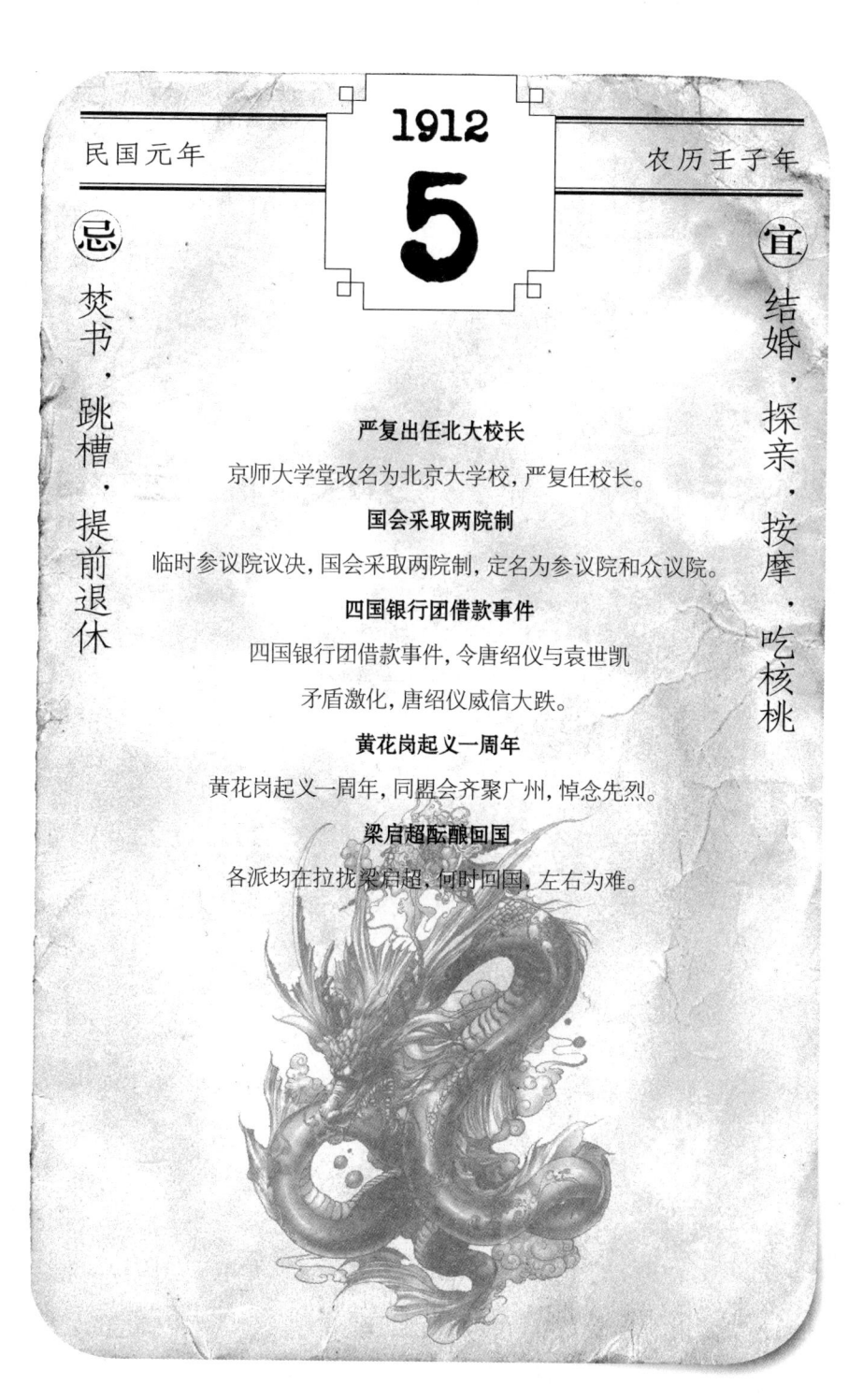

民国元年　　农历壬子年

**忌**：焚书·跳槽·提前退休

**宜**：结婚·探亲·按摩·吃核桃

### 严复出任北大校长
京师大学堂改名为北京大学校，严复任校长。

### 国会采取两院制
临时参议院议决，国会采取两院制，定名为参议院和众议院。

### 四国银行团借款事件
四国银行团借款事件，令唐绍仪与袁世凯矛盾激化，唐绍仪威信大跌。

### 黄花岗起义一周年
黄花岗起义一周年，同盟会齐聚广州，悼念先烈。

### 梁启超酝酿回国
各派均在拉拢梁启超，何时回国，左右为难。

**蔡元培 R：** **@袁世凯：** 京师大学堂今拟改为北京大学校；大学堂总监督改称为大学校校长，总理校务。分科大学监督改称为分科大学学长，分掌教务；分科大学教务提调即行裁撤；大学校校长须由教育部于分科大学学长中荐一人任之，庶几名实相符，事权划一，学校经费亦得借以撙节。现已由本部照会该总监督任文科大学学长，应请大总统任命该学长署理北京大学校校长，其余学科除经科并入文科外，暂任其旧。俟大学法令颁布后，再令全国大学一体遵照办理，以求完善而归统一。 **@严复**

1912年5月1日　来自iMG　　　　　　　　　　　　　　　　　转发：25　评论：13

评论：

**星座八爷：** 小蔡，水星和火星都是第九宫的摩羯，生来就是道德楷模和大教育家，他的关键词是集体智慧、集体良知、集体心灵、集体力量。第九宫象征擅长处理规条化的集体建构，此一倾向也经常表现在哲学、宗教、法制和高等教育上。简单来说，第九宫管辖了架构社会观念的所有制度，由于这些社会观念体现于制度之上，文明方得以产生并形成教育，因此它同时也与教育与大众出版业有着极为密切的关系，文明、文化、传统的果实正是借由著书立说才能代代相传。而他的太阳是第十宫的摩羯。和小严很像啊。高贵、严肃，做事情按部就班，稳扎稳打。

2012年1月1日　来自时光隧道

**鸽Phone即时快讯 R：** 广州商界代表见孙中山先生，询问广东光复后治安紊乱、经济凋敝，切望先生布施宏利，以拯救而维持之。希望先生对新成立之广州商团"鼓励、提倡、维持、调护"。

1912年5月2日　来自iMG　　　　　　　　　　　　　　　　　转发：18　评论：3

**丁文江：** **@莫理循：**人们一定要记住，南方对于袁世凯未能维持秩序的失职并未加以指责，据上海报界评论，南京参议院对此负有责任。这在目前能说明我们是真正爱国的吗？去年我并未过分乐观，但是，就目前为止已经做出的巨大变革，在我心中不由得产生新的希望。在我看来，中国公众对于贷款僵局所持的态度说明的是同一个问题，因为无论这个非常恼人的争论其真正的过程可能如何，总的看来，中国的报纸在他们的评论中多少有所保留。

1912年5月2日　来自共和之音　　　　　　　　　　　　　　　转发：2　评论：7

**丁文江：** **@莫理循：**倘如对于唐绍仪进行任何严厉的攻击，他的地位就会不稳，随着这件事全国对袁世凯的信心也会大为动摇，这是无须明示的事。没有一个党派会容许用这种手段来筹集资金的，何况唐绍仪不是受所有各派欢迎的人。

1912年5月2日　来自共和之音　　　　　　　　　　　　　　　转发：0　评论：5

**丁文江：** **@莫理循：**南方的部队对于袁世凯的人品非常尊重。我的众多友人在里身居军事要职，我发现他们全都是支持袁世凯的政策的人。如果有一天这个国家可能会发现军队（北方的或南方的）对于大总统——这个官衔也许会改变成另一种称呼——过于热诚，这是无足为奇的。至少我听到一位高级军官表示他的信念说，如果我们希望这个国家统一起来，我们必须使他当上皇帝！

1912年5月2日　来自共和之音　　　　　　　　　　　　　　　转发：0　评论：4

评论：

**鸭先知：**"我们必须使他当上皇帝！"军人崇尚服从，尊重实力。他们口中说的称帝的言论，确实是一个危险的信号，并且，未来真的不幸被丁文江言中了。

2012年1月1日　来自时光隧道

**严复 C：**京师大学堂更名为北京大学校。

1912年5月3日　来自共和之音　　　　　　　　　　　　　　　转发：11　评论：8

评论：

**鸭先知：**北大诞生了！历史胖老师有职业了！历史胖老师的学生们有福了。　　**@历史胖老师**

2012年1月1日　来自时光隧道

**星座八爷：**小严的土象气质很浓郁，行动之前一定会想了又想，慎之又慎，做事情十分细致，有完美主义的倾向，很容易让人觉得慢吞吞或过于纠结。但小严这样的人很踏实，什么事交给他，绝对可以放心，他一定会在deadline之前就保质保量完成任务。这要搁公司里，绝对是模范员工的表率。

2012年1月1日　来自时光隧道

**严复 C：**今日就任北京大学校校长职。

1912年5月4日　来自共和之音　　　　　　　　　转发：27　评论：11

评论：

**鸭先知：**5月4日! 这只是一个历史的巧合吗? 7年后的5月4日，将由下一代人来完成严复未能完成的使命，也将这个国家导向更加扑朔迷离的境地。

2012年1月1日　来自时光隧道

**历史胖老师回复鸭先知：**5月4日还是汪精卫的生日呢！

2012年1月1日　来自时光隧道

**鸭先知回复历史胖老师：**据说5月4日我们年轻人还能休假半天呢! 虽然我从没休过……

2012年1月1日　来自时光隧道

**汪精卫 R：**今日与 **@陈璧君** 女士成婚。

1912年5月4日　来自iMG　　　　　　　　　转发：4791　评论：3872

评论：

**小甜甜：**不要！汪哥哥！你要冷静啊！

1912年5月4日　来自iMG

**鸭先知：**民国第一美男汪精卫还是选择了曾与他一起刺杀摄政王的陈璧君。这要让多少姑娘为之夜夜垂泪到天明？

2012年1月1日　来自时光隧道

**星座八爷回复鸭先知：**小汪的月亮是第八宫的白羊，金星也落白羊，若走梁朝伟这样的文艺路线，那绝对是多情的文艺男青年，拥有喷薄的男子气概和必杀的温柔眼神。

2012年1月1日　来自时光隧道

**鸭先知回复星座八爷：**汪精卫不是也爱上了方君瑛和施旦吗? 方君瑛还因为他自杀了。

2012年1月1日　来自时光隧道

**星座八爷回复鸭先知：**其实，相比康夫子，小汪的感情世界较为专一，虽有人批判其生活作风，但近来也有人为其辩护，认为他在国民党任高层时"不抽烟、不喝酒、不赌博、不近女色，这在当时的国民党高官中，都是鲜有人能够做到的"。若此君所言非虚，小汪如此"存天理，灭人欲"，非胸有大志不能为也。

2012年1月1日　来自时光隧道

**张睿C:** 接 @章太炎 电，乃知政治家非文章之士所能充。

1912年5月6日　来自共和之音　　　　　　　　　　　　转发: 0　评论: 3

**我真是孙文 R:** @洪门: 当改其立会之方针，将仇视鞑房政府之心，化为助我民国政府之力。

1912年5月6日　来自iMG　　　　　　　　　　　　转发: 83　评论: 55

评论:

**鸭先知:** 又是洪门! 为何我看到了陈浩南的影子!

2012年1月1日　来自时光隧道

**星座八爷:** 这其实很符合小孙的星盘气质啊! 天蝎的隐忍和神秘主义色彩! 当他籍籍无名时，表现为一种内心隐秘的动力，并不一定会流于言表，很可能变成闷骚和牢骚。而一旦他大放异彩，对普通大众而言绝对是致命的吸引力啊有木有。

2012年1月1日　来自时光隧道

**鸭先知回复星座八爷:** 说到致命的吸引力，我想到江山美人了。

2012年1月1日　来自时光隧道

**星座八爷回复鸭先知:** 庸俗! 不过八爷私下里也很庸俗，所以很愿意配合你们一下。

2012年1月1日　来自时光隧道

**鸭先知回复星座八爷:** 庸俗一个看看?

2012年1月1日　来自时光隧道

**星座八爷:** 小孙的金星落在射手座，在感情上自由奔放，据说很会给心爱的姑娘送礼。说到送礼，你们能想到的礼物都弱爆了，送出去都是肉包子打狗，都是"我本将心向明月，奈何明月照沟渠"。学学小孙! 在这里，八爷要剧透了。小孙一生闹革命都是"空手道"，甚至还有银行家的漂亮姐妹花女儿来给他做秘书。

2012年1月1日　来自时光隧道

**历史胖老师回复星座八爷:** 赞! 什么时候才能"天下风云出我辈"?

2012年1月1日　来自时光隧道

**星座八爷回复历史胖老师:** 小孙的革命理想和自由精神深深吸引了太阳落在水瓶座的宋家二小姐宋庆龄。她继姐姐宋霭龄之后担任其英文秘书，为能在伟大的革命者身边工作感到兴奋，甚至给还在美国读书的妹妹美龄写信说: "我从来没有这样快活过，我想这类事情是我从小姑娘的时候就想做的。我真的接近了革命运动的中心，我能帮助中国，我也能帮忙孙博士，他需要我。"女追男隔层纱，所以小孙这一次恋爱也没花多少成本。

2012年1月1日　来自时光隧道

**鸭先知回复星座八爷：**这不就是"近水楼台先得月，向阳花木易为春"嘛！办公室爱情什么的我最烦了。我关心的是他送的礼物，老子送了前女朋友一堆礼物，姑娘还是跟人跑了！快说他到底送了什么礼物？

2012年1月1日　来自时光隧道

**星座八爷回复鸭先知：**你们以为光靠近水楼台就能解释小孙的爱情吗？错了！告诉你什么叫金星落在射手座——小孙送给第二任新婚妻子的结婚礼物说出来吓死你，是一把有20发子弹的手枪！那时，小孙握着宋小姐的手，什么山盟海誓举案齐眉的话，都敌不过那一句铿锵的肺腑之言："20发子弹中，19发留给敌人，最后1发留给自己。"你是宋小姐，你会不心动吗？这样一个天地间的奇男子伟男子在你眼前，八爷见了都要叹一声"天上掉下个孙先生"，刀山火海也得跟着他走啊。

2012年1月1日　来自时光隧道

**鸭先知回复星座八爷：**手枪！！！我想歪了。😏

2012年1月1日　来自时光隧道

**历史胖老师回复鸭先知：**心里想想就行了，嘴里不要诽谤革命伟人。

2012年1月1日　来自时光隧道

**鸭先知回复历史胖老师：**😶

2012年1月1日　来自时光隧道

**张謇 C:** 统一党开职员会，章太炎惑于谬说，意气甚嚣张。
1912年5月7日　来自共和之音　　　　　　　　　　转发：0　评论：2

**我真是孙文 R: @岭南学堂：**非学问无以建设。
1912年5月7日　来自iMG　　　　　　　　　　　　转发：0　评论：7

**福来萨：**张勋是一个性格坚强的人，从他的风度和谈吐上可以看得出来。他的部下绝对服从命令而且纪律严明。他每天严格地训练他的军队。他身材矮小、面色灰黄，大概有四十五岁，有着低倾的额头，使人联想他是个精力充沛、脾气急躁的人。他对我非常有礼貌。他说手下有一万四千人。回答我询问是否会有所增减时，他说正在增加。这证实了当地人士所说他在招兵的说法。问他关于钱的问题，他说已经筹足了，但是当地人士非常了解他还未筹足。问到他对局势有什么想法，他预料要打仗。问他是否会同黄兴打仗，他说这取决于革命党人是否很好地对待皇上。
1912年5月8日　来自代理服务器　　　　　　　　　　　　　　　转发：0　评论：5

**福来萨：** 我不认为张勋是个政治家，他有一点像一条凶猛的看家狗，如果驱使得当，在需要树立威信的地方一定是一个非常有用的人。他给人的印象是，实际上他也这样说：他把革命党看做是敌人。他至少从北京弄到一些钱。我敢说，除非环境使他不可能继续维持下去，否则他是不会自己下台的。
1912年5月8日　来自代理服务器　　　　　　　　　　　　　　　转发：0　评论：5

评论：
**历史胖老师：** 说得很准，几年后，张勋终于等到了复辟的机会，率领他的辫子军，将幽居深宫的溥仪短暂地解救了出来。
2012年1月1日　来自时光隧道

**莫理循：　@蔡廷干：** 你一定要找到人给总统按摩。总统每天接受半小时熟练的按摩，会使他的体质健康大为改观。这会使他年轻几年，按我们的看法，在一两个星期里他就会感觉像另外一个人似的。但是必须由技术精湛的人来按摩，能够在早晨总统起床前按摩最好。就在他平躺在床上尚未起来的时候，他可以让人从脚趾按摩到头顶，像这样按摩半小时的功效等于两小时的体育锻炼。我是一个医生，我极力劝你促成这件事。另附上此间一位日本按摩师的名片。他每小时收费一美元。
1912年5月8日　来自代理服务器　　　　　　　　　　　　　　　转发：0　评论：11

评论：
**鸭先知：** 各位在酒店里有木有收到这样的卡片？
2012年1月1日　来自时光隧道
**名言帝回复鸭先知：** 哼！
2012年1月1日　来自时光隧道

**康有为 C：** 奥匈帝国开国之深远，实为全欧中世之一统共主，即今广土伟莫，尚大于德、法而倍于英、意。然而岌岌危弱，百政不能举，赖尚存老帝仅支之，否则几即分亡者，何哉？则皆由政党相争致然。盖人不相下，政党太多故也。
1912年5月9日　来自代理服务器　　　　　　　　　　　　　　　转发：0　评论：4

**康有为 C：** 吾国今为共和，于是政党纷出如雨后笋，不一二月已数十党。嗟乎！可谓盛矣，骤过于奥矣,然是不求强而求弱,不求存而求亡也。鄙人私忧惴惴,因择《奥政党考》一篇先布之,俾国人之言政党者有所鉴焉。吾国人若各去其私,多求合并,幸如英、美焉,则中国之福也。吾国人若各用其私,各保小党如奥、法焉,则中国之亡,不日死矣,无可救也。

1912年5月9日　来自代理服务器　　　　　　　　　　　　转发: 0　评论: 5

**康有为 C:** 今日吾国人不知,动称欧人为文明,想象若神仙圣贤,岂知其五十年前,当西历千八百四十八年以往,为吾道光二十八年,尚为侯争之世界也。税几十之五,蒸面割麦皆资侯物,娶妇多陪侯宿,人民皆供隶役、充兵战。每国侯以数万,十数里内必见一垒,危塔耸云,下临峻崖。凡此垒乎,皆千年欧民之血所染成者也。劳苦贱困,压制已极,故曰:不自由,毋宁死。是垒者,欧洲之病源也。吾国人不知其故,日享全球第一自由之福而不知,误传误闻,而述欧人之病言以为药石。

1912年5月9日　来自代理服务器　　　　　　　　　　　　转发: 9　评论: 11

**康有为 C:** 犹闻人言西方有佛而求之,若至印度,乃知全印万里,几无佛迹也。吾遍辑欧洲各国侯垒图,将叙印之,以遗吾国之人士,俾知欧人五十年前之苦状,而吾国人两千年之自由安乐,真为大地所无。虽今者汽机新发,吾国所无,不能不稍逊于人;然一变至道,悟吾国真可一蹴而几尽收欧美之长而无其害。此则唯中国有之,夫万国不能及也。

1912年5月9日　来自代理服务器　　　　　　　　　　　　转发: 32　评论: 27

评论:

**飞刀:** 康有为别在这里危言耸听了! 外国的月亮就是比中国的圆!

1912年5月9日　来自共和之音

**鹤顶红:** 外国的月亮是不是比中国的圆我不知道。但外国有月饼吗? 中国的月饼就比外国的圆!

1912年5月9日　来自iMG

**康有为 C:** 奥、德警吏甚有权,其侦卒遍地,所在能止人语言,若斥教皇及有碍政府之说,皆当立止,不听,可拘幽之,酌其轻重定月日。若英、美警吏,则无是事也。

1912年5月9日　来自代理服务器　　　　　　　　　　　　转发: 1　评论: 4

评论:

**历史胖老师:** 康有为说得人好怕怕……这不是东厂和锦衣卫吗?

2012年1月1日　来自时光隧道

**鸭先知回复历史胖老师:** 莫谈国事,莫谈国事。

2012年1月1日　来自时光隧道

**我真是孙文 R：** **@广州耶稣教联合会：** 望诸君同负国家之责任，使政治、宗教同达完美之目的。
1912年5月9日　来自iMG　　　　　　　　　　　　　　　转发：12　评论：5

**我真是孙文 R：** **@医学共进会：** 今幸革命功成，建设之事，千头万绪，然以中国现在卫生程度而论，则医学实为建设入手办法之一端。国之要素，德育、智育、体育三者并重，唯体育方面，舍医界莫属。深望同业诸君，肩此重任，以期使我民族为地球上强种。
1912年5月9日　来自iMG　　　　　　　　　　　　　　　转发：0　评论：5

**宋教仁 R：** 本自上年军兴，农田失业，师旅之后，若复继以凶荒，民既不保，国何能立。教仁材轻任重，中夜忧思，罔知所措，深望各省都督、民政长互筹良策，共救同胞。举凡各地方流民已否复业，雨水是否应时，新谷有无成熟，荒田能否恳辟，以及蚕业、棉业、林业、渔业可否就地扩充，转各该地方长官与自治团体，就近调查，妥议办法，报部核办。凡以前不便于农民之官吏、政令，悉予罢除。总期时和年丰，国利民福，以巩固民国基础，是教仁之夙愿，当亦诸君共表同情者也。
1912年5月10日　来自iMG　　　　　　　　　　　　　　转发：0　评论：4

**莫理循：** **@温秉忠：** 我越理解黄兴将军，也就越钦佩他的高度才能和决心。我不仅从福来萨先生那里而且从很多旁人那里，收到了关于他在南京以高明的手段处理严重局势的第一手材料。他当时在恢复秩序这件事上的功绩，再夸大也不为过。
1912年5月10日　来自代理服务器　　　　　　　　　　　转发：4　评论：18

评论：

**鸭先知：** 这群哥们儿真是表面一套，背后一套。4月13日的微博里，福来萨还把黄兴骂得不行，现在莫理循又开始有节制地称赞黄兴。
2012年1月1日　来自时光隧道

**我真是孙文 R:** **@孙族省亲会：** 今日得与我族叔伯兄弟相见，甚属欢喜，唯念四万万同胞，皆黄帝之子孙，其始均无所谓氏族者。自人民繁衍而姓氏生，姓氏生而家族只见重。由是家族以起。然此家族亦甚好，合无数之家族而即为国家。今者民国成立，政尚共和，合满汉蒙回藏而成一家，亦尤是一族，将来再为推广，连亚洲而联络之，岂我一族而已哉！
1912年5月11日　来自iMG　　　　　　　　　　　　　　转发：146　评论：55

评论：

**孙悟空：**恭贺大总统衣锦还乡！
1912年5月11日　来自iMG

**小红帽：**孙叔叔，您回来了！
1912年5月11日　来自iMG

**小红帽：**孙叔叔，您辛苦了！
1912年5月11日　来自iMG

**小强：**大总统，我是您隔壁县的！我家的房子被县长亲戚强拆了啊！做了他家的花园啊！我爸和他们论理被他们活活打死了啊！他们还扬言要杀了我啊！您可得为我做主啊！
1912年5月11日　来自iMG

**孙坚：**家乡人民欢迎您！
1912年5月11日　来自iMG

**孙策：**家乡人民欢迎您！
1912年5月11日　来自iMG

**孙权：**家乡人民欢迎您！
1912年5月11日　来自iMG

**孙尚香：**家乡人民欢迎您！
1912年5月11日　来自iMG

---

**宋教仁 R：**鄙人对于农林一项，拟以十年为期，定国家施政之大方针，并逐渐实行。夫吾国以农立国，农业之发达，颇有可观，然较之各文明国有不及者，国家关于农业之施政缺乏也。农业纯为生产事业之一，当以增加其生产力为要着。今后政府拟即以此为主义，而行种种之政策，并一以增加土地之生产力为主，而副以设备。关于农业之金融、教育等各种机关，为助长生产力，增加土地之生产力，其策有三：一曰垦土地，一曰修林政森林之利益，一曰兴水利。

1912年5月13日　来自iMG　　　　　　　　　　　　　　转发：0　评论：3

**宋教仁 R：**中国农民之缺点，以乏于经营农业之资力及知识为甚，故拟设立拓殖之金融机关，劝农之金融机关，以辅助农民之资力；设立学校及其他教育机关，为试验场等，以增长农民之知识。

1912年5月13日　来自iMG　　　　　　　　　　　　　　转发：0　评论：4

**北京大学校：**北京大学校举行开学典礼。教育总长 **@蔡元培** 出席并演讲，强调"大学为研究高尚学问之地。"

1912年5月15日　来自共和之音　　　　　　　　　　　转发：319　评论：73

---

评论：

**历史胖老师：** 5年后，蔡元培就任北大校长，依然说："大学者，研究高深学问者也。"
2012年1月1日　来自时光隧道

**宋教仁 R: #黄花岗周年纪念#** 最初，同志计划进行方法各有不同。或主中央入手，如法、葡是，但在我国颇不易为；或主从地方入手，各处同时大举，亦恐难以做到；最后决定从边远入手。故从前云、贵、广西诸义举，即缘此义而起，因复有去岁广州一役。

1912年5月15日　来自iMG　　　　　　　　　　　　　转发：1002　评论：453

**宋教仁 R: #黄花岗周年纪念#** 先是，黄克强、赵伯先等，立实行机关于香港，内分数部，或掌运输，或主联络，或谋通财与执文牍，谋甚秘密。孙中山先生、黄君克强先后到南洋美洲一带，募军饷四十余万，兼购最利枪支。广州举义时，枪未运到，而各处同志来者益众，形迹颇露，卫队及警兵渐相缉探，遂决用手枪炸弹，黄君先入城。原拟黄自攻督署，而以赵君攻水师营，其余分三支：一攻旗军，一守南门，一迎新军。入城事成后，则以赵君出江西，黄君入湖南，再分道各省鼓动响应。此部署大概也。

1912年5月15日　来自iMG　　　　　　　　　　　　　转发：5361　评论：3556

**宋教仁 R: #黄花岗周年纪念#** 26日，机关部得黄电，说事已泄露，请改期27日。又得黄电，催众往，遂于28日出发，到者仅一部分人，而事已一发难收矣。29日我才到，业知失败，未容展我手眼，爰探得举事时，黄君初以事泄，欲解散，多数人反对，遂仓卒举发。

1912年5月15日　来自iMG　　　　　　　　　　　　　转发：3271　评论：1997

**宋教仁 R: #黄花岗周年纪念#** 黄君所带无百人，又大半留学生，未习战伐。攻督署时，击死卫队甚多，同志死者亦不少。继而黄君直入后堂，见不唯无人，并器具亦无之，乃知张鸣岐得信最早，已携眷潜逃，因率队外出。而各处陆军益集，黄又击毙数人，而我之队伍已被陆军冲散，黄乃易服出城。其余未出城者，浴血巷战，至死气不馁。黄只身逃至一买卖铺中，伏数日始脱于难。至初四日，入城调查，死尸计72人。黄虽未死，受伤颇剧，余则或伤或逃，尤不可胜记。

1912年5月15日　来自iMG　　　　　　　　　　　　　转发：8264　评论：4726

**宋教仁 R: #黄花岗周年纪念#** 计此事失败原因有三：一、侦探李某充运军火，为平日党中最得力人，不知实乃侦探，后查明，处以死刑，枪毙之香港；二、从戎者皆文弱书生，素无武力；三、起事仓猝，新军未能响应，诸同志亦多奔赴不及。有此三原因，所以失败。

1912年5月15日　来自iMG　　　　　　　　　　　　　　　　　　转发：512　评论：467

---

评论：

**皇亲国戚联合会**：想让您的事业飞黄腾达吗？想让您的仕途步步高升吗？没有关系怎么成？请关注皇亲国戚联合会。本会专门经营与各类名人合影业务！不管是皇上，摄政王，总统，总理，还是陆军部部长，保证让您合得满意，合得开心！

1912年5月15日　来自共和之音

---

**宋教仁 R：#黄花岗周年纪念#** 但平心思之，此事究不得以为失败，盖失败一时而收效甚远也。何则？有此一番变动，遂生出三种观念：一、此番死难诸人，如此猛烈，可使一般人知同盟会非徒空谈，实有牺牲性命的精神；二、此番死义，多属青年，易激起人痛惜之心，而生倾向革命之热诚；三、政府对于此举毫无悔心，人愈恨旧政府而争欲推翻之。有此种种，故武昌一起，天下从风，岂偶然哉？虽谓诸烈士已成有圆满无上之功，未为不可也。愿诸君做事勿看眼前成败，要看后来结果，最远之成败，天下事无不可为矣云云。

1912年5月15日　来自iMG　　　　　　　　　　　　　　　　　　转发：4719　评论：1834

---

评论：

**名言帝**："愿诸君做事勿看眼前成败，要看后来结果，最远之成败。"——宋教仁

2012年1月1日　来自时光隧道

---

**《民生日报》**：孙中山先生得知黄花岗死难烈士家属贫苦无依、沿街乞讨之惨后即以私人款项1080元予以烈士家属，18家每家60元。

1912年5月15日　来自iMG　　　　　　　　　　　　　　　　　　转发：0　评论：5

---

**我真是孙文 R：@农林试验场**：余于20年前，创办一农学会，为革命之秘密机关，今读此会员名册殊增今昔之感。

1912年5月15日　来自iMG　　　　　　　　　　　　　　　　　　转发：36　评论：18

---

评论：

**鸭先知**：革命成功以后，作为半生从事革命的职业革命家，该何去何从？孙中山能否完成命运的转型？他必须跨过人生的哪几道槛？这是一个心理问题，更是一个现实问题。

2012年1月1日　来自时光隧道

**历史胖老师回复鸭先知：** 非也非也！孙中山一辈子就是一个职业革命家，他的革命就是职业，还需要转型吗？

2012年1月1日　来自时光隧道

**严复 C：** @朱明丽：夫人，大学堂已于昨日开学，事甚麻烦，我不愿干，大约做完这半学期，再行扎实辞职。三儿已入清华，无甚功课。大小姐房屋已看好，在子英旧屋之后，正在收拾，云于初十先到天津就医，约须月余日光景再行回京。届时政府借款到手，军界不至暴动，儿女等于四月半当可来京矣。

1912年5月16日　来自共和之音　　　　　　　　　　　　　　转发：0　评论：6

**我真是孙文 R：** @袁世凯：目前实难北上，借款之事，我将极力调和。

1912年5月16日　来自iMG　　　　　　　　　　　　　　　　转发：0　评论：5

**莫理循：** @乔·厄·白克尔：如果我辞去现任的职务，你能怎样帮我促成此事。你知道我是在1895年11月1日以前参加《泰晤士报》工作的。从那时起，我到过东亚的每个地区：从南边的曼谷到北边的布拉戈维申斯克，从东方的日本到朝鲜，穿越中国到达中国疆域的最远边界。我想了很久，《泰晤士报》把我留在北京得不到特别好处。

1912年5月17日　来自代理服务器　　　　　　　　　　　　转发：512　评论：235

**莫理循：** @乔·厄·白克尔：不可否认，我是出名的，作为记者我在这里的地位是优越的，很多人还说我是独一的。许多访问北京的知名人士都来看我。我同我国公使馆和各外国公使馆的关系，以及同中国人的关系，我认为要比任何旁的在北京待过的记者都更为融洽。然而我在这里感到极端厌倦。

1912年5月17日　来自代理服务器　　　　　　　　　　　　转发：98　评论：36

**莫理循：** @乔·厄·白克尔：我已年届五十，我的工作没有任何新的进展。我很愿意放弃这种目前对我来讲做不出一点成绩，而且要求我不分昼夜地关心周围事务的工作。我想要从你那里问清楚的事情是：我离开《泰晤士报》时，能得到一笔退休金吗？如果可以，为数是多少？要拿到这笔钱我须办理什么手续？我的愿望是离开中国回澳大利亚。

1912年5月17日　来自代理服务器　　　　　　　　　　　　转发：115　评论：64

---

评论：

**鸭先知：** 莫理循想辞职了，这一天，mark一下。

2012年1月1日　来自时光隧道

**黄** **黄可权 C：** **@梁启超 C：** 现北京日议合并，因领袖问题颇生障碍，我今日函告济武、立诚诸人，极主早合，而对于公之位置，则主张先立一党务研究部，以公为之长，独立一帜，与执行者不相混，研究之结果，则以文字对外发表，数月以后，则公之位置可确定矣。

1912年5月19日　来自共和之音　　　　　　　　　　　　　　　　转发：0　评论：5

**黄** **黄可权 C：** 共和党危机已见，**@章太炎** 公然宣告独立。

1912年5月19日　来自共和之音　　　　　　　　　　　　　　　　转发：0　评论：11

---

评论：

**历史胖老师：** 章太炎又一次不甘寂寞，自己独立组建政党。他本是学问大家，却走上革命之路，与梁启超平分秋色，一时瑜亮。

2012年1月1日　来自时光隧道

**鸭先知：** 在这个时代，组建政党是一种时髦。一语投契，就合作成党；一语不合，就分道扬镳。世事嘈杂，纷纷扰扰。

2012年1月1日　来自时光隧道

**公** **我真是孙文R：** **@《南清早报》：** 吾三星期后将北上与袁世凯会谈，对于广东及全国局势我表示乐观。

1912年5月19日　来自代理服务器　　　　　　　　　　　　　　　转发：4　评论：9

---

评论：

**《南清早报》回复我真是孙文：** 您如何看待取消通商口岸的问题？

1912年5月19日　来自代理服务器

**我真是孙文回复《南清早报》：** 此乃华人之志愿，谓吾人必要独立者，更不愿在中国而归洋人统辖也。然吾人将必开放中国各方，以为酬偿。目下洋人只可在通商口岸活动，若果裁去各口岸，则洋人可到通国各地，由太平洋以致西域。

1912年5月19日　来自iMG

**早** **《南清早报》：** 目前世界各地均限制华人入境，您的立场是什么？　**@我真是孙文**

1912年5月19日　来自代理服务器　　　　　　　　　　　　　　　转发：0　评论：4

---

评论：

**我真是孙文回复《南清早报》：** 各国设法保护自己工人，甚合道理。唯此等保护，不久可以不需。中国地方甚广，而不知开垦，此是自误。将来已经开拓，则吾国工人毋须外出,其实余意中国若兴农、矿、制造,则十年之间,可以自养其民也。

1912年5月19日　来自iMG

**《南清早报》回复我真是孙文:** 对于"黄祸"一说……

1912年5月19日　来自代理服务器　　　　　　　　　　　转发:18　评论:15

评论:

**我真是孙文回复《南清早报》:** 欧人多恐中国他日之侵犯,此诚所见不远。唯吾意中国无侵略志,因吾人志尚和平。吾人之所以要水陆大军者,只为自保,而非攻人。若果欧人势迫吾人,则吾人将以武力强国。

1912年5月19日　来自iMG

**历史胖老师:** 各位同学注意了,现在开始划重点! 黄祸 (Yellow Peril),是欧美国家对亚洲民族尤其是中国的一种偏见。1898年,马修·菲利普·希尔 (Matthew Phipps Shiel) 发表系列短篇小说《黄祸》(The Yellow Peril),小说以1897年两个德国传教士在中国山东胶州被杀为背景。后来,德国皇帝威廉二世画了一幅《世界上的民族,保护你们最宝贵的财产》的漫画,画中一个佛乘着乌云飞行,法国、德国、意大利等国则满脸惶恐地看着他。近一个世纪以来,这种论调始终甚嚣尘上。

2012年1月1日　来自时光隧道

**鬼见愁:** 求助! 用共和之音一直掉线啊! 售后服务太差了! 一问三不知啊! 怎么回事啊？@共和之音

1912年6月11日　来自共和之音　　　　　　　　　　　转发:894　评论:256

评论:

**轰隆隆:** 我也是啊!

1912年6月11日　来自共和之音

**我爱北京紫禁城:** +1

1912年6月11日　来自共和之音

**戴草帽的蘑菇:** +1

1912年6月11日　来自共和之音

**皇亲国戚联合会:** +1

1912年6月11日　来自共和之音

**飞熊:** +2 (我和我夫君)

1912年6月11日　来自共和之音

**小甜甜：** +1，人家还没有夫君呢！

1912年6月11日　来自共和之音

**诺亚子：** 哼哼，谁让你们用这么二的服务器了！

1912年6月11日　来自代理服务器

**共和之音回复鬼见愁：** 您好！您提出的问题，我们作为基层零售商不能解决，请您寻找我们的上级单位，谢谢！

1912年6月11日　来自共和之音

**康有为 C：** @梁启超：五党联合，改为国民党，与吾党重名。迟二十日后各党诘问，吾实无面目可复也，亦更无改名之理。因各埠已请吾写额，皆可改刻悬挂，此非小事也……汝或并托人告知该党人，能让他们改名字当然最好。唯他们或傲不理，则将来吾党不肯改名，报上辩争，则吾二人之大辱，各埠益责吾二人，吾难受也。昨雪梨有电来，请削袁扶旧室，问汝入北。彼等不知，翼望责备若此。岂知吾等但望海外一党名尚保不住，真是未有之辱也。

1912年5月20日　来自大清微博　　　　　　　　　　　转发：4　评论：11

评论：

**星座八爷：** 小康受双鱼影响太大，总难免入戏太深，缺乏感情自控能力，人无完人，大家体谅啊。

2012年1月1日　来自时光隧道

**鸭先知：** 哎哟喂！康有为真是太委屈了。自己刚刚把保皇会改成国民党，现在宋教仁他们大张旗鼓地折腾出一个更响亮的国民党。康有为情何以堪？就这样阴差阳错地，竟然连"一党名尚保不住，真是未有之辱也"。

2012年1月1日　来自时光隧道

**历史胖老师：** 其实，民国时有许多政党都曾以"国民党"为名，不过，胖老师这里倒要问一句了，他们有国民之名，是否有国民之实呢？

2012年1月1日　来自时光隧道

**鸭先知回复历史胖老师：** 老胖，你又忘了？莫谈国事！

2012年1月1日　来自时光隧道

**张謇 C：** 夜半腹大痛。退翁来医，向晨始定。

1912年5月20日　来自共和之音　　　　　　　　　　　转发：0　评论：2

**戴季陶 R：** 熊希龄卖国，杀！唐绍仪愚民，杀！袁世凯专横，杀！章炳麟阿权，杀！此四人者

中华民国国民之公敌也。欲救中华民国之亡，非杀此四人不可！ @《民权报》
1912年5月20日　来自iMG　　　　　　　　　　　　　　　转发：11174　评论：642

评论：

**历史胖老师：** 惹怒戴季陶的，是向四国银行团借款的事件，这件事本身就有难言之隐，何况，章炳麟和这事几乎扯不上关系。戴季陶的这篇评论，看起来酣畅淋漓，其实只是对《革命军》"杀"字阵的一次拙劣的模仿。佐藤慎一说："使孙文伤脑筋的，在中国不是自由不足，而是自由过剩。"确实如此。

2012年1月1日　来自时光隧道

---

**张謇 C：** 竟日不食。
1912年5月21日　来自共和之音　　　　　　　　　　　　　转发：0　评论：4

评论：

**天下大力丸：** 吃不下饭，睡不好觉怎么办？请服用天下大力丸！它由九九八十一种名贵中草药经过七七四十九天炼制而成，保证您不腰酸，不背痛，不手抽筋，更有返老还童之功效！请认准"天下大力丸"，各地天桥均有销售！

1912年5月21日　来自共和之音

---

**莫理循：** @赫顿：这个共和国既已顺利建成，我决定辞掉现在的职务。今天我给《泰晤士报》的主编写信，告诉他我想在11月1日脱离这家报纸。我向他询问对于我的离职将作出什么规定。到了11月1日，我就已经为他们干了十七年，像我这样成年累月的操心很少有娱乐或享受，对任何人来说无论干什么工作，都够长久的了。

1912年5月21日　来自代理服务器　　　　　　　　　　　　转发：13　评论：29

---

**莫理循：** @赫顿：在北京附近乡间我有一所小别墅，如果我能够卖掉我的藏书——我是想把它留下来的。眼下我正设法把我的藏书卖出去。你知道，我的藏书是世界上同类藏书中最好的，我希望能卖到好价钱。我用了差不多十八年的时间才把这些书籍收集起来。它有过奇迹般的经历：在围攻北京期间只失落了一本书，但随后我设法补齐了。它在2月29日夜里也遭到了危险，幸亏我在去年11月里为它修建了一间防火厅，就在北京几乎难免遭到一场浩劫的时候，我把书籍全都转移进去了。我提出的价钱是四万镑。有几天我想入非非，梦想用这笔钱在西班牙造城堡。

1912年5月21日　来自代理服务器　　　　　　　　　　　　转发：11　评论：15

**莫理循**：@赫顿：我的愿望是这些藏书应该保留在北京目前的建筑物里；应该保留我的姓名以及应该成为中国国立图书馆的核心部分。这也是一些有影响的中国人士的愿望。

1912年5月21日　来自代理服务器　　　　　　　　　　　　　转发：173　评论：42

评论：

**历史胖老师**：各位，各位，我是历史胖老师！大家可不要小看了莫理循的这个私人图书馆！从1897年至1917年间，他共收集了有关亚洲尤其是中国的书籍6000本、地图和版画1000张、期刊100套、小册子7000多份，涵盖英、法、德、俄、荷、拉丁、西班牙、葡萄牙、意大利、瑞典、丹麦、波兰、匈牙利、挪威、希伯来、土耳其等语言，他甚至收集了传单、宴会菜单、租房地契等内容，可谓五花八门，算得上理解当时中国的百科全书。

2012年1月1日　来自时光隧道

**鸭先知回复历史胖老师**：你又抢我的话！哭……

2012年1月1日　来自时光隧道

**历史胖老师**：1917年，全部藏书被日本三菱集团前董事长岩崎久弥以三万五千英镑购买，成立东洋文库。日本东洋文库现在已经成为亚洲最大的图书馆之一。而莫理循的手稿、照片、书信、回忆录、剪报等，则收藏于澳大利亚。

2012年1月1日　来自时光隧道

**鸭先知回复历史胖老师**：你打字能慢点吗？！怒！

2012年1月1日　来自时光隧道

**历史胖老师回复鸭先知**：耶！

2012年1月1日　来自时光隧道

**星座八爷**：小莫的木星是第六宫的处女座，有主动参与到社会事业之中的精神。且这一年木星逆行，热爱追求真理以及精神层面的发展，导致小莫这样的人在社会活动中会扮演比较奇特的角色——他们不想求得物质的富有，而是倾向于内在精神的丰富，相比从社会服务中获益，更渴望别人认可自己行为的意义和自己的精神品质。

2012年1月1日　来自时光隧道

**张謇 C**：服食饭及汤。

1912年5月22日　来自共和之音　　　　　　　　　　　　　转发：0　评论：3

**唐绍仪**：言论自由，为约法所保障。请释放戴季陶。

　　@戴季陶：熊希龄卖国，杀！唐绍仪愚民，杀！袁世凯专横，杀！章炳麟阿权，杀！此四人者中华民国国民之公敌也。欲救中华民国之亡，非杀此四人不可！　@《民权报》

1912年5月20日　来自iMG　　　　　　　　　　　　　　转发：11174　评论：642

1912年5月22日　来自共和之音　　　　　　　　　　　　转发: 6897　评论: 782

**袁世凯:** 禁售排满及诋毁前清各种书籍。
1912年5月24日　来自共和之音　　　　　　　　　　　　转发: 627　评论: 341

**端纳:** **@莫理循:** 这里见不到活跃的政治气氛,然而却出现一股针对现在的内阁的暗流,还有一些人谈起"在此革命"的话。但是谈这种话的早先都是激烈的革命军,不是温宗尧一伙人,而是孙中山的亲密追随者。他们的想法似乎是唐绍仪正从事反袁活动,他们认为唐绍仪想当总统。昨天我同孙中山原来的私人秘书长谈,他公开谈论"再次革命"的话。我无法使他说清楚他所讲的"再次革命"是什么意思,不过,看起来他认为应该把袁世凯赶下台去,而把唐绍仪提拔到袁世凯的位置上来。他批评他以前的上司——孙中山——拱手让给袁世凯的东西太多了。
1912年5月25日　来自代理服务器　　　　　　　　　　　转发: 2　评论: 8

> 评论:
> 
> **鸭先知:** 这种不和谐,正像涟漪一样,慢慢弥漫开来,慢慢地侵蚀着所有人,以及他们的理想。孙中山似乎对此浑然未觉。
> 2012年1月1日　来自时光隧道
> 
> **历史胖老师回复鸭先知:** 非也非也! 孙中山不是浑然未觉,而是毫无办法。
> 2012年1月1日　来自时光隧道

**端纳:** **@莫理循:** 温宗尧为了退休正在捞钱,伍廷芳正在日见衰颓。眼下他干瘪得就像一具埃及的木乃伊,看上去几乎全无生气。然而他依然坚信可以从难消化的核桃仁里,发现长生不老药。
1912年5月25日　来自代理服务器　　　　　　　　　　　转发: 0　评论: 5

> 评论:
> 
> **鸭先知:** "他依然坚信可以从难消化的核桃仁里,发现长生不老药。"　　**@名言帝**
> 2012年1月1日　来自时光隧道

**端纳:** 船抵大连时有若干人上船,一位旅客告诉我在他们当中有一位达官贵人,事实上是一位阁员。我肯定不是那么一回事,除非是外交总长从俄国回来偶然途经这里。尽管如此,当我打听这位绅士的姓名时——服务员告诉我他姓刘——他走进了沙龙,我也走过去同他说话。我对他说,我听说他是外交总长所以前来找他。他并没有否认这种含蓄的质疑，当他用法语说他不会讲英语时，我心想或许他就是外交总长，尽管我还在怀疑。
1912年5月25日　来自代理服务器　　　　　　　　　　　转发: 96　评论: 46

**端纳:** 我同他攀谈起来，可是当我试图问清他的出生地和最后在哪里工作时，他回避作答。他使我相信他过去当过满洲人的官。当我告诉他我曾经往返旅行到过北京时，他问我是否遇到过张勋。我的肯定答复使他精神振作起来，他向我不断提出一连串的问题，最后终于转弯抹角地告诉我说他是张的一个赞赏者，希望能见到他，最大的愿望是发动一次有利于恢复帝制的复辟。他每天都在煞费苦心地琢磨他的主意。
1912年5月25日　来自代理服务器　　　　　　　　　　　转发: 102　评论: 77

**端纳:** 我告诉他，在轮船上向诸色人等公开道出心事简直近乎发疯——因为后来他还同一些人说过——可是我的话对他不起作用。但是这件事的有趣之处，在于这位绅士后来有一天不得不自己透露并且承认他就是大名鼎鼎的辜鸿铭！！！
1912年5月25日　来自代理服务器　　　　　　　　　　　转发: 118　评论: 72

---

评论：

**名言帝:** 大爱辜鸿铭! 拖着长辫子的辜鸿铭! 跟北大的学生说"我的辫子在头上，你们的辫子在心里；我的辫子是有形的，你们的辫子是无形的"的辜鸿铭! mark!
2012年1月1日　来自时光隧道

**我真是孙文 R：** @袁世凯 滇桂铁路于军事、交通、实业均有大利，函需修筑。如中央政府力不暇及，请由滇、黔、桂三督自行筹备。
1912年5月26日　来自iMG　　　　　　　　　　　　　　 转发: 0　评论: 6

**康有为 C：** @梁启超 日间以监理财政及俄索黑龙，英进片马，西藏危亡，忧心忡忡不乐。吾虽超脱，亦何能不忧。顷省各书为欣然，尤大喜笑不可抑，以解积忧者。弟有九十受也，何人所言，吾企望之，而希其必然也。弟能信此，所助于心气行事不少，吾向自信不死，故颇敢冒险。弟亦不可不以语同人，俾交慰也。此语即可作吾今日之药，亦可为魔力也。
1912年5月27日　来自代理服务器　　　　　　　　　　　转发: 2　评论: 5

**汪精卫 R：** @我真是孙文 R：政体已经共和，而弟所受之学说，则日本君主立宪国学者之言也。吾党方提倡之三民主义，而弟于此学殊无所闻知，逆计将来出而任事，不为国家福也。现弟所有者只社会上之虚名，此等虚名，自误误人，不可久尸，故弟求学之念甚坚，不可动摇。

1912年5月27日　来自iMG　　　　　　　　　　　　　　　转发：13　评论：37

---

评论：

**历史胖老师：** 革命成功了，正应该做一番大事业，汪精卫却要和夫人一起出国留学，说是求学，其实主要是游山玩水。
2012年1月1日　来自时光隧道

**鸭先知回复历史胖老师：** 我觉得他是以退为进。
2012年1月1日　来自时光隧道

**星座八爷回复鸭先知：** 小汪的太阳和水星都是第十宫，和小孙、小康、小梁一样，人生目的很明确，就是要建功立业治国平天下，他们这类人，非常清楚地知道自己要什么，而小汪更是其中的佼佼者——太阳和土星合，都落第十宫的金牛，重物质享受和生活品质，有物质追求作为内驱力；水星双子，天生七巧玲珑心，聪慧过人，机敏异常，且交际手腕极为灵活，跟愣头青小孙不一样，也不会像小康、小梁那样沉浸在某种感伤情绪中不可自拔。跟小汪这样会装糊涂的聪明人相处很愉悦，绝对不会有被冷落或有难堪的感觉。
2012年1月1日　来自时光隧道

**鸭先知回复星座八爷：** 那真是要倒吸一口冷气啊！厉害！那他现在走真是以退为进？
2012年1月1日　来自时光隧道

**星座八爷回复鸭先知：** 那倒未必。但凡聪明机灵的家伙，都容易给人靠不住的感觉。在这种情况下，靠不靠得住，就取决于天降的大任是不是他的心头肉。如果他有半点不想做的意思，那就一定会脚底抹油，找个好理由华丽丽地溜走。现在一切都乱糟糟的，还不是小汪施展身手的时候。
2012年1月1日　来自时光隧道

---

**严复 C：** @朱明丽：家眷原要早移到京，唯大局不定，时刻令人担险。唐绍仪有准备辞职不干的消息，借款闻昨又决裂，即使借得款，到后来解散军队，亦为绝大问题，不解散又必不了。大学堂现是借款办理，仅仅可以支持到暑假，若过此无款接续，亦须胡乱停办，且多一债务葛藤也。避居租界，须得有钱，一旦财源涸竭，不知何处容身矣。
1912年5月28日　来自共和之音　　　　　　　　　　　　　转发：0　评论：4

**刘揆一：** @梁启超 C：国体更始，党派胥融，乞君回国，共济时艰。
1912年5月28日　来自共和之音　　　　　　　　　　　　　转发：13　评论：28

**朱尔典：** @莫理循：邀请中国人出席英王诞辰庆祝会一事使我们深感为难。我们感到如果不请中国人，很可能让人看来有点奇怪而且会得罪人。另外，正式邀请目前尚未被承认的政府的成员，大概会引起各国公使的不满，因为这样做开了一个尴尬而错误的先例。最终我们决定只给我妻子的来访留名录上的朋友发请柬。这包括唐绍仪、施肇基和胡惟德，这些人都是政府的成员，但不是按他们的公职而是邀请他们以私人身份参加。✉

1912年5月28日　来自代理服务器　　　　　　　　　　　　　　　共有7条私信

**宋教仁 R**: 吾友古研氏，集合支那三合、哥老诸党会之历史行事，著为书。余为《中国秘密社会史》作序: 自秦汉以降，上下两千年间，革命之事殆居十三四，盖未尝不与秘密结社有因果关系也。……今诸党会，其行或不轨于正义，为世诟病，然其富团结力，守秩序，重然诺，急公死义，不爱其身躯，心惓惓乎胜国，历世合群不变，希冀一当，不要有足多乎? 使再节制其群，广展其宗义，化而如欧美之民党工会，其结局必有以进于秦汉隋唐元明季世诸党会之所为，岂第为高才捷足者驱除已哉?

1912年5月29日　来自iMG　　　　　　　　　　　　　　转发: 4　评论: 14

评论:

**鸭先知**: 把黑社会变成工会……这算是要把黑道漂白吗?

2012年1月1日　来自时光隧道

**历史胖老师回复鸭先知**: 色即是空，空即是色。黑即是白，白即是黑。

2012年1月1日　来自时光隧道

**鸭先知回复历史胖老师**: 什么乱七八糟的!

2012年1月1日　来自时光隧道

**我真是孙文 R**: @今村长藏 R: 约兄同赴北京，以调和党派、提倡民国捐。

1912年5月29日　来自iMG　　　　　　　　　　　　　　转发: 4　评论: 7

**麦孺博 C**: @梁启超 C: 北江转适大教，论皆正当，唯所云欲北江宣布退隐不预政界一事，弟谓不可。北江以救国号于天下，人谁不知，今危急存亡之秋，而忽欲有此宣布，岂不尽失天下人之望。

1912年5月29日　来自共和之音　　　　　　　　　　　　转发: 8　评论: 14

评论:

**鸭先知**: 北江，指的是康有为。康南海嘛! 北江对南海。

2012年1月1日　来自时光隧道

**历史胖老师**: 在这种关键时刻，康有为反而口口声声说要退隐。这个真真假假、虚虚实实的老头!
2012年1月1日　来自时光隧道

**麦孺博 C:** **@梁启超 C:** 同人皆主张公至津办《国风》,我也觉得不可这样做。欲办旬报,则仍在日本发表政见足矣,何必人在津,然后能发政见耶?袁世凯慑于孙中山、黄兴,而唐绍仪则又利用同盟会,唐为同盟会所挟,袁又不为唐挟制,袁且与唐大有意见,今留守一事,直几如两总统,现象如此,大乱即在目前,弟意思以为断断不必居津。
1912年5月29日　来自共和之音　　　　　　　　　　　　　　　　转发: 11　评论: 8

**麦孺博 C:** **@梁启超 C:** 南北合办一报,邀公主持,肯定办不成,即成亦两姑之妇,且公之地位,岂有为人喉舌之理,此则不待弟之陈说,公必拒之。
1912年5月29日　来自共和之音　　　　　　　　　　　　　　　　转发: 28　评论: 16

**麦孺博 C:** **@康有为 C:** 宣布退隐必不可行。数十年来以救国号于天下,人谁不知,今危亡之际,乃曰我不复顾问,众不可其说,人其谓我何,岂不尽失天下之望耶?
1912年5月29日　来自共和之音　　　　　　　　　　　　　　　　转发: 52　评论: 17

**宋教仁 R:** **@山东都督:** 查改良畜牧,有莫大之利益。素东西各国莫不苦心经营,以期发达。本部现在筹设种牛牧场,改良牛种,亟应派员调查实地情形,以便得手。查我国山东素称产牛之区,牛种颇佳,究竟各地所产之牛以何府县为最多,适用何途,如适于役用或乳用、肉用等累,兹拟定表式,咨送贵都督查照。即希转饬所属各州县照填呈报表,转咨过部,以便再行拣派专门人员切实调查可也。
1912年5月30日　来自iMG　　　　　　　　　　　　　　　　　　转发: 0　评论: 3

评论:

**鸭先知:** 宋教仁是法学专家,现在,让一个法学专家去研究畜牧知识,也着实有些勉为其难。所幸宋教仁还算是自得其乐。这样天真的书生,只思为国报效,既是时代之幸,亦是时代之大不幸。
2012年1月1日　来自时光隧道

**历史胖老师:** 什么幸或不幸? 半个多世纪后,还有更多的中国知识分子要去研究畜牧知识,甚至亲自种地,养猪。
2012年1月1日　来自时光隧道

**鸭先知回复历史胖老师:** 莫谈国事……莫谈国事……
2012年1月1日　来自时光隧道

**1912 / 6**

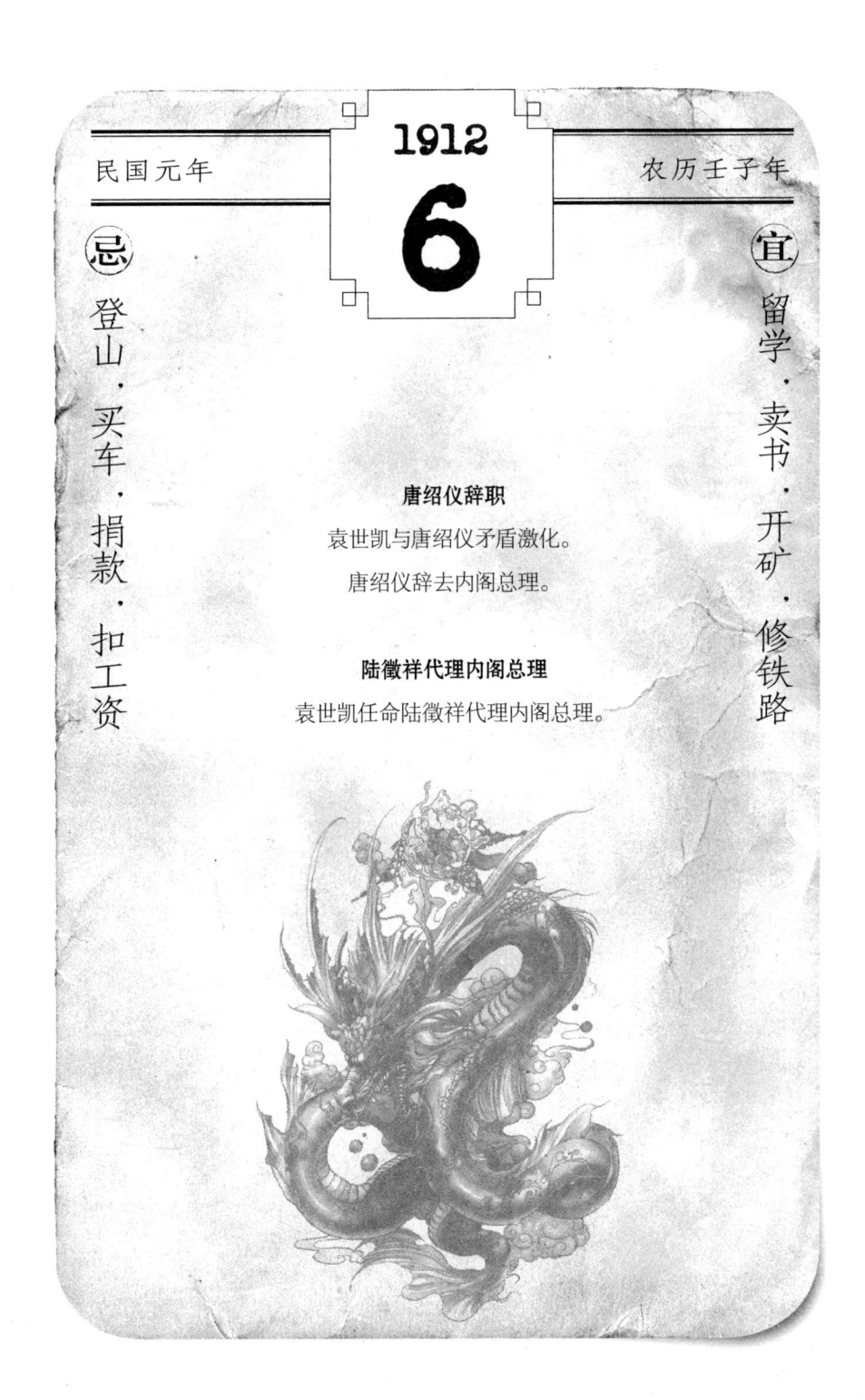

民国元年　　农历壬子年

忌：登山·买车·捐款·扣工资

宜：留学·卖书·开矿·修铁路

**唐绍仪辞职**

袁世凯与唐绍仪矛盾激化。
唐绍仪辞去内阁总理。

**陆徵祥代理内阁总理**

袁世凯任命陆徵祥代理内阁总理。

**康有为 C：** **@梁启超 C：**去年武昌事起，吾持外债说，汝持不换纸币说；吾正虑不换纸币之大害，而汝恐外人之不借也。今则适相反，吾恐今日外人之难借，故不得已复言不换纸币。汝书固能自完，然须外人不监理而肯借六万万乃可。万一外人不借，则汝书全无用矣。
1912年6月1日　来自大清微博　　　　　　　　　　　　　　转发：13　评论：11

**康有为 C：** **@梁启超 C：**以今外报观之，外国人轻视我国如沐猴如乞食，其有险心过于去年革命之时，故吾尤忧之。盖去年革命时，吾未忧瓜分，曾语汝，且断断以告博；今则外人改其心，而有非常之志也。若汝言之有理，以为外人信用，恐彼有异心而不肯成此黄祸也。
1912年6月1日　来自大清微博　　　　　　　　　　　　　　转发：24　评论：18

**康有为 C：** **@梁启超 C：**故今日计，应当预备外国人不借，或勉强小借。苟立得二万万，吾成就银行，则一年后吾已自立，再陆续借二万万，复又借二万万，亦与汝借六万万同也。以汝借六万万亦分年也。且此小借，外国人不大震惊，或不致监理也。就有款，然今谁运动之？国危如此，亦不可袖手。事变甚多，恐半年后不能知。今羽毛略满，亦可飞矣。归后四面交集，但善处同盟，不疏不亲则可。为国坚忍固家，然亦有时，不能就一端之得失论也。
1912年6月1日　来自大清微博　　　　　　　　　　　　　　转发：13　评论：8

**康有为 C：** **@梁启超 C：**革命之成，孙文之为总统，但如济武所言，岂人事所能料哉？吾昔颇敢料事，今则自谢不敏。即今同盟，前月相攻，而昨竟电请二万万，不能料。风吹水涌，互拍互变，不尽能以常情测也。故孔子于人事之外加以天命。汝之自负及人心之所归，固吾久于外所不及详知，然得失多端，吾亦不敢断谁之是非也。

1912年6月1日　来自大清微博　　　　　　　　　　　　　　　转发：22　评论：9

> 评论：
>
> **鸭先知：** 在这场三千年未有之大变局中，就算诸葛亮再生，又岂能料事如神？
>
> 2012年1月1日　来自时光隧道
>
> **历史胖老师：** 非也非也，不是还有我历史胖老师嘛。
>
> 2012年1月1日　来自时光隧道
>
> **鸭先知：** 吐了一地……
>
> 2012年1月1日　来自时光隧道

**我真是孙文 R：** @国民捐总会：国民捐为救死之良剂，公等热心提倡，至为钦佩！举弟为总理，义不敢辞，望速以弟名分电各省，使四方闻风响应。

1912年6月1日　来自iMG　　　　　　　　　　　　　　　　　转发：13　评论：9

**张謇 C：** 感冒。因昨日登山甚热而劳，归浴感风。

1912年6月1日　来自共和之音　　　　　　　　　　　　　　　转发：4　评论：8

**财政部：** 库款支绌，京内外各衙门，凡薪水在60元以下者，照旧支给；其在60元以上者，一律暂支60元。

1912年6月2日　来自共和之音　　　　　　　　　　　　　　　转发：876　评论：456

> 评论：
>
> **历史胖老师：** 给公务员减薪！这不是要天怒人怨吗？
>
> 2012年1月1日　来自时光隧道

**严复 C：** @袁世凯 @教育部：学校的性质与官署差别很大，强令从同，立形窒碍。故为今之计，除校长一人准月支六十元，以示服从命令外，其余职教各员，在事一日，应准额全支，以示体恤，而昭公允。总之，本校长深悉时局艰难，绝不肯丝毫浮费。即如开版之初，归并科目，裁撤教务各提调、庶务帮提调、帮支应、监学、检察暨司事书记，共二十余名，所省已属不少。此后如有涉于糜费者，尚当力求搏节，以期涓滴皆归实济。

　　@财政部：库款支绌，京内外各衙门，凡薪水在六十元以下者，照旧支给；其在二十元以上者，一律暂支六十元。

1912年6月2日　来自共和之音　　　　　　　　　　　876　评论: 456
1912年6月2日　来自共和之音　　　　　　　　　　　转发: 44　评论: 12

**张謇 C:** 起立不良,以艾草炒盐熨之。
1912年6月2日　来自共和之音　　　　　　　　　　　转发: 12　评论: 5

**康有为 C: @梁启超:** 弟所为文指中央国家银行者,以何为之? 以昔之大清银行改为之乎? 则败坏如此也。抑如瑞典、俄罗斯之国有银行而新立之乎? 今亦无此资本。抑以国库为资本,或硬指国税某入为资本乎? 则今无着。吾思西号为国民所信,或以西号为国家银行,立付国债,许以出纸币,以救一时之急,如何? 但恐西号不明此理,反恐国家累之耳。
1912年6月3日　来自大清微博　　　　　　　　　　　转发: 12　评论: 5

**袁世凯:** 除广东外,各地对国民捐殊形冷淡。
　　**@我真是孙文:**　**@袁世凯:** 请极力提倡民国捐,并由参议院探累进法颁行一定章程。
　　1912年6月3日　来自iMG　　　　　　　　　　　转发: 13　评论: 2
1912年6月3日　来自共和之音　　　　　　　　　　　转发: 5　评论: 3

**我真是孙文 R: @唐绍仪:** 望君顾全大局,请勿辞职。
1912年6月3日　来自iMG　　　　　　　　　　　　　转发: 16　评论: 9

**周善培:** 国民公党起初推举蔡锷为理事,后因他论报馆诋公事,被罢黜。
1912年6月3日　来自共和之音　　　　　　　　　　　转发: 7　评R论: 4

**张謇:** 见苏。苏以昨夜复有谋乱事,无知少年为之,破露幸早。
1912年6月4日　来自共和之音　　　　　　　　　　　转发: 2　评论: 1

**莫理循: @福来萨:** 我希望你专门从汉口向国内发一封电报,讲些关于贸易状况和平静无事的情形。我由于对前景表示了过分乐观的看法,正在报纸上遭到有几分激烈的抨击。目前人们习惯于把中国描绘成普遍处于无政府状态。你对长沙的访问以及你在汉口所见到的贸易异常繁荣的景象,应该有助于澄清那种观念。
1912年6月4日　来自代理服务器　　　　　　　　　　转发: 16　评论: 9

**汤济武: @梁启超 C:** 据说此前所提名的阁员,于南京时已将公名提出,为孙、黄所涂。

1912年6月5日　来自共和之音　　　　　　　　　　　　　　　　转发：285　评论：99

**张謇 C：** 欲归，未果。
1912年6月6日　来自共和之音　　　　　　　　　　　　　　　　转发：3　评论：5

**康有为 C：** @康有铭：吾母又病，精神弱，如此忧念不可言。奈何! 奈何! 欲归不得也。
1912年6月7日　来自大清微博　　　　　　　　　　　　　　　　转发：0　评论：5

**宋教仁 R：** @岑伟生：弟台年幼，宜专心于一致，办报则永久办报，出洋则即时出洋，幸勿左支而右吾，恋此而眷彼。弟其思之。
1912年6月8日　来自iMG　　　　　　　　　　　　　　　　　　转发：3　评论：2

**宋教仁 R：** @内田良平：回忆革命时代，我劳将伯之呼，公作他山之助，仰资硕画，卒告成功。今日共和幸福，大半皆友邦君子之赐，吾华四百兆同胞同深感戴，岂唯弟区区一人耶？弟初拟出使贵国，上为国家联秦晋之欢，下与诸归游寻雷陈之好，为公为私，两得其便。岂料事与计左，时事变迁，承之司农，才短任艰，日昃不暇。先生经国大略研求有素，如荷讦谟，尤且铭刻。
1912年6月8日　来自iMG　　　　　　　　　　　　　　　　　　转发：16　评论：9

**我真是孙文 R：** 粤中父老，万众一心，维持粤局。鄙人抱三民主义，此次辞职归来，实有无穷之希望于吾粤。思以吾粤为一模范省。诚以我粤之地位之财力，与夫商情之洽固、民智之开通，使移其嚣张躁妄之陋习，好勇斗狠之浇风。萃其心思才力之于一途，以振兴实业，谋国富强，不出数年，必知有效。故号召凡我同志，务宜万众一心，维持粤局，即所以保安全局，使他日民国史上，使我粤得大光荣。
1912年6月8日　来自iMG　　　　　　　　　　　　　　　　　　转发：17　评论：5

**严复 C：** @朱明丽：夫人，我近日来心烦意乱，不知如何是了。政府库空如洗，昨借得数千万，只够开发兵饷，行政无钱。前数日来一公事，言所有大家薪水，遵照六十元开发，亦未言何时作止。此尚不够养我马车，至于家用，不消说了。津屋每月需租百元，实堪不起，至于前租期满，自须迁回北京，以节用费。但北京能够几时评价，什么人都不敢说，到彼时若遇有事，再行觅寓，搬入租界，则银钱又一大笔，岂能堪之! 大学堂下半年政府能否开办，我们尚在那里与否，皆不可知……为今之计，只好于端午前后，家眷先行回京，以省目前用度。
1912年6月9日　来自共和之音　　　　　　　　　　　　　　　　转发：1　评论：5

评论：

**鸭先知**："此尚不够养我马车"……严复用血淋淋的事实告诉我们，不要随便买车……

2012年1月1日　来自时光隧道

**历史胖老师回复鸭先知**：汗……

2012年1月1日　来自时光隧道

**张謇 C**：今天是我的生日。虑在城多朋辈之应酬，故应前两日归，而是日仍有来者，幸不多，且时代已更，衣冠都简，繁文缛节省略。先是二月，知戚友以余六十生日，必有为世俗之称贺者，乃为启以自述，捐宴客之资三千元为倡建养老院，请凡欲寿余以钱物者，移以助建院费。使吾县境内孤穷之老人得安其一日之生，同享厚地高天之乐也。

1912年6月10日　来自共和之音　　　　　　　　　　　　转发：58　评论：89

评论：

**戴草帽的蘑菇**：张謇先生这样以天下为己任的精神，才是我泱泱中华的气度，才是我华夏的希望！

1912年6月10日　来自共和之音

**我爱北京紫禁城回复戴草帽的蘑菇**：别给他找台阶下了，他当初剪辫子比谁都快，先帝当年提点他为状元的恩情，早被他忘得一干二净，良心给狗吃了！

1912年6月10日　来自共和之音

**戴草帽的蘑菇回复我爱北京紫禁城**：这天下，并不是一朝一姓之天下，和大多数王公贵族相比，张謇早已经尽到了他的本分。

1912年6月10日　来自共和之音

**我爱北京紫禁城回复戴草帽的蘑菇**：这样大逆不道的话，怎么会从你的口中说出来！你已经被乱党腐蚀了，要好好反思！

1912年6月10日　来自共和之音

**戴草帽的蘑菇回复我爱北京紫禁城**：我说的只是事实而已，白就是白，黑就是黑，跟旁人没有任何关系。倒是劝你冷静一点，别被那些忠君观念蒙蔽了眼睛。

1912年6月10日　来自共和之音

**我爱北京紫禁城回复戴草帽的蘑菇**：强词夺理！可怜我大清不仅要亡国，还要亡天下啊！呜呼哀哉！我干脆跳了昆明湖反倒省事！

1912年6月10日　来自共和之音

**鹤顶红回复我爱北京紫禁城**：哈哈哈！你又要自杀以谢天下？我们等着呢！

1912年6月10日　来自 iMG

**历史胖老师：** 各位，各位，我是历史胖老师！看来蘑菇君的思想已经发生了些许微妙的变化，真可谓历史大势，浩浩汤汤。

2012年1月1日　来自时光隧道

**名言帝：** 我爱北京紫禁城会自杀吗？　@鸭先知

2012年1月1日　来自时光隧道

**鸭先知回复名言帝：** 当然不会。改朝换代时往往会有人自杀殉国，晚清到民国的过渡却相对平静。文化史上自杀者，大概只有梁漱溟的父亲梁巨川……以及13年后跳昆明湖的王国维，有人说他是殉清，也有人说他是殉文化。

2012年1月1日　来自时光隧道

**张謇 C：** 客渐散，方唯一赠文胜诸贞长作。方文尤能举其体，词犹能达其意。诸文功候不逮，正坐操之未熟耳。

1912年6月11日　来自共和之音　　　　　　　　　　　　转发：3　评论：4

**诺亚子：** 共和之音这个垃圾服务器！完全就是剽窃iMG的！根据我的调查，应该是iMG的某个工程师代做的，名字现在还不方便说，我会在合适的时候出示证据。

1912年6月11日　来自代理服务器　　　　　　　　　　　转发：11874　评论：924

**康有为 C：** @梁启超 C：弟各文皆主银圆。吾意以为中国千年行两钱之数，市停皆然，改则甚难。而若此无谓之事，改之为何？徒乱民耳。

1912年6月12日　来自代理服务器　　　　　　　　　　　转发：43　评论：15

**康有为 C：** @梁启超 C：近者连接外埠书，皆极怨散之言，十余年辛苦经营，今真尽矣。呜呼！从前乱时，吾等犹可以不破坏自解，今者各处党发如麻，而吾党无声无臭，安得不令人愤绝望绝而散。吾坐卧于是，愤恚欲死，真无以见人。

1912年6月12日　来自代理服务器　　　　　　　　　　　转发：24　评论：13

---

评论：

**鹤顶红：** 各位快来围观！康有为也想自杀啦！

1912年6月12日　来自共和之音

**我爱北京紫禁城：** 南海先生语词沉痛，真是道出了我辈的心声！不知先生眼下身在何方，我愿为先生牵马、劈柴，随先生周游世界。

1912年6月12日　来自共和之音

**康有为回复我爱北京紫禁城：** 难得你如此厚意，先捐几百钱吧！
1912年6月12日　来自共和之音

**唐绍仪：** 今日辞去内阁总理之职。
1912年6月15日　来自共和之音　　　　　　　　　　转发：786　评论：479

评论：

**鸭先知：** 唐绍仪还是辞职了，民国第一届内阁只存在了三个月就这样草草收场，很快同盟会的阁员们也将集体辞职。此后的几年里，内阁将不断更迭，原本尚好的开局，因为观念的差异和权力的斗争，最终土崩瓦解。
2012年1月1日　来自时光隧道

**历史胖老师回复鸭先知：** 唐绍仪辞职，种种积怨由来已久，导火索之一则是王芝祥事件。王芝祥是由顺直议会推举出来的直隶都督。在袁世凯看来，直隶都督绝不仅仅是一个地方长官——晚清后期两大重臣李鸿章和袁世凯自己，都曾担任直隶总督兼北洋大臣，这是一个几乎至高无上的任命。袁世凯不能容忍一个亲同盟会的军人来充当这个举足轻重的角色，他便独自签署了一道"任命王芝祥为南方军宣慰使"的命令，没有请唐绍仪签名。不料，唐绍仪却认为此举破坏了临时约法，因为约法规定，人事命令如果没有内阁总理副署，是无效的。唐绍仪愤而辞职。
2012年1月1日　来自时光隧道

**鸭先知回复历史胖老师：** 唐绍仪引领的第一届内阁，不过百日有余，就像同样短命的戊戌变法百日维新，只不过，这一次并无刀光剑影，生离死别，并无英雄就义，慷慨悲歌，所有的只是情谊的中断，理想的破灭。唐绍仪与袁世凯订交二十余年，从朝鲜开始就一直相互扶持，现在却被权力所误。政治可以让两个陌生人戮力与共，也同样可以让兄弟反目，父子成仇，它像一个随心所欲的雕刻家，篡改着每个人的理想与命运。
2012年1月1日　来自时光隧道

**名言帝回复鸭先知：** 哇！
2012年1月1日　来自时光隧道

**黎元洪 R：** @袁世凯 @参议院：民国用人应勿拘党派，梁启超系有用之才，弃之可惜，保皇党诬说，不应见之民国。@《申报》
1912年6月17日　来自共和之音　　　　　　　　　　转发：46　评论：17

**白克尔：** @莫理循：《泰晤士报》对于你在过去十五年里所作的突出成绩如何赏识，以及一再地由已故瓦尔特先生和北岩勋爵代表董事，以及作为经理和主编的莫伯利·贝尔和我，用书信和口头向你表示过。同你分手，我们将失去为《泰晤士报》增添光彩的最伟大人物之一。你作为记者发来的电报和信函，在远东处于危机的各个阶段，构成本报当时最与众不同和最有价值的特色；你的性格和品德，在世界的另一边保持并提高了报纸的声誉。我只能极其诚挚地感谢你，并祝愿你在你的新活动领域中，我猜想那将是澳大利亚的政界，取得全面成就。
1912年6月20日　来自代理服务器　　　　　　　　　　　　　转发: 15　评论: 9

**白克尔：** @莫理循：那些年轻时就为报纸服务，工作了一辈子的人，以及那些虽不是从年轻时参加报纸工作，但联系工作直到由于年岁关系或严重疾病失去工作能力的人，在退休时可以有权要求特殊照顾。这种特殊照顾不是那些在中年时代参加工作经过若干年后出于自愿离职，其本土人仍属于中年要去从事另一种工作的人所能分享的。我不知道有过给予第三类人养老金的任何例子，也不知道期待得到养老金是否合乎情理。
1912年6月20日　来自代理服务器　　　　　　　　　　　　　转发: 28　评论: 11

**白克尔：** @莫理循：但是，自然像你的情况，你为报纸持续服务了一段时间而且又是特别杰出的人物，报纸的负责人可能非常愿意在分手的时候用一笔大数目的馈赠来表示他们对你的感谢和赏识之心。但是有一个条件，那就是报纸的财政状况能够负担得起。不幸的是，《泰晤士报》自从成立公司以来，一直没有能力给它的普通股东支付股息，而仅仅给最优先股支付股息，这个情况你是了解的。
1912年6月20日　来自代理服务器　　　　　　　　　　　　　转发: 16　评论: 9

**白克尔：** @莫理循：我非常遗憾地知道你为了钱的事情感到忧虑，不过，我注意到你承认驻北京记者一职的薪金是适当的，以及你拒绝了北岩勋爵所提出的可以挣更多薪金的建议。你舍不得卖掉你那些非常珍贵的藏书是合乎情理的事；不过，从另一方面讲，那些书籍是用你的收入购置的，如果你放弃了驻远东记者的工作，你珍藏的中国书籍对你将没有特别用处。你会找到很多出售藏书的著名先例，例如已故的斯潘塞勋爵和奥尔索普的藏书。但是，我自然理解这对于你将是多么痛苦的事。
1912年6月20日　来自代理服务器　　　　　　　　　　　　　转发: 11　评论: 5

---

评论：

**鸭先知：** 看得真想冲他鼻子来一拳！绕来绕去，无非就是不给钱。什么人哪！不加薪的老板应当被千万人诅咒！送一句最庸俗的歌词给这些最庸俗的老板——"良心有木有，你的良心狗叼走！"
2012年1月1日　来自时光隧道

**宋教仁 R:** 整顿矿务之办法：一、调查各省矿产，为外人侵占者若干，私售与外人者几处，汇成清册，以便分别收回。二、派员赴各省调查各省开矿公司，是否有洋股在内及情形如何，以便设法整顿。三、向各国驻京公使声明，自民国成立，凡个人与外人所订之关于矿务条约，民国政府绝不承认，外人亦不得自由行动。四、派名望素著之人赴南洋各地募集巨资，以为开各省矿产之费。五、聘请英人为矿务顾问官，以咨询问整顿方法。
1912年6月21日　来自iMG　　　　　　　　　　　　转发：3　评论：2

**我真是孙文 R:** 吾将专办铁路事业，欲以十年期其大成。
1912年6月22日　来自iMG　　　　　　　　　　　　转发：7894　评论：1452

**诺亚子：** 我有重大发现！　**@我真是孙文 R** 私受比款百万！中饱私囊！这种人前一套人后一套的家伙，人人得而诛之！
1912年6月22日　来自iMG　　　　　　　　　　　　转发：29864　评论：12895

**莫理循：** 法国公使对我说，尽管他过去抱悲观态度，而且他所知有关云南省和四川省的情形还很不能令人满意，但是他现在收到的来信表明局势正趋于正常，秩序已经回复、人心平静，人民对新的统治者感到满意。中国军队从四川省首府成都开拔时——为了在可能的情况下声援中国在西藏的驻军，或者至少是为了收复失去的领土——受到了热情的欢送，这就明显标志着人们的爱国心大有增进。
1912年6月22日　来自代理服务器　　　　　　　　转发：15　评论：6

**莫理循：** 唐绍仪正在受精神崩溃的折磨。我恐怕他患的是迫害妄想症。他可能回北京来正式提出辞职。他再也不能当内阁总理了。他的下台必将连带海军部、教育部、农业部和司法部各部的总长的辞职，所有这些人都居于参议院的同一党派，都是同盟会的会员。
1912年6月22日　来自代理服务器　　　　　　　　转发：7　评论：3

**莫理循：** 袁世凯竭力劝说这些总长不要辞职，他可能会成功。今天下午，司法总长打电话说要来看我，我留着这封信等他来了以后再寄出，可是他使我白等了。
1912年6月22日　来自代理服务器　　　　　　　　转发：13　评论：9

**袁世凯：** 诸君以为组织内阁系从政党上着眼，我则纯从人才上着眼，如宋遁初　**@宋教仁** 天资才调逸越侪辈。　**@《民立报》**
1912年6月23日　来自共和之音　　　　　　　　　转发：185　评论：73

评论：

**鹤顶红**：宋教仁果然和袁世凯勾勾搭搭，眉来眼去！真枉费了孙中山先生、黄兴先生对他那么信任！

1912年6月23日　来自iMG

**小霸王回复鹤顶红**：你也不用脚趾想一想，这些只是报纸上的官样文章，你也相信？

1912年6月23日　来自iMG

**鹤顶红回复小霸王**：我就是看宋教仁不顺眼，怎么着吧！

1912年6月23日　来自iMG

**历史胖老师**：各位，各位，我是历史胖老师！在宋教仁的同志们中间，看他不顺眼的人多得很，袁世凯却频频像他抛出橄榄枝。袁世凯用人一向不问出身、派别，招揽人的手段更是无所不用其极，但宋教仁不为所动。不久以后，袁世凯甚至用内阁总理的职务来劝诱宋教仁，但宋教仁早已志不在此。他要组建政党，做一介光明正大的内阁总理。

2012年1月1日　来自时光隧道

**我真是孙文 R**：@《民立报》记者：中国政局之困难系间接直接由经济困难所引起，振兴中国之唯一办法，止赖实业。交通为实业之母，铁道又为交通之母，国家之贫富，可以以铁道之多寡定之，地方之苦乐，可以铁道之远近计之。

1912年6月25日　来自iMG　　　　　　　　　　　　　　转发：16　评论：9

**我真是孙文 R**：@《大陆报》：粤中以及各省，均并无乱象；有之，只见于报纸上，或发于西人之心意中而已。对于 @袁世凯 及其政府，我深信不疑，我知他实能掌控大局，必不至有变动。

1912年6月25日　来自iMG　　　　　　　　　　　　　　转发：7　评论：3

**我真是孙文 R**：@咸马里夫人：次日子女将乘轮赴美攻读，我想尽可能避开政治方面的事情，我要尽我的力量来发展本国的自然资源，特别是铁路的建设。

1912年6月27日　来自iMG　　　　　　　　　　　　　　转发：5　评论：8

**罗瘿公 C**：@梁启超 C　@蔡锷　都督通电各督，请联名请公回国，反对者不过数省，士论亦多盼公归，似可归矣。然近日党争极烈，朝暮变更，所谓政客之推戴，至不可恃，政党之道德太薄，各怀利己之私，不独同盟会为然也。以此论之，仆不绝对赞成公归，亦不绝对阻公不归，特劝公沉几观变耳。

1912年6月28日　来自共和之音　　　　　　　　　　　　　　转发：14　评论：21

---

评论：
**斯坦尼斯拉夫斯基大学：** 本大学为世界级著名学府！现面向全世界招募有志之士，保证为您提供各级学位证书！形式优美，质量上乘，欢迎惠顾！
1912年6月28日　来自代理服务器

**罗瘿公 C：** **@梁启超 C：** 数日前同盟会欲组宋教仁内阁，以司法长与之汤，汤遂赞成宋内阁，其人仍持个人利禄主义，今戴任公者，直欲傀儡之耳。
1912年6月28日　来自共和之音　　　　　　　　　　　　　　转发：31　评论：15

**袁世凯：** 任命 **@陆徵祥** 代理内阁总理。
1912年6月29日　来自共和之音　　　　　　　　　　　　　　转发：88　评论：26

**我真是孙文 R：** **@袁世凯　@国务院　@参议院　@财政部　@唐绍仪：** 报纸宣传我私受比款百万。比款用途，财政部有底账可查，请详细宣布，以昭大信。此事为国家名誉、政府信用、国民道德所关。政府应有明白宣布之责。如我受贿之事果确，国法俱在，甘受不辞。倘实为少数私人凭空捏造，更岂能任其逍遥法外？而南北报纸宣传殆遍，政府诸公坐视不理，我一人之信用不足惜，宁不为国家信用计乎？
1912年6月29日　来自iMG　　　　　　　　　　　　　　转发：6321　评论：5327

**我真是孙文 R：** **@袁世凯　@国务院　@参议院　@财政部　@唐绍仪：** 我毁家奔走国事迄数十年，共和告成，虽不敢自居有功，亦自信未有大过。而以党见纷争之故，少数私人竟不惜以毁文一人之名誉牺牲中华民国，该辈造谣诽谤之徒，清夜扪心，宁无汗背。
1912年6月29日　来自iMG　　　　　　　　　　　　　　转发：8649　评论：3719

---

评论：
**袁世凯回复我真是孙文：** 执事以国民先觉，奔走国事二十年，力排万难，百折不回。际兹共和成立，凡我国人，饮水思源，谁不心折？今日南北报纸，言论庞驳，凡所讥弹，恒逾常轨。执事毁家为国，中外人士共见共闻。乃一二报馆，辄复信口雌黄，造谣误众，殊失言论之责。已交财政部速将彼款用途底账详细公布，以息浮议而示大公。
1912年7月1日　来自共和之音

**袁世凯：** 下令全国废除国民捐。
1912年6月30日　来自共和之音　　　　　　　　　　　　　　转发：671　评论：381

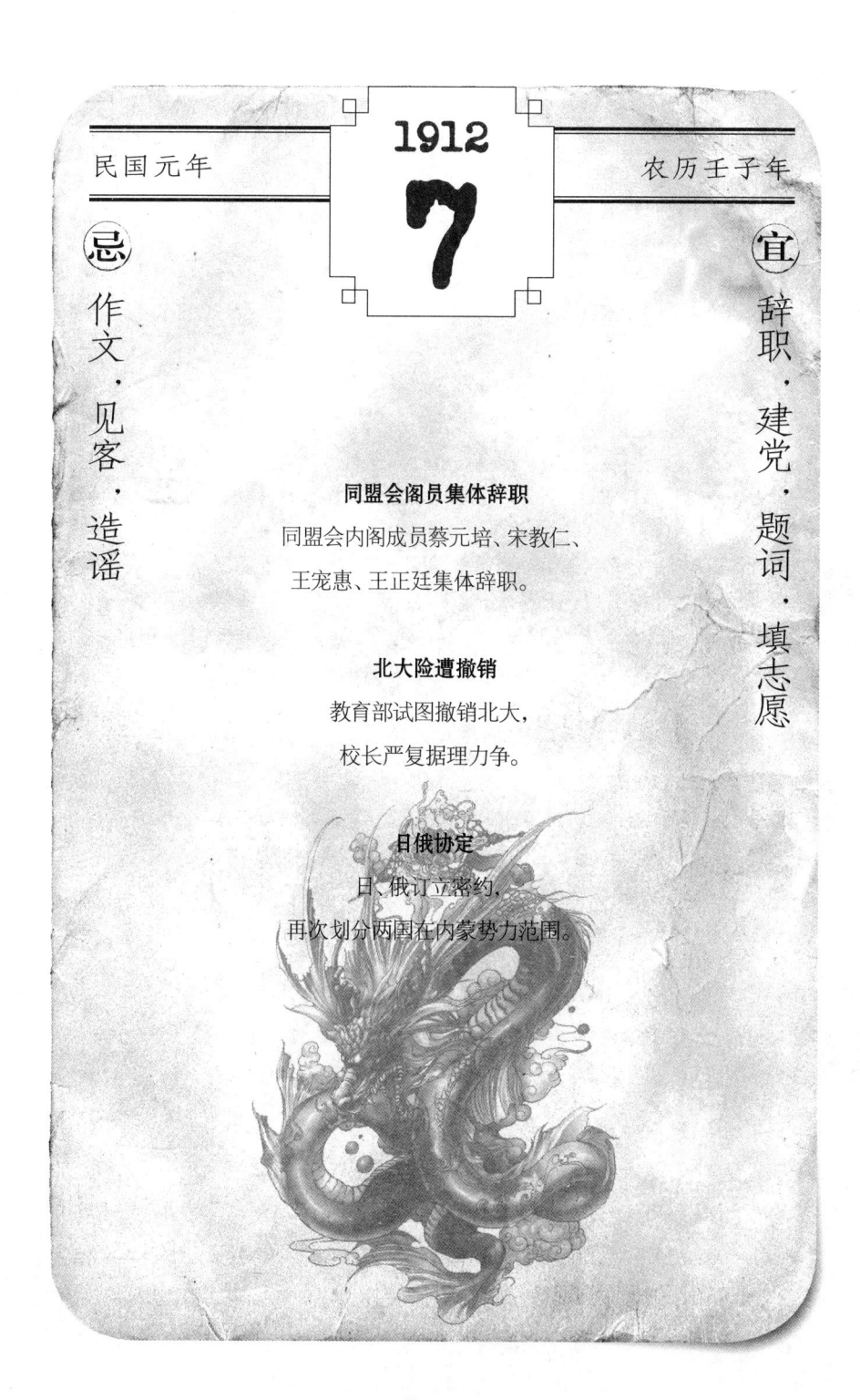

**1912**

**7**

民国元年　　农历壬子年

**忌** 作文·见客·造谣

**宜** 辞职·建党·题词·填志愿

**同盟会阁员集体辞职**
同盟会内阁成员蔡元培、宋教仁、王宠惠、王正廷集体辞职。

**北大险遭撤销**
教育部试图撤销北大，校长严复据理力争。

**日俄协定**
日、俄订立密约，再次划分两国在内蒙势力范围。

**我真是孙文 R：** **@陈其美 R：**中国之海军，合全国之大小战舰，不能过百只，设不幸有外侮，则中国危矣！故今日中国欲富强，非力行扩张新军备建设不可。文闻 **@袁世凯** 拟向外国大借外债，以为扩张新军备建设之需，果此事实行，则中国有相当新军设备也。如是则中国富强矣。现在强邻如虎，各欲吞食我国，若我国不有相当武械自卫，则我国必为虎所食。
1912年7月1日　来自iMG　　　　　　　　　　　　　　转发：28　评论：16

**张君劢 C：** **@梁启超 C：**此间党争殊剧，都不足以言国民运动。协会与讨论会本有与共和党合并之议，旋崧生等以其内容太杂，且以黎元洪为总理，先生为协理一条件，商议数次，彼尚不能照办，故日前决议，另造一党，合国中人物，共同发起，而以先生及松坡为发起之首，而以两会加入之。如此办法，则一极大之第三党必可造成，而吾辈政见之发挥，较之加入他团者必易为力。 **@蔡锷** ✉
1912年7月4日　来自共和之音　　　　　　　　　　　　　　共有11条私信

**张君劢 C：** **@梁启超 C：**袁世凯颇有请先生为顾问之意，大约俟同盟派辞职问题定后，此事即可发表。✉
1912年7月4日　来自共和之音　　　　　　　　　　　　　　共有6条私信

**宋教仁 R：** **@孙武 R：**弟此次所以辞职，固有不得已之苦衷。政治施展之方，不一其途，此途不遂，而转而之他，或暂退以待，原无所不可。弟虽无似，岂悻悻然为小丈夫之所谓耶？公肇造民国，险阻艰难，备尝之矣。政治方术，定为解人，故谨述衷曲，以明真实，垂帘听焉。
1912年7月4日　来自iMG　　　　　　　　　　　　　　转发：19　评论：17

**宋教仁 R：** **@孙武 R：** 20世纪之中国，非统一国家、集权政府不足以图存于世界。而当兹丧乱之后，秩序败坏，生计凋敝，干戈满地，库帑如洗，外则列强未之承认，内则各省俨成封域，尤非速行军民分治，集中行政权力，整理军队，厉行救急财政计划，不足以治目前之危亡；而欲行此种政策，更非国务员全体一致，志同道合，行大决心，施大毅力，负大责任，排大困难，坚忍以持之，忠诚以赴之，不足以见最后之功效。

**宋教仁 R：** **@孙武 R：** 弟自入国务院以来，迄今已将三月，大施方针，茫然未见，日开会议，唯问例事，军民分治之方法如何？未尝研究；集中行政权力之手段如何？未尝提议；言裁兵，而各省兵权无收回之恶；言理财，而六国银行团垫款用尽后之财政，无善后之方，因循苟且，以延时日，是国务院无全体一致，志同道合，实行大政方针之精神，已可想象而知。

**宋教仁 R：** **@孙武 R：** 虽唐绍仪总理有提纲挈领之志，各部总长有励精图治之心，而人自为战，互相掣肘，不复成为有系统、有秩序之政见；加以党见纷歧，心意各别，欲图和衷共济，更所难得。夫如是而求其成立集权政府，建设统一国家，岂非缘木求鱼之类乎？
1912年7月4日　来自iMG　　　　　　　　　　　　　　　转发：12　评论：9

**宋教仁 R：** **@孙武 R：** 今者唐总理业已辞职，则是政府动摇之端已开，弟于是正得告退之一好机会矣。今后任命新总理，其为何人，虽不可知，然弟敢为豫下一断语，其必非能行弟所主张之大政方针之人物，则彰彰也。
1912年7月4日　来自iMG　　　　　　　　　　　　　　　转发：34　评论：17

**宋教仁 R：** **@孙武 R：** 夫合则留，不合则去，原为政治家之常轨。弟虽不足以于政治家之列，然亦窃尝闻其义矣。今弟之所抱既不能合于已往或将来之当局，则挂冠而行，亦当然之事，又何所容其顾虑耶？至于辞职之后，拟一归省十年久别之慈怖，然后尽力党务，苦战奋斗，伸张所信之政见，以求间接收效异日。天假之缘，或有实行之一日，其结果与恋恋目下之国务院中，当胜数倍。
1912年7月4日　来自iMG　　　　　　　　　　　　　　　转发：18　评论：9

**宋教仁 R：** **@孙武 R：** 大隈重信云："政治为吾人之生命，吾人一日未死，一日不忘政治。"弟昔颇私淑其说，负气灰心之事，固断断乎无有也。
1912年7月4日　来自iMG　　　　　　　　　　　　　　　转发：53　评论：14

---

评论：
**名言帝：** "政治为吾人之生命，吾人一日未死，一日不忘政治。"——大隈重信
2012年1月1日　来自时光隧道

**共和之音**：你有证据吗? 我可以告你诽谤!

  **@诺亚子**: 共和之音这个垃圾服务! 完全就是剽窃iMG的! 根据我的调查, 应该是iMG的某个工程师代做的, 名字现在还不方便说, 我会在合适的时候出示证据。

  1912年6月11日 来自代理服务器      转发: 11874 评论: 924

1912年7月4日 来自共和之音      转发: 386 评论: 115

**诺亚子**: 我比服务器还懂服务器! // **@共和之音**: 我可以告你诽谤! 你有证据吗?

  **@诺亚子**: 共和之音这个垃圾服务器! 完全就是剽窃iMG的! 根据我的调查, 应该是iMG的某个工程师代做的, 名字现在还不方便说, 我会在合适的时候出示证据。

  1912年6月11日 来自代理服务器      转发: 11874 评论: 924

1912年7月4日 来自代理服务器      转发: 282 评论: 76

**诺亚子**: 你说没有剽窃, 你有证据吗? // **@诺亚子**: 我比服务器还懂服务器! // **@共和之音**: 我可以告你诽谤! 你有证据吗?

  **@诺亚子**: 共和之音这个垃圾服务器! 完全就是剽窃iMG的! 根据我的调查, 应该是iMG的某个工程师代做的, 名字现在还不方便说, 我会在合适的时候出示证据。

  1912年6月11日 来自代理服务器      转发: 11874 评论: 924

1912年7月4日 来自代理服务器      转发: 237 评论: 326

**罗瘿公 C**: **@梁启超 C**: 同盟会厌恶您, 固无待言, 其中欲竭力与公接近者, 仅刘揆一人, 他们将他诋为汉奸。近日各方面对您均表同情, 他们积愤, 无所泄, 乃施毒手于 **@徐佛苏**。

1912年7月5日 来自共和之音      转发: 12 评论: 7

**罗瘿公 C**: **@梁启超 C**: 黎元洪为徐佛苏的事情来电, 同盟会的报纸《国风》、《国光》说谓黎为不要脸之狗, 说共和党为康梁党, 表面为黎元洪, 欲推翻共和, 规复帝政等语。

1912年7月5日 来自共和之音      转发: 11 评论: 4

---

评价:

**鸭先知**: "谓黎为不要脸之狗"…… **@名言帝**

2012年1月1日 来自时光隧道

**历史胖老师回复鸭先知**: 唉, 在国人的概念里, 只有"朋党之争"的陋习, 并无"政党政治"的概念。

2012年1月1日 来自时光隧道

**罗瘿公 C**： @**梁启超 C**：近来同盟会实力日退（留守撤，总理逃，沪督撤，直督不谐），改组一派为稳健者（稳健为宋胡，激烈为平刚、田桐等），主张终不胜也，因实力日退，乃愈愤激，暴戾之徒，乃怨愤并集于公。

1912年7月5日　来自共和之音　　　　　　　　　　　　　　转发：18　评论：6

**罗瘿公 C**： @**梁启超 C**：共和党虽各党集合，然民社力量较洪，同盟诋为官僚派，则旧统一党吸集被裁之官吏，国民协进会吸集留学生之官僚，是以蒙此号，然民社中孙武为之魁，余多起义健者也，今为共和之中坚。当时多与公对抗，今以为国体解决，宜与公提携结合，其余则几于一致，是共和对公之感情为不恶也。

1912年7月5日　来自共和之音　　　　　　　　　　　　　　转发：15　评论：7

**罗瘿公 C**： @**梁启超 C**：统一、共和两次开会，皆有同盟会悍者来相吓，倘若您以后回来，同盟会阻止您登台的手段，则必十倍之。

1912年7月5日　来自共和之音　　　　　　　　　　　　　　转发：22　评论：18

评论：

**历史胖老师**：虽然他老人家说得冠冕堂皇，民主政治依旧不是骗局就是闹剧。

2012年1月1日　来自时光隧道

**鸭先知回复历史胖老师**：老胖，你的言论尺度太大了，不怕被关进小黑屋?

2012年1月1日　来自时光隧道

**历史胖老师回复鸭先知**：怕什么? 咱们不是还在民国穿越着吗?

2012年1月1日　来自时光隧道

**严复 C**：#北京大学校不可停办#北京大学校创建十余年，为全国最高教育机关，未尝一日停辍。去年武汉事起，学生相率散归。代谢之后，国用愈绌，几至不名一钱。此校仅图看守，亦且费无从出，前总监督劳乃宣谢病而去，本校长受任于为难之际，承远大总统谆切相托，义难固辞，勉强接事。时与学部度支两首领再四磋磨，商请用款，迄无以应，不得已陈明总统，由华俄银行暂借银数万两，目前即将开学。

1912年7月7日　来自共和之音　　　　　　　　　　　　　　转发：55　评论：16

评论：

**鸭先知**：此时教育部因经费困难，而各方对大学校都有不满情绪，有停办之意，严复因此据理力争。

2012年1月1日　来自时光隧道

**历史胖老师：** 北大差点儿就不保了。不尊重知识，不尊重人才，让胖老师情何以堪？
2012年1月1日　来自时光隧道

**鸭先知回复历史胖老师：** 虽然严复一直对做北大校长怨言颇多，可是，一旦听说要停办，他还是义不容辞地站出来反对，如此苦口婆心，也难为了这个书生。
2012年1月1日　来自时光隧道

**历史胖老师回复鸭先知：** 百无一用是书生啊。胖老师我近日就颇有无力的感觉。
2012年1月1日　来自时光隧道

**鸭先知回复历史胖老师：** 您需要补钙了。
2012年1月1日　来自时光隧道

**历史胖老师回复鸭先知：** ……
2012年1月1日　来自时光隧道

---

**严复 C：** #北京大学校不可停办#查北京大学，考其程度、教法，欲与欧美各大学相提并论，固不可同年而语。然在其建置之初，固亦极当时之人才物力，竭蹶经营。又积十余年之因仍迁嬗，糜财耗时。今若将其尽废弃，是举十余年来国家全力所惨淡经营，一旦轻心掉之，前此所糜百十万帑金，悉同虚掷。且北京为革命后地方完全未经破坏之区，前日大学形式仍然存在，学生在校肄习历有岁年，纵不能更照旧章，予以出身奖励，将持何理由而一切摧残遣散乎？
1912年7月7日　来自共和之音　　　　　　　　　　　　转发：13　评论：9

**严复 C：** #北京大学校不可停办#夫各国之有大学，亦无法定其程度。取甲国之大学与乙国之大学相比观之，不能一致也；取某国内甲地之大学与乙地之大学相比观之，亦不能一致也。此固有种种之原因、种种之历史，从未有一预定之程度，必至是而独得为大学，不至是遂不得为大学者也。且程度亦何常之有？吾欲高之，终有自高之一日；若放任而不为之所，则永无能高之时。
1912年7月7日　来自共和之音　　　　　　　　　　　　转发：16　评论：11

**严复 C：** #北京大学校不可停办#普通教育所以养公民之常识，高等大学所以养专门之人才。无公民则宪法难以推行，无专门则庶功无由克举。今世界文明诸国，著名大学多者数十，少者十数。吾国乃并一已成立之大学，尚且不克保存，岂不稍过；且北京者，民国之首都也。天津西沽大学又有历年，且学科阶级，夙在高等学堂之上；江浙各省及湖北武昌，亦方议建立大学。北京既称国都，反出行省之下，本末倒置，贻诮外人。
1912年7月7日　来自共和之音　　　　　　　　　　　　转发：41　评论：18

**严复 C: #北京大学校不可停办#** 中小高等,皆造就学生之地;大学固以造就专门矣,而宗旨兼保存一切高尚之学术,以崇国家之文化。各国大学如希腊、拉丁、印度之文学、哲学。此外,尚有多科,皆以为文明国家所不可少,设立学官、立之讲座、给予优薪、以待有志者来,学者得其师资,即使无人,而各科自为研究探赜索隐,教思无穷,凡所以身重其国教化之价值也。是则为吾国保存新旧诸学起见,停办之议之未可,四也。

1912年7月7日　来自共和之音　　　　　　　　　　　　　转发: 25　评论: 18

**严复 C: #北京大学校不可停办#** 至于养校之经费,则窃以谓今之大学固当问其存宜与否? 存矣,则当问其进行之计划为何如,不得以筹费之难易为解决也。国家肇建万端,所需经费何先! 区区一校所恃以存立者,岂止九牛一毛。其所以保持者甚大,所规划者至远如此,夫何惜一年二十余万金之资,而必云停废乎? 此则不佞所大惑不解者也。

1912年7月7日　来自共和之音　　　　　　　　　　　　　转发: 188　评论: 96

**萧湘:**　@梁启超 C:《财政商榷书》已出版,初印一万五千册,本会各交通处即需九千余份,已交邮送上二百册,第三期发布拟以《不换纸币意见》、《国民捐意见》、《财政现状质问书》同册付印,济武来函《不换纸币》文,京中《国民公报》揭载,直署公名,本部不应再行印布,现只国民捐意见及其质问书二件,殊形薄弱,望先生速将财政文约钞万言上下寄下,一同付印,至盼至盼。国会选举期转瞬即至,吾党不可不早预备正坛演说资料,并各交通处着手运动选举方法,亦请择其纲要,汇帙见示,俾本部早日刊印,通告各地,扩张党势,必有大影响。

1912年7月8日　来自共和之音　　　　　　　　　　　　　转发: 45　评论: 18

**宋教仁 R:**　@袁世凯: 教仁自奉钧命,承乏农部,夙夜祗惧,期于国事稍有裨益。乃任事已及三月,部事既未就绪,国务亦不克有所赞助,伴食之讥,在所不免,虽由于开创时代,建设事业之不易,实由于教仁政治之素养与经验不足,有以致之。抚躬自问,深为惶恐,屡欲向我大总统呈请辞职,以避贤路,以民国新立,人心易动,不敢以一人之故,摇撼大局,故隐忍未发。今者国务总理唐绍仪已辞职,国务院亦有改组之势,教仁窃幸得告退之机会,谨披沥下情,恳请准予解职。

1912年7月8日　来自iMG　　　　　　　　　　　　　　　转发: 46　评论: 29

**宋教仁 R:**　@袁世凯: 教仁少孤,长避地东瀛,历十余年,未尝一归觐也。迩来祖母、长兄相继去世,惟母氏抚媳课孙,撑持门户;近且七旬矣,思子情切,门闾倚遍,每手示促归,谓教仁知有国而不知有家,知有亲爱同胞而不知有生身之母。教仁捧书涕泣,悔恨者久之,终以迫于旧政府禁忌,与束装而不能;然当阴雨晦暝,或长夜不寐时,一念及鞠育之恩,未尝不抚膺长叹,冀造毕吾事,而因得稍伸其孝养之诚。今共和告成,国基底定,正教仁退休故园,定省温情之日也……伏唯大总统俯鉴愚忱,准解农林总长之职,俾得归省慈帏,遂乌私之养,作太平之民,是所至愿。

1912年7月8日　　来自iMG　　　　　　　　　　　　　　　　　转发:35　评论:12

**鸭先知**:"乌私",是孝顺父母的典故。来自李密《陈情事表》:"臣密今年四十有四,祖母刘今年九十有六,是臣尽节於陛下之日长,报养刘之日短也,乌鸟私情,愿乞终养。"

2012年1月1日　　来自时光隧道

**历史胖老师回复鸭先知**:宋教仁这篇辞职信写得很有逻辑。把一篮子责任都揽在自己身上,然后说自己的悲惨身世,慈母在堂,于情于理袁世凯都不能拒绝他的离职。只不过,在这样的乱世之中,宋教仁如何做得了太平之民?他组建政党的政治野心,很快就会见出分晓。

2012年1月1日　　来自时光隧道

**星座八爷**:小宋的水星是第九宫的双鱼,火星是第十二宫的巨蟹,与白羊的冲劲刚好构成对比,或者说互补更恰当。一如莽张飞粗中有细,小宋也是貌似莽撞,实则思虑颇深。十二宫往往代表潜意识和隐蔽的心灵,作为一个政治人物,他虽意气用事,但很多行动其实都是三思而后行的产物,不少还具有隐秘行动的倾向,暗含隐藏自己欲望的意识,目的是想避免被人公开反对,从而导致行动失败,最好有十二分的把握。不过,说老实话,八爷认为一个人很难做到既奔放又内敛,小宋在卖力表演时也难免露出马脚,要是自个儿一高兴,再加上有旁人抬杠,说不定包袱就全给抖出来了。

2012年1月1日　　来自时光隧道

**历史胖老师回复星座八爷**:真的哎,他一改组国民党就被同盟会的大姐大唐群英扇了耳光。

2012年1月1日　　来自时光隧道

**徐勤 C: @梁启超 C**:大驾月内返国,合并各党为一党,与黎为一党领袖,闻之狂喜。至于旅京费用一事,本易办到,但吾党自去年至今,寂然无闻,令同志灰心,美中团体之不散幸矣,岂能启口捐款耶?如确入京,确与各党合并,已有明文,人心必可复振,今非其时,当下待之,必可得也。

1912年7月8日　　来自共和之音　　　　　　　　　　　　　　　转发:14　评论:5

**蔡元培 R**:重订学制。初等小学四年,为义务教育,毕业后得入高等小学三年或乙种实业学校三年;高等小学毕业后始得入中学校四年、师范学校本科四年,预科一年或甲种实业学校三年,预料一年;中学校毕业后得入大学,本科三至四年,预科三年、专门学校本科三至四年,预料一年或高等师范学校本科三年,预科一年;七岁入学,全部教育年限为18年。

1912年7月8日　来自iMG　　　　　　　　　　　　　　　　　转发: 512　评论: 64

**我真是孙文 R**: @《天铎报》: 天下为公

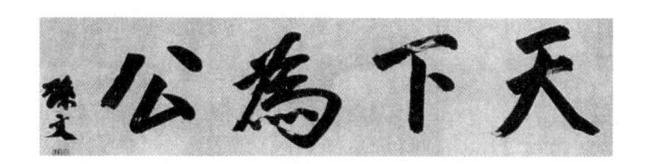

公 天下為公

1912年7月10日　来自iMG　　　　　　　　　　　　　　　　转发: 186　评论: 98

**宋教仁 R**: #致北京各报# 连日读贵报载关于鄙人之事,诸多失实,敢为一言。自总理更迭问题发生,蔡、王诸君与弟即主张全体辞职,退而在野,即同盟会亦同此意见。乃贵报谓弟自运动为总理,甚且牵及汤化龙君。请贵记者详加访察鄙人所素识在京之人,有曾受鄙人此等运动者否?若有之,即请指出其人,即同盟会间有主张政党内阁者,又何尝即指鄙人为总理耶?

1912年7月12日　来自iMG　　　　　　　　　　　　　　　　转发: 28　评论: 11

---

评论:

**历史胖老师**: 宋教仁始终和他的时代格格不入,他坚持的法律与制度,不仅他的敌人不接受,甚至连他的同志都不理解。这是一个混乱的时代,养成了人们混乱的思维。
2012年1月1日　来自时光隧道

**星座八爷**: 这些报纸绝对是诽谤!八爷可以作证!小宋的木星和土星都是第十一宫的金牛座。讲义气,重情谊,他也非常更重视结识和团结有声望、有影响力的朋友,善于积累各种资源,互帮互助,相辅相成。当然,作为白羊座,他的缺点也是容易固执己见,又好面子,不肯拉下脸来认错,要是遇上相同的火爆脾气,很容易闹得不欢而散。看看他对这些无良记者的批判,气势汹汹,惹不起啊!
2012年1月1日　来自时光隧道

**宋教仁 R**: #致北京各报# 又谓唐少川之走,为鄙排斥,尤非实事。此事问之各国务员便知详细,若不信则问之唐氏,更容易洞晓,无容弟自辩也。

1912年7月12日　来自iMG　　　　　　　　　　　　　　　　转发: 36　评论: 12

**宋教仁 R:** #致北京各报#又谓鄙人在南京时，截留湘款六万，运动总理，并主张采用法国制，大宴参议院，亲往鄂运动黎副总统，此等事若真实，则必有其相手方，亦请贵报电询湘都督、副总统，并面询各参议院，果有此等实事否？至主张法国制，虽确有之，然中国究竟应置总理与否，识者皆知之，弟之主张，岂即自为谋耶？且当日在南京所拟之总理，实为黄克强君，岂尚不可以证明耶？

1912年7月12日　来自iMG　　　　　　　　　　　　转发：21　评论：9

**宋教仁 R:** #致北京各报#又谓鄙人迫挟同盟会之国务员辞职，此事亦容易查明，请贵记者询之蔡君元培、王君宠惠、王君正廷等三君之辞职果鄙人所迫挟乎？抑三君自由之意志乎？

1912年7月12日　来自iMG　　　　　　　　　　　　转发：31　评论：15

**宋教仁 R:** #致北京各报#总之，当此群言淆乱、党争剧烈之时，往往论人论事易起于感情与误会，明知诸公皆以党见之故，箭在弦上，不得不发，然以攻击个人为党争之唯一利器，则有失言论机关之价值，亦非大新闻之所宜出。方今时事日非，外交上危机日迫，内治上整理无术，吾人乃日日为处巢之燕雀，为相持之鹬蚌，何所见之不远耶？

1912年7月12日　来自iMG　　　　　　　　　　　　转发：67　评论：28

**宋教仁 R:** #致北京各报#窃谓今日党争之法，只宜以政见为标准，即有人欲组织内阁，只问其政见之宜不宜，不当问其人之属于何党。鄙人无似，实不敢有此希冀。目下之计，只欲闭户读书，以预备将来，何必如是咄咄逼人耶？

1912年7月12日　来自iMG　　　　　　　　　　　　转发：44　评论：11

**严复 C:** @熊纯如：本校预科是否招生，半月内乃有定夺。此时外间失学子弟甚多，一定招生插班，颇有拥挤之患，奈何奈何！

1912年7月14日　来自共和之音　　　　　　　　　　转发：0　评论：5

**袁世凯:** 我代表四万万人民挽留总长。　@蔡元培　@宋教仁　@王宠惠　@王正廷

1912年7月14日　来自共和之音　　　　　　　　　　转发：5691　评论：4561

**蔡元培 R:** 元培亦对于四万万人之代表而辞职。

　　@袁世凯：我代表四万万人民挽留总长。　@蔡元培　@宋教仁　@王宠惠　@王正廷

　　1912年7月14日　来自共和之音　　　　　　　　转发：5691　评论：4561

1912年7月14日　来自iMG　　　　　　　　　　　　转发：4968　评论：3957

**康有为 C: @梁启超 C:** 呜呼！今日日俄协定成，即今日中国命绝矣！今日俄已公然取外蒙，英已公然取西藏，明日日本即公然行文索东三省。德、法岂能不分肥，则山东、云南失矣。奥、意、美亦岂能独谦让，江海恐非我有。此后余地苟延性命者，亦可以数大国代为执政，而永为印度、波兰矣。呜呼！吾五千年文明之国，累圣之所经营者，今日尽矣！吾舍身以来，幼弟殉难，老母八十不得养，而今一无所救也。一面读报，涕下沾襟，不知其所由，而惟忿然于那拉、奕、袁、唐、孙文、黄兴诸贼而已。末日至矣，可奈何？奈何奈何！

1912年7月18日　来自大清微博　　　　　　　　　　　转发：31　评论：14

---

评论：

**鸭先知：**《日俄协定》，两国瓜分中国，又一奇耻大辱。
2012年1月1日　来自时光隧道

**康有为 C: @梁启超 C:** 吾与弟至此尚不竭力同心并命，后此无矣。嗟乎！今已无矣，又复何云？弟今行已，几于无用。然弟之观望寡断，以当此乱剧，亦诚失矣。孙、黄贼子何足责，今痛恨袁、唐误国。彼既卖甲午之高丽，卖戊戌之先帝，又卖今次之满洲，顷又断卖五千年之中国。今者之恨，真欲食其肉而寝其皮。此真是指首不足畏。吾不能忍，又欲合海内志士以讨之矣。无论我为彼所畏忌，彼亦绝不能用弟。猿狙皆吾仇，必不相合，今唯图自立而已。

1912年7月18日　来自大清微博　　　　　　　　　　　转发：22　评论：15

**康有为 C: @梁启超 C:** 南北诸人士，皆是望风附势苟安之士，只可自立抚用之，若虚己而听命则误矣。弟谓吾只有主观，而弟之客观徒败而已。弟庶几改之，不则宪之所虑未为过也。宪见弟日浅，然所言中弟病甚。书至此，又非相规之时，会当一见计大局耳。

1912年7月18日　来自大清微博　　　　　　　　　　　转发：21　评论：16

---

评论：

**鸭先知：**"南北诸人士，皆是望风附势苟安之士"，这段倒是真的。历朝历代其实都是如此。
2012年1月1日　来自时光隧道

**梁文卿 C: @梁启超 C:** 中国人有两种劣性：一曰妒嫉，一曰趋避。此皆与生俱来，未或能免，此时不归，必须待中国人将此两种劣性消灭时方有归期，正恐海枯石烂，亦无其期，均之被人妒嫉趋避，早与迟归，一也，故无宁早。

1912年7月19日　来自共和之音　　　　　　　　　　　转发：28　评论：16

评论：

**名言帝：**"中国人有两种劣性：一曰妒嫉，一曰趋避。"——梁文卿

2012年1月1日　来自时光隧道

**梁文卿 C：** @梁启超 C：政党事业不外两种：一曰竞争政权，一曰指导国民。吾党纲则主目前不入政界，专以指导国民为务，是则妒嫉者无所用嫉，趋避者无所用其避。今日投身政界，无异牺牲其身，断不容兄自由行动，内阁新组，无论何人为总理，皆短命者也。彼一短命，此一短命，待人人视组阁为畏途，或指其难时，吾党再取而代之，易如反掌。

1912年7月19日　来自共和之音　　　　　　　　　　　　　　转发：56　评论：14

评论：

**历史胖老师：** 这可真是书生一相情愿的想法。人们会视内阁为畏途？人们会放弃对权力的渴望？

2012年1月1日　来自时光隧道

**鸭先知回复历史胖老师：** 历史上就有些不爱江山爱美人的家伙。

2012年1月1日　来自时光隧道

**历史胖老师回复鸭先知：** 历史上还有些既要鱼又要熊掌、既要美女又要野兽的家伙呢。人的欲望是无止境的。

2012年1月1日　来自时光隧道

**宋教仁 R：** 同盟会诸君以总务干事相勉，恐将来有负责任。

1912年7月21日　来自iMG　　　　　　　　　　　　　　　转发：571　评论：456

评论：

**历史胖老师：** 对于政治，孙中山和黄兴都表现得意兴阑珊，这时，宋教仁就成为名义上的主持者。只不过，他也很难获得他的同志们的一致拥护，前路困难重重。

2012年1月1日　来自时光隧道

**宋教仁 R：** 民国财政陷于极危险地位，外交边患，可决定现政府无若何措施，必无好结果。今欲补救，其法唯在我有能力之同盟会而已，并应以挽救危局为我同盟会应有之天职斯可。

1912年7月21日　来自iMG　　　　　　　　　　　　　　　转发：14　评论：5

**宋教仁 R:** 自本年正月至于今日之大略，就鄙人看来可分为两大时期：第一期为正月至三月间，是为本会牺牲权力，急欲造成共和统一之时代，故总统可易，参议院可改选，国务员可解散，临时政府地点可迁移，但求达到统一之共和而后已；第二期为自三月后至今日，是为本会对于国家负担义务之时代，故唐、蔡、王诸先生与鄙人，初本极不愿出任国事，嗣不得已，迫于时势，既毅然担任，即于借款事、裁兵事、清理财政事，皆已确有计划。后来事变忽生，唐君至不能安于其位，则吾人亦只好速自引退而已。

1912年7月21日　来自iMG　　　　　　　　　　　　　　　转发：66　评论：3R7

**宋教仁 R:** 本党对于统一临时政府内阁，已决定，如不能达政党内阁，宁甘退让；如可改组政党内阁，虽他党出为总理，亦赞助之。

**我真是孙文 R:** @中华民国铁道协会：若中国也能造铁路350万里，即可成全球第一之强国。

1912年7月22日　来自iMG　　　　　　　　　　　　　　　转发：968　评论：451

1912年7月21日　来自iMG　　　　　　　　　　　　　　　转发：385　评论：145

**吴柳隅 C:** @梁启超 C：胡子靖在外间说，你不过是一介书生，无办事的才能，劝说别人不要相信你，又劝构父写信，劝阻你不要回国，幸亏构父拒绝了，讨论会的同人也没有被胡子靖的花言巧语蒙骗。胡子靖的这种举动，是受到孙中山和黄兴的指使。实在是人心叵测。

1912年7月23日　来自共和之音　　　　　　　　　　　　转发：41　评论：28

---

评论：

**历史胖老师：** 政治太黑暗了！太黑暗了！

2012年1月1日　来自时光隧道

**鸭先知回复历史胖老师：** 黑夜给了我黑色的眼睛，我用它去寻找光明。

2012年1月1日　来自时光隧道

**历史胖老师回复鸭先知：** 本店没有光明，只有蒙牛。

2012年1月1日　来自时光隧道

**鸭先知回复历史胖老师：** ……

2012年1月1日　来自时光隧道

**历史胖老师回复鸭先知：** 该微博无法显示。

2012年1月1日　来自时光隧道

**严复 C:** @朱明丽：北京大局尚未安稳，大家看坏，不问可知，故吾于汝们全家回京一事，信中实是委决不下。
1912年7月24日　来自共和之音　　　　　　　　　　　转发: 0　评论: 5

**我真是孙文 R:** 美洲各埠同志，我自去年归国以来，奔走国事，没怎么写信，现借儿女赴美留学之便，送去信函，聊代面陈。被幼年远学，于事物多所未知，尚恳请诸公时时提携而指示之。海天辽远，无任依依。
1912年7月25日　来自iMG　　　　　　　　　　　　转发: 14　评论: 12

**康有为 C:** @梁启超 C: 同盟招而袁可招，诚事机之凑泊，诸公之用苦心至矣，一切解矣三合矣，北中政府扰扰如此，或能举汝代唐，但恐唐不肯辞耳。
1912年7月25日　来自大清微博　　　　　　　　　　转发: 11　评论: 7

**康有为 C:** @梁启超 C: 此次彼等所运动，直欲乘机取代唐绍仪，非徒为汝归之逼之也。吾昔忧不得归计，今则当计登台后万目共睹之文，救国保边之策，乃汝一生声名所系，中外同瞻者也。
1912年7月25日　来自大清微博　　　　　　　　　　转发: 18　评论: 11

评论:
**历史胖老师:** 唐绍仪遭遇的政治困境，背后有巨大的博弈，不仅袁派人物和同盟会卷在其中，原来海外如康有为等人也暗中加力，时局怎能不乱？
2012年1月1日　来自时光隧道

**康有为 C:** @梁启超 C: 汝今可勿作闲文，勿见客，穷思执政后各事，且当如爹亚（墨西哥总统迪亚斯）执政三日而百谕并下，令人人感服，然后根本固、外交易也。
1912年7月25日　来自大清微博　　　　　　　　　　转发: 14　评论: 8

评论:
**鸭先知:** 康有为提醒得是，他看得很准，他的这个弟子，最厉害的还是提笔作文，汹涌澎湃，可以撼动人心，也能获得拥戴。
2012年1月1日　来自时光隧道

**历史胖老师回复鸭先知:** 书生们都以为这是一个言论决定一切的时代，其实哪个时代不是依靠武力和暴力决定的时代？
2012年1月1日　来自时光隧道

**鸭先知回复历史胖老师:** ……

2012年1月1日　来自时光隧道

**历史胖老师回复鸭先知：** 该微博无法显示。

2012年1月1日　来自时光隧道

**鸭先知回复历史胖老师：** 为什么你最近发的微博总是无法显示？我觉得有蹊跷……

2012年1月1日　来自时光隧道

**中华银行董事局：** @我真是孙文 R：推先生为该行总董。

1912年7月26日　来自iMG　　　　　　　　　　　　　转发: 11　评论: 7

评论:

**我真是孙文回复中华银行董事局：** 总董一席，当敬承雅命，勉从其役，请即宣布即可。

1912年7月26日　来自iMG　　　　　　　　　　　　　转发: 7　评论: 4

**我真是孙文 R：** @美国《独立杂志》：目前，我对我们中国的社会革新，比党务与政治问题更有兴趣。政治革命的任务已经完成，现在我正集中我的思想与精力从社会、实业与商务几个方面重建我们的国家。对于西方国家劳资间的不调和以及劳工大众所处的困境，我所见已多，因此，我希望在中国能预防此种情形的发生。我们今天所需要的是开发自己广大的资源，对数量上占优势的农民灌输新观念，建立有助于资本成长与流动的新实业，并准备对水灾及其他灾害的受难者，迅速提供救济。

1912年7月27日　来自iMG　　　　　　　　　　　　　转发: 34　评论: 16

**美国《独立杂志》：** @我真是孙文 R：共和政体真的适合中国吗？

1912年7月27日　来自代理服务器　　　　　　　　　　转发: 13　评论: 9

评论:

**我真是孙文回复美国《独立杂志》：** 民主的观念在中国一向颇为流行，没有理由要以君主政体来妨害这种民主观念。中国人民不但爱好和平，遵守秩序，而且也浸染了选择自己的代表管理自己事务的观念。我们所需要做的，只是把这种民主观念付诸实行。我确信没有其他政体再会在中国建立。

1912年7月27日　来自iMG

**美国《独立杂志》：** @我真是孙文 R：中国的政党存在党争问题吗？

1912年7月27日　来自代理服务器　　　　　　　　　　转发: 8　评论: 5

评论:

**我真是孙文回复美国《独立杂志》**：中国的党、社已经太多，最好他们能联合成两三个有力的大党。每一政党的明确政策将会随着时间的推移而确定下来。我个人希望所有各方均应集中全力于组织新政府，并获得其他国家的承认。

1912年7月27日　来自iMG

**康有为 C**:　@**陈焕章 C**：进者大变，礼俗沦亡，教化扫地。非唯一时之革命，实中国五千年政教之尽革，进而所依，退无所据。顷并议废孔教，尤为可骇，若坠重渊，渺无所属。呜呼痛哉！自吾中国以来，未危变若今之甚者也。虽然，时变之大者，必有夫巨子出，济艰难而教之，今其时也。吾欲复立孔教会以振之。

1912年7月30日　来自大清微博　　　　　　　　　　　　　　转发: 12　评论: 5

评论:

**皇亲国戚联合会**：想让您的事业飞黄腾达吗？想让您的仕途步步高升吗？本会推出最新业务！伊藤博文带您游日本！朱尔典带您游英国！维特带您游俄国！全程拍摄！必将成为您未来经商从政的伟大利器！欢迎新老会员光临选购！

1912年7月30日　来自共和之音

**康有为 C**:　@**陈焕章 C**：今则列国并立，必当有国籍，否则无公民权；诸教并立，必当有教籍，否则为无教之民，近于禽兽矣。今以人必饮食男女，则已为儒而非释；人必尊祖敬宗，则已为孔而非耶。

1912年7月30日　来自大清微博　　　　　　　　　　　　　　转发: 15　评论: 11

**康有为 C**:　@**陈焕章 C**：趁方今旧学士夫诸生遍于全国，及今令人人入会，计必景从。入会者，无分男女老幼，一律注册。入收二毫，妇女半之，未成丁者半毫，一位入会注册笔墨费。其高等者为特别会员，收二元特别会费，以备为值理讲生之地。

1912年7月30日　来自大清微博　　　　　　　　　　　　　　转发: 23　评论: 7

**康有为 C**:　@**陈焕章 C**：昔弟在美，以行孔教为任，研讲深明。今若以传教自任，因议废孔之事，激导人心，应者必易，又不为政党所忌，推行尤易。凡自古圣哲豪杰，全在自信力以鼓行之，皆有成功，此路德贾昧议之举也。及遍国会，成则国会议员十九吾党。至是时而兼操政党内阁之势，以之救国，庶几全权，又谁与我争乎？

1912年7月30日　来自共和之音　　　　　　　　　　　　　　转发: 16　评论: 9

评论：

**鸭先知：** 康有为对自己的定位真是有趣，儒生也可以成为传教士？

2012年1月1日　来自时光隧道

**历史胖老师回复鸭先知：** 把儒家变成一种宗教，然后用它来吸引教徒，控制政府，这才是康有为真正的目的。这个想法在当时也挺有创意的，不过也是不可能实现的。再过几年，人们不但不会尊崇孔子，还会彻底推倒他的造像，无情地践踏。我堂堂中华的文化啊，何以到了这样冷酷的地步？

2012年1月1日　来自时光隧道

**1912**
**8**

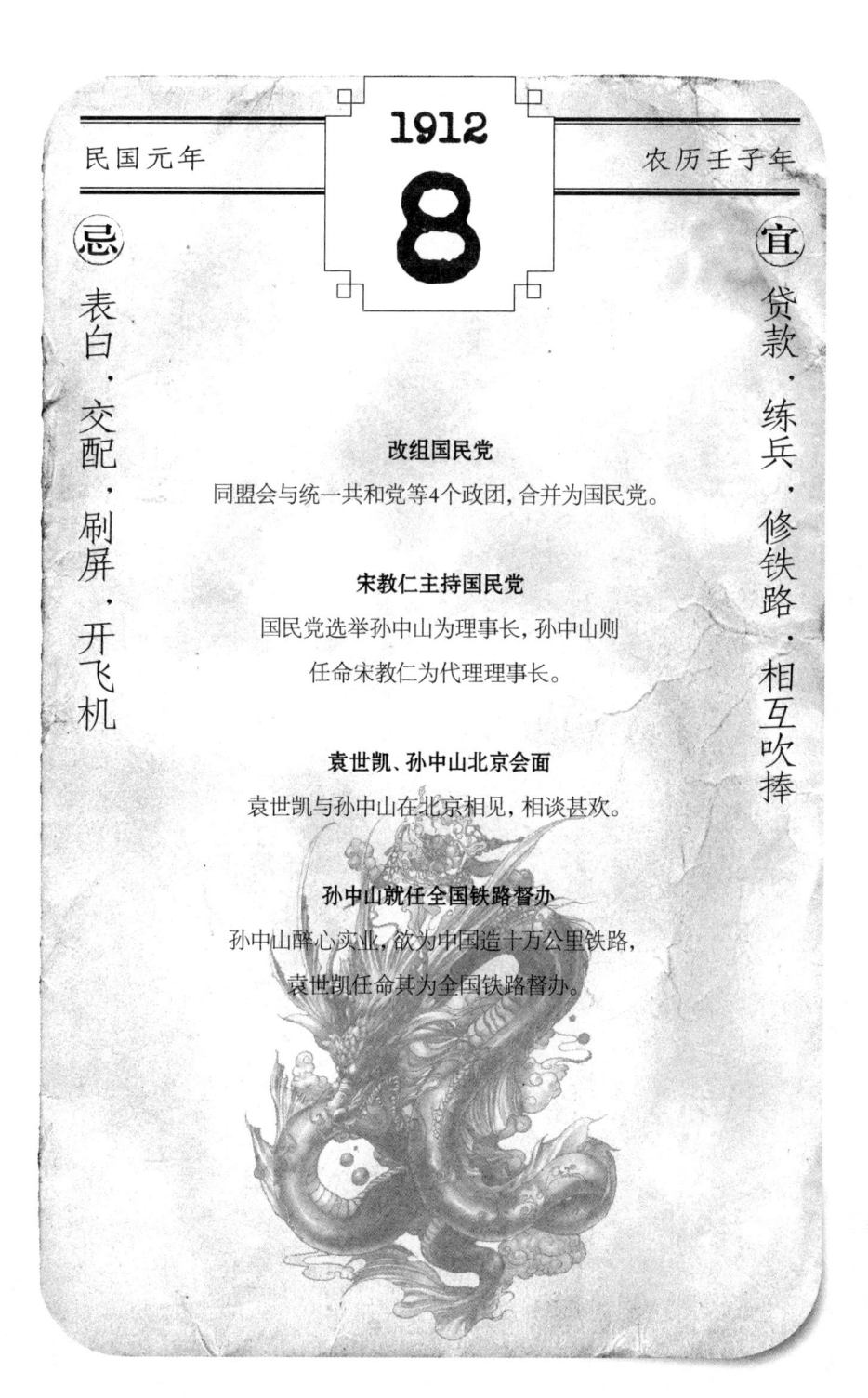

民国元年　　　农历壬子年

忌：表白·交配·刷屏·开飞机

宜：贷款·练兵·修铁路·相互吹捧

### 改组国民党
同盟会与统一共和党等4个政团，合并为国民党。

### 宋教仁主持国民党
国民党选举孙中山为理事长，孙中山则任命宋教仁为代理理事长。

### 袁世凯、孙中山北京会面
袁世凯与孙中山在北京相见，相谈甚欢。

### 孙中山就任全国铁路督办
孙中山醉心实业，欲为中国造十万公里铁路，袁世凯任命其为全国铁路督办。

**蔡廷干:** 聘请 **@莫理循** 博士为中华民国总统政治顾问,任期五年。这是中国从未向任何外籍人士发出过的最荣誉的聘任书。
1912年8月2日　来自共和之音　　　　　　　　　　　　　　　转发: 9825　评论: 1759

**佐原笃介 @莫理循:** 你到底还是接受了中华民国顾问的职位。我不知道是不是应该祝贺你。中国正像是面对着多座冰山的泰坦尼克号。
1912年8月3日　来自代理服务器　　　　　　　　　　　　　　转发: 32　评论: 15

---

评论:

**鸭先知:** 佐原笃介居然提到了泰坦尼克号! 太时尚了! 没错……就在4个月前,泰坦尼克号撞上了冰川……Jack说出了那句名言: "You jump, I jump!"　**@名言帝**
2012年1月1日　来自时光隧道

**白克尔 @莫理循:** 既然你已经接受了袁世凯的聘请,我只能希望并相信一切都会满足你的期望。你得到的薪金和津贴很优厚。但是,中国宪法的改变,并不会使我改变对它的看法。我希望事态也许会证明我的观点是错的。
1912年8月5日　来自代理服务器　　　　　　　　　　　　　　转发: 0　评论: 7

**小甜甜:** 胡适君! 快回国来和我打牌吧!
　　**@胡适:** 夜与刘千里诸人打牌。刘君已毕业,云下星期二将归祖国矣。
　1911年5月14日　来自代理服务器　　　　　　　　　　　　　转发: 1　评论: 1
1912年8月8日　来自iMG　　　　　　　　　　　　　　　　　转发: 0　评论: 0

**小甜甜：** 千年等一回,等你来打牌!
　　**@胡适：** 往暑期学校注册。下午打牌。
　　1911年7月5日　来自代理服务器　　　　　　　　　　转发:2　评论:2
1912年8月8日　来自iMG　　　　　　　　　　　　　　转发:0　评论:0

**小甜甜：** 打牌是一种很玄的东西,如影随形。
　　**@胡适：** 暑期学校第一日,化学(八时至一时)。打牌。
　　1911年7月6日　来自代理服务器　　　　　　　　　　转发:1　评论:1
1912年8月8日　来自iMG　　　　　　　　　　　　　　转发:0　评论:0

**小甜甜：** 让我变成了无情的打牌之王……
　　**@胡适：** 上课。打牌。
　　1911年7月7日　来自代理服务器　　　　　　　　　　转发:1　评论:1
1912年8月8日　来自iMG　　　　　　　　　　　　　　转发:0　评论:0

**小甜甜：** 这是一个打牌的季节!不打牌的人是可耻的!
　　**@胡适：** 无事。打牌。天稍稍凉矣。
　　1911年7月8日　来自代理服务器　　　　　　　　　　转发:1　评论:1
1912年8月8日　来自iMG　　　　　　　　　　　　　　转发:0　评论:0

**小甜甜：** 爱打牌的人都是好人!这个时代爱宅男!
　　**@胡适：** 打牌。
　　1911年8月5日　来自代理服务器　　　　　　　　　　转发:1　评论:1
1912年8月8日　来自iMG　　　　　　　　　　　　　　转发:0　评论:0

评论:
**星座八爷：** 小胡,太阳是第十宫没错,但是第十宫的射手座,虽然心怀天下,但常常会显得自由散漫,不着边际。野心勃勃,但怎么看着挺二?唉。
2012年1月1日　来自时光隧道

**微博调查局：** @**小甜甜** 涉嫌恶意刷屏,账号暂时被冻结。
1912年8月8日　来自iMG　　　　　　　　　　　　　　转发:0　评论:0

**袁世凯：** @**北洋军**：各军统制,一律招足十成、不准缺少一名。✉

1912年8月11日　来自共和之音　　　　　　　　　　　　　共有35条私信

**张謇 C:** 回长乐,舟中作一诗。
1912年8月12日　来自共和之音　　　　　　　　　　　　　转发:6　评论:3

**宋教仁 R:** 同盟会以统一共和党、国民公党、国民共进会、共和实进会四党与本会宗旨相同,业经合议,各举代表会议,决定合并,改组为国民党,设筹备事务所,研究规约。
1912年8月13日　来自iMG　　　　　　　　　　　　　　　转发:3516　评论:1967

**宋教仁 R:** 民国政党,其大者为同盟会、共和党,以及现与本会合并之四党。六党中,尤以同盟会、共和党为最大。然统一共和党虽不及同盟会、共和党之大,而在政界上颇占实力,故同盟会、共和党、统一共和党三党鼎足而三。同盟会之反对党为共和党,往往以言论攻击,见诸共和党机关报者,不一而足。统一共和党中立无所倚,为汉则汉胜,为楚则楚胜。共和党畏之,久谋与之合并,特其党人大半为同盟会会员,数议不协。今见其与同盟会合并,嫉之尤甚,由种种方面破坏之。其间不容发,幸告成功,亦足以为庆也。
1912年8月13日　来自iMG　　　　　　　　　　　　　　　转发:2819　评论:1103

**宋教仁 R:** 自斯而后,民国政党,唯我独大,共和党虽横,其能与我争乎?
1912年8月13日　来自iMG　　　　　　　　　　　　　　　转发:8692　评论:5381

评论:

**我爱北京紫禁城:** 乌合之众!
1912年8月13日　来自共和之音

**蜗族:** 政党政治一定能救中国吗?我看只是换了个名目的朋党之争吧!
1912年8月13日　来自iMG

**戴草帽的蘑菇:** 中国人知道什么叫做政党政治吗?与其扯这些乱七八糟的概念,倒不如像张謇先生那样先把手头的事情做好。
1912年8月13日　来自共和之音

**诺亚子:** 呵呵呵,一改组,经费又会大大的来了。
1912年8月13日　来自iMG

**鹤顶红:** 为什么要改组同盟会!宋教仁就是想排挤孙中山先生和黄兴先生!狼子野心!
1912年8月13日　来自iMG

**名言帝:** "自斯而后,民国政党,唯我独大,共和党虽横,其能与我争乎?"——宋教仁

2012年1月1日　来自时光隧道

**鸭先知：** 宋教仁是否太过乐观？他说这句话当然是有底气的。国民党确实成为第一大政党。但是，这只是表象，政治却在其背后有着更为残酷的规则。何况，国民党此时也有些尾大不掉，积重难返，毕竟合并太过仓促，现在看起来一片和谐，很多问题都会慢慢显现。

2012年1月1日　来自时光隧道

**今村长藏 R：** 赞成同盟会改组为国民党，征求各支部意见。　**@我真是孙文**
1912年8月13日　来自iMG　　　　　　　　　　　　　转发：176　评论：92

**我真是孙文 R：** **@宋教仁 R：** 民国大局，此时无论何人执政，皆不能大有设施。盖内力日竭，外患日迫，断非一时所能解决。若只从政治方面下药，必至日弄日纷，每况愈下而已。必先从根本下手，发展物力，使民生充裕，国势不摇，而政治乃能活动。弟刻欲舍政事，而专心致志于铁路之建筑，于十年之中，筑二十万里之线，纵横于五大部之间。
1912年8月13日　来自iMG　　　　　　　　　　　　　转发：4718　评论：2651

评论：

**鸭先知：** 孙中山和黄兴都宣称无心过问政治，将要关心实业。可是，作为职业革命家，他们真的安静得下来吗？真的能有一个政府可以完美到符合他们的要求吗？何况袁世凯这边还真有些千疮百孔。

2012年1月1日　来自时光隧道

**历史胖老师：** 该微博无法显示。

2012年1月1日　来自时光隧道

**严复 C：** **@何纫兰：** 日来急欲来津，一视吾儿开刮后体中何苦，不幸因校中借款未定，不能成行。明日英公使约午餐晤谈，成否在此一举。若仍不成，则止能咨呈政府，请其另筹矣。
1912年8月15日　来自共和之音　　　　　　　　　　转发：5　评论：3

**宋教仁 R：** 敬祝《海军杂志》出版：世有海王，唯海权是强，西人擅之，武威以扬。唯我震旦，何遽逊乎西邦？曰无海军，乃致不张。自有兹编，庶几兴海军之句萌。
1912年8月16日　来自iMG　　　　　　　　　　　　转发：412　评论：57

**黎元洪 R：** **@袁世凯：** 湖北军政府副部长张振武飞扬跋扈，蛊惑军士、勾结土匪、破坏共

和，图谋不轨，求总统批示予以正法。✉

1912年8月16日　来自共和之音　　　　　　　　　　　共有18条私信

---

评论：

**鸭先知：** 张振武是武昌起义的主导者之一，被黎元洪忌惮。1912年初，张振武携巨款到上海购买枪械，准备另行组织军队，再次革命。黎元洪颇感畏惧，电请袁世凯把张振武调走，张振武都没有答应，黎元洪最终设计将他杀死。对袁世凯来说，这只是对方的内讧，自己并没有插手的道理。不过，既然能够渔翁得利，何乐而不为？

2012年1月1日　来自时光隧道

**我真是孙文 R：** @今村长藏 R：以弟所见，袁世凯实陷于可悲之境遇，绝无可疑之余地。张振武一案，实迫于黎元洪之急电，不能不照办。中央处于危急之境，非将顺无以副黎之望，则南北更难统一，致一时不查，竟以至此。✉

1912年8月16日　来自iMG　　　　　　　　　　　共有22条私信

**张謇 C：** 规建残废院，盲哑学校于观音岩之前。

1912年8月18日　来自共和之音　　　　　　　　　　　转发：5　评论：2

**我真是孙文 R：** 北上一事，无论如何不失信于袁总统，且他人皆谓袁不可靠，我则以为可靠，必欲一试吾目光。　@袁世凯

1912年8月18日　来自iMG　　　　　　　　　　　转发：8173　评论：4561

**刘成禺：** @参议院：张振武一案，观政府杀人之手续，直等于强盗之行为。以冠冕堂皇之民国，而有此以强盗行为戕杀人民之政府，违背约法，破坏共和，吾人亦何不幸而睹此！且推此义也，则凡民国起义之功首，造成共和之巨子，皆可捕杀之，任凭其为帝为王矣！@袁世凯　@黎元洪

1912年8月18日　来自共和之音　　　　　　　　　　　转发：3819　评论：1923

**袁世凯：** 张振武一案，@黎元洪 副总统来电，指陈一切，非常厉害，仿佛不即杀之，必足以发生大乱，妨害治安者。故不得已，用快刀断绳办法。其所行种种不法事项，多在湖北，诸君均属鄂人，如不治之，乱将如何？

1912年8月21日　来自共和之音　　　　　　　　　　　转发：2795　评论：1832

**我真是孙文 R：** @铁道协会：中国铁道方在萌芽，付诸机关万不可少，务期各省支部早日成立。

1912年8月24日　来自iMG　　　　　　　　　　　　　　　转发:27　评论:14

**袁世凯:**　@我真是孙文 R: 刻下时事日非,边警迭至,世凯识薄能鲜,望先生有以教我。财政外交,甚为棘手,望先生不时匡助。

1912年8月24日　来自共和之音　　　　　　　　　　　　转发:46　评论:15

评论:

**我真是孙文回复袁世凯:** 如有所知,自当贡献。唯自军兴以来,各处商务凋敝,民不聊生,金融滞塞,为患甚巨。挽救之术,唯有兴办实业,注意拓殖,皆恃交通委发达之媒介。故当赶筑全国铁路,尚望大总统力为赞助。

1912年8月24日

**袁世凯:** 不图中山如此嘹亮!　@我真是孙文

1912年8月24日　来自共和之音　　　　　　　　　　　　转发:1892　评论:456

评论:

**历史胖老师:** 历史性的时刻!两个大佬终于相见了!

2012年1月1日　来自时光隧道

**鸭先知回复历史胖老师:** 相见不如怀念。

2012年1月1日　来自时光隧道

**历史胖老师:** ……

2012年1月1日　来自时光隧道

**我真是孙文 R:** 袁总统可与为善,绝无不忠民国之意,国民对袁总统,万不可存猜疑心,妄肆攻讦,使彼此诚意不孚,一事不可办,转至击迫袁总统为恶。　@袁世凯

1912年8月24日　来自iMG　　　　　　　　　　　　　　　转发:3562　评论:1263

**我真是孙文 R:**　@今村长藏 R: 倾见总统府秘书云,张振武被执时,在张处一角搜得一书,系与黄兴者,内容有云托杀黎元洪事,已布置周妥等语。✉

1912年8月24日　来自iMG　　　　　　　　　　　　　　　共有21条私信

评论:

**鸭先知:** 这招就过于无耻了。权力斗争,还想一箭双雕,把黄兴也拖下水,就算拖不下去,也泼黄兴一身脏水。政治啊,啧啧!

2012年1月1日　来自时光隧道

**历史胖老师回复鸭先知：** 该微博无法显示。

2012年1月1日　来自时光隧道

**今村长藏 R：** @袁世凯：请总统将张振武案明白宣布，勿徇勿隐，彻底查办。如兴果与张案有涉，甘受法律裁判。如或由小人从中诬捏人罪，亦请按反座律究办。

1912年8月24日　来自iMG　　　　　　　　　　　　　　转发：421　　评论：56

**我真是孙文 R：** @袁世凯：请总统练成陆军一百万，自任经营铁路，延长二十万里。

1912年8月24日　来自iMG　　　　　　　　　　　　　　转发：11872　　评论：6451

评论：

**鹤顶红：** 为什么只能让袁世凯练兵？为什么我们不能练兵？

1912年8月24日　来自iMG

**我爱北京紫禁城：** 袁世凯，你有何颜面见列祖列宗！

1912年8月24日　来自共和之音

**戴草帽的蘑菇：** 你要是能造好铁路，我就给你买早饭！

1912年8月24日　来自共和之音

**蜗族：** 练兵修路，花的不还是老百姓交的税？

1912年8月24日　来自iMG

**诺亚子回复蜗族：** 说得没错！我会仔细调查袁世凯和孙中山的每一笔钱的去向的，也欢迎你们多给我资金支持！

1912年8月24日　来自iMG

**袁世凯回复我真是孙文：** 办路事君自由把握，若练精兵，百万恐非易易耳。

1912年8月24日　来自共和之音

**我真是孙文 R：** @梁士诒 C：我与项城谈话，所见略同，我之政见，彼亦多能领会，唯有一事，我至今尚疑，君为我释之。

1912年8月24日　来自iMG　　　　　　　　　　　　　　转发：3512　　评论：782

评论：

**梁士诒回复我真是孙文：** ？

1912年8月24日　来自共和之音

**我真是孙文回复梁士诒：** 中国以农立国，倘不能于农民自身求彻底解决，则革新匪易;欲求解决农民自身问题,非耕者有其田不可。我说及此项政见时,意以为项城必反对。孰知彼不特不反对,且肯定以为事所当然,此我所不解也。

1912年8月24日　来自iMG

**梁士诒回复我真是孙文:** 公环游各国,目睹大地主之剥削,又生长南方,亲见佃农之痛苦,故主张耕者有其田,项城生长北方,足迹未尝越大江以南,而北方多属自耕农,佃农少之又少,故项城以为耕者有其田系理所当然之事理也。

1912年8月24日　来自共和之音

**袁世凯:** @我真是孙文R: 借款一事您怎么看?

1912年8月24日　来自共和之音　　　　　　　　　　转发: 812　评论: 468

评论:

**我真是孙文回复袁世凯:** 目下财政困难,势不能不出借款之一途。但用途宜加详审,数目不可太多耳。

1912年8月24日　来自iMG

**张謇C:** 筹饷数日无成,乃蜀盐局极力筹备。

1912年8月25日　来自共和之音　　　　　　　　　　转发: 17　评论: 8

**我真是孙文R:** @袁世凯: 鄙人虽系退位总统,不过国民一份子,若如此尊严,既非所以开诚见心,且受之甚觉不安,应即将随从马队及沿途军警一律撤去,俾得出入自由。如大总统坚执不肯,则鄙人小住一两日即他去矣。

1912年8月25日　来自iMG　　　　　　　　　　　　转发: 461　评论: 82

评论:

**薄荷:** 中山先生带头抵制公车消费!

1912年8月25日　来自共和之音

**鹤顶红:** 中山先生不愧是我们的好领袖!

1912年8月25日　来自iMG

**MMMMMM:** 中山先生你继续做总统吧!我们都拥护你!

1912年8月25日　来自iMG

**一条大河波浪宽:** 中山先生万岁!

1912年8月25日　来自iMG

**戴草帽的蘑菇:** 不过是惺惺作态,演戏而已!

1912年8月25日　来自共和之音

**MMMMMM回复戴草帽的蘑菇:** 你才演戏呢! 你们全家都是戏子!

1912年8月25日　来自iMG

**飞熊回复戴草帽的蘑菇:** 这家伙一定是袁世凯的奴才! 人肉他!

1912年8月25日　来自iMG

**人上人:** 中山先生万岁万岁万万岁!

1912年8月25日　来自共和之音

**iMG即时快讯 R:** 冯如在广州燕塘表演飞行时,飞机坠落,人机俱亡。

1912年8月25日　来自iMG　　　　　　　　　　　　　　转发: 7　评论: 5

**宋教仁 R:** 国民党改组成功, 由同盟会、国民公党、国民共进会和共和实进派共同组成, 成为民国第一大政党。

1912年8月25日　来自iMG　　　　　　　　　　　　　　转发: 5621　评论: 452

评论:

**鸭先知:** 呼……总算改组成功了! 国民党诞生了!

2012年1月1日　来自时光隧道

**历史胖老师:** 非也非也, 这次改组困难重重, 宋教仁刚开始宣读国民党党章, 同盟会元老唐群英、沈佩真等人就大声叫骂, 唐群英更是不由分说, 冲到台上给了宋教仁一记耳光——因为新拟的党章中有一个条款: 不接收女党员。

2012年1月1日　来自时光隧道

**历史胖老师:** 许多同盟会成员非常抵触"国民党"这个新组织, 他们要求保持自身的独立性, 拒绝与其他政党联合。然而, 宋教仁深知, 意气用事解决不了问题——国家重心已在北京, 孙中山退出政坛, 唐绍仪辞职, 同盟会已经失去早年的影响力, 何况, 共和党已经完成合并, 来势汹汹, 同盟会如果不联合各方力量, 势必难以抵挡。

2012年1月1日　来自时光隧道

**历史胖老师:** 选举结果, 孙中山和黄兴以各自超过1000的得票领先, 宋教仁则紧随其后。随即, 理事长孙中山任命宋教仁为代理理事长。这也是国民党内新的权力结构, 虽然很不稳固。

2012年1月1日　来自时光隧道

**鸭先知回复历史胖老师:** 据我所知, 这其实已是民国初年的第四个"国民党"。宋教仁最初想为它命名为"民主党", 也因为各方的反对, 最终定名为"国民党"。

2012年1月1日　来自时光隧道

**历史胖老师回复鸭先知：** 呵呵，国民，国民，我好想唱三遍郑智化老师的《大国民》。
2012年1月1日　来自时光隧道

**《申报》：** 国民协会与共和建设讨论会认为，中国政党萌芽伊始，国民政治观念尚形薄弱，如仅有二党（共和党，国民党），恐党争日烈，国家异常危险，故决计发生第三党，主张最公平之言论，不竞争政权，专注全力以普及政治智识，传播政治信条，闻两会在京代表已决议，将两会消灭，即以两会旧有分子并约多数健全分子发起一党，定名民主党，各省签名发起者，亦有数万人，现各团体尚有愿加入共同发起者。
1912年8月25日　来自iMG　　　　　　　　　　　　　　转发：186　评论：45

**严复 C：** 北京大学向华比银行借银20万两，除偿还道胜银行借款本息7万余两外，余作下学期分预科办学经费。
1912年8月26日

**iMG即时快讯 R：** 袁世凯宴请孙中山先生，有北洋军官当场闹事吐槽，说什么共和是北洋之功，孙中山一点力量也没有，爱说大话，不如叫孙大炮。袁世凯就像没听见一样，什么也没说。
1912年8月27日　来自iMG　　　　　　　　　　　　　转发：31784　评论：15482

**严复 C：** 海军部设编译处，吾为总纂，令部员翻译外国海军图籍。
1912年8月27日　来自共和之音　　　　　　　　　　　　转发：4　评论：4

**袁世凯：** 中山万岁！　@我真是孙文
1912年8月28日　来自共和之音　　　　　　　　　　　　转发：3519　评论：974

**我真是孙文 R：** 袁大总统万岁！中华民国万岁！五大民族万岁！　**@袁世凯**
1912年8月28日　来自iMG　　　　　　　　　　　　　　转发：4751　评论：867

**我真是孙文 R：** @今村长藏 R：请兄速来京。
1912年8月29日　来自iMG　　　　　　　　　　　　　　转发：18　评论：12

**张謇 C：** 筹饷事成。
1912年8月31日　来自共和之音　　　　　　　　　　　　转发：19　评论：14

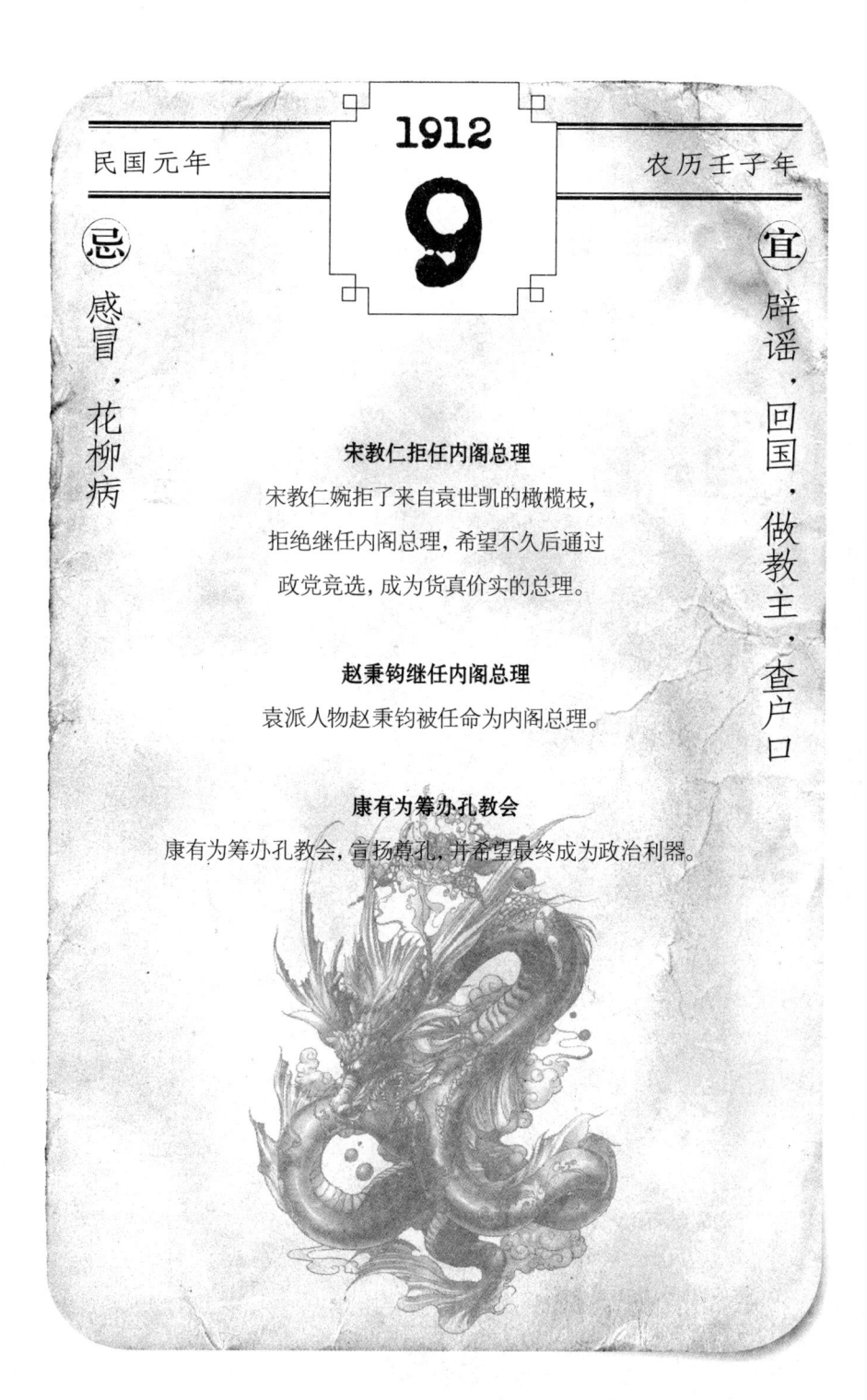

**1912**

**9**

民国元年　　　　　　　　　　　　　　农历壬子年

忌 感冒・花柳病

宜 辟谣・回国・做教主・查户口

### 宋教仁拒任内阁总理
宋教仁婉拒了来自袁世凯的橄榄枝，拒绝继任内阁总理，希望不久后通过政党竞选，成为货真价实的总理。

### 赵秉钧继任内阁总理
袁派人物赵秉钧被任命为内阁总理。

### 康有为筹办孔教会
康有为筹办孔教会，宣扬尊孔，并希望最终成为政治利器。

**我真是孙文 R:** **@蒙藏统一政治改良会:** 共和成立,凡属蒙、藏、青海、回疆同胞,在昔之受压制于一部者,今皆得为国家主体,皆得为共和国之主人翁,即皆能取得国家参政权。希望劝导受外人拨乱之蒙、藏同胞。俾了解共和之真理,与吾内地同胞一致进行,以享共和之幸福。

1912年9月1日　来自iMG　　　　　　　　　　　　　　　转发: 33　评论: 12

**我真是孙文 R:** 凡世界所有者,我们还要求精;世界所无者,我们为其创,勿畏难苟安,中国自然是极富极强,民国根本就可以巩固。

1912年9月1日　来自iMG　　　　　　　　　　　　　　　转发: 187　评论: 69

**《民立报》:** **@袁世凯** 曾表示,可加入国民党。

1912年9月2日　来自iMG　　　　　　　　　　　　　　　转发: 1988　评论: 563

---

评论:

**鸭先知:** 袁世凯加入国民党……为了寻求未来的国会人数,国民党不再严格地甄选入党的人物,无论三教九流,无论政见是否相互抵牾,在盲目追求胜利、追求数据的国民党看来,都已经无足轻重。黄兴就曾试图请杨度加入国民党,以便联合袁世凯,甚至异想天开打算将袁世凯也拉入国民党。真想得出来!

2012年1月1日　来自时光隧道

**历史胖老师回复鸭先知:** 国民党有几千万党员?

2012年1月1日　来自时光隧道

**鸭先知回复历史胖老师:** ……

2012年1月1日　来自时光隧道

**我真是孙文 R**：**@女子参政同盟会**：党纲删去男女平权之条，乃多数男人之公意，非少数可挽回，今日女界宜由女子发起女子之团体，提倡教育，使女界只是普及，力量乃宏，然后始可与男子争权，则必能得胜也。切勿依赖男子代为出力，方不为男子所利用也。

1912年9月2日　来自iMG　　　　　　　　　　　　　　　转发：86　评论：55

**我真是孙文 R**：维持现状，我不如袁，规划将来，袁不如我。为中国目前计，此十年内，仍宜以袁氏为总统，我专尽力于社会事业，十年以后，国民欲我出来服役，尚不为迟。**@《民立报》**

1912年9月3日　来自iMG　　　　　　　　　　　　　　　转发：5682　评论：3367

评论：

**名言帝**："维持现状，我不如袁，规划将来，袁不如我。"——孙中山

2012年1月1日　来自时光隧道

**鸭先知**：孙中山竟然说这样的话！先让袁世凯做总统，十年之后，自己再取而代之。这可是政治啊大哥！他到底是天真得全无城府，还是故意的？**@历史胖老师**

2012年1月1日　来自时光隧道

**我真是孙文 R**：**@五族共和进会**：今者五族一家，立于平等地位，种族不平等之问题解决，政治之不平等问题亦同时解决，永无更起纷争之事。所望者以后五大民族，同心协力，公策国家之进行，使中国进于世界第一文明大国。

1912年9月3日　来自iMG　　　　　　　　　　　　　　　转发：41　评论：17

**我真是孙文 R**：**@共和党**：民生主义非均产主义，乃以国家之力，发达天然实利，防资本家专制的国家社会主义。

1912年9月4日　来自iMG　　　　　　　　　　　　　　　转发：26　评论：14

### 【微访谈】
#### 上海《时报》特派记者黄远庸访问孙中山

**黄远庸**：**@我真是孙文 R**：袁世凯与参议院之多数政党及各省都督未能诚信相孚有何法以维持？

1912年9月4日　来自iMG　　　　　　　　　　　　　　　转发：18　评论：6

**我真是孙文回复黄远庸**：只要袁总统略微迁就，便可互相了解矣。

1912年9月4日　来自iMG　　　　　　　　　　　　　　　转发：23　评论：9

**黄远庸：** @我真是孙文 R: 都督的委任问题?
1912年9月4日　来自iMG　　　　　　　　　　　　　转发: 27　评论: 11

**我真是孙文回复黄远庸：** 主张民选。
1912年9月4日　来自iMG　　　　　　　　　　　　　转发: 36　评论: 15

**黄远庸：** @我真是孙文 R: 军民分治问题?
1912年9月4日　来自iMG　　　　　　　　　　　　　转发: 12　评论: 4

**我真是孙文回复黄远庸：** 我认为五六年内是办不到的，因为不主张分治的人，中央未必能派兵去打他。须实行征兵制度，地方无兵权时，方可实现分治。
1912年9月4日　来自iMG　　　　　　　　　　　　　转发: 32　评论: 14

**黄远庸：** @我真是孙文 R: 时局走向?
1912年9月4日　来自iMG　　　　　　　　　　　　　转发: 41　评论: 25

**我真是孙文回复黄远庸：** 表示乐观，纵五六年内不统一亦不要紧，中国之人心一致，藏、蒙的变乱不至有亡国之忧。
1912年9月4日　来自iMG　　　　　　　　　　　　　转发: 112　评论: 68

**黄远庸：** @我真是孙文 R: 铁路计划?
1912年9月4日　来自iMG　　　　　　　　　　　　　转发: 35　评论: 23

**我真是孙文回复黄远庸：** 已与政府商议，一旦等到参议院通过即按所定条件募债筑路。
1912年9月4日　来自iMG　　　　　　　　　　　　　转发: 112　评论: 57

**黄远庸：** @我真是孙文 R: 对 @袁世凯 的评价?
1912年9月4日　来自iMG　　　　　　　　　　　　　转发: 125　评论: 77

**我真是孙文回复黄远庸：** 他是很有肩膀的，很喜欢办事的，民国现在很难得这么一个人。他不承认共和则已，既已承认共和，若是一朝反悔，就将失信于天下，外国人也有不能答应的。除非他的兵不仅能够打胜全国，并且能抵抗外国，才能办到。
1912年9月4日　来自iMG　　　　　　　　　　　　　转发: 772　评论: 451

**黄远庸：** @我真是孙文 R：中国政党之弊病何在？
1912年9月4日　来自iMG　　　　　　　　　　　　　　　　　　　转发：32　评论：28

**我真是孙文回复黄远庸：** 一时是没什么法子的。让他们自己闹闹，闹过几年，自然明白。
1912年9月4日　来自iMG　　　　　　　　　　　　　　　　　　　转发：287　评论：66

————————————————本次微访谈结束————————————————

**我真是孙文 R：** 知革命之真理者，大半由教会所得来。国家政治之进行，全赖宗教以辅助其所不及，盖宗教富于道德故也。　**@基督教会　@青年会　@公理会 @伦敦会**
1912年9月5日　来自iMG　　　　　　　　　　　　　　　　　　　转发：33　评论：12

评论：

**我爱北京紫禁城：** 孙中山，你的卖国贼本色果然昭然若揭！你真是忘了本了！
1912年9月5日　来自共和之音

**薄荷回复我爱北京紫禁城：** 我们民国，信仰是个人自由，你哪那么多废话！1912年9月5日　来自iMG

**上帝与我同在回复我爱北京紫禁城：** 没有信仰，人心将在黑暗中徘徊。来吧，加入我们。
1912年9月5日　来自iMG

**上帝与我同在回复我爱北京紫禁城：** 没有信仰，生命将如枯萎的花朵。来吧，加入我们。
1912年9月5日　来自iMG

**上帝与我同在回复我爱北京紫禁城：** 没有信仰，未来将不复存在。来吧，加入我们。
1912年9月5日　来自iMG

**鸭先知：** 孙中山赞美基督教，康有为歌颂孔教。他们演的这是哪一出？老胖来说道说道？　**@历史胖老师**
2012年1月1日　来自时光隧道

**张謇 C：** 共和党党员多人来晤，访 **@平爵内** 同见比利时领事谈通借款。
1912年9月6日　来自共和之音　　　　　　　　　　　　　　　　　转发：8　评论：3

**我真是孙文 R：@北京八旗生计会：** 政治改革，五族一家，不分种族。现旗民生计困难，尚需妥筹，务使人人能自立，成为伟大国民。

1912年9月6日　来自iMG　　　　　　　　　　　转发: 12　评论: 6

**张謇 C:** 共和党开欢迎会,访沈雪君,闻其避兵出京,借种植物园设传习所。
1912年9月7日　来自共和之音　　　　　　　　　转发: 0　评论: 0

**袁世凯:** @我真是孙文 R: 请您筹划全国铁路全权。
1912年9月8日　来自共和之音　　　　　　　　　转发: 871　评论: 3

**张謇 C:** 伤风甚剧。
1912年9月10日　来自共和之音　　　　　　　　 转发: 7　评论: 7

**我真是孙文 R:** @路透社: "外人投资中国之后,华人商业大兴,必将祸及全世界之商业"的说法甚为荒谬,中国果能日臻发达,则全世界之境况均可借以进步。
1912年9月11日　来自iMG　　　　　　　　　　　转发: 185　评论: 72

**张謇 C:** @杨翼之 到京,来晤。　@刘竹君 到京。
1912年9月11日　来自共和之音　　　　　　　　 转发: 0　评论: 6

**康有为 C:** #孔教会#中国数千年来奉为国教者,孔子也。大哉孔子之道,配天地,本神明,育万物,四通六辟。其道无乎不在。故在中古,改制立法,而为教主。其所为经传,立于学宫,国民诵之以为率由,朝廷奉之以为宪法。省刑法,薄税敛,废封缄,罢世及,国人免奴而可仕宦,贵贱同罪而法平等,集会、言论、出版皆自由,及好释、道之说者,皆听其信教自由。凡法国革命所争之大者,吾中古皆以孔子之经说先得之二千年矣。
1912年9月11日　来自代理服务器　　　　　　　 转发: 618　评论: 335

---

评论:

**团团:** 康有为又在这里妖言惑众! 现在是华盛顿的时代! 不是孔子的时代!
1912年9月11日　来自iMG

**康有为回复团团:** 天不生仲尼,万古如长夜。难道你还想在黑夜里继续徘徊?
1912年9月11日　来自代理服务器

**团团回复康有为:** 现在有电灯了。孔子的时候有电灯吗?
1912年9月11日　来自iMG

**康有为回复团团:** 滚! 闪开! 我有先帝遗诏! 拉黑!
1912年9月11日　来自代理服务器

**康有为**: #孔教会#孔子之道,本乎天命,明乎鬼神,而实以人道以教。
1912年9月11日　来自代理服务器　　　　　　　　　　　　　　　转发: 127　评论: 56

**康有为**: #孔教会#夫国所与立,民生所依,必有大教为之桢干,化为民俗,入于人心,奉以行止,死生以之,民乃可治。此非政事所能也。否则皮之不存,毛将焉附? 中古立国数千年,礼义纲纪,云为得失,皆奉为孔子之经。若一弃之,则人皆无主,是非不知所定,进退不知所守,身无以为身,家无以为家,是大乱之道也。
1912年9月11日　来自代理服务器　　　　　　　　　　　　　　　转发: 339　评论: 75

评论:
**名言帝**:"若一弃之,则人皆无主,是非不知所定,进退不知所守,身无以为身,家无以为家,是大乱之道也。"——康有为
2012年1月1日　来自时光隧道

**康有为**: #孔教会#昔者吾国人人皆在孔教之中,鱼相忘于江湖,人相忘于道术,则勿言孔教而教自在也。今则各国皆有教,而我独为无教之国。各教皆有信教、奉教、传教之人,坚持其门户,而日光大之;唯孔教昔者以范围宽大,不强人为仪式之信从,今当大变,人人虽皆孔教而反无信教、奉教、传教之人。夫人能宏道,非道宏人,无人任之,不殖将落;况今者废教、停祀、毁庙之议日有闻,甚至躬长教育之司,而专以废孔教为职志者。若无人保守奉传,则数千年之大教将坠于地,而中国予以永灭,岂不大哀哉!
1912年9月11日　来自代理服务器　　　　　　　　　　　　　　　转发: 376　评论: 97

评论:
**上帝与我同在**:没有信仰,世界永远都是寒冰冬日。来吧,加入我们。
1912年9月5日　来自iMG

**上帝与我同在**:没有信仰,就没有喜悦。来吧,加入我们。
1912年9月5日　来自iMG

**康有为回复上帝与我同在**:闪开! 我有先帝遗诏! 拉黑!
1912年9月5日　来自代理服务器

**张謇 C**: 见 @章太炎 于贤良寺。华比银行陶大班请喝酒。
1912年9月12日　来自共和之音　　　　　　　　　　　　　　　　转发: 0　评论: 11

**严复 C**: 被袁大总统聘为总统府顾问官。

1912年9月12日　来自共和之音　　　　　　　　　　　　　转发: 16　评论: 9

**我真是孙文 R**：**@北京报界：** 此次鄙人主张修筑全国铁路，实为中华民国之存亡大问题，推翻此事等于推翻民国立国根本，此则鄙人期期以为不可。今鄙人以私人资格，与外国资本家议借款，是鄙人对于我政府负责任，对于外国资本家负责任，不对于外国政府负责任。鄙人主张借款办铁路，更主张批给外人包办，且欲实行民生主义，以救种种方面之弊害，此即鄙人修办铁路之大意也。
1912年9月14日　来自iMG　　　　　　　　　　　　　　转发: 285　评论: 44

**我真是孙文 R**：**@汪精卫 R**：铁路计划已有端倪，请向法国资本家商议借款，如有办法再赴美国与美资本家筹议办法。
1912年9月15日　来自iMG　　　　　　　　　　　　　　转发: 47　评论: 16

**张謇 C**：至图书馆，与 **@江叔海** 谈。施省之约同翼之及交通部人谈清通及苏路事。
1912年9月15日　来自共和之音　　　　　　　　　　　　转发: 0　评论: 3

**阎锡山**：**@我真是孙文 R**：请先生早日赴晋。
1912年9月17日　来自共和之音　　　　　　　　　　　　转发: 18　评论: 3

评论：

**我真是孙文**：一俟事竣，即当奉命。
1912年9月17日　来自iMG

**鸭先知**：各位，各位，我是鸭先知。注意了! 陕西总督阎锡山，又一个未来的明星。
2012年1月1日　来自时光隧道

**鸭先知**：老胖，我抢了你的话唉! **@历史胖老师**
2012年1月1日　来自时光隧道

**我真是孙文 R**：**@山西大学堂：** 必要我四万万同胞一齐努力，方可以造成共和自由幸福。且今日幸福，虽人人皆知，而幸福真谛，究竟尚未达到，此时不过有幸福之希望而已。但既有此希望，即须以此为目的，务必达到，而后可以享真正幸福。所以，当建设时代，还要牺牲个人，为大家谋幸福。
1912年9月19日　来自iMG　　　　　　　　　　　　　　转发: 43　评论: 16

**我真是孙文 R**：山西军界诸君人人皆能以国家存亡为一己存亡，何忧外患。应凭借山西丰富煤矿资源，在山西设一大炼钢厂，制造最新武器，以供全国扩张武备之用。
1912年9月20日　来自iMG　　　　　　　　　　　　　　　　转发：58　评论：23

**我真是孙文 R：**建议从速调查户口，修筑模范道路为各省倡。
1912年9月20日　来自iMG　　　　　　　　　　　　　　　　转发：16　评论：9

评论：
**鸭先知：**阎锡山倒真是听话，马上开始修铁路了，不过这哥们用的轨道比别处都窄，外面的火车根本开不进来……他的目的是防止外地的军阀对山西用兵，地方主义的意识比谁都重。不过，依靠取之不尽、用之不竭的矿藏资源，他后来还真把山西建成了模范省。
2012年1月1日　来自时光隧道

**我真是孙文 R：**　**@袁世凯：**文此次游历中外，纯从铁道政策上着眼，唯筹备之先，应将煤炭预为计划。我国产煤区域，几遍全国，往年产额都在一万万吨以上，近更增加，设再整顿，定能生色。请农业部酌派精晓矿学者数人，随同文沿途考察一切。
1912年9月21日　来自iMG　　　　　　　　　　　　　　　　转发：128　评论：35

**张謇 C：**与 **@厚生** 同至天坛，拾黄绿二瓦而回。至美斋饭。
1912年9月23日　来自共和之音　　　　　　　　　　　　　　转发：0　评论：4

**严复 C：**　**@何纫兰：**大学校事虽麻烦，但舅舅近者日必到校，实是渐已就绪，可望实力进行。不幸教育部多东学党人，与我本相反对；部薪折半，而大学堂全支，已是气愤不过。近又见舅舅得总统府之顾问官，以为月入必丰，于是更加"狷"獗，百般设法动摇，欲令部中将大学校长更易。
1912年9月24日　来自共和之音　　　　　　　　　　　　　　转发：871　评论：513

评论：
**鸭先知：**所谓东学党，是以新任教育总长范源廉为首的留日派。
2012年1月1日　来自时光隧道

**严复 C：**　**@何纫兰：**其所以未即实行发表者，为故有二：一是恐中枢不表同情，一是畏校中人员学生群起反对，于是思量无法，先向诸不要脸、无价值之报纸，实地造谣，煽惑人心，以为发难张本。唯是所造谣言太无事实，如云舅舅业已被押被罚等语。不知京城虽大，校长虽微,若使果有此事,岂不哗然?何尚寂寂如是!则略有知识之人必然一笑,知其中有不逞志妒忌之人与我为难,所言谁复信之?吾亦只置之不理而已。
1912年9月24日　来自共和之音　　　　　　　　　　　　　　　　转发:462　评论:78

**张謇 C:** @沈雨辰 招同久香午餐,肴品甚佳。
1912年9月24日　来自共和之音　　　　　　　　　　　　　　　　转发:0　评论:3

**宋教仁:** #致北京各报馆#连日各报载国民党事,诸多失实,甚且如《民视报》等谓孙中山先生辞理事职,出于鄙人之排斥,《新纪元报》等谓孙、黄有冲突,皆不胜骇异。
1912年9月24日　来自iMG　　　　　　　　　　　　　　　　　　转发:78　评论:34

评论:
**鸭先知:** 宋教仁又出来辟谣了……辟谣帝……谣言往往比真相走得更远。
2012年1月1日　来自时光隧道

**宋教仁 R:** #致北京各报馆#此次国民党之合并成立,全出于孙、黄二公之发意,鄙人等不过执行之,故党员无论新旧,对于孙、黄二公皆非常爱戴。此次选举历史,孙先生得票最多,唯孙先生以此后欲脱离政界,专从事于社会事业,故不欲任事,曾经辞职,已由鄙人与各理事再三挽留,始允不辞,现已推为理事长。鄙人与孙先生从事革命几十年,何至有意见之争?且国民党新立,正赖有功高望重如孙先生者为之主持,亦何至有内讧之原因耶?
1912年9月24日　来自iMG　　　　　　　　　　　　　　　　　　转发:66　评论:25

**宋教仁 R:** #致北京各报馆#黄克强先生与中山先生同为吾党泰斗,关系之亲切,天下皆知,此次北来调和南北意见,主持大计,两公无丝毫之异,更何至有冲突之事如各报所云云乎?
1912年9月24日　来自iMG　　　　　　　　　　　　　　　　　　转发:33　评论:18

**宋教仁 R:** #致北京各报馆#当今时事艰难,非有强大真正之政党作中流之砥柱,何能挽回危局?而强大真正之政党,尤非社会扶持,各党互相奖勉,不能成立。至于政见,各党即互有不同,然总不宜猜忌离间,日望敌党之不发达。吾人改组国民党时,宣言政党二大对峙,希望自党发达,同时并希望反对党亦发达,能至旗鼓相当而后已,诚以政党须有道德,其态度固用如是也。
1912年9月24日　来自iMG　　　　　　　　　　　　　　　　　　转发:52　评论:28

**宋教仁 R:** #致北京各报馆#作此等谣言之各报,属于何党,不必辩。鄙人总深盼其守政党道德,不再事无谓之猜忌与离间,平心静气,以评论国家事,扶持各党,使渐臻于健全之发达，庶几各党乃得日即稳固，从容研究。其在议院有正当之主张，不事喧嚣，其对政府有适当之监督方法，以促成强固有政策负责任之内阁，是岂非国家之大幸事乎？

1912年9月24日　来自iMG　　　　　　　　　　　　　　转发：49　评论：17

**严复C**：哈哈！我被讯办还能出来发微博吗？

　　**@杨曼青**：严复乘火车由天津来北京带有禁物，已被提署讯办。严复休矣！ **@北京新报**

　　1912年9月25日　来自共和之音　　　　　　　　　　转发：46　评论：28

1912年9月25日　来自共和之音　　　　　　　　　　　　转发：30　评论：19

评论：

**鸭先知**：谣言四起，党争无所不用其极，在一个病态的时代，诋毁与诽谤如影随形。

2012年1月1日　来自时光隧道

**袁世凯**：任命 **@赵秉钧** 为内阁总理。

1912年9月25日　来自共和之音　　　　　　　　　　　　转发：67　评论：34

评论：

**鸭先知**：半年之内，已换三任总理。一个国家重建伊始曾经满怀希望，最后等到的却是这样的开局。

2012年1月1日　来自时光隧道

**胡适**：凡读萧思璧的书，几无不读哈姆雷特者，书中名句如："女人即脆弱！""多听少说。""朋友常随借贷一同失去。""惟诚以待己，始能诚以待人，一如黑夜总是随白昼而至。""良心使人谨慎。"此种名句，今人人皆能道之，已成谚语矣。

1912年9月25日　来自代理服务器　　　　　　　　　　　转发：4　评论：2

评论：

**名言帝**：萧思璧是谁？是金庸还是古龙笔下的武侠人物吗？

2012年1月1日　来自时光隧道

**鸭先知回复名言帝**：汗……萧思璧其实就是莎士比亚！胡适时代的译法！没看到哈姆雷特四个字吗？

2012年1月1日　来自时光隧道

**名言帝回复鸭先知**：干吗那么大声！

2012年1月1日　来自时光隧道

**张謇 C:** 与 @刘竹君 同至清华学校，校长 @唐介臣 学校所在地，就是以前的清华园。
1912年9月25日　来自共和之音　　　　　　　　　　　　　　　转发: 0　评论: 6

**胡适:** 夜译《割地》，未成。
1912年9月26日　来自代理服务器　　　　　　　　　　　　　　转发: 4　评论: 2

评论:

**名言帝:**《割地》是什么？胡适那么喜欢打牌，难道是在读"锄大地"秘籍？
2012年1月1日　来自时光隧道

**鸭先知回复名言帝:** 胡适不打"锄大地"，胡适一般都是玩"拱猪"或者"斗地主"……
2012年1月1日　来自时光隧道

**名言帝回复鸭先知:** 真的？你怎么知道的？
2012年1月1日　来自时光隧道

**鸭先知回复名言帝:** ……所谓《割地》，其实是《最后一课》。
2012年1月1日　来自时光隧道

**名言帝回复鸭先知:** 原来是初中语文课本里的《最后一课》啊！我知道我知道！
2012年1月1日　来自时光隧道

**梁启超 C:** 由神户起程，准备回国。
1912年9月28日　来自鸽Phone　　　　　　　　　　　　　　　转发: 36671　评论: 29845

评论:

**鸭先知:** 千呼万唤，梁启超终于回国了！ @历史胖老师 来说道说道？
2012年1月1日　来自时光隧道

**鸭先知:** 没有历史胖老师的微博好寂寥啊。
2012年1月1日　来自时光隧道

**胡适:** 下午，往听Dr.Moore演说《青年卫生》，注重花柳病，甚动人。
1912年9月29日　来自代理服务器　　　　　　　　　　　　　　转发: 16　评论: 5

评论:

**鸭先知:** "注重花柳病，甚动人？" @名言帝
2012年1月1日　来自时光隧道

**1912**
**10**

民国元年　　　农历壬子年

**忌** 举报·写诗·做校长

**宜** 纪念·辞职·回国·做衣服

### 北大校长严复辞职
北京大学校长严复辞职，袁世凯委任章士钊继任，被婉拒。

### 梁启超回国
流亡海外13年的梁启超从日本回国，受到几乎空前绝后的欢迎。

### 中华民国国庆日
10月10日，武昌起义一周年，中华民国国庆日。

**胡适：**世界大同会总会书记Louis P. Lochner君从麦狄森来。此君因为世界大同会的事情，和我很早就已经有书往来。今天才终于见面，执手言欢，快慰之至。

1912年10月1日　来自代理服务器　　　　　　　　　　　转发：4　评论：2

评论：

**鸭先知：**唉！大同大同。康有为呼唤世界大同，孙中山希望天下为公。这样的日子，却依然遥遥无期。

2012年1月1日　来自时光隧道

**星座八爷：**先生们女士们，小胡啊，人家水星和金星都是第十宫的摩羯，响当当的摩羯啊。看起来二，其实一点儿也不二，人家心里明镜似的，未来的事业蓝图绝对胸有成竹，历历可数。而且他缺心眼的表象很容易让人丧失警惕心，低估他的实力和潜力。老成谋国，说的就是他了。

2012年1月1日　来自时光隧道

**宋教仁 R：**《武汉两日记》序：自武昌起义，迄于今日，为岁及周矣，而革命史之编纂，尚缺乎未有闻，欲考民国之原者，无所藉焉，岂非革命事业之羞乎？咏簪氏有怵于此，乃为《武昌两日记》，专纪去岁八月十八日在武昌部署起义及十九日义师血战之事实，以预为编纂革命史者之材料。夫去岁八月十九日之役，民国成立之始基，国人当念之勿忘者也。而十九日以前之预备，往往为世所不及知者，则尤为始基之始基，国人更宜表出之，以为考民国成立之原者之所取资者也。兹编即取是义而为之，则有裨于将来革命史之编纂，并国人知缔造民国之艰难，而益深警奋发有为心，岂浅鲜哉！

1912年10月3日　来自iMG　　　　　　　　　　　　　转发：13053　评论：9872

---

评论：

**鸭先知**：唉，我也学学历史胖老师吧。各位同学注意了，现在开始画重点！此时，辛亥革命一周年的日子马上就要到了。作为一场运动，需要忆苦思甜；作为一个政党，需要包装自己。或许还远远未到为这场大变革进行盖棺定论的时候，但是，还原一段记忆，美化一场命运，却是刻不容缓的。《武汉两日记》要做的，就是这一件事情。
2012年1月1日　来自时光隧道

**我真是孙文 R**：北京安谧异常，　　@今村长藏　@陈其美　与北人感情甚佳，鲁、晋两省现状亦好。

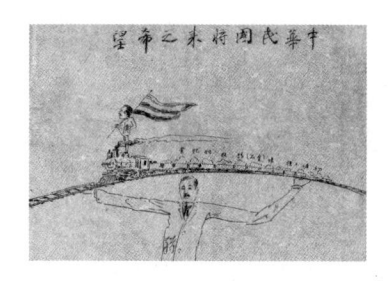

1912年10月3日　来自iMG　　　　　　　　　　　　　转发：4135　评论：232

**袁世凯**：参议院决议通过《民国服制》："男子礼服分为大礼服、常礼服二种。其中大礼服分书用、夜用二种：书用大礼服为西式大氅式；夜用大礼服类似燕尾服，但后摆呈圆形，裤用西式长裤。常礼服也分二种：一为西式，一为袍褂式，均为黑色，衣料采用国产丝、毛织品或棉、麻织品。女子礼服则只有一款：上用长与膝齐的对襟长衫，下用长裙；衫裙均加绣饰。穿着礼服出席丧礼时，男子要在左腕缠上黑纱，女子则在胸前缀以黑纱结。"
1912年10月3日　来自共和之音　　　　　　　　　　　转发：341　评论：116

**胡适**：上午有Prof. N. Schmidt演说《石器时代之人类》，辅以投影画片，写人类蒙昧之初的种种生活状态，观之令人惊叹。吾人之祖宗，万年以来，种种创造，种种进化，以成今日之世界，真是绝大伟绩，不可忘也。
1912年10月4日　来自代理服务器　　　　　　　　　　转发：5　评论：1

---

评论：

**鸭先知**：人类这样从蒙昧到文明，一步一步走来，一个国家，何尝不是如此？唉！只是,何时才能走出漫漫长夜?
2012年1月1日　来自时光隧道

**梁启超 C:** @梁思顺:登舟吸纳海风,宿疾痊愈,胃愈壮。
1912年10月5日　来自鸽Phone　　　　　　　　　　　　转发:0　评论:6

**梁启超 C:** @梁思顺:好冷!去年整个冬天河都不结冰,遂开未有之奇变;今年恐怕九月就会冰封,又不知会有什么变化。……不知道我登岸以后又会发生什么惊心动魄的事情……转告祖父,不要牵挂,我打算到天津后,就买奶子葡萄托船主带上,不知道能否有此闲暇。
1912年10月5日　来自鸽Phone　　　　　　　　　　　　转发:0　评论:12

**胡适:** 今晚,学生会选举新职员,我被推为书记,辞之。
1912年10月5日　来自代理服务器　　　　　　　　　　　转发:6　评论:4

**胡适:** 检阅会中所藏旧杂志中所载滑稽画(Cartoon),择其优者集为一编,将为作一文,论《海外滑稽画》。
1912年10月6日　来自代理服务器　　　　　　　　　　　转发:16　评论:9

**我真是孙文 R:** @国民党:我在京与袁总统时相会晤,讨论国家大政策,亦颇入精微。所以我相信袁的为人,他很有肩膀,其头脑亦清楚,见天下事均能明澈,而思想也很新。不过,做事手腕稍微有些偏旧,盖办事本不能全采新法。革命起于南方,而北方影响尚细,故一切旧思想,未能扫除尽。是以北方如一本旧历,南方如一本新历,必新旧并用;全新全旧,皆不合宜。故欲治民国,非具新思想、旧经练、旧手段者不可,而袁总统适足当之。
1912年10月3日　来自iMG　　　　　　　　　　　　　　转发:4616　评论:758

评论:
**名言帝:** "北方如一本旧历,南方如一本新历,必新旧并用;全新全旧,皆不合宜。故欲治民国,非具新思想、旧经练、旧手段者不可,而袁总统适足当之。"——孙中山
2012年1月1日　来自时光隧道

**严复 C:** 辞去北京大学校长职。
1912年10月7日　来自共和之音　　　　　　　　　　　　转发:42　评论:31

**今村长藏 R:** 我和 @张謇 在天津等了三天,还没等来你!今天必须得南下参加中华民国

周年庆了！后会有期！

**@梁启超：** 由神户起程，准备回国。

1912年9月28日　来自代理服务器　　　　转发：37921　评论：25676

1912年10月7日　来自iMG　　　　　　　　　　　　　转发：952　评论：136

**《民立报》：@ 宋教仁 R：** 陆徵祥总理辞职后，听说袁大总统很希望您能继任，是真的吗？

1912年10月7日　来自iMG　　　　　　　　　　　　　转发：32　评论：19

**宋教仁 R：@《民立报》：** 上月二十日前后，范源濂、刘揆一二君访余，勉以国事为重，力劝我担任总理。我以组织内阁必有各国务员负连带责任，若仅更换总理，不能与各国务员一致到底，必不能成一强固之政府，且与国民党政党内阁之党议大相悖谬，故坚辞不允，俟孙、黄两先生到京后再议。

1912年10月7日　来自iMG　　　　　　　　　　　　　转发：41　评论：32

**《民立报》：@宋教仁 R：** 外间传言，孙中山先生到京后，袁大总统与孙中山先生商议继任总理，孙中山即推荐了你，黄兴来电也力劝你就任总理，有这件事吗？

1912年10月7日　来自iMG　　　　　　　　　　　　　转发：18　评论：7

**宋教仁 R：@《民立报》：** 确实有这回事。我当时坚辞决绝，其原因有二：一、因临时政府期内，为时太促，不能多所展布；二、因调和南北感情，须有威望素著之人，始能得人信仰。故力荐黄兴担任内阁，当时所以有黄内阁之说。

1912年10月7日　来自iMG　　　　　　　　　　　　　转发：142　评论：96

---

评论：

**鸭先知：** 袁世凯再次向宋教仁抛出了橄榄枝。我相信，袁世凯是有诚意的，他肯定希望能组织一个强有力的政府，让这个国家可以有序地发展下去；当然，诚意中也一定有私心，这么多年来，从袁世凯一直想拉拢宋教仁，从晚清宋教仁写间岛问题时，直到此时，袁世凯都对这个青年才俊念念不忘。可惜，宋教仁从前对袁世凯不感冒，现在背后又有国民党，正一门心思地准备选举，再过几个月就能通过选票名正言顺地当上总理，怎么还会理会这嗟来之食？

2012年1月1日　来自时光隧道

**鸭先知：** 如果宋教仁接受了这枝橄榄枝，他还会死吗？国家还会乱吗？时代会不会好很多？其实，俗话说，道不同不相为谋，宋教仁和袁世凯在理念上是根本冲突的。宋教仁连孙中山都不服，日后又怎能和袁世凯和平相处？不管他这次是否接受总理的任命，早晚还是会成为袁世凯的眼中钉。
2012年1月1日　来自时光隧道

**《民立报》**：@宋教仁 R：外间又言君在天津时，晤唐绍仪，唐绍仪也劝君担任总理，君又力荐黄兴，然否？
1912年10月7日　来自iMG　　　　　　　　　　　　　　　转发：18　评论：7

**宋教仁 R**：@《民立报》：我至天津晤唐绍仪，唐力劝我组织内阁。我力荐黄兴，又与黄兴、陈其美同往访唐，会议良久。我以现在大势如裁兵、借款、外交各种重要问题，非威望素著者如黄兴君出任总理，恐不能无他项掣肘，反于进行有碍，仍请唐君力荐黄为总理。唐、陈两君均极赞成。
1912年10月7日　来自iMG　　　　　　　　　　　　　　　转发：66　评论：34

**《民立报》**：@宋教仁 R：黄兴到京，不肯担任总理，亦有故乎？
1912年10月7日　来自iMG　　　　　　　　　　　　　　　转发：12　评论：9

**宋教仁 R**：@《民立报》：黄兴君谒见袁总统，袁亦力请黄君担任总理，黄君即绝不肯认。闻黄与孙皆注重实业，尽力于社会，故不肯担任。
1912年10月7日　来自iMG　　　　　　　　　　　　　　　转发：66　评论：15

**《民立报》**：@宋教仁 R：外间言袁总统因黄不担任总理，同时提出沈秉堃、赵秉钧二人，黄均赞成。君则赞成赵，不赞成沈，其理由安在？
1912年10月7日　来自iMG　　　　　　　　　　　　　　　转发：24　评论：13

**宋教仁 R**：@《民立报》：当时国民党多数不赞成沈。我不表同意于沈者，非反对个人，实恐有违党议。若沈任总理，国民党政党内阁之党议必有所偏颇，且沈为总理，或能请各国务员均入本党，或照刘揆一自请出党，方不背本党素所主持，诚恐沈一时不能办到；又或沈提出不能得参议院之同意，于沈反有妨害。当时与章勤士同往黄处商议，黄亦深以为然，余并非不赞成沈之为人也。
1912年10月7日　来自iMG　　　　　　　　　　　　　　　转发：36　评论：11

**《民立报》**：@宋教仁 R：赵秉钧也隶属于国民党籍，君何以又赞成之？
1912年10月7日　来自iMG　　　　　　　　　　　　　　　转发：17　评论：3

**宋教仁 R：** @《民立报》：赵虽入国民党，与袁总统实有密切关系，可以说是袁派内阁；且政府经验甚富，力量亦较厚于各方面，易收敛，当得孙、黄两先生及国民党多数之同意，此所以赞成之也。

1912年10月7日　来自iMG　　　　　　　　　　　　　　　转发：35　评论：12

评论：

**名言帝：** 赵秉钧是百分百袁世凯一派的人物，为什么也加入了国民党？@**历史胖老师**

2012年1月1日　来自时光隧道

**鸭先知回复名言帝：** 老胖不在，还是我来回答你吧。赵秉钧当然是个很厉害的角色。他是袁世凯小站练兵时的旧人，曾在京津创办警务，成绩斐然，算得上中国的"警察之父"。赵秉钧这次确实当选了继任总理，在他任上，宋教仁率领国民党获得大选成功，宋教仁也被刺杀。有人说是袁世凯指使，有人说是赵秉钧指使，也有人说是国民党内讧，是陈其美所为。历史的谜团，众说纷纭。

2012年1月1日　来自时光隧道

**康有为 C：** #**孔教会**#今之谬慕欧美者，亦知欧美今所以盛强，不徒在其政治，而有物质为之耶？欧美所以为人心风俗之本，则更有教化为之耶！教化之与政治、物质，如鼎之足峙而并立。教化之与政治，如车之双轮而并驰，缺一不可者也。或者以法革命之废教也，岂知法废旧教而已，而尊天与基督无异也。万国虽小蛮夷，莫不有教。嗟乎！天下岂有无教而可为国者哉？

1912年10月7日　来自代理服务器　　　　　　　　　　　　转发：4316　评论：3508

评论：

**鸭先知：** 别人都在热火朝天地讨论选举、讨论民主，康有为却仍在一相情愿地试图振兴孔子的学说，我们是该嘲笑他，还是应该感激他？

2012年1月1日　来自时光隧道

**康有为 C：** #**孔教会**#呜呼！不图数千年文明之中华，一旦沦胥，至为无教之国也。岂不哀哉！夫印度虽亡，而婆罗门教二万万人，守教之严毅如故，则印度人之政权虽亡，而教化未亡，他日印人即可从此而兴焉。

1912年10月7日　来自代理服务器　　　　　　　　　　　　转发：335　评论：214

**康有为 C：** #**孔教会**#或谓儒家大义，最重伦纲，今政改共和，君臣道息，则遗经垂教，窒碍难行。此沟犹瞀儒未通古今之议也。夫君臣之本义，但指职事之上下言之，非为一帝者言之

345

……况孔子复有天下为公、选贤与能之大同道，群龙无首之太平世哉。执一端以疑叛先圣，是飞沙眯目，而责日月之失明也，岂不大愚耶！

1912年10月7日　来自代理服务器　　　　　　　　　　　　　转发：563　评论：412

---

评论：

**鸭先知**：哈哈，孙中山就最爱写"天下为公"这四个字。老孙对孔子啥态度？历史胖老师来给说道说道？　**@历史胖老师**

2012年1月1日　来自时光隧道

**鸭先知**：喂！老胖！为何还是没有反应？

2012年1月1日　来自时光隧道

**星座八爷**：说到大同，八爷忍不住要吐槽一下双鱼的多情小康了。1907年，小康在美国西部非士那受当地华侨之邀热烈举办演讲，讲启蒙讲救国，讲他朝思暮想的大同世界，其中一段话打动了多少少女的心："同胞们，人都是天生的，有其身必有其利，如果谁侵犯人权，就是侵犯天权……男女虽然性别有异，但其他一切都是一样的。我们必须解禁变法，实行男女平等！"台下掌声如雷。康有为深吸一口气，将手猛力挥向天空，厉声道："我以为解放女子，实在是今日中国一贴良药啊！"

2012年1月1日　来自时光隧道

**星座八爷**：小康提倡男女平等和一夫一妻制，这是多么美好的理想！但注意，小康月亮落在金牛座，在家庭关系方面只要积累一定物质财富，就不会放过大肆享受的机会。人家晚年流亡海外，但人家妻妾成群，而且夫子纳妾的原因之一是"冒万死以保旧俗"啊！而且他的妾不仅有华侨，还有日本女子，天下大同在康家小院里就已经实现了。如此严于律人、宽于待己，真真名士风流。

2012年1月1日　来自时光隧道

---

**康有为 C：#孔教会#** 或谓各国宗教，皆主神道，孔子既不语神，则非教主也。愚儒疑孔，遂敢妄议孔子只为哲学、政治、教育之名家，仅侪之于希腊索格底、柏拉图之列。此自日人不知儒教之谬论，而吾国东学或为所蔽惑，误祖师其说，而自弃其教，尤愚谬之甚者也。

1912年10月7日　来自代理服务器　　　　　　　　　　　　　转发：271　评论：164

---

评论：

**鹤顶红**：康有为，你这个保皇党！就是个卖假药的！又来兜售你这套过时的理论！谁理你！

1912年10月7日　来自共和之音

**戴草帽的蘑菇**：南海先生这样的大儒，冷静睿智，才是中华文明的中流砥柱！

1912年10月7日　来自共和之音

**诺亚子：** 康有为又要以创办孔教会的名义卷钱了！这个财迷心窍的家伙！我一定要彻底调查他的每一笔资金的归属问题！欢迎各位网友提供物质和资金支持！

1912年10月7日　来自共和之音

**皇亲国戚联合会：** 想让您的事业飞黄腾达吗？想让您的仕途步步高升吗？没有关系怎么成？请关注皇亲国戚联合会。本会专门经营与各类名人合影业务！您可以亲临曲阜参观，住孔子故宅，与孔子后裔衍圣公合影！

1912年10月7日　来自共和之音

**康有为 C：** #孔教会#今人之称宗教者，名从日本，而日本译自英文之厘里近(Religone)耳，在日人习用二字，故以佛教诸宗，加叠成词，其意实曰神教云尔。然厘里近之义，实不能以神教尽之，但久为耶教形式所囿，几若非神无教云尔。然神而加宗，义已不妥，若因佛、回、耶皆言神道，而谓之神教可也，遂以孔子不言神道，即不得为教，则知二五而不知十者也。

1912年10月7日　来自代理服务器　　　　　　　　　　　　　转发：586　评论：324

**康有为：** #孔教会#夫教为天下，不为一国而设。日本近者广厉儒学，崇祀孔子，况吾宗邦而自弃之。且吾国人本皆覆帱于孔教中，不待立会，犹吾国人人皆为中国民，不待注籍也。唯今列国交逼，必有国籍，诸教并立，亦有教籍，则孔教会之立，不可已也。

1912年10月7日　来自代理服务器　　　　　　　　　　　　　转发：377　评论：96

**康有为 C：** #孔教会#孔子二千四百六十三年诞日，南海康有为拳跪整冠敷衽陈经于庚子告我国人。

1912年10月7日　来自代理服务器　　　　　　　　　　　　　转发：872　评论：315

---

评论：

**鸭先知：** 突然觉得康有为有点可怜。

2012年1月1日　来自时光隧道

**微博调查局：** 康有为连续刷屏，禁止发言三个时辰！请各位按规矩发微博，不要违法违规，问候你们的家人。

1912年10月7日　来自大清微博　　　　　　　　　　　　　转发：872　评论：315

评论：

**鸭先知**：果然很可怜……

2012年1月1日　来自时光隧道

---

**梁启超 C:** @梁思顺：望归国，望了十几年，商量归国，又商量了几个月，万不料到此后，盈盈一水，咫尺千里，又经三日矣。何时能进，尚如捕风，此种港湾，大约除我堂堂大国外，全球更无他地可拟，终日锢在此丈室中，世界上事百无闻见，亦不知京师曾否闹到天翻地覆，亦不知世界已亡了几个国，唯觉日长如年，唯以叶子戏度日。

1912年10月8日　来自鸽Phone　　　　　　　　　　　　转发：18861　评论：5547

---

评论：

**名言帝**："终日锢在此丈室中，世界上事百无闻见，亦不知京师曾否闹到天翻地覆，亦不知世界已亡了几个国，唯觉日长如年。"——梁启超

2012年1月1日　来自时光隧道

---

**袁世凯**：任命 @章士钊 为北京大学校长。

1912年10月8日　来自共和之音　　　　　　　　　　　　转发：42　评论：28

---

**康有为**：#孔教会#本会名为孔教会。本会以保守孔教以廓充光大为宗旨。本会志在宏教。教无国界，凡在中国之人与非中国之人，不论男女老幼，皆可入会。

1912年10月8日　来自代理服务器　　　　　　　　　　　转发：641　评论：118

---

评论：

**鹤顶红**：非法集会！举报！　@微博调查局

1912年10月8日　来自iMG

**诺亚子回复鹤顶红**：他还没集到多少钱，你举报什么？

1912年10月8日　来自共和之音

---

**康有为**：#孔教会#凡奉孔教者，当以孔子生为纪年，各国皆以教主纪年，应从斯例。除关政治事用民国纪年外，皆用孔子纪年。

1912年10月8日　来自代理服务器　　　　　　　　　　　转发：1226　评论：264

---

**康有为**：#孔教会#暂以上海为孔教总会，各府皆设分会，各县皆设支会，各乡皆设乡会，乃至

异国从孔教者,亦皆立会,次第推行。他日公推衍圣公为总会长,或立大本会于山东曲阜。
1912年10月8日　来自代理服务器　　　　　　　　　　　　　转发:89　评论:35

**康有为 C:** 吾尚不欲入内地,令梁启超先行,而共和、国民两党皆公推梁启超为党魁也。候梁启超入内地即见察。
1912年10月8日　来自代理服务器　　　　　　　　　　　　　转发:412　评论:66

评论:

**鸭先知:** 梁启超此时早已不再接受谁的指派,只有脱离老师康有为的阴霾,梁启超的时代才会到来。
2012年1月1日　来自时光隧道

**章士钊 R:** 本人因公留沪,不能北上任职。
**@袁世凯:** 任命章士钊为北京大学校长。
1912年10月8日　来自共和之音　　　　　　　　　　　　　　转发:42　评论:28
1912年10月9日　来自iMG　　　　　　　　　　　　　　　　转发:31　评论:19

**胡适:** 山下有美国进步党(罗斯福之党)政谈会,党中候选纽约省长Oscar Straus过此演说,因往听之。
1912年10月9日　来自代理服务器　　　　　　　　　　　　　转发:6　评论:3

评论:

**鸭先知:** 胡适切身感受到的民主教育,这种耳濡目染比理论的学习更重要。后来胡适回国时说,我们回来了,请你们见分晓。民主共和的菲薄希望,在辛亥革命一周年的时候,依然模糊不清,只能等到下一个时代才能见分晓。
2012年1月1日　来自时光隧道

**我真是孙文 R:** 值此国庆纪念会之际,望国民发扬冒险心及坚忍心,赞助政府,建设民国!
1912年10月10日　来自共和之音　　　　　　　　　　　　　转发:32846　评论:25581

**宋教仁 R:** #辛亥革命周年#窃以为世界有永远纪念之日三:一为美之七月四号;一为法之七月十四号;一即我中华民国之十月十号是也。革命思想为我中华民族心理中所固有,惟其发动在十年以前,先有中山先生 **@我真是孙文** 之于广东,次由克强先生 **@今村长藏** 与鄙人之于湖南,然皆遭失败,于是于东京发起同盟会,创《民报》联络同志,鼓吹革命。数年以来,继继绳绳,盖如一日,故能使今日思想普及全国,一举手而成共和之大业。
1912年10月10日　来自iMG　　　　　　　　　　　　　　转发: 7982　评论: 2453

**宋教仁 R: #辛亥革命周年#** 然当发动之初,亦曾几遭失败,后经苦心研究,规定计划三条: 第一由中央入手,即于政府所在地从事运动; 第二由南方重要省会入手,即于扬子江流域各重要地点,联络军警各界,各省同时大举; 第三由边地入手,盖边地为人所不注意处,从事革命,布置较易,由渐而来,未为不可。三条之中,第一条最难,第三条最易,故实行之始,取其易者,此去年广州一役所由来也。
1912年10月10日　来自iMG　　　　　　　　　　　　　　转发: 2610　评论: 1352

**宋教仁 R: #辛亥革命周年#** 广州之役,自革命以来,实力最可痛心。死亡诸君皆革命原动,所以如此者,以屡次革命,利用军队,而军队中人屡次露消息,屡遭失败,故此次不复用军队,当事者尽为文弱书生,革命原动。
1912年10月10日　来自iMG　　　　　　　　　　　　　　转发: 2812　评论: 994

**宋教仁 R: #辛亥革命周年#** 先时计划定四月初一为起事之期,于香港先设立机关,更由中山先生筹得经费四十万。其内部组织推克强先生为总理,赵声、姚雨平、鄙人等诸同志佐之,更合四川、福建、安徽、江浙诸省精锐,拟一举而下广州。自正月间先事预备,购枪械,招同志,运器具,其种种困难情形,不可言喻; 香港英政府亦防范甚严。其后有同志喻云纪君,能自造炸弹,且远出外国之上,故全军供用率多仰给。于是更有姚君雨平先往省城,预为布置一切。
1912年10月10日　来自iMG　　　　　　　　　　　　　　转发: 962　评论: 642

**宋教仁 R: #辛亥革命周年#** 即定约期四月一号起事,岂知至三月二十七,忽由克强先生来电,劝同志不必再来,并改期重举。鄙人等在香港,闻之深为骇异。次日克强先生又来电,促诸同志速赴广州,于是诸同志在香港者,连夜出发。当时共分数起,有自早出发者,亦有过后一二时出发者。鄙人则在下午离港,迄次晨抵广州,探悉城门已闭,岸上守兵无数,则知事已败,心中甚为焦愤。后探悉同志死者甚少,心稍慰。
1912年10月10日　来自iMG　　　　　　　　　　　　　　转发: 672　评论: 472

**宋教仁 R: #辛亥革命周年#** 晚更悉唯有一船自广州出发,于是偕数同志同至该舟。比至,则满舟皆同志,然相见均默不发一言。其后守兵更来舟中搜查,同志之藏暗器者,俱为捕去,救援无及,饮泣而已。诸同志既由虎口索生,遂各述所遇,始悉当时以赵君声未至,总司令由克强先生代摄,一切计划遂不克周顾。
1912年10月10日　来自iMG　　　　　　　　　　　　　　转发: 632　评论: 274

**宋教仁 R: #辛亥革命周年#** 当时由克强先生率诸同志攻总督衙门，先时闻该处守兵已经说通，岂知至却出而抵拒。时同志出为陈说，然卒无效，遂两相攻击，一方更由克强先生率数同志，直入上房索粤督。讵料粤督已于数日前闻信移住他处，同志等遂出。时水巡兵已遍满街市，同志多自戕，能于此船上相见而庆更生者，已非初料之所及矣。是役也，有可痛之一事，即失败之后一日，城中有一米店，匿数同志，为捕兵侦知，攻击数时，兵不敢近，后官兵将米店付之一炬，诸同志遂无一得生。此广州失败之大略情形也。
1912年10月10日　来自iMG　　　　　　　　　　　　　　转发: 4361　评论: 1654

**康有为 C:** 举报！ **@宋教仁** 也刷屏！请禁止他发言！　**@微博调查局**
1912年10月10日　来自大清微博　　　　　　　　　　　　转发: 2711　评论: 1102

**宋教仁 R: #辛亥革命周年#** 吾等计划第三着既归失败，于是进一步策第二着，规划湖北，更由陈君英士 **@陈其美** 组织机关于上海，鄙人则从事湖南。时陕西亦有同志已组织完善，特派代表来会，协商一切，遂定乘四川铁路风潮激烈之秋，一举起义，规定湖北。时机关部设在汉口，相期以九月一号起义，讵知迄八月十九日机谋又泄，于是匆匆起事，一举而光复武昌，再举而复汉阳、汉口。克强先生更由香港赶至湖北，与清军血战。
1912年10月10日　来自iMG　　　　　　　　　　　　　　转发: 5916　评论: 3284

**宋教仁 R: #辛亥革命周年#** 时则陈君英士光复上海，程君雪楼反正苏州。九月十八，南京第九镇统制徐君固卿攻击石城，不利，更进而合江浙省之各师联军，推徐君为联军总司令，于是再攻南京，张勋败走。时停战之约既成，议和之师南下，后更得北方响应，诸将要求退位，共和之诏遂颁，民国于以成立。溯武昌起义以来，未及一年，而有今日者，岂非我五族同胞倾向共和，赞成民主之所致欤？夫吾等计划，前后计算均未实行，而其最后效果，竟得于一年之间达到目的，视美之十三年，法之三革命，不亦较胜十倍？则将来大势所趋，三五年之后，其所得效果，有不能驾欧挈美者，吾不信也。
1912年10月10日　来自iMG　　　　　　　　　　　　　　转发: 6533　评论: 4561

**张謇 C:** 见 **@黎元洪** ，其为设宴，与谈一切，诚笃而廉洁，以是得众心，坐中闻国民党人 **@张继** 演说迁都事。
1912年10月10日　来自共和之音　　　　　　　　　　　　转发: 13　评论: 7

**胡适:** 今日，为我国大革命周年之纪念，天雨朦胧，秋风萧瑟，客子眷顾，永怀故国，百感都集。欲作一诗写吾悠悠之思，而苦不得暇。
1912年10月10日　来自代理服务器　　　　　　　　　　　转发: 8　评论: 4

微博1912「尾声」

未来尚未来临

**梁启超 C：** **@梁思顺：** 三日来无一刻断宾客。唐绍仪和前直督张锡銮都来拜访，赵秉钧、段祺瑞也派代表来。门簿上登记的已超过二百人。各省的欢迎电报也络绎不绝，此次声光之壮，真是始料未及。张謇、黄兴皆候三日，因初十在湖北开国纪念，他们一直等到初七，才去湖北了。……连日赴共和、民主两党欢迎宴及演说会，又地方官纷纷请宴，应酬苦极。寓中则分三处，客厅无时不满，大约总须十日后，乃能回复秩序也。共和、民主两党合并已定，举黎为总理，吾为协理，张、伍、那皆退居干事，大约一月内成立发表，国民党亦曾来交涉，欲请吾为理事，经婉谢之，彼必愤愤，然亦无如何也。入京期尚未定，项城颇盼速往，吾约以两旬后或干脆等到新党成立后乃往，亦未可知。

1912年10月11日　来自共和之音　　　　　　　　　　　　转发：18692　评论：8692

评论：

**鸭先知：** 此时何等意气风发，国事仍是黄粱一梦。
2012年1月1日　来自时光隧道

**胡适：** 忽思著一书，曰《中国社会风俗真诠》(*In Defense of The Chinese Social Institutions*)，取外人所著论中国风俗制度之书——评论其言之得失，此亦为祖国辩护之事。
1912年10月14日　　　　　　　　　　　　　　　　　　　　转发：0　评论：1

评论：

**鸭先知：** 物质的发达永远弥补不了精神世界的荒芜。欲造就新国家，必须造就新国民，胡适毕生致力于此，却也只能含恨而终。
2012年1月1日　来自时光隧道

**宋教仁 R：** **@袁世凯：** 绨袍之赠，感铭肺腑。长者之赐，仁何敢辞。但惠赐五十万元，实不敢受。仁退居林下，耕读自娱，有钱亦无用处。原票奉璧，伏祈鉴原。知己之报，期以异日。
1912年10月18日　　　　　　　　　　　　　　　　　　　　　　转发：116　评论：25

评论：

**鸭先知：** 袁世凯送给宋教仁的，是一件预先悄悄量身剪裁过的衣服。袁世凯以为以此便能换来宋教仁的支持，至少是理解，却无济于事。即将成为民选内阁总理的宋教仁已经急不可耐地宣称要罢免袁世凯，拥护不堪大用的黎元洪为总统，从此国家实行宪政。无论如何，步步退让的袁世凯已不能再忍。就像送袍给关羽的曹操，一件衣服，换回的是一颗头颅。宋教仁遇刺后，他组建的国民党又被强行驱逐，宪政之梦自此破产，国家陷入新的动荡。

2012年1月1日　来自时光隧道

**伍廷芳 @袁世凯：** 廷芳自南京政府并合后，解职归田，永做共和国民，不愿再授荣典。回忆曩岁，因急谋统一，不得不出而议和。幸大总统顾全大局，始有今日，廷芳实无功可称。辱承钧命特殊勋位，扪心滋愧，应请收回成命，俾遂初愿。
1912年10月23日　来自iMG　　　　　　　　　　　　　　　　转发：13　评论：9

评论：

**鸭先知：** 1912年10月9日，袁世凯以大总统名义向缔造共和有功人员授勋，授予伍廷芳勋一位，这是仅次于孙中山、黎元洪（大勋位）的荣誉。大家曾经都是元勋，包括授勋者本人。不料最终，却有人名垂青史，亦有人身败名裂。大家曾经患难与共，却在中途分道扬镳。国事不可为。

2012年1月1日　来自时光隧道

**严复 C：** 北京大学学生与代理校长马相伯大冲突，破口叫其滚蛋，且有欲用武者。
1912年11月2日　来自共和之音　　　　　　　　　　　　　　转发：36　评论：21

评论：

**鸭先知：** 暴戾之气正在北大淤积，新文化运动与五四精神，在铜墙铁壁中萌芽。这将是一线曙光，还是又一杯苦酒？无论如何，一个新的时代正在遥远的将来，破壁而出。

2012年1月1日　来自时光隧道

主要参考文献

孙中山著，广东省社会科学院历史研究室、中国社会科学院近代史研究所中华民国史研究室、中山大学历史系孙中山研究室编：《孙中山全集:1890—1925.3》，中华书局，2006年

陈锡祺著：《孙中山年谱长编》，中华书局，1991年

茅家琦著：《孙中山评传》，南京大学出版社，2001年

[美]韦慕庭著：《孙中山:壮志未酬的爱国者》，新星出版社，2006年

黄兴著，刘泱泱编：《黄兴集》，湖南人民出版社，2008年

毛注青著：《黄兴年谱》，湖南人民出版社，1980年

萧致治著：《黄兴评传》，南京大学出版社，2001年

萧致治、石彦陶著：《黄兴与辛亥革命》，岳麓书社，2005年

陈旭麓主编：《宋教仁集》，中华书局，1981年

吴相湘著：《宋教仁传》，中国大百科全书出版社，2010年

袁世凯著，廖一中、罗真容整理：《袁世凯奏议》，天津古籍出版社，1987年

白蕉著：《袁世凯与中华民国》，中华书局，2007年

陶菊隐著：《袁世凯真相》，线装书局，2008年

张华腾著：《袁世凯与近代名流》，新华出版社，2003年

端方著：《端忠敏公奏稿》，文海出版社印行，1918年

张海林著：《端方与清末新政》，南京大学出版社，2007年

陈旭麓编：《辛亥革命前后:盛宣怀档案资料选辑》，上海人民出版社，1979年

夏东元编著：《盛宣怀年谱长编》，上海交通大学出版社，2004年

夏东元著：《盛宣怀传》，四川人民出版社，1988年

康有为著，姜义华、张荣华编校：《康有为全集》，中国人民大学出版社，2007年

汪荣祖著：《康有为论》，中华书局，2006年

董士伟著：《康有为评传》，百花洲文艺出版社，1994年

萧公权著：《康有为思想研究》，新星出版社，2005年

梁启超著：《梁启超全集》，北京出版社，1999年

梁启超著，崔志海编：《梁启超自述》，河南人民出版社，2004年

丁文江、赵丰田编：《梁启超年谱长编》，上海人民出版社，2009年

吴其昌著：《梁启超传》，百花文艺出版社，2004年

张朋园著：《梁启超与清季革命》，吉林出版集团有限责任公司，2007年

张朋园著：《梁启超与民国政治》，吉林出版集团有限责任公司，2007年

王栻主编：《严复集》，中华书局，1986年

孙应祥著：《严复年谱》，福建人民出版社，2003年

[美]史华兹著，叶凤美译：《寻求富强:严复与西方》，江苏人民出版社，2010年

欧阳哲生著：《严复评传》，百花洲文艺出版社，1994年

张謇著, 张謇研究中心、南通市图书馆编：《张謇全集》, 江苏古籍出版社, 1994年

章开沅著：《张謇传》, 中华工商联合出版社, 2000年

章开沅著：《辛亥革命时期的张謇与近代社会》, 华中师范大学出版社, 2011年

蔡元培著, 高叔平编：《蔡元培全集》, 中华书局, 1984年

高平叔著：《蔡元培年谱》, 中华书局, 1980年

伍廷芳著, 丁贤俊、喻作凤编：《伍廷芳集》, 中华书局, 1993年

黄远庸著：《黄远生遗著》, 台湾华文书局, 1939年

胡适著：《胡适日记全编》, 安徽教育出版社, 2001年

胡适口述, 唐德刚著：《胡适口述自传》, 广西师范大学出版社, 2005年

耿云志著：《胡适年谱:1891–1962》, 四川人民出版社, 1989年

[美]周明之著, 雷颐译：《胡适与中国现代知识分子的选择》, 广西师范大学出版社, 2005年

英永明著：《陈其美传》, 上海社会科学院出版社, 1985年

蔡锷著, 曾业英、湖湘文库编辑出版委员会编：《蔡锷集》, 湖南人民出版社, 2008年

邓江祁著：《蔡锷思想研究》, 湖南师范大学出版社, 2008年

[英]莫理循著, 沈嘉蔚、窦坤编：《莫理循眼里的近代中国》, 福建教育出版社, 2007年

骆惠敏编：《清末民初政情内幕:〈泰晤士报〉驻北京记者袁世凯政治顾问乔·尼·莫理循书信集:1895–1920》, 知识出版社, 1986年

彼得·汤普森、罗伯特·麦克林著, 檀东译：《中国的莫理循》, 福建教育出版社, 2007年

窦坤著《莫理循与清末民初的中国》, 福建教育出版社, 2005年

[英]埃德温.丁格尔著, 刘丰祥、邱从强、杨绍滨、陈书梅译：《辛亥革命目击记》, 中国青年出版社, 2002年

郑曦原编：《帝国的回忆:〈纽约时报〉晚清观察记》, 当代中国出版社, 2007年

郑曦原编：《共和十年:〈纽约时报〉民初观察记》, 当代中国出版社, 2011年

唐彪、王涛编：《中华民国史档案资料汇编》, 江苏古籍出版社, 1991年

宓汝成编：《近代中国铁路史资料》, 文海出版社, 1977年

李占才著：《中国铁路史:1876–1949》, 汕头大学出版社, 1994年

周康燮编：《辛亥革命资料汇辑》, 大东图书公司, 1980年

中国第一历史档案馆、北京师范大学历史系编：《辛亥革命前十年间民变档案史料》, 中华书局, 1985年

杨天石著：《从帝制走向共和:辛亥前后史事发微》, 社会科学文献出版社, 2002年

陈夏红编著：《辛亥革命实绩史料汇编（起义卷）》, 中国大百科全书出版社, 2011年

陈夏红编著：《辛亥革命实绩史料汇编（建制卷）》, 中国大百科全书出版社, 2011年

陈夏红编著：《辛亥革命实绩史料汇编（舆论卷）》, 中国大百科全书出版社, 2011年

陈夏红编著：《辛亥革命实绩史料汇编（组织卷）》, 中国大百科全书出版社, 2011年

章开沅著：《辛亥革命史》, 东方出版中心, 2010年

[美]周锡瑞著, 杨慎之译：《改良与革命:辛亥革命在两湖》, 江苏人民出版社, 2007年

四川省档案馆编著:《四川保路运动档案选编》,四川人民出版社,1981年

隗瀛涛著:《四川保路运动史》,四川人民出版社,1981年

隗瀛涛著:《四川辛亥革命史料》,四川人民出版社,1981年

侯宜杰著:《二十世纪初中国政治改革风潮——清末立宪运动史》,中国人民大学出版社,2009年

张朋园著:《立宪派与辛亥革命》,吉林出版集团有限责任公司,2007年

张玉法著:《清季的立宪团体》,北京大学出版社,2011年

故宫博物院明清档案部编著:《清末筹备立宪档案史料》,中华书局,1979年

张华腾著:《北洋集团崛起研究:1895—1911》,中华书局,2009年

来新夏著:《北洋军阀史》,南开大学出版社,2000年

丁中江著:《北洋军阀史话》,中国友谊出版公司,1992年

熊志勇著:《从边缘走向中心:晚清社会变迁中的军人集团》,天津人民出版社,1998年

中国社会科学院近代史研究所近代史资料编辑部编著:《华侨与辛亥革命》,中国社会科学出版社,1981年

李廷江著:《日本财界与辛亥革命》,中国社会科学出版社,1993年

皮明庥著:《辛亥革命与近代思想:近代历史探研录》,陕西师范大学出版社,1986年

章开沅著:《辛亥革命与近代社会》,天津人民出版社,1985年

李长莉著:《晚清上海社会的变迁:生活与伦理的近代化》,天津人民出版社,2002年

董丛林著:《晚清社会传闻研究》,人民出版社,2007年

# @后记

## 【再别1912】

去年夏天,我在康定。藏区的雨季寸步难行。

那一年很喧嚣。从辛亥到辛卯,一百年,各种理由的纪念。

在一家南充人开的饭馆里,我琢磨着这种种的纪念,点燃的砂锅炉子底部突然源源不断地爬出蟑螂,它们仿佛沉睡了一整个春天,终于破土而出,在桌子上四散逃逸。面对我的质疑,店主却不以为然。我刷着微博,那些天,因为一个众所周知的原因,微博上同样人仰马翻,一种轮回式的幻灭感再度袭来。

我想起许知远的抱怨,我们都用了好几年的时间关注晚清民国——中国曾经所处的十字路口,我们读过大量二手资料乃至三手资料,有时却有意无意地忽略了历史原典。其实,绝大多数读者所了解的晚清民国,又何尝不是来自旁人的转述?

原典中包含的丰富的信息量、生动性和真实性,是转述无法取代的,这一点毋庸置疑。真正想了解一个人,直接读他的日记、书信、奏折,无疑比听故事更可靠,也更有趣。何况,历史是最伟大的导演,许多事件本身就是罗生门,当我们将一些相互关联的历史细节摆在一起,读者自然能分辨出:身处时代的漩涡时,一个人是否表里如一,是否前后矛盾,朋友与敌人之间是否泾渭分明,影响时代更迭的究竟是那些看似微不足道的变故还是另有隐情……凡此种种,恰是历史的迷人之处。

当然,这些天然的宝藏过于庞杂,一般读者很难有时间、有兴趣、有渠道去开凿,除非我们可以提供一种新的阅读方式。我突然冒出一个离奇的念头,或许,可以用"微博体"来重新解构那个千钧一发的时代,让历史人物自己站出来说话,不必被代表。作者完全可以隐身其后,以"穿越者"的身份适当地穿针引线。

这个突如其来的念头让我回到客栈潮湿的小房间里依然辗转反侧,它会是一个不错的杂志选题,甚至可以成为一本书。

我第一时间想到了吴晓初,她在写作时拥有远远超越同龄人的才华、冷静,以及勤奋。"这说不定会是个吃力不讨好的工作",我对她说,但她还是答应了。我们立刻开始分头搜索资料。

但我们显然低估了这件事的难度。尽管在过去的五六年间，我一直在集中关注晚清民国史，读过一些书，请教过许多老师，也曾屡次实地采访报道，然而，海量的历史资料、令人震惊的丰富细节，仍然远远超出预期。对我们而言，这本身也是一次学习与重新发现的过程。

11月，从1911年8月到11月的微博刊登在我所供职的《生活》杂志上，这是这本《微博1912》最初的雏形。感谢令狐磊的首肯，以及他和设计师木西对版式进行的细致规划，每期《生活》在做样书之前都会将版面贴墙，以期更直观地理清文章逻辑，调整视觉关系。那些天，这些版面引起了围观，杂志上市后，它同样在同行和读者群中获得广泛反响，这愈发坚定了我对成书的期待（其中的大部分内容也将出现在这本书里，当然，成书的过程中我们又进行了大量增删修订）。

带着那期打样，我在北京又一次见到雨川。我们讨论了一个下午，涌现出更多匪夷所思的想法。感谢雨川的多方联络，让这本书以远远超出我期待的形态诞生。

感谢商务印书馆的刘雁老师，她热情地接纳了这本书，她一直以来的鼓励与指正，让这本书日趋完善。感谢责任编辑余节弘和孙祎萌，他们同样耗费了大量心力，事无巨细，并提出诸多中肯的建议。经过反复的讨论、斟酌，我们最终将这本书命名为《微博1912》，时间跨度则在1911年9月到1912年10月之间，不仅因为它与2012年之间的潜在关联，更在于如此将使历史脉络更为完整、连贯。

我也要再度表达对商务印书馆的敬意。中国近代史上有为数不多的几个让我热血沸腾的名字：中研院史语所、西南联大，以及商务印书馆。6年前我为《生活》杂志写的第一篇民国题材的文章，就是关于商务印书馆曾经的掌门人张元济先生。那些天我在上海闷热的街头奔波，在张人凤先生寓居的沙发花园三楼，在河南中路和天通庵路上商务印书馆的遗址，在宝山路的纪念碑前……那是我们迷恋过的旧日上海。

《微博1912》是一本很容易被复制的书，这一点我们都很清楚。但它仍然一直到一年后的今天才问世，因为我们都希望它是一本负责任的作品。从最初规划的10万字到后来的30多万字，再经过四轮增删修订，直到今天。这屡次的文字修订，离不开我的妻子孙敏的帮助，她的灵感分享、理解与宽容，让我得以心无旁骛。

在这一年多时间里，网络上也陆续出现了一些以"微博体"重新解构历史人物、历史事件的尝试，一些ID甚至很火爆。但我仍有完全的自信，《微博1912》绝对会与众不同。它不是游戏之作，亦不为哗众取宠，细心的读者可以从各种丰富的细节设置中体会到我们的良苦用心，也能够在这场跨度一年的时光旅行中见证中国的昨日与明日，或者，有心人一定还能发现更多隐秘，诸多在开篇时未曾言明的蛛丝马迹。

《微博1912》的反复修订，为排版带来极大的难度。文字每调整一次，每个人物的头像位置也势必要进行彻底的变动。特别要感谢雨川和设计师老木对版面屡次夜以继日的修改，感谢她们的细致与耐心。

《微博1912》就要出版了，而我们，依然需要在2012年的微博里辗转，在时代的尘嚣里奔波，别无选择。

过去已然逝去，未来仍在到来。

张泉

2012年8月20日，于上海